KB070005

메타버스 모든 것의 혁명

메타버스 모든 것의 혁명

THE META-VERSE

매튜 볼 지음 | 송이루 옮김

메타버스는

이 책에 쏟아진 찬사

메타버스에 관해서만큼은 나는 매튜 볼의 의견을 전적으로 신뢰한다.

_ 마크 저커버그(메타 CEO)

매튜 볼은 미래를 정의 내릴 수 있는 유일한 사람이다.

_ 리드 헤이스팅스(넷플릭스 CEO)

이 책은 친절하고, 흥미롭고, 시의적절하다. 메타버스가 진화할 모습을 우리가 어떻게 상상하든, 이 책의 쟁점들은 온라인과 오프라인 공간을 넘나들며 계속해서 뜨거운 화두가 될 것이다.

_ 필 스펜서(마이크로소프트게이밍 CEO)

실리콘밸리에 똑똑한 사람은 많다. 하지만 세계에서 가장 똑똑한 그들조차도 언제나 최종 의사결정을 매튜 볼에게 묻는다.

_ 게디 에스타인(《이코노미스트》 에디터)

매튜 볼은 메타버스가 어떤 모습으로, 어떻게, 왜 나타날지에 대해 정확하게 설명해준다. 이 책을 읽으면 메타버스가 인류의 삶을 바꿔놓고 수백억 달러에 달하는 가치를 창출할 미래에 경쟁자들보다 먼저 도착할 것이다.

_ 존 리치티엘로(유니티 테크놀로지 CEO)

메타버스의 정의를 내리려는 것은 정치인들의 허세 가득한 선거 연설만큼이나 이해하기 힘든 일이다. 메타버스는 인터넷을 대체할 것인가? 번쩍이는 폭죽처럼 한순간에 터져 자취를 감출 것인가? 뛰어난 통찰력으로 비즈니스와 디지털 시대를 연구하는 매튜 볼을 만나보자. 볼은 눈보라와 암흑으로 가득한 미래라는 길 위에서 당신을 목적지까지 안전하게 안내할 셰르파가 되어줄 것이다. 그의 모호하지 않고 명확한 글은 과장된 선전과 섣부른 두려움으로 점철된 업계에서 가장 정확한 나침반으로 통한다.

_ 켄 올레타(《뉴요커》 수석 칼럼니스트, '20세기를 빛낸 100명의 기자' 선정)

로지, 엘리스,

그리고 힐러리에게

앞으로 10년,
실리콘밸리를 뛰어넘을 기업이
한국에서 나온다

2021년과 2022년에는 '메타버스Metaverse'라는 개념이 민간 연구실에서 전 세계로 퍼져나가 주요 신문 1면을 장식했다. '메타버스'라는 용어가 만들어진 시기는 약 30년 전이지만 수십 년 동안 거의 언급되지 않다가 갑자기 모든 조직에서 메타버스에 집착하기 시작했다. 실물 장난감, 디지털 장난감, 샌드위치, 자동차, 정제 휘발유, 센서, 음악, 설교 등 조직에서 판매하는 주력 상품과 서비스가 무엇인지는 중요하지 않았다.

메타버스를 향한 대대적인 관심은 그때나 지금이나 충분히 이해할 만하다. 메타버스는 거의 모든 국가와 기업, 개인에게 영향을 미칠 것이다. 차세대 인터넷으로서 도달 범위가 그만큼 넓어지고, 머지않아 현실 세계에 미칠 영향도 오늘날 인터넷보다 더욱 커질 것이다. 다만 2021년과 2022년 메타, 마이크로소프트, 엔비디아 등 글로벌 대기업과 수조 달러 규모의 블록체인 생태계가 주도한 메타버스 담론에는 한 가지 문제가 있다. 바로 인생을 바꿀 만한 획기적인 변화가 당장 닥칠 것처럼 말한다는 점이다. 새로운 기술 시대는 그렇게 열리는 것이 아니다.

세상에 큰 변화를 불러일으키는 기술은 모두 상호 연결된 수많은 발명품과 혁신, 아이디어에 의존하므로 일반적으로 오랜 발진 과정을 거치게 된다. 개인과 기업은 스티브 잡스Steve Jobs와 애플이 아이폰을 만들었을 때처럼 산업을 발전시킬 수 있지만, 이러한 발전은 다른 기술의 발전이 뒷받침되어야 가능해진다. 예를 들어 아이폰을 만들어 판매하려면 코닝의 고릴라 글래스, 세계이동통신사업자협회(GSMA)의 무선 표준, 브로드컴과 퀄컴의 칩, 다양한 네트워크와 통신 사업자의 사업 운영이 필요했다. 이렇게 탄생한 아이폰은 널리 보급되어 세상을 바꾸었다. 앱스토어는 수백만 개의 훌륭한 앱으로 채워졌고, 이는 수백만 명의 개발자에게 기대야 하는 상황으로 이어졌다. 문제는 한 시대가 '언제' 시작했는지가 아니라 그 시대에 무엇이, 누구를 위해, 어떻게, 무슨 목적으로 생겨났는지에 주목해야 한다는 점이다.

2023년에는 확실히 메타버스를 둘러싼 과대 선전이 줄어들었다. 하지만 이를 퇴보로 여기거나 진전이 없는 상태로 오인해선 안 된다. 매년 생성되는 가상 세계의 수와 그곳에 존재하는 사용자 수, 그들이 소비하는 돈과 시간, 그 많은 공간이 문화적으로 미치는 영향력은 계속해서 늘어나고 있다. 특히 1962년에 세계 최초의 디지털 컴퓨터 게임 「스페이스워!」가 출시된 이후로 그 어느 때보다도 큰 폭으로 증가하고 있다. 무엇보다 실시간 3D 시뮬레이션과 게임 엔진은 기술 역량과 더불어 계속해서 발전하며 널리 배포되고 있다. 지금도 메타버스는 성장하고 있는 셈이다. 최근 급증한 대규모 언어 모델(LLM) 챗봇과 생성형generative 아트 플랫폼, 생성형 환경 엔진, 인조인간 같은 인공지능(AI) 등 AI 솔루션의 발전은 메타버스의 성장을 보여주는 훌륭한 예다. 이러한 발전은 여러 면에서 메타버스에 중요한 역할을 한다.

이를테면 들어 기술 시대에 다양한 혁신이 필요하다는 견해를 재확인해 준다. AI가 메타버스 개발에 꼭 필요한 이유와 이를 구축하기 위한 노력을 가속화할 방법을 곧 자세히 설명할 것이다. 하지만 그 전에 분명히 짚어야 할 것들이 있다. 첫째, AI는 가상현실과 증강현실, 3D 렌더링rendering(합성), 비디오게임, 5G, 블록체인과 같이 일반적으로 메타버스의 필수 요소로 여겨지는 기술과 구별된다는 점에 유의해야 한다. 둘째, AI 기술의 차별성은 첨단 AI를 선도한 기업 대부분이 '빅테크' 기업에 속하지 않으며 메타버스 산업을 이끄는 선두 기업도 아니라는 점에 있다. 이는 메타버스가 현재 기술 시장에서 나타나는 힘의 균형을 뒤집을 가능성이 있음을 시사한다. 셋째, 이러한 기술은 메타버스를 구축할 기업에만 영향을 미치는 것이 아니다. 지구상의 모든 사람에게 메타버스를 만들 기회를 제공하기 때문이다.

그렇다면 AI는 왜 메타버스에서 필수 요소인 걸까? 네 가지 중요한 영역에서 그 이유를 찾을 수 있다.

첫 번째 영역은 '메타버스'라는 용어를 처음 만든 작가 닐 스티븐슨Neal Stephenson의 소설 『스노 크래시』를 살펴봐야 한다. 『스노 크래시』에 등장하는 메타버스는 실제 지구 크기의 2.5배 규모지만 완전히 육지로만 덮여 있는 세상으로 묘사된다(반면 지구는 전체 면적의 71퍼센트가 물로 덮여 있다). 소설 속 메타버스에는 상상을 뛰어넘는 다양성(믿기 힘들 정도로 광범위한 형태의 물리학과 생물학)과 모든 것을 할 수 있는 능력이 존재한다. 그러한 메타버스를 10분의 1이라도 채우는 일은 엄청난 작업이 될 것이다. 따라서 누구나 자체적으로 3D 애셋(콘텐츠 조각을 일컫는 용어 — 옮긴이)과 가상 세계, 캐릭터를 간편하게 만들 수 있게 도와줄 도구가 필요하다. 사용자가 만든 가상 세계만 1억 개에 육박하고 사용자가 만든 아바타와 아이템(대부분은 아이들이 만든 것이다)이 수억 개에 달하는 로블록스는 누구나 3D 애셋을 만들 수 있음을 입증했다. 하지만 일반인이 3D로 무언가를 제대로 구축하는 것은 수년간의 교육 없이는 여전히 너무도 어려운 작업이다. 하지만 챗GPT와 스테이블디퓨전 같은 생성형 AI 서비스 덕분에 이제 누구나 쉽게 유능한 작가와 일러스트레이터가 될 수 있다. 이러한 기술은 머지않아 가상 애셋 생성으로 전환되어 누구든 마음만 먹으면 몰입형 세계나 정밀한 아바타를 만들 수 있도록 지원할 테고, 이 과정에서는 그저 인간의 상상력만이 한계로 작용할 것이다.

메타버스를 구축하려면 더 나은 가상 애셋을 더 많이 만드는 수준을 넘어 더 다양한 작업을 통해 현실 세계의 개체를 '가상화virtualize'할 필요가 있다. 이것이 두 번째 영역이다. 이러한 작업에서도 AI가 중요한 역할을 수행할 것이다. 이미 AI는 놀라운 수준으로 발전했다. 스마트폰에 탑재된 카메라를 떠올려보자. 스마트폰 업계는 이미 더 이상 스마트폰 사진 품질을 하드웨어로 개선할 수 없는 지점에 이르렀다. 모든 소비자 전자 제품과 부품이 물리법칙과 씨름하면서도, 계속해서 트랜지스터를 더 소형화하여 밀리미터당 사용 가능한 컴퓨팅 성능을 높일 방법을 발견하고 있다. 원격 데이터 센터의 컴퓨팅 성능을 활용해 지정된 장치에서 사용할 수 있는 컴퓨팅 성능을 보완하는 방법도 있다. 양자 컴퓨팅이 로컬 컴퓨팅과 원격 컴퓨팅 사이에 벌어지는 경쟁에서 벗어나게 해줄 것이라는 희망도 점점 커진다. 하지만 스마트폰 사진은 로컬 장치에서 찍어야 하고 사진 품질은 물리적 요건에 의해 엄격하게 제어된다. 훌륭한 사진을 찍으려면 많은 고품질 조명이 필요한데 이는 대형 렌즈와 장시간 노출 조건을 갖춰야 함을 의미한다. 이러한 이유로 스마트폰 카메라는 지금도 스마트폰 본체의 다른 부분보다 훨씬 두껍다. 결국 스마트폰 제조사는 메인 카메라의 성능을 향상시키기보다 두 번째 또는 세 번째 카메라를 추가하는 방법을 선택했다. 이미 AI를 통해 물리적 한계를 뛰어넘는 수준에 이르렀기 때문이다. 스마트폰은 수집할 수 있는 정보를 사용해 이미지의 해상도를 높이는 동시에 조명과 초점을 개선하고 인식한 물체에 적합한 색상 균형을 잡는다. 그 덕분에 아이폰이나 갤럭시도 렌즈 크기가 스마트폰 렌즈의 10배에 달하는 수천 달러짜리 전문가용 카메라와 경쟁해도 뒤

지지 않을 만큼 뛰어난 사진을 내놓을 수 있게 되었다. 이제 AI는 사용자가 휴대전화를 사용해 현실 세계의 개체를 '포착'한 후 다양한 비디오게임, 디지털 트윈, 전자 상거래 플랫폼 등에 불러올 수 있는 초고화질 가상 개체로 변환하는 데 사용되고 있다. 가상 개체로 업로드하면 생성형 AI 시스템을 훈련하고 개선하는 데도 도움이 될 것이다.

세 번째 영역은 현실 세계의 공간을 3D 모델로 재현하는 '디지털 트윈'('가상 트윈'으로도 불린다)과 관련이 있다. 흔히 메타버스는 순수하게 합성된 세상처럼 소개되지만 메타버스가 갖는 가치는 대부분 현실 세계를 운영하고 개선하는 데 도움을 주는 방식에서 비롯된다. 결국 현존하는 최고의 개발 플랫폼은 iOS나 안드로이드도 아니고, 월드와이드웹이나 인터넷도 아니다. 우리가 사는 세상 그 자체야말로 가장 훌륭한 플랫폼이다. 플랫폼 가치를 실현하려면 디지털 트윈을 사용할 필요가 있다.

디지털 트윈은 오랫동안 큰 주목을 받았지만 아직 많은 가치를 창출하지 못했다. 주된 이유로는 AI를 꼽을 수 있을 것이다. 유니티 테크놀로지에 따르면 디지털 트윈은 '5단계'로 구성된다.

1단계는 기능이 제한된 기본적인 재생산이다. 물리적인 미니어처 모델의 디지털 버전으로 보면 될 것이다. 2단계는 '연결된 트윈'이다. 디지털 트윈의 기반이 되는 현실 세계의 환경에서 데이터를 수신하고 시각화하는 것을 말한다(연결된 트윈은 '사물 정보' 센서와 장치에 의존한다). 세 번째 단계는 '예측 트윈'으로, 실제 환경에 대한 고급 시뮬레이션을 수행하기 위해 앞서 2단계에서 포착한 데이터를 사용한다. 예를 들어 보수 필요성, 공장 작업 현장에서 발생하는 병목현상, 일일 생산성 등을 예측할 때 이러한 예측 트윈을 활용할 수 있다. 3단계는 종종 AI로 설명되지만 실제로는 미리 결정된 규칙에 따라 시뮬레이션을 실행하는 작업에 불과하다. 4단계는 '지시형 트윈'으로, AI가 시설 조직과 설계 방식, 일정, 직원 배치, 자재 사용 등을 주제로 광범위하게 권장 사항을 제시한다. 다시 말해 디지털 트윈이 인간의 일을 지원하는 데 그치지 않고 인도하는 수준으로 올라선 것이다. 마지막 단계인 5단계는 자율적인 트윈으로, 4단계의 AI에 현실 세계를 부분적으로 '실행'할 권한이 부여된다. 나는 유니티에서 언급하지 않은 또 다른 단계가 있다고 생각한다. 이 단계에서는 디지털 트윈이 독립형 트윈(즉, 파트너의 공장)과 장비(예를 들어, 직원의 자율 주행 자동차)에 네트워크로 연결되어 훨씬 규모가 큰 시뮬레이션에 최적화될 수 있다.

AI가 디지털·가상 트윈에서 현존하는 가장 높은 두 단계를 실현하려면 매우 특별한 요건을 갖춰야 한다. 디지털 트윈의 AI 시스템은 **항상** '적합한' 결정을 내려야 한다. 또한 효율성보다 인간의 생명을 우선시하는 방식(이를테면 인간의 생명이 갑자기 위태로워지면 개입하는 행위)을 이해하고 실시간으로 사람들에게 자체적으로 내린 결정을 효과적으로 전달하며 인간의 제안과 요청에도 대응할 수 있어야 한다. 오늘날 AI 기술이 이러한 수준에는 많이 미치지 못할 테지만, 그 어느 때보다 근접해졌다는 것만은 분명하다. AI가 지원하는 산업 시뮬레이션 네트워크가 떠오르면 3D 소셜 네트워크와 몰입형 비디오게임(두 시장은 중요하지만 상대적으로 규모가 작다)이 하지 못하는 방식으로 세계 경제를 바꿀 것이다.

네 번째 핵심 영역은 전용 헤드셋과 스마트폰을 통해 전달되는 AI 비서와 증강현실이다. 센서와 사물 정보 장치, 디지털 트윈으로 가동되는 세상을 탐색하려면 환경을 지속적으로 스캔하고, 이해하고, 설명하고, 상호작용할 수 있는 강력한 AI가 필요하다.

마지막으로, 내가 언급하지 않은 핵심 영역이 하나 더 있다. 바로 아시아 극동에 위치한 한국이라는 나라다. 2023년의 메타버스 트렌드를 조망할 때 한국이라는 나라에서 메타버스 세계가 어떻게 펼쳐질지, 그것들이 각 기업과 소비자 그리고 산업계 전반에 어떤 영향을 미칠지 주시해야 한다. 한국 시장은 전 세계적으로 독보적인 역할을 수행하고 있다. 중국을 제외하면 전 세계 인터넷 시장은 그야말로 미국 시장이나 다름없다. 물론 A국가나 B국가의 시민이 인터넷에 접속하고 사용하는 방법을 구체화한 현지 규제가 있고 종종 현지 기술 회사도 있지만, 이메일과 인스턴트 메신저, 검색 기능 같은 유틸리티, 세일즈포스나 마이크로소프트 익스체인지 같은 엔터프라이즈 서비스형 소프트웨어(SaaS) 플랫폼, 아이클라우드나 마이크로소프트 오피스 같은 소비자 중심 서비스를 비롯해 전 세계적으로 사용되는 클라우드와 네트워킹 서비스 대부분은 미국 기업이다. 넷플릭스나 유튜브 같은 주요 콘텐츠 서비스와 페이스북이나 트위터 같은 소셜 네트워크도 마찬가지다.

미국 기업을 성공적으로 앞지르거나 시장에서 밀어내는 현지 기술 대기업은 은행, 보험, 전자상거래 또는 자동차 공유 서비스처럼 정부 규제가 심하거나 현지 사업체가 이미 자리 잡은 부문에서 사업을 운영할 가능성이 높다. 그런데 한국은 전 세계적으로 이러한 추세에서 벗어나 있다. 한국에서 가장 인기 있는 인터넷 기술과 서비스, 장치 대부분이 한국 기업에서 만들고 운영하는 것이다. 한국은 실시간 서비스 게임과 소셜 세계를 선도했고, 대체로 서구권 국가보다 규모가 크고 정교한 제품과 서비스를 내놓아 인기를 끌었다. 이는 세계적으로 매우 이례적인 성취이며, 이러한 추세는 당분간 지속될 것으로 보인다.

결제부터 서비스형 소프트웨어, 의료 기술, 소셜 네트워크에 이르기까지 가상의 자산이 현실의 자산을 압도하는 시대가 도래하면 경제와 사회 전반에는 광범위한 혼란과 전환이 불어닥칠 것이다. 아마 처음에는 득보다는 실이 많을 것이다. 인터넷과 스마트폰이 그랬던 것처럼, 기술의 혁신에는 그 어떤 자비도 감정도 들어 있지 않다. 변화란 원래 그런 것이다. 아무리 사정이 딱할지라도, 정거장을 지나친 버스가 유턴해 돌아올 일은 없다. 이 책을 읽을 한국의 독자들은 어쩌면 엄청난 행운과 저주를 한꺼번에 받게 된 것인지도 모른다. 앞으로 새롭게 펼쳐질 (가상의) 세계 시장에서 실리콘밸리와 경쟁할 수 있는 유리한 위치에 있는 국가는 극히 드물며, 그중에서도 앞으로 글로벌 메타버스 경쟁에서 세계를 주도할 국가는 한국이 될 확률이 매우 높기 때문이다. 내가 행운뿐만이 아니라 저주도 함께 받게 되었다고 말한 이유는, 기술의 역사에서 언제나 극소수의 위대한 승자 뒤에는 절대 다수의 보이지 않는 패자가 있었기 때문이다.

가상의 자산이 현실의 자산을 압도하게 될 때, 당신과 당신의 기업은 어디에서 무엇을 하고 있을까? 이 책이 이 질문에 대한 답을 찾는 실마리가 되길 바란다.

2023년 6월

매튜 볼

'세 번째 세상'에서
당신은 무엇을 하고 있을 것인가

김지현

메타버스 세상을 확신하는, SK 경영경제연구소 부사장

지난 27년간 디지털 기술 산업의 최전방에서 최신의 트렌드를 좇으며 내가 목격한 가장 파괴적인 기술은 바로 '메타버스'였다. 나는 수많은 글을 쓰고 강연을 하며, 그리고 관련 비즈니스와 연구에 참여하며 바로 이 메타버스 기술이 앞으로 우리의 일상, 나아가 사회와 산업 전반에 걸쳐 대전환을 만들어낼 것이라는 확신을 갖게 되었다. AI, 클라우드, 빅데이터, 블록체인, 엣지 컴퓨팅, 웹3 등의 숱한 기술 키워드들을 관찰하면서 나는 메타버스만큼 광범위하고 가공할 만한 변화를 만들어낼 수 있는 기술은 이 세상에 없다는 생각을 여러 번 해 왔다. 그래서 지난 2021년에는 『3번째 세상 메타버스의 비즈니스 기회』(성안당)라는 책을 출간하기도 했다. 제목에 감히 "3번째 세상"

이라는 단어를 붙인 이유는 메타버스가 웹과 모바일에 이은 세 번째 IT 플랫폼이라는 의미도 포함되어 있고, 실물 경제와 인터넷 경제를 뛰어넘은 '제3의 경제 생태계'로 부상하리라는 기대를 반영했기 때문이다. 한마디로 지금 우리가 사는 세상보다 훨씬 더 큰 세상이자 기존의 '계(界)'를 뛰어넘는 개념인 것이다.

하지만 이토록 뜨거웠던 메타버스에 대한 대중의 관심도는 2022년 '엔데믹 시대'를 맞이해 초유의 경제 혼란이 오면서 주춤하고 있는 것이 사실이다. 빅테크 기업의 투자 축소와 메타버스 관련 기기 및 서비스에 대한 암울한 성적표는 '과연 메타버스의 시대가 오긴 오는 것일까'라는 의심마저 들불처럼 번지게 만들었다. 게다가 2023년 초 챗GPT 열풍이 불어닥치면서 LLM, 범용 인공지능(AGI) 등의 새로운 기술 키워드에 사람들의 관심이 쏠리면서 메타버스 기술은 상대적으로 더욱 더 외면을 받고 있다. 과연 메타버스는 잠시 스쳐 지나가는 '작은 패션'이 아닌 산업의 패러다임을 전환할 '거대한 흐름'으로 이어질 수 있을까?

지난 2018년에 일찌감치 메타버스 혁명을 예견한 미래 기술 전문가 매튜 볼Matthew Ball이 앞으로 이 기술이 가져올 사회와 산업의 미래상을 담아낸 이 책은, 2022년 여름 미국에서 출간되어 수많은 빅테크 기업의 경영진과 IT 전문가들에게 '지금 메타버스를 공부해야 하는 이유'를 재확인시켰다. 실제로 그가 수년 전에 자신의 블로그에 올린 8편의 기술 에세이는, 최근 기업명을 '메타'로 바꾸면서까지 메타버스 혁명에 사활을 걸고 있는 페이스북 CEO 마크 저커버그Mark Zuckerberg는 물론, 가상 세계의 모든 자산을 만드는 실시간 인터랙티브 3D 콘텐츠를 개발하고 운영하는 플랫폼 기업 유니티 테크놀로지 CEO 존 리치티엘로_{John Riccitiello}에게 큰 영감을 주기도 했다. 이 책은 바로 그 매튜 볼의 에세이를 한 권의 책으로 엮어낸 것이다.

사실 난 이전부터 메타버스가 기존의 웹과 모바일이 만든 20년간의 '인터넷 세상'을 초월하는 더 큰 세상을 창조할 것이라고 믿어 왔다. 그 이유는 메타버스가 우리가 사는 물리적인 공간인 '현실 세계'와 지난 20여 년간 인터넷으로 구성되어 온 '가상 세계'를 상호 연결해 융합한 전혀 다른 개념의 세계가 될 것이라는 확신 때문이었다. 지금 우리가 경험하고 있는 세상은 기존의 현실 속 실물 경제에 인터넷 속의 가상 경제를 합친 것에 불과하며, 완전한 신세계라고 볼 수는 없다. 종이신문지는 인터넷 포털의 뉴스로, 만화책은 웹툰으로, LP판은 스트리밍 음원으로, 비디오테이프는 각종 OTT 서비스로 대체되었을 뿐 이전에 존재하지 않던 경제를 만들어낸 것은 아니다. 카카오T의 택시 및 대리운전 호출 서비스, 배달의민족의 배달 대행 서비스, 나아가 네이버페이, 토스, 카카오뱅크 등 간편결제 및 모바일 뱅킹도 기존의 레거시 플랫폼을 대체하거나 부분 보완한 것일 뿐 새로운 시장을 창출해낸 것도 아니었다. 물론 카카오의 다양한 이모티콘 콘텐츠 서비스와 유튜브의 뉴미디어 생태계 등은 기존에 없던 시장을 만들어낸 사례라고 할 수 있지만, 기존 실물 경제와 비교하면 그 규모가 아직 한참 미미하다고 할 수 있다.

하지만 메타버스는 다르다. 기존의 방식으로는 해석할 수 없는 매우 독특한 시장이 열림으로써 아무도 경험하지 못한 생태계가 펼쳐지고 있다. 현재 이 안에서는 개인부터 기업에 이르기까지 이전에는 불가능하게 여겼던 일들이 시간, 공간, 인간의 한계를 초월한 기술적 혁신을 통해 '가능의 영역'으로 넘어오고 있다. 나는 이 책을 통해 '세 번째 세상' 메타버스가 가져올 신세계와 더 큰 비즈니스 기회를 국내 독자들과 나눌 수 있어서 무척 다행이라고 생각한다.

저자 매튜 볼은 섣불리 장밋빛 미래를 예견하지 않는다. 메타버스가 몰고 올 디스토피아적 미래상을 보여주며 호들갑을 떨지도 않는다. 우리가 이 책에서 얻을 수 있는 가장 큰 소득은 '5년 후 메타버스의 이상향'이 아니라, 메타버스라는 기술이 우리 사회에 새로운 가치를 가져다주려면 지금 당장 어떤 기술적 혁신이 필요한지, 그리고 어떤 표준과 정책이 시급히 요구되는지를 7가지 방향으로 아주 자세하게 들여다볼 수 있다는 점이다. 그렇다면 저자가 이 책에서 말하는 '혁명을 완성할 최소 조건'은 무엇일까?

메타버스 세계의 최소 조건인 네트워킹(5장)과 컴퓨팅(6장), 가상 세계를 구현하는 가장 기본적인 모멘텀인 가상 세계 엔진(7장)과 새로운 시장의 메타버스 사업자들이 지켜야 할 상호 운용성(8장), 메타버스라는 거대한 비즈니스를 실제로 굴러가게 할 하드웨어(9장)와 결제 채널(10장), 마지막으로 이 모든 것의 탈중앙화를 이룩할 블록체인(11장) 등이 그것들이다. 기술 혁신이 몰고 올 새로운 미래상에 대해 반복적으로 논의되어 온 뜬구름 같은 이야기에 갈피를 잡지 못하고 있는 사람이라면, 오랜 시간 글로벌 비즈니스 현장에서 빅테크 기업들의 미래 전략 수립에 참여해 온 저자의 명쾌한 개념 제시가 메타버스 혁명의 전모를 이해할 마중물이 되어 줄 것이다.

우리는 파괴와 혁신이라는 두 얼굴을 지닌 야누스, 메타버스를 어떻게 바라보아야 할까? 매튜 볼은 메타버스를 너무 찬양하지도 말고, 그렇다고 해서 너무 비관적으로 바라볼 필요도 없다고 말한다. 흥미진진한 IT 역사와 최근 우리 주변에서 화제가 되었던 글로벌 기술 이슈 속 다양한 사례를 통해, 개인·사회·기업의 관점에서 앞으로 다가올 (아니, 만들어질) 미래상을 기술한 이 책은 당신과 당신이 속한 기업이 메타버스라는 '세 번째 세상'에서 관찰자의 시각에서 벗어나, 인류 문명에 이롭고 공정한 IT 생태계를 만드는 데 일조할 수 있도록 안내할 것이다.

기술은 도구이지 목적이 아니다. 메타버스를 향한 우리의 간절한 기대와 희망은, 더 나은 세상을 만들고자 하는 의지의 산물일 뿐 신기술에 대한 과도한 억측과 환상으로 번져서는 안 될 것이다. 메타버스는 시대의 필요에 의해 하나의 도구로 우리 앞에 등장했다는 사실을 잊지 말자. 이 파괴적인 도구를 어떻게 활용해 미래를 대비할지는 오직 당신의 판단에 달려 있다.

김지현 ─────

SK 경영경제연구소 연구위원. 1993년 AT를 시작으로 다양한 종류의 컴퓨터를 사용하면서 도스, 윈도 그리고 PC통신 등의 디지털을 경험하며 기술이 우리 일상, 사회, 산업에 주는 변화에 대해 연구하며 책과 강연을 통해 대중에게 알려졌다. 2000년부터 여러 IT 스타트업에서 활동했으며, 2005년부터 다음커뮤니케이션, 2013년부터 SK에서 직장인으로 일하기 시작해 디지털 기술 기반의 사업 혁신에 대해 고민해 왔다. AI, Data, Cloud, IoT, 웹3, 블록체인 그리고 메타버스 등 IT가 개인과 기업과 사회에 어떻게 영향을 끼치고, 우리는 그것을 어떻게 활용해야 하는지에 대해 활발한 집필 활동을 이어오고 있으며, 다양한 현장에서 강연 등을 통해 독자와 소통하고 있다. 지은 책으로는 『3번째 세상 메타버스의 비즈니스 기회』, 『IT 트렌드 읽는 습관』 등 50여 권이 있다.

차례

파트 1
혁명 전야
미래에 관해 우리가 놓친 것들

파트 2
혁명의 풍경
미래로 연결된 7개의 관문

THE METAVERSE

파트 3
혁명이 지나간 뒤
단 1퍼센트에게만 허락된 미래

스티브 잡스, 일론 머스크보다
먼저 미래에 도착한 남자

기술은 아무도 예측하지 못한 놀라운 결과를 낳곤 한다. 하지만 대대적이고 기상천외한 발전은 종종 수십 년을 앞서 예견되기도 한다. 1930년대에 워싱턴 카네기 협회의 회장직을 맡은 버니바 부시_{Vannevar Bush}는 전통적인 계층형 저장 모델이 아닌 키워드 연관성을 통해 모든 서적과 기록, 통신을 저장하고 그것들을 기계적으로 연결하는 가상의 전자식 기계장치를 연구하기 시작했다. 부시는 협회에서 보관하는 기록의 양이 아무리 방대해도 이른바 '메멕스_{Memex}'(기억 확장 장치를 뜻하는 'memory extender'의 줄임말)를 이용하면 "훨씬 빠른 속도로 유연하게" 자료를 찾을 수 있다고 강조했다.

부시는 이러한 초기 연구를 진행한 지 수년이 흘렀을 때 미국 역사에서 가장 영향력 있는 공학자이자 과학 행정가로 손꼽히게 되었고, 1939년부터 1941년까지 미국 항공우주국(NASA)의 전신인 국가 항공 자문 위원회에서 부위원장과 임시 위원장을 지냈다. 이때 부시는 새로운 연방정부 기관인 과학 연구 개발국(OSRD)을 설립하자고 프랭클린 D. 루스벨트Frannklin D.Roosevelt 대통령을 설득했고, 이후 OSRD 국장으로 임명되어 대통령에게 직접 연구 상황을 보고했다. OSRD는 주로 제2차 세계대전에서 미국에 도움이 될 만한 비밀 프로젝트를 진행하는 데 필요한 연구 자금을 전폭적으로 지원받았다.

루스벨트 대통령은 OSRD를 설립한 지 불과 4개월 만에 부시, 헨리 A. 월리스Henry A.Wallace 부통령과 회담을 가진 후 맨해튼 프로젝트 Manhattan Project로 알려진 핵폭탄 개발 프로그램을 승인했다. 루스벨트는 프로그램을 관리할 최고 정책 그룹을 만들었다. 그룹 구성원으로는 루스벨트를 포함해 부시, 월리스, 전쟁부 장관 헨리 L. 스팀슨 Henry L.Stimson, 육군 참모 총장 조지 C. 마셜George C.Marshall, 부시의 뒤를 이어 OSRD의 산하 지부를 이끈 제임스 B. 코넌트James B.Conant가 포함되었다. 한편 우라늄 위원회(후에 'S-1 집행위원회'로 명명되었다)는 부시에게 직접 보고했다.

1945년 전쟁이 끝난 뒤 부시는 OSRD의 국장직에서 물러나기 2년 전에 유명한 에세이 두 편을 썼다. 그는 대통령에게 보고할 목적으로 작성한 첫 번째 글 「과학, 끝없는 개척Science,the Endless Frontier」에서 평화로운 시기가 찾아와도 과학기술에 대한 정부 투자를 줄이지 않고 오히려 늘려야 하며 국립 과학 재단을 설립해야 한다는 뜻을 밝혔다. 잡지 《디 애틀랜틱》에 기고한 두 번째 글 「우리가 생각하는 대로As We May Think」에서는 메멕스에 대한 비전을 공개하며 상세하게 설명했다.

부시는 글을 발표한 후 수년 동안 공직에서 물러나 공식 석상에 모습을 드러내지 않았다. 하지만 오래지 않아 그가 정부, 과학, 사회에 남긴 다양한 공헌이 하나로 수렴되기 시작했다. 1960년대부터 미국 정부는 국방부 내 다양한 프로젝트에 자금을 지원했고, 인터넷의 토대를 공동 개발한 외부 연구자, 대학, 기타 비정부 기관 등과 협력했다. 이와 동시에 부시의 메멕스는 월드와이드웹의 기본 개념 중 하나인 '하이퍼텍스트'의 탄생과 진화에 영향을 미쳤다. 일반적으로 하이퍼텍스트는 하이퍼텍스트 마크업 언어(HTML)로 작성되며, 이때 사용자가 특정 텍스트를 클릭하면 거의 무한한 온라인 콘텐츠에 즉시 접속할 수 있다. 20년 후, 미국 연방정부는 인터넷 프로토콜 스위트(TCP/IP, 인터넷에서 각 컴퓨터가 서로 정보를 주고받는 데 활용되는 일련의 프로토콜, 즉 통신규약을 일컫는다—옮긴이)를 기술적으로 발전시키기 위해 국제 인터넷 표준화 기구(IETF)를 설립했고, 국방부의 도움을 받아 월드와이드웹 컨소시엄을 조직했다. 특히 이 컨소시엄은 여러 역할 중에서도 HTML의 지속적인 개발과 관리를 맡고 있다.

기술의 진보가 사람들의 기존 인식을 전복시키며 촉발하는 것과 달리, 공상과학소설은 일반 대중에게 미래에 대한 인식을 더욱 선명하게 제시해줌으로써 서술된다. 공상과학소설은 일반 대중에게 미래에 대한 가장 명확한 관점을 제공하곤 한다. 1968년 미국에서 컬러TV를 보유한 가구는 전체 가구의 10퍼센트 미만에 불과했다.

하지만 그해 두 번째로 높은 수익을 올린 영화 「2001: 스페이스 오디세이」에서는 냉장고만 한 기기를 압축해 만든 컵받침 두께의 얇은 디스플레이로 뉴스를 보며 아침 식사를 하는 가족의 모습이 버젓이 등장했다. 오늘날 사람들은 이 영화에 나오는 기기를 아이패드에 비유할 것이다. 부시의 메멕스가 그러했듯, 이전에는 상상조차 하지 못했던 이러한 기술이 실제로 구현되기까지는 당초 예상보다 오랜 시간이 걸렸다. 스탠리 큐브릭이 감독한 이 획기적인 SF 영화가 개봉한 지 45년이 지난 후에야 아이패드가 출시되었는데, 이는 영화 속 시대 배경인 2001년보다도 10년이나 늦은 것이다.

2021년에는 태블릿이 보편화되었고 우주선이 우리 삶으로 성큼 다가오기 시작했다. 2021년 여름에는 억만장자 리처드 브랜슨Richard Branson, 일론 머스크, 제프 베이조스가 민간 우주여행의 벽을 낮추고 우주 엘리베이터(지구 표면과 우주 기지를 케이블로 연결해 물자와 사람을 수송할 방법으로 구상된 기술—옮긴이)와 행성 식민지 개척의 시대를 열겠다는 목표 아래 경쟁적으로 우주산업에 뛰어들었다. 그러나 수십 년 역사를 쌓아오며 진정한 미래가 도래했음을 시사하는 또 다른 공상과학 개념이 있었다. 바로 메타버스다.

2021년 7월, 페이스북의 창업자이자 최고경영자(CEO)인 마크 저커버그는 다음과 같이 말했다. "페이스북은 주로 소셜 미디어 회사로 여겨지지만 향후 효과적인 전환을 통해 메타버스 회사로 거듭날 것입니다. 오늘날 사람들이 사용하는 여러 앱에서 우리가 진행하는 모든 작업은 분명히 이러한 비전을 실현하는 데 직접적으로 도움이 됩니다."[1] 그로부터 얼마 지나지 않아 저커버그는 메타버스 전담 사업부를 공개하고 오큘러스 VR(가상현실) 및 AR(증강현실) 글래스(안경), 뇌-기계 간 인터페이스 등 다양한 미래형 프로젝트를 수행하는 부서인 페이스북 리얼리티 랩의 책임자를 최고기술책임자(CTO)로 승진시켰다. 2021년 10월, 저커버그는 '메타버스' 기업으로 전환하겠다는 의지를 담아 회사명을 페이스북에서 메타플랫폼*으로 변경하겠다고 발표했다. 더 나아가 그는 메타버스 관련 투자로 인해 2021년 영업이익이 100억 달러 이상 줄어들 것이며 이러한 투자가 향후 몇 년간 더 증가할 것이라는 계획을 알리며 페이스북 주주들을 놀라게 했다.

저커버그의 대담한 선언은 큰 관심을 끌었지만, 다른 동종 업계 기업들과 경쟁 업체들도 대부분 비슷한 계획에 착수했고 몇 달 앞서 비슷한 발표를 했다. 2021년 5월에는 마이크로소프트의 CEO 사티아 나델라Satya Nadella가 마이크로소프트 주도의 '기업 메타버스'를 언급하기 시작했다. 컴퓨팅 및 반도체 대기업 엔비디아의 CEO이자 창업자인 젠슨 황Jensen Huang은 투자자들에게 "메타버스의 경제 규모는…… 실물경제보다 더 커질 것"**이며 엔비디아의 플랫폼과 프로세서가 그 중심에 있을 것이라고 말했다.[2] 2020년 4분기와 2021년 1분기 게임 산업에서는 유니티 테크놀로지와 로블록스 코퍼레이션

---

* 이 책에서는 주체를 명확하게 구분하기 위해 마크 저커버그의 메타플랫폼을 페이스북으로 칭한다. 메타버스와 관련된 다양한 플랫폼을 언급하는 동시에 메타버스의 초기 선두 주자인 기업 메타플랫폼에 대해 논하면 다소 복잡해질 수 있기 때문이다.

** 국제통화기금(IMF), 국제연합(UN), 세계은행에서 추산한 2021년 세계 GDP는 약 90~95조 달러였다.

이 모두 메타버스 관련 스토리로 기업 역사와 포부를 포장하며 사상 최대 규모의 기업공개(IPO)를 진행했다.

그 후 2021년 남은 기간 내내 '메타버스'라는 용어는 주요 키워드가 되었다. 모든 기업과 임원이 메타버스가 기업의 수익을 늘리고, 고객을 더 행복하게 하고, 경쟁사의 위협을 낮출 기술이라면서 어떻게든 기업과 연결해 메타버스를 언급하려는 것 같았다. 2020년 10월에 로블록스가 IPO를 신청하기 전까지 '메타버스'라는 용어는 미국 증권거래위원회 문서에 다섯 번밖에 등장하지 않았다.[3] 하지만 2021년에는 이 용어가 260회 이상 언급되었다. 같은 해, 투자자에게 금융 데이터와 정보를 제공하는 소프트웨어 회사인 블룸버그는 메타버스라는 단어가 포함된 글 1000여 편으로 관련 목록을 만들었다. 반면 이전 10년 동안 게시된 메타버스 관련 글은 일곱 편에 불과했다.

메타버스를 향한 관심은 서방 국가와 기업에 국한되지 않았다. 2021년 5월, 중국 최대 기업이자 대형 인터넷 게임 제작사인 텐센트는 메타버스 비전을 대중에게 설명하면서 이를 '초디지털 현실Hyper Digital Reality'로 칭했다. 다음 날, 한국의 과학기술정보통신부는 SK텔레콤, 우리은행, 현대자동차 등 450여 개 기업으로 구성된 '메타버스 얼라이언스Metaverse Alliance'의 출범을 알렸다. 게임 「배틀그라운드(PUBG)」를 제작한 한국의 대형 게임 개발업체 크래프톤은 8월 초에 한국 역사상 두 번째로 큰 규모의 IPO를 완료했다. 물론 크래프톤의 IPO를 담당한 투자은행들은 잠재적 투자자들에게 크래프톤이 메타버스를 이끄는 세계적인 선두 기업이 될 것이라고 언급하는 것도 잊지 않았다. 뒤이어 수개월에 걸쳐, 중국의 인터넷 거대 기업 알리바바와 글로벌 소셜 네트워크(사회관계망) 서비스 틱톡의 모회사인 바이트댄스ByteDance는 모두 다양한 메타버스 상표를 등록하고 VR과 3D 관련 신생 기업 여러 곳을 인수하기 시작했다. 한편 크래프톤은 'PUBG 메타버스'를 출시하겠다고 밝혔다.

메타버스가 사로잡은 건 기술 자본가와 공상과학 팬들의 상상력뿐만이 아니었다. 텐센트가 초디지털 현실에 대한 비전을 공개적으로 밝힌 지 얼마 되지 않았을 때 중국공산당(CCP)은 중국 게임 산업에 역사상 가장 강력한 규제를 가하기 시작했다. 새로 노입된 정책에 따르면, 미성년자는 월요일부터 목요일까지 게임이 금지되며 오직 금요일, 토요일, 일요일 밤 8시부터 9시까지 딱 1시간씩만 게임을 할 수 있다(즉, 미성년자는 주 3시간 이상 비디오게임을 할 수 없게 되었다). 게다가 텐센트 같은 기업들은 자체 얼굴 인식 소프트웨어를 도입하고 사용자의 국가 ID를 확인해 미성년자가 다른 성인 사용자의 기기를 빌려 이와 같은 규제를 피해 게임을 하는 일이 없도록 주기적으로 확인해야 한다. 텐센트는 "지속 가능한 사회적 가치"를 위해 150억 달러를 지원하겠다고 약속했는데, 이에 대해 《블룸버그》는 텐센트가 이를 통해 "빈곤층의 소득 증대, 의료 지원 개선, 농촌 경제 효율성 증진, 교육 프로그램에 대한 보조금 지급 등 여러 분야"에 초점을 맞출 것이라고 내다보았다.[4] CCP가 사람들에게 전하는 메시지는 분명했다. 가상의 아바타가 아닌 인민을 바라보라는 것이었다.

CCP가 국민 생활에서 게임 콘텐츠와 플랫폼이 수행하는 역할이 점차 커지는 것을 우려하고 있다는 사실은, 중국 국영 언론인《시큐리티 타임스》*가 메타버스를 "원대하고 환상적인 개념"으로 소개하면서도 "[그것에] 맹목적으로 투자하면 결국 발등 찍힐 것"이라는 경고를 내놓았을 때 더욱 분명하게 드러났다.[5] 일부 평론가들은 중국의 다양한 경고와 규제, 세금 정책이 메타버스의 중요성을 확실히 보여준다고 해석했다. 협력과 의사소통이 일어나는 평행 세계 parallel world의 잠재력은 그것이 단일 기업에 의해 운영되든 분산된 지역사회에 의해 운영되든, 단일 정당이 통치하고 중앙에서 계획하는 공산주의 국가에는 위협적이다.

이것은 중국만의 걱정거리가 아니었다. 2021년 10월 유럽의회 의원들은 우려의 목소리를 내기 시작했다. 특히 (대체로 페이스북, 아마존, 구글 등 빅테크 기업의 영향력을 억제하기 위해) 디지털 시대를 위한 규제를 대대적으로 개편한 유럽연합(EU)에서 협상을 담당한 크리스텔 샬데모세Christel Schaldemose 의원은 의미심장한 말을 남겼다. 그는 덴마크 신문《폴리티켄》과의 인터뷰에서 "메타버스 계획은 대단히 우려스럽다"며 노동조합에서 "이를 감안해야 한다"라고 지적했다.[6]

메타버스와 관련된 수많은 발표와 비판, 경고는 가상 세계를 향한 환상이 현실 세계에서 더욱 도드라지는 현상일 수도, 삶을 바꾸는 혁신보다는 새로운 기술과 제품 출시, 마케팅을 추진하는 과정에 더 가까울 수도 있다. 그동안 기술 산업은 3D TV와 같이 궁극적으로 시장에서 통용되는 용어보다는 과장된 유행어를 훨씬 오래 사

---

* 《시큐리티 타임스》는 메타버스를 설명할 때 필자를 언급했다.

용하거나, VR 헤드셋 또는 가상 비서와 같이 당초 약속한 기능과는 동떨어진 것으로 판명 난 부풀려진 용어를 사용한 전력이 있다. 세계 최대 기업들이 대외적으로 초기 단계에서 이러한 아이디어를 중심으로 방향을 틀어 야심 찬 비전을 직원, 고객, 주주에게 성공적으로 실현했다는 평가를 받는 경우는 드물다.

메타버스를 향한 극적인 반응은, 개인용 컴퓨터와 유선 인터넷이 떠오른 1990년대에 오늘날 우리가 경험하는 모바일과 클라우드 컴퓨팅 시대로 전환한 것과 유사하게, 메타버스가 차세대 컴퓨팅과 네트워킹 플랫폼이 될 것이라는 믿음이 커지고 있음을 보여준다. 이러한 전환은 한때 모호했던 경영학 용어인 '파괴disruption'를 대중화하고 현대사회와 정치를 재편하는 동시에 거의 모든 산업을 바꿔놓았다. 하지만 그러한 변화와 곧 닥치게 될 메타버스로의 전환 사이에는 타이밍 측면에서 결정적인 차이가 있다. 대부분의 산업과 개인은 모바일과 클라우드의 중요성을 예측하지 못했고, 결과적으로 변화에 대응하고 이를 더 잘 이해한 사람들이 불러온 파괴에 맞서 싸워야 했다. 반면에 메타버스에 대한 대비는 훨씬 일찍, 선제적으로 이루어지고 있다.

나는 2018년에 당시 모호하고 부수적인 개념이었던 메타버스를 주제로 에세이 몇 편을 써서 온라인에 게재하기 시작했다. 그 후로 몇 년이 지나 메타버스가 더 이상 공상과학소설의 소재가 아니라 《뉴욕 타임스》 1면과 전 세계 기업 전략 보고서의 첫 페이지를 장식하게 되면서 수백만 명의 사람이 내가 쓴 글을 읽었다.

이 책은 앞서 내가 메타버스를 주제로 작성한 모든 글을 모아 새롭게 검토하고 확장하고 재구성한 결과물이다. 이 책의 핵심 목적은 아직 초기 단계에 머물러 있는 메타버스라는 개념에 대해 명확하고 포괄적이며 신뢰할 만한 정의를 내리는 것이다. 여기서 더 나아가 좀 더 욕심을 내본다면, 메타버스를 실현하는 데 필요한 것이 무엇이며, 왜 모든 세대가 궁극적으로 메타버스로 이동해 그 안에서 생활하게 될 것인지, 그리고 그것이 우리의 일상과 업무, 사고방식을 어떻게 완전히 바꿔놓을지 이해하는 데 이 책이 도움이 되기를 바란다. 나는 이러한 변화가 불러올 가치를 모두 합치면 수십조 달러에 이를 것이라고 본다. 당신은 이 거대한 물결의 어디쯤에 위치해 있는가?

파트 1

혁명 전야

미래에 관해 우리가 놓친 것들

1장

미래의 간략한 역사

'메타버스'라는 용어는 작가 닐 스티븐슨이 1992년에 쓴 소설 『스노 크래시』에 처음 등장했다. 그의 소설은 우리가 살고 있는 현대에 많은 영향을 끼치긴 했지만 정작 메타버스를 구체적으로 정의하지는 않았다. 하지만 그가 그려낸 메타버스는 거의 모든 인류에게 도달하고, 상호작용하고, 영향을 미치는 영속적인 가상 세계이며, 노동과 여가, 자아실현과 육체적 피로, 상업과 예술이 일어나는 공간이었다. 스티븐슨이 "메타버스의 브로드웨이이자 샹젤리제 거리"라고 일컬은 소설 속의 '더 스트리트The Street'에는 인간이 제어하는 약 1500만 명의 아바타가 상주한다. 이 가상 행성의 전체 규모는 실제 지구 크기의 2.5배에 달한다. 이와 대조적으로 스티븐슨의 소설이 출판된 해에 실제 인터넷 사용자 수는 모두 합쳐 1500만 명에도 미치지 못했다.

　스티븐슨의 메타버스는 생동감 넘치고 많은 사람에게 영감을 주었지만 디스토피아적인 측면이 강했다. 소설 『스노 크래시』의 배경은 21세기 초 세계 경제가 붕괴한 지 수년이 지난 시점이다. 정부 조직은 대부분 영리를 추구하는 '프랜차이즈 조직 준국가기관Franchise-

Organized Quasi-National Entities'과 '교외의 소수민족 거주지suburban enclave'의 줄임
말인 '소수민족 거주지burbclaves'로 대체되었다. 각 거주지는 "자체 헌
법, 국경, 법률, 경찰 등 모든 것을 갖춘 도시국가"**1**로 운영되며 그
중 일부는 순전히 인종에 기반해서 사람들에게 '시민권'까지 부여
했다. 메타버스는 수백만 명의 사람에게 쉼터와 기회를 제공한다.
그곳은 '현실 세계'의 피자 배달부가 훌륭한 검객이 되어 가장 인기
있는 클럽 내부까지 접근할 수 있는 가상의 장소였다. 그러나 스티
븐슨의 소설이 전하는 메시지는 분명했다.『스노 크래시』속 메타버
스는 현실 세계의 삶을 악화시켰다.

　버니바 부시와 마찬가지로 스티븐슨은 대중에게 대체로 잘 알려
지지 않은 인물이지만 그가 현대 기술에 끼친 영향력은 시간이 지
나면서 점점 커지고 있다. 제프 베이조스는 스티븐슨과 대화를 나
눈 후 영감을 받아 2000년에 민간 항공 우주 제조업체이자 준궤도
우주 비행 기업인 블루 오리진을 설립했다. 스티븐슨은 블루 오리
진에서 시간제로 근무하다가 2006년부터 현재까지 선임 고문으로
활동하고 있다. 2021년 기준, 블루 오리진은 일론 머스크의 스페이
스X에 이어 관련 업계에서 두 번째로 가치가 높은 기업으로 여겨진
다. 오늘날 구글 어스로 알려진 키홀의 설립자 세 명 중 두 명은『스
노 크래시』에 묘사된 것과 비슷한 제품에서 영감을 얻었으며 실제
로 스티븐슨을 회사에 영입하려 한 적도 있었다고 밝혔다. 2014년
부터 2020년까지 스티븐슨은 합성 현실 전문 기업인 매직 리프에
서 '수석 미래학자Chief Futurist'로 임용되었는데, 이 기업 역시 그의 소
설에서 영감을 받았다. 매직 리프는 후에 구글, 알리바바, 에이티엔

티 등 여러 기업으로부터 5억 달러 이상의 투자 자금을 조달하면서 기업 가치가 최대 67억 달러까지 급등했지만, 막상 솟구치는 야망을 실현하는 데 어려움을 겪으면서 자본 재편을 경험하고 창업자가 해임되기도 했다.* 그 외에도 스티븐슨의 소설은 다양한 암호화폐cryptocurrency와 비암호화폐 프로젝트에서 탈중앙화 컴퓨터 네트워크를 구축하고, 배우들의 연기를 담아낸 모션 캡처 기술을 통해 지구 반대편에 있는 가정에서도 시청할 수 있는 컴퓨터 생성 화상(CGI) 기반 영화를 실시간으로 제작하는 데 영감을 준 대표적인 요인으로 꼽혀왔다.

스티븐슨은 광범위하게 영향력을 미치고 있지만, 『스노 크래시』를 비롯한 그의 작품들을 문자 그대로 해석하려는 움직임을 지적하며 일관되게 경고해 왔다. 그는 2011년에 《뉴욕 타임스》와 진행한 인터뷰에서 "내 생각이 얼마나 잘못되었는지 온종일 이야기할 수 있습니다"[2]라고 고백했다. 2017년 미국 문화 월간지 《베너티 페어》가 실리콘밸리에 끼친 그의 영향력에 대해 질문하자, 스티븐슨은 "[『스노 크래시』를 집필한 때는] 인터넷과 월드와이드웹이 등장하기 이전이었고, 소설은 모두 내가 지어낸 이야기"[3]라는 사실을 잊어선 안 된다고 말했다. 결과적으로 스티븐슨이 그려낸 메타버스 비전에 지나치게 많은 의미를 부여하지 않도록 유의하는 것이 바람직

---

* 결국 기업 가치가 3분의 2 이상 감소하자, 투자자들은 퀄컴과 마이크로소프트에서 오랫동안 수석 부사장을 지낸 페기 존슨Peggy Johnson을 CEO로 영입했다. 이 기간에 스티븐슨은 다른 정규직 직원들과 최고 경영진과 함께 회사를 떠났다.

하다. 게다가 그가 '메타버스'라는 용어를 만들어낸 장본인이긴 하지만, 그 개념을 처음 도입한 인물은 아니다.

1935년 스탠리 G. 웨인바움Stanley G.Weinbaum은 단편소설 『피그말리온의 안경』*을 썼다. 이 소설은 VR 글래스 같은 마법 안경을 발명하는 이야기를 담고 있다. 소설에 따르면, 이 마법 안경을 쓰면 "시각과 청각이 생생한 영화가 만들어지며…… 당신이 이야기의 일부가 되어 그림자에 말을 걸면 그림자가 답을 한다. 이야기가 화면에 뜨는 게 아니라 당신이 직접 당신에 관한 이야기 속으로 들어가는 것이다".4 레이 브래드버리Ray Bradbury가 1950년에 발표한 난편소실 『초원 The Veldt』은 어떤 핵가족의 아이들이 부모를 대체하는 가상현실 놀이방에 푹 빠져 좀처럼 떠나려 하지 않는 모습을 다룬다(아이들은 결국 부모를 놀이방에 가둬 죽이고 만다). 필립 K. 딕Philip K.Dick이 1953년에 발표한 소설 『거품으로 빚어진 문제The Trouble with Bubbles』는 인류가 우주 깊숙한 곳까지 탐험했지만 외계 생명체를 찾지 못한 시대를 배경으로 한다. 소비자들은 다른 세계, 다른 생명체와의 연결을 갈망하며 '자신만의 세계'를 구축할 수 있는 '월드크래프트'라는 제품을 구매한다. 이 제품으로 사람들은 지각이 있는 생명체와 완전하게 구현된 문명까지 만들어낸다(대부분의 월드크래프트 소유자들은 끝내 자신들이 구축한 세계를 파괴하는데, 딕은 이를 "마치 따분해 죽을 지경인 신이라도 된

---

*   피그말리온은 신화에 나오는 키프로스의 왕 피그말리온에서 따온 것이다. 오비디우스가 지은 서사시 『변신이야기』에서 피그말리온은 너무도 아름답고 살아 있는 듯한 조각상을 조각해 그 조각상과 사랑에 빠지고 결혼한다. 여신 아프로디테는 그의 조각상을 진짜 살아 있는 여인으로 변신시켜 준다.

듯 "신경질적으로" "마구 파괴하는" 모습으로 그려냈다). 그리고 몇 년 후에 아이작 아시모프Isaac Asimov의 소설 『벌거벗은 태양The Naked Sun』이 출간되었다. 아시모프는 이 소설에서 사람들을 직접 만나는 대면 상호작용과 신체 접촉이 소모적이고 불쾌한 행위로 간주되고 업무와 사교 활동 대부분이 원격으로 투사되는 홀로그램과 3D TV를 통해 이뤄지는 사회를 보여준다.

1984년 윌리엄 깁슨William Gibson은 소설 『뉴로맨서』에서 '사이버스페이스'라는 용어를 대중화시켰다. 그가 정의한 사이버스페이스는 다음과 같다. "모든 국가에서 수십억 명의 합법적인 사용자가 매일 경험하고 공유하는 환각…… 인류가 사용하는 모든 컴퓨터의 메모리에서 추출한 데이터를 그래픽으로 표현한 것이다. 상상을 뛰어넘는 복잡성. 인간의 마음이라는 비공간nonspace에서 펼쳐지는 빛나는 선들과 별자리처럼 빛나는 데이터 클러스터. 도시의 야경처럼 희미하게 뻗어나간다." 특히 깁슨은 사이버스페이스의 시각적 개념을 '매트릭스'라고 불렀는데, 이 용어는 그로부터 15년 후에 라나 워쇼스키Lana Wachowski와 릴리 워쇼스키Lily Wachowski 자매가 차용해 동명의 영화를 만들었다. 영화 「매트릭스」에서 매트릭스는 1999년 지구의 모습을 보여주지만 사실 모든 인류가 자기도 모르게 끊임없이 2199년에 강제로 연결되는 시뮬레이션 세계를 나타낸다. 이러한 시뮬레이션의 목적은 22세기에 지구를 정복한, 지각이 있는 인공 기계들이 인간을 생체 전력 배터리로 활용하기 위해 인류를 보살피고 관리하는데 있다.

최초의 메타버스가 「던전 앤 드래곤」?

작가들의 관점은 저마다 확연하게 다르지만 스티븐슨, 깁슨, 워쇼스키, 딕, 브래드버리, 웨인바움이 제시하는 인공적인 세계는 모두 디스토피아에 해당한다. 하지만 실제 메타버스에서 그러한 암울한 결과로 이어지는 것이 불가피하다거나 그럴 가능성이 크다고 단순히 넘겨짚을 만한 근거는 없다. 완벽한 사회는 되도록 파란만장한 인생극으로 흘러가지 않으려는 경향이 있으며 인생극은 소설을 비롯한 많은 허구의 근원이 된다.

이와 대조적으로 1981년에 '초현실hyperreality'이라는 용어를 만든 프랑스 철학자이자 문화 이론가인 장 보드리야르Jean Baudrillard를 생각해보자. 그의 작품은 깁슨의 작품이나 깁슨에 영향을 받은 다른 작품들과 곧잘 비교되곤 한다.* 보드리야르는 초현실을 현실과 시뮬레이션이 매우 매끄럽게 통합되어 둘의 차이를 구별할 수 없는 상태

---

*   1991년 4월, 깁슨은 보드리야르에 관한 질문에 "그는 멋진 공상과학 작가입니다"라고 답했다(Daniel Fischlin, Veronica Hollinger, Andrew Taylor, William Gibson, and Bruce Sterling, "'The Charisma Leak': A Conversation with William Gibson and Bruce Sterling," *Science Fiction Studies* 19, no. 1 [March 1992], 13). 워쇼스키 자매는 보드리야르에게 영화 「매트릭스」 제작에 참여해달라고 요청했지만, 보드리야르는 자매의 제안을 거절했다. 후에 그는 영화가 자신의 아이디어를 잘못 해석했다고 말했다(Aude Lancelin, "The Matrix Decoded: Le Nouvel Observateur Interview with Jean Baudrillard," *Le Nouvel Observateur* 1, no. 2 [July 2004]). 영화 「매트릭스」의 등장인물인 모피어스는 주인공 네오를 '현실 세계'로 인도하면서 이렇게 말한다. "보드리야르가 그린 세계처럼 넌 지역이 아니라 지도 안에 갇혀 평생을 살아왔어."(Lana Wachowski and Lilly Wachowski, The Matrix, directed by Lana Wachowski and Lilly Wachowski [1999; Burbank, CA: Warner Bros., 1999], DVD) 텐센트가 메타버스 비전을 '초디지털 현실'로 이름 붙였다는 사실을 다시 떠올려보자.

로 묘사했다. 많은 사람이 이와 같은 개념을 두려워하지만, 보드리야르는 개인이 더 많은 의미와 가치를 끌어낼 수 있는 장소가 중요하다고 주장했으며 시뮬레이션된 세계가 바로 그러한 장소일 것이라고 추측했다.[5] 메타버스와 메멕스의 개념은 서로 떼어놓고 생각할 수 없다. 부시가 단어를 통해 서로 연결된 무한한 문서를 상상했다면, 스티븐슨과 다른 작가들은 무한히 상호 연결된 세계를 상상했다.

지난 수십 년에 걸쳐 가상 세계를 구축하려는 수많은 시도가 있었고, 그러한 노력은 스티븐슨의 소설을 비롯해 메타버스에 영감의 원천이 된 여러 작품보다도 메타버스 발전에 훨씬 유익하게 작용했다. 이러한 역사는 메타버스를 위해 수십 년 동안 이뤄진 발전뿐만 아니라 메타버스의 본질에 대해서도 많은 것을 보여준다. 메타버스를 꿈꾸는 기술들은 통제나 폭리가 아니라 협업과 창의성, 자기표현에 중점을 두고 있다.

일각에서는 '최초의 메타버스proto-Metaverses'의 역사가 메인프레임 컴퓨터가 등장한 1950년대로 거슬러 올라간다고 말한다. 당시 개인들은 사상 처음으로 여러 장치로 이루어진 네트워크를 통해 서로 디지털 메시지를 주고받으며 공유할 수 있었다. 하지만 대부분의 역사는 멀티 유저 던전(MUD)으로 알려진 텍스트 기반 가상 세계가 등장한 1970년대에 본격적으로 시작되었다. MUD는 사실상 롤플레잉 게임인 「던전 앤 드래곤」의 소프트웨어 기반 버전이었다. 플레이어들은 인간의 언어와 유사한 텍스트 기반 명령을 사용해 서로 소통하고, 플레이할 수 없는 캐릭터와 괴물 등이 가득한 가상의 세계를 탐험하고, 경험치와 지식을 얻어 레벨을 올리고, 마지막에는 마법의 성배를 되찾거나 사악한 마법사를 물리치거나 공주를 구할 수 있었다.

MUD의 높아진 인기는 멀티 유저 공유 환각(MUSH) 또는 멀티 유저 경험(MUX)의 탄생을 이끌었다. MUD에서 플레이어가 보통 어떤 정해진 판타지 이야기를 배경으로 특정 역할을 맡아 수행해야 한다면, MUSH와 MUX에서는 참가자들이 세계와 목표를 공동으로 정의할 수 있다. 예컨대, 플레이어들은 MUSH를 법정으로 설정해서 각자 피고, 변호사, 원고, 판사, 배심원과 같은 역할을 맡을 수 있다. 참가자는 다소 지루하게 흘러가는 전개를 흥미진진한 인질극으로 바꿀 수 있는데, 이때 갑자기 다른 참가자가 난입해 낭만적인 대사를 마구 내뱉으며 전개를 복잡하게 틀어버릴 수도 있다.

그 후 1986년 영화 「스타워즈」의 감독 조지 루카스George Lucas가 설립한 제작사 루카스필름에서 내놓은 코모도어 64(1982년 코모도어 인터내셔널이 출시한 8비트 가정용 컴퓨터─옮긴이) 전용 온라인 게임 「해비타트」는 또 다른 커다란 도약이었다. 당시 「해비타트」는 깁슨의 소설 『뉴로맨서』에 등장하는 '사이버스페이스'와 함께 언급되며 "여러 플레이어가 참여하는 온라인 가상 환경"으로 소개되었다. MUD, MUSH와 다르게 「해비타트」의 세계는 그래픽으로 표현되어 사용자가 실제 가상 환경과 캐릭터를 2D 픽셀로나마 시각적으로 볼 수 있었다. 그 덕분에 플레이어는 게임 내 환경을 훨씬 더 많이 제어할 수 있었다. 「해비타트」의 '시민'들은 가상 세계의 법률을 스스로 수립하고 그것에 의존해 필요한 자원을 서로 물물교환을 해야 했으며 강도나 살해 위험으로부터 자신의 물건을 안전하게 지켜야만 했다. 이러한 문제는 가상 세계에 혼란을 불러왔고, 이후 플레이어 커뮤니티에서는 질서를 유지하기 위해 새로운 규칙과 법률을 수립하고 권한을 지정했다.

「해비타트」는 「팩맨」과 「슈퍼 마리오 브라더스」 등 다른 1980년대 비디오게임만큼 널리 기억되는 게임은 아니지만 당시 주류였던 MUD와 MUSH에서 벗어나 틈새시장을 파고들어 마침내 상업적으로 큰 성공을 거두었다. 「해비타트」는 산스크리트어로 '하늘에서 내려온 신의 분신'을 의미하는 단어 '아바타avatar'를 빌려와 사용자를 대리하는 가상의 신체를 가리키는 용어로 새롭게 쓰기 시작한 최초의 게임이기도 하다. 그로부터 수십 년이 지나 '아바타'는 스티븐슨의 『스노 크래시』에서 재차 언급되면서 업계에서 통용되는 용어로 자리 잡았다.

1990년대에는 '최초의 메타버스'로 불릴 만한 대표적인 게임은 없었지만 기술 발전은 계속되었다. 당시 수백만 명의 소비자가 최초의 아이소메트릭 3D 또는 2.5D 가상 세계에 참여했다. 아이소메트릭 3D는 3차원 공간에 있는 듯한 환상을 주지만, 사용자는 두 축으로만 이동할 수 있었다. 그로부터 얼마 지나지 않아 완전한 3D 가상 세계가 등장했다. 각각 1994년과 1995년에 출시된 「웹 월드」와 「액티브월드」를 비롯한 많은 게임이 비동기식 명령asynchronous command과 투표를 통하지 않고도 사용자에게 실시간으로 가시적인 가상 공간을 공동으로 구축할 권한을 제공하고, 다양한 그래픽과 심벌 기반 도구를 도입해 더욱 수월하게 세계를 구축할 수 있도록 지원했다. 특히 「액티브월드」는 스티븐슨의 메타버스 구축을 목표로 삼았으며, 플레이어에게 가상 세계를 즐기는 데 그치지 말고 세계를 확장하고 사람들을 끌어모으는 데 시간을 투자해 달라고 요청했다. 1998년 「온라이브! 트래블러」는 사용자가 다른 플레이어들의 상대적 위치를 듣고 아바타의 입이 플레이어의 말에 반응해서 움직이는 공간 음성 채팅 서비스를 함께 출시했다.[6] 이듬해에는 3D 게임 소프트웨어 회사 인트린식 그래픽스가 자회사 키홀을 설립했다. 2000년대 중반 구글에 인수된 후에야 대중에게 널리 알려진 키홀은 지구 전체를 그대로 재현한 가상 세계에 전 세계인이 접속할 수 있는 최초의 서비스를 제공한 회사였다. 그 후 15년 동안 지도의 상당 부분이 3D로 업데이트되었고, 구글이 보유한 매핑 제품과 데이터로 구성된 방대한 데이터베이스가 지도에 연결되면서 사용자는 실시간 교통정보 같은 정보를 화면에 띄울 수 있게 되었다.

2003년 (적절하게 이름 붙여진) 「세컨드 라이프」가 출시된 것을 계기로, 특히 실리콘밸리에서 일하는 전문가들을 포함한 많은 사람이 가상 공간에서 일어날 평행 존재의 가능성에 주목하기 시작했다. 「세컨드 라이프」는 첫해에 100만 명이 넘는 정기 사용자를 유치했고, 곧이어 현실 세계에 존재하는 수많은 조직이 이 플랫폼에 자체 비즈니스를 구축하고 입지를 다졌다. 이러한 조직에는 아디다스, BBC, 웰스파고 같은 영리 기업뿐만 아니라 미국 암학회와 세이브 더칠드런 같은 비영리단체와 대학 등이 포함되었다. 특히 하버드대학교는 「세컨드 라이프」에서만 독점적으로 제공하는 로스쿨 과정까지 운영했다. 2007년에는 「세컨드 라이프」에 기반을 둔 기업들이 플랫폼 전용 화폐인 린든 달러Linden Dollar로 자본을 조달할 수 있도록 지원하기 위해 플랫폼에 증권거래소까지 설립했다.

결정적으로 개발업체인 린든 랩은 「세컨드 라이프」에서 거래를 중개하지 않고, 플랫폼에서 이뤄지는 제조나 판매를 적극적으로 관리하지도 않았다. 구매자와 판매자가 인식하는 가치와 필요에 따라 직거래가 이뤄졌다. 전반적으로 린든 랩은 게임 제작업체라기보다는 정부처럼 운영되었다. 예컨대, 사용자를 대상으로 신원 관리, 소유권 기록, 가상 세계의 법률 체계 등 대면 서비스를 제공했지만, 「세컨드 라이프」 세계를 직접 구축하는 데 집중하진 않았다. 대신 계속해서 인프라와 기술 역량, 도구를 개선해 더 많은 개발자와 제작자를 플랫폼으로 유치함으로써 가상 세계의 경제적 번영을 이끌어낼 수 있었다. 이를테면 사용자가 할 일이나 방문할 장소, 구매할 아이템, 보상 반응 등을 만들어 더 많은 사용자를 끌어모아 더 많은 소비를 일으키면, 개발자와 제작자는 또다시 플랫폼에 더 많은 자본을 투자하게 된다. 이와 같은 선순환을 달성하기 위해 「세컨드 라이프」는 사용자에게 플랫폼 외부에서 만든 가상 개체와 텍스처를 플랫폼 내부로 불러오는 기능도 제공했다. 플랫폼이 출시된 지 겨우 2년 만인 2005년 「세컨드 라이프」의 연간 GDP는 3000만 달러를 넘어섰다. 2009년에는 GDP가 5억 달러를 넘어섰고, 그해 사용자들은 5500만 달러를 실제 화폐로 현금화했다.

「세컨드 라이프」가 커다란 성공을 거둔 후 2010년대에 가상 세계 플랫폼 「마인크래프트」와 「로블록스」가 인기를 끌면서 가상 세계라는 개념이 주류 문화로 자리 잡으며 대중에 알려지게 되었다. 「마인크래프트」와 「로블록스」는 이전 제품보다 기술적으로 상당한 진전을 이뤄냈으며, 어린이와 10대 청소년 사용자에 초점을 맞춘 만큼 기능이 더욱 발전했을 뿐만 아니라 사용법도 훨씬 간편했다. 결과는 놀라웠다.

2010년대 내내 수많은 사용자가 「마인크래프트」에서 협력하면서 로스앤젤레스 같은 대도시를 건설했고 그 면적만 약 1295제곱킬로미터에 달했다. 이름이 애즈터Aztter인 한 비디오게임 스트리머는 1년 동안 하루 평균 16시간을 들여 약 3억 7000만 개의 「마인크래프트」 블록으로 근사한 사이버펑크 도시를 건설했다.[7] 이 플랫폼이 이뤄낸 성과는 규모뿐만이 아니다. 2015년 버라이즌은 「마인크래프트」 내부에 '현실 세계'로 실시간 화상 통화를 걸고 받을 수 있는 휴대전화를 만들었다. 2020년 2월 코로나19 바이러스가 중국 전역으로 확산되자, 중국의 「마인크래프트」 플레이어 커뮤니티에서는 현실 세계에서 열심히 일하고 있는 병원 직원들에게 경의를 표하기 위해 우한에 있는 11만 제곱미터 규모의 병원을 재빠르게 지어내 전 세계 언론에 대서특필되었다.[8] 그로부터 한 달 후, 국제 언론인 단체인 국경 없는 기자회가 「마인크래프트」 내 도서관 건설을 의뢰했다. 16개국에서 모인 가상의 빌더 24명이 약 250여 시간 동안 1250만 개 이상의 블록을 쌓아 건물을 완성했다. 검열 없는 도서관Uncensored Library으로 불리는 이 가상 공간에서는 러시아, 사우디아라비아, 이집트와 같은 국가의 사용자들도 자국 정부가 금지한 문헌을 찾아 읽을 수 있다. 예를 들어, 사우디아라비아의 정치인이 암살을 승인하여 결국 죽음에 이른 자말 카슈끄지Jamal Khashoggi 같은 언론인의 삶을 자세히 다루며 언론의 자유를 지지하는 글도 이 가상 도서관에 공개되어 있다.

2021년 말 기준, 매월 1억 5000만 명 이상이 「마인크래프트」 플랫폼을 사용하고 있다. 이는 마이크로소프트가 플랫폼을 인수한 2014년보다 6배 이상 증가한 수치다. 그럼에도 「마인크래프트」는 「로블록스」의 규모에 크게 미치지 못하는데, 「로블록스」는 월간 사용자 수가 500만 명을 밑돌다 같은 기간에 2억 2500만 명으로 급성장하며 새롭게 시장을 주도하고 있다. 로블록스 코퍼레이션의 한 조사에 따르면, 2020년 2분기 미국에서 9~12세 어린이의 75퍼센트가 「로블록스」 플랫폼을 정기적으로 이용했다. 또한 두 플랫폼을 합쳐 1500만 명의 플레이어가 설계한 게임 속 1억 개 이상의 다양한 세계에서 사용자들이 매월 각각 60억 시간 이상을 보내는 것으로 나타났다. 「로블록스」에서 가장 인기 있는 게임인 「입양하세요!」는 2017년 두 명의 플레이어가 개발한 게임으로, 사용자는 다양한 반려동물을 부화시켜 키우고 거래할 수 있다. 2021년 말까지 「입양하세요!」 가상 세계 사용자의 방문 횟수는 300억 회 이상으로, 이는 2019년 전 세계 관광객의 평균 방문 횟수의 15배가 넘는 수치다. 「로블록스」에서 활동하는 개발업체들은 30명 미만으로 구성된 소규모 팀이 대부분이지만, 이 플랫폼에서 무려 10억 달러 이상을 벌어들였다. 2021년 말 로블록스는 중국 외 지역에서 가장 가치 있는 게임 업체가 되었으며, 기업 가치는 유명한 대형 게임 업체인 액티비전 블리자드와 닌텐도보다도 거의 50퍼센트 이상 높다.

「마인크래프트」와 「로블록스」의 플레이어와 개발자 커뮤니티가 엄청난 규모로 성장하긴 했지만, 2010년대 말까지 다른 많은 플랫폼도 생겨나고 발전하기 시작했다. 예를 들어, 2018년 12월에 블록버스터 비디오게임 「포트나이트」는 「마인크래프트」와 「로블록스」의 사용자들이 직접 세계를 구축하는 것에서 착안해 「포트나이트 크리에이티브 모드」를 출시했다. 한편 「포트나이트」는 게임 이외의 경험을 위한 소셜 플랫폼으로도 탈바꿈하고 있다. 2020년 힙합 스타이자 이제는 유명한 셀럽 집안인 카다시안 가족의 구성원이 된 트래비스 스콧Travis Scott은 「포트나이트」에서 라이브 콘서트를 열었다. 2800만 명의 플레이어가 이 콘서트에 참석했으며, 수백만 명이 소셜 미디어에서 실시간으로 콘서트를 시청했다. 스콧은 키드 커디Kid Cudi가 피처링한 곡을 이 콘서트에서 처음 선보였는데, 이 곡은 일주일 후 빌보드 핫 100 차트 1위에 올라 커디에게 생애 첫 빌보드 1위라는 영광을 안겨주었으며, 2020년 미국에서 첫 주에 가장 성공한 곡 3위에 올랐다. 스콧은 2년 전에 발매한 앨범 「아스트로월드」에 수록된 몇 곡을 콘서트 때 공연했는데 이후 이 곡들이 빌보드 차트에 재진입했다. 그로부터 18개월이 지나 「포트나이트」의 공식 행사 영상은 유튜브 누적 조회수 약 2억 뷰를 달성했다.

MUD부터 「포트나이트」에 이르기까지 사회적 가상 세계가 수십 년 동안 쌓아온 지난 역사는 최근 메타버스라는 개념이 공상과학소설과 특허에 그치지 않고 소비자와 기업을 선도하는 최신 기술로 거듭난 이유를 설명해 준다. 이제 우리는 이러한 경험이 수억 명의 마음을 사로잡을 수 있고 메타버스의 한계가 기술보다는 인간의 상상력에 좌우되는 시점에 와 있다.

2021년 중반, 「포트나이트」 제작사 에픽게임즈의 CEO이자 창업자인 팀 스위니Tim Sweeney는 페이스북이 메타버스 계획을 발표하기 불과 몇 주 전에 1998년 출시된 게임 「언리얼」의 사전 출시 코드를 트위터에 게시했다. 그러면서 "1998년 「언리얼 1」이 출시되었을 때 플레이어들은 포털에 들어가 사용자가 운영하는 서버를 둘러볼 수 있었습니다. 커뮤니티 회원들이 전투가 벌어지지 않는 지역을 표시한 동굴 지도를 만들고 채팅을 하던 때를 기억합니다. 하지만 이런 식의 플레이는 오래 지속되지 않았습니다"라고 썼다.[9] 몇 분 후 그는 이렇게 덧붙였다. "우리는 아주 오랫동안 메타버스를 향한 열망을 품고 있었습니다…… 하지만 최근 들어서야 여러 작업 조각이 빠르게 결합되기 시작했죠."[10]

모든 기술적 전환은 이러한 흐름으로 전개된다. 모바일 인터넷은 1991년부터 존재했으며 이미 훨씬 오래전부터 예견되었다. 하지만 2000년대 후반에 이르러서야 무선 속도, 무선 장치, 무선 애플리케이션(응용 프로그램) 등 모바일 인터넷에 필요한 기술 조합이 갖춰지면서 선진국의 모든 성인을 시작으로 10년 이내에 지구상의 거의 모든 사람이 스마트폰과 광대역(브로드밴드) 요금제를 선택하고 구매할 수 있는 수준으로 발전한 것이다. 이러한 발전은 디지털 정보 서비스와 인류의 문화 전반에 차례로 변화를 불러일으켰다. 이를테면, 1998년 인스턴트 메신저의 선두 주자였던 ICQ가 인터넷 대기업 AOL에 인수되었을 때 사용자 수는 1200만 명이었다. 10년 후, 페이스북의 월간 사용자 수는 1억 명을 넘어섰다. 2021년 말 기준으로 페이스북의 월간 사용자 수는 무려 30억 명이며 매일 약 20억 명이 이 서비스를 이용하고 있다.

　이러한 변화는 부분적으로 세대 계승의 결과이기도 하다. 아이패드가 출시된 후 처음 2년여 동안은 유아와 어린이들이 '아날로그' 잡지나 책을 집어 들고는 마치 아이패드의 터치스크린을 다루듯이 '스와이프'하는 모습, 즉 밀어 넘기려는 모습을 언론 보도와 인기 유튜브 영상을 통해 쉽게 접할 수 있었다. 당시 한 살이었던 아기가 이제 열한두 살이 되었다. 2011년에 네 살이었던 아이는 이제 청소년이 되어 성인이 될 날을 앞두고 있다. 이 연령대의 미디어 소비자들은 이제 돈을 내고 콘텐츠를 소비하고 있으며, 일부는 이미 직접 콘텐츠를 제작하고 있다. 젊은 소비자들은 어릴 때 고개를 갸우뚱거리며 책을 집어 들고 연신 두 손가락으로 확대하려 했던 자신들의 모습을 보고 왜 어른들이 웃음을 터뜨렸는지 이제 이해하게 되었지만, 기성세대는 젊은 세대의 세계관과 선호도가 자신들과 얼마나 다른지 감조차 잡지 못하고 있다.

　「로블록스」는 이러한 현상을 잘 보여주는 완벽한 사례다. 이 플랫폼은 2006년에 출시되었고 그로부터 약 10년이 지난 후에야 많은 사용자를 확보할 수 있었다. 그 후 「로블록스」를 플레이하지 않는 사람들이 그것의 존재를 알아차리기까지는 3년이란 세월이 필요했다(플랫폼을 이미 알고 있던 사람들은 비교적 정밀하지 못한 그래픽을 비웃기도 했다). 2년 후, 「로블록스」는 역대 최대 규모의 미디어 경험 중 하나로 기록되었다. 이처럼 「로블록스」의 15년 역사는 부분적으로 기술 개선의 결과물인 건 맞지만, 핵심 사용자가 모바일 장치에 친숙한 '아이패드 네이티브iPad Native' 세대로 성장해 온 아이들이라는 사실은 우연이 아니다. 다시 말해 「로블록스」가 성공을 거두기 위해서는 플랫폼을 구현할 수 있는 기술 이외에도 소비자의 사고방식에 영향을 미칠 수 있는 다른 기술들이 필요하다.

메타버스(그리고 당신)를 지배하기 위한 경쟁

지난 70년 동안 '최초의 메타버스'는 텍스트 기반 채팅과 MUD를 시작으로 작은 국가의 인구와 경제 규모에 필적하는 규모를 갖추고 생동감이 넘치는 가상 세계 네트워크로 성장했다. 이러한 방향성은 앞으로도 수십 년 동안 이어져 가상 세계에 더욱 뛰어난 현실감과 경험의 다양성을 더하고, 더 많은 사용자에게 문화적으로 영향을 끼치며 가치를 창출할 것이다. 궁극적으로 스티븐슨, 깁슨, 보드리야르 같은 작가들이 상상한 메타버스가 실현될 것이다.

메타버스 안팎에서는 패권을 다투기 위한 전쟁이 수도 없이 벌어질 수 있다. 하드웨어, 기술 표준, 도구는 물론이거니와 콘텐츠, 디지털 지갑, 가상의 정체성 등을 둘러싸고 빅테크 기업들과 이들에 맞서는 신생 기업 사이에 힘겨루기가 이어지고, '메타버스의 중심축'이 움직이는 상황에서 생존해야 할 필요성이나 잠재 수익을 뛰어넘는 다른 여러 요인이 경쟁에 동기로 작용할 것이다.

팀 스위니는 「포트나이트」를 출시하기 1년 전인 2016년, '메타버스'라는 용어가 대중에게 알려지기 훨씬 이전에 기자들에게 이렇게 말했다. "메타버스는 다른 어떤 것보다 강력하며 훨씬 광범위하게 침투할 것입니다. 어떤 하나의 기업이 중앙에서 메타버스의 통제권을 거머쥔다면 어떤 정부보다도 강력한 지상의 신이 될 것입니다."*11 이런 표현은 과장으로 여겨지기 쉽지만, 인터넷의 기원을 살펴보면 결코 과장이 아니다.

오늘날 인터넷의 기본 토대는 정부 기관 연구소, 대학, 독립 기술 전문가, 기관 등으로 구성된 다양한 컨소시엄과 비공식 실무단을 통해 수십 년에 걸쳐 쌓아 올린 것이다. 이들은 대부분 비영리단체로, 일반적으로 한 서버에서 다른 서버로 정보를 공유하는 데 도움을 주는 개방형 표준을 정립하는 데 중점을 둔다. 이로써 미래 기술, 프로젝트, 아이디어와 관련해 공동 작업을 진행하기가 더욱 수월해진다.

이러한 방식이 불러온 이점은 매우 다양했다. 예를 들어, 인터넷에 연결한 사람은 누구나 순전히 HTML을 사용해서 단 몇 분 만에 무료로 웹사이트를 만들 수 있었다. 지오시티 같은 플랫폼을 이용하면 작업 속도가 훨씬 더 빨라졌다. 인터넷에 연결된 모든 장치, 브라우저, 사용자는 이 사이트의 단일 버전에 접속할 수 있었다. 사용자나 개발자가 탈중개화disintermediation할 필요도 없었으며, 원하는 사람들과 대화를 나누고 그들을 위한 콘텐츠를 제작할 수 있었다. 공통된 표준을 사용하면 더 쉽고 저렴하게 외부 공급업체를 고용하

---

*   에픽게임즈 대 애플 소송의 판결문에서 담당 지방법원은 "메타버스의 미래에 대한 스위니 씨의 개인적인 굳은 신념을 두루 확인할 수 있었다"라고 밝혔다(Epic Games, Inc. v. Apple Inc., U.S. District Court, Northern District of California, Case 4:20-cv-05640-YGR, Document 812, filed September 10, 2021).

고, 타사 소프트웨어와 앱을 통합하고, 코드를 용도에 맞게 바꿔 쓸 수 있었다. 이러한 기술 표준 중 상당수가 무료이며 오픈소스라는 사실은 개별 혁신이 전체 생태계에 유익하며, 유료로 제공되는 특허 표준에 경쟁 압력을 가하고, 웹과 사용자 사이에 자리한 플랫폼, 가령 장치 제조업체, 운영체제, 브라우저, 인터넷 서비스 제공업체 (ISP)들의 지대추구rent-seeking(새로운 부를 창출하지 않고 기존 부에서 자신의 몫을 늘리려는 행위—옮긴이) 경향을 확인하는 데 도움이 된다는 것을 의미했다.

하지만 그것만으로는 인터넷에서 기업이 이익을 얻거나, 부분적으로 유료화paywall를 진행하거나, 독점 기술을 구축하는 것을 막지는 못했다. 오히려 인터넷의 '개방성openness'은 더 많은 영역에서 더 많은 기업을 설립하고, 더 많은 사용자에게 도달하고, 더 많은 수익을 달성할 수 있게 하는 동시에 인터넷이 도입되기 이전 시대의 대기업(결정적으로는 통신사)들이 인터넷을 좌지우지할 가능성을 방지했다. 개방성은 인터넷이 정보를 민주화한 것으로 간주되는 이유이며, 오늘날 세계에서 가장 가치 있는 상장 기업 대다수가 인터넷 시대에 설립되거나 새롭게 거듭난 이유이기도 하다.

애초에 다국적 미디어 대기업이 위젯을 판매하고, 광고를 제공하고, 사용자 데이터를 수집해 수익을 얻거나, 사용자의 엔드투엔드 end-to-end(처음부터 끝까지 모든 과정이 관리되는 방식—옮긴이) 경험을 제어하기 위해서만 인터넷을 만들었다면(에이티엔티와 AOL이 모두 이러한 방식을 도입하려 했지만 실패했다), 인터넷이 지금과 얼마나 달라졌을지 상상하는 것은 그리 어렵지 않다. 가령 JPG 파일을 다운로드하려면 비용이 들고, PNG 파일을 다운로드하려면 50퍼센트 더 비싼 비용을 지불해야 할 수도 있다. 영상통화는 광대역 공급업체의 자체 앱이나 포털을 통해서만, 같은 공급업체를 쓰는 사람들끼리만 가능할지도 모른다(가령 '익스피니티 브라우저™에 오신 것을 환영합니다. 줌™으로 구동되는 익스피니티북™ 또는 익스피니티콜스™를 사용하려면 여기를 클릭하세요. 죄송합니다. '할머니'는 당사 네트워크에 없지만, 2달러만 지불하면 할머니에게 전화를 걸 수 있습니다……' 같은 문구가 뜨는 상황을 상상해 보자). 웹사이트를 만드는 데 1년이 걸리거나 1000달러의 비용이 든다면 어떨까? 특정 웹사이트가 인터넷 익스플로러 또는 크롬에서만 작동하는데, 연간 이용료를 지불해야 각 브라우저를 사용할 수 있다면 어떻게 될까? 광대역 공급업체에 추가 요금을 내야만 특정 프로그래밍 언어를 읽거나 특정 웹 기술을 사용할 수 있다면 어떨까(예를 들어, '이 웹사이트는 익스피니티 프리미엄 3D가 필요합니다'라는 문구가 뜨는 상황을 상상해 보자)? 1998년 미국 정부가 독점금지법 위반 혐의로 마이크로소프트를 고소했을 때, 정부는 마이크로소프트가 특허를 낸 웹 브라우저인 인터넷 익스플로러를 윈도 운영체제(OS)와 묶어 판매하기로 했다는 점에 주목했다. 어떤 기업이 인터넷을 창조했다면 다른 경쟁 브라우저의 출시를 허용했다고 볼 수 있을까? 만일 그렇다면 그 기업은 사용자가 해당 브라우저에서 원하는 모든 작업을 수행하거나 선택한 사이트에 접속하고 해당 사이트를 수정하는 행위까지도 허용했을까?

'기업 인터넷'은 메타버스를 향한 현재의 기대와 일맥상통한다. 인터넷의 비영리적 성격과 초창기 역사는, 사실상 당시 정부 연구소와 대학만이 '네트워크들의 네트워크network of networks'를 구축하는 데 필요한 컴퓨터 역량과 자원을 갖추고 목표를 세운 유일한 기관이었으며 영리 부문에서는 소수만이 인터넷의 상업성을 이해하고 있었다는 사실에서 비롯된 것이다. 반면 메타버스는 이와 전혀 다른 방향으로 흘러가고 있다. 민간 기업들은 이미 상거래, 데이터 수집, 광고, 가상 제품 판매라는 명백한 목적을 위해 메타버스를 개척하고 구축하고 있는 것이다.

수직적·수평적으로 통합된 역대 최대 규모의 기술 플랫폼들이 이미 우리 삶과 현대 경제의 기술 및 비즈니스 모델에 막대한 영향을 끼치고 있는 바로 이 시기에 메타버스가 등장했다. 이러한 힘은 부분적으로 디지털 시대의 막강한 순환 고리feedback loop(어떤 원인으로 나타난 결과가 다시 그 원인에 작용해 결과를 조절하는 원리 ―옮긴이)를 보여준다. 예를 들어, 메트칼프의 법칙에 따르면 통신 네트워크의 가치는 네트워크 사용자 수의 제곱에 비례한다. 이러한 관계는 대규모 소셜 네트워크와 서비스의 성장을 유지하는 데 도움이 되며 경쟁업체를 늘려야 하는 문제를 제기한다. AI 또는 기계 학습machine learning에 기반한 모든 비즈니스는 데이터 세트가 증가할 때 유사한 이점을 얻는다. 광고와 소프트웨어 판매 등 인터넷의 주요 비즈니스 모델도 규모에 따라 이뤄진다. 광고를 넣을 자리나 앱을 판매하는 회사는 규모가 늘어나도 추가 비용이 거의 발생하지 않고, 광고주와 개발자 모두 소비자가 어디에 있을지 예상할 필요 없이 소비자의 현재 위치에 주로 초점을 맞추기 때문이다.

하지만 빅테크 기업들은 사용자층과 개발자층을 보호하는 동시에 새로운 영역으로 확장하고 잠재적인 경쟁업체를 차단하기 위해 지난 10년 동안 자체적으로 폐쇄형 생태계를 운영해 왔다. 이를테면 여러 서비스를 강제로 묶어 사용자와 개발자가 데이터를 쉽게 내보내는 것을 방지하고 다양한 협업 프로그램을 종료했으며, 독점을 위협할지 모를 공개 표준과 이익 추구 행위를 완전히 차단하거나 최대한 방해하는 등 폐쇄적인 행보를 이어갔다. 이러한 전략은 상대적으로 더 많은 사용자와 데이터, 수익, 장치 등을 확보해 얻게 되는 순환 고리와 혼합되어 인터넷의 상당 부분을 폐쇄하는 효과가 있었다. 오늘날 개발자는 기본적으로 공인된 기관으로부터 허가를 받고 고객에게 결제 방법을 제공해야 한다. 사용자는 온라인 ID와 데이터 또는 권한에 대한 소유권이 거의 없기 때문이다.

이것은 메타버스 디스토피아에 대한 두려움이 단지 기우가 아니라 자연스러운 반응임을 시사한다. 메타버스라는 개념은 점차 우리의 생활, 노동, 여가, 시간, 부, 행복, 관계의 상당 부분이 단순히 디지털 장치와 소프트웨어를 통해 확장되거나 촉진되기보다 가상 세계에서 소비된다는 것을 의미한다. 메타버스는 수십억까진 아니더라도 수백만 명의 사람들이 존재하는 평행 세계가 되어 디지털 경제와 실물경제의 정점에 올라 두 경제를 통합할 것이다. 결과적으로 이러한 가상 세계와 그 안에 속한 핵심 요소를 통제하는 기업들은 오늘날 디지털 경제를 주도하는 기업들보다도 더 지배적인 위치에 오를 것이다.

메타버스는 데이터 권리, 데이터 보안, 허위 정보와 급진주의, 플랫폼의 영향력과 규제, 남용, 사용자 행복도 등 오늘날 디지털 공간에 존재하는 심각한 문제 중 상당수를 악화시킬 수 있다. 따라서 메타버스 시대를 이끌어가는 기업들의 철학, 문화, 우선순위는 단순히 가상 세계와 보상이 더 늘어나는지가 아니라 우리의 미래가 현재보다 더 좋을지 나쁠지를 결정짓는 데 도움이 되어야 한다.

세계에서 가장 규모가 큰 기업들과 가장 야심 찬 신생 기업들이 메타버스를 추구하는 상황에서 우리는 사용자, 개발자, 소비자, 유권자로서 우리의 미래를 스스로 결정하고 현재 상태를 재설정할 능력을 갖추고 있음을 깨달아야 한다. 그렇다. 메타버스는 어렵고 무시무시해 보일 수 있지만 사람들을 더 가깝게 만들 수 있고, 오랫동안 파괴에 저항해 왔으나 이제 진화해야만 하는 산업들을 탈바꿈시키면서, 더욱 평등한 세계 경제를 건설할 기회도 제공한다. 이러한 특징은 우리에게 메타버스의 가장 흥미로운 측면을 보여준다. 오늘날 메타버스가 무척이나 잘못 이해되고 있다는 사실을.

2장

혼란, 파괴의 필수요소

메타버스에 많은 관심이 쏠려 있지만, 정작 그 용어에 대한 합의된 정의나 일관된 설명은 없다. 이 업계를 선도하는 기업들은 대체로 각자의 세계관이나 기업 역량에 맞는 방식으로 메타버스를 정의한다.

예를 들어, 마이크로소프트의 CEO 사티아 나델라는 "앱 캔버스로 온 세상을 전환하는 플랫폼"[1]이 바로 메타버스이며 클라우드 소프트웨어와 기계 학습으로 강화될 수 있다고 설명했다. 물론 마이크로소프트는 아직 존재하지 않는 메타버스에 "자연스럽게 들어맞는 기술 스택stack(애플리케이션을 구축하기 위해 겹겹이 쌓아 올린 기술들의 집합─옮긴이)"[2]을 이미 보유하고 있으며, 자사의 운영체제인 윈도와 클라우드 컴퓨팅 서비스인 애저, 커뮤니케이션 플랫폼인 마이크로소프트 팀즈와 증강현실 헤드셋 홀로렌즈, 게임 플랫폼 엑스박스와 전문가 네트워크 링크드인, 그리고 「마인크래프트」와 「마이크로소프트 플라이트 시뮬레이터」, 우주를 여행하는 1인칭 슈팅 게임 「헤일로」를 아우르며 마이크로소프트의 자체 '메타버스'를 확장했다.[3]

마크 저커버그는 몰입형 가상현실*은 물론이고 멀리 떨어져 사는 사람들을 서로 연결하는 사회적 경험에 집중하겠다고 밝혔다. 특히 페이스북의 오큘러스 사업부는 매출과 투자 부문에서 VR 시장을 주도하고 있으며, 페이스북의 소셜 네트워크는 전 세계적으로 가장 규모가 크고 가장 많이 사용된다. 한편 《워싱턴 포스트》는 메타버스에 대한 에픽게임즈의 비전을 "광활하고 디지털화된 공동 공간으로, 사용자가 즐겁게 자기표현이 가능한 방식으로 자유롭게 여러 브랜드를 혼용하며…… 사용자가 친구들과 함께 에픽게임즈의 「포트나이트」 같은 멀티플레이어 게임을 즐긴 후 넷플릭스에서 영화를 보고, 현실 세계 속 자동차처럼 가상 세계에서도 똑같이 만들어진 새 차를 시승할 수 있는 일종의 온라인 놀이터다. 그렇지만 (스위니의 말을 빌리자면) 페이스북 같은 플랫폼에서 볼 법한 형태, 즉 광고가 가득하면서도 깔끔하게 정리된 뉴스 피드는 아닐 것이다"라고 묘사했다.[4]

앞서 살펴보았듯이, 기업 경영진은 메타버스라는 유행어의 전반적인 의미를 제대로 이해하기도 전에 기업 경영을 위해 그러한 유행어를 사용할 필요성이 있다는 것을 인지하는 경우가 많다. 2021년

---

* 기술적으로 '가상현실 애플리케이션'은 겉보기에 실재하는, 직접적이거나 물리적인 사용자 상호작용이 일어나는 3차원 개체 또는 환경의 컴퓨터 생성 시뮬레이션을 나타낸다(J. D. N. Dionisio, W. G. Burns III, and R. Gilbert, "3D Virtual Worlds and the Metaverse: Current Status and Future Possibilities," ACM *Computing Surveys* 45, issue 3 [June 2013], http://dx.doi.org/10.1145/2480741.2480751). 현대에 흔히 활용되는 몰입형 가상현실에서는 사용자의 시각과 청각이 이러한 환경에 완전히 접목된다. TV 같은 장치를 이용해 무언가를 시청할 때 일부 감각만 쓰는 것과는 대조적이다.

8월, 틴더, 힌지, 오케이큐피드와 같은 데이팅 앱을 보유한 매치그룹은 자사 서비스가 곧 "증강 기능, 자기표현 도구, 대화형 인공지능(AI), 그리고 메타버스 요소로 간주될 만한 여러 기능"을 갖추게 될 것이며, 이는 "온라인 만남과 서로를 알아가는 과정을 변화시키는 요소가 될 것"이라고 말했다. 아마도 매치그룹의 메타버스 이니셔티브에는 로맨스를 촉진할 가상 상품, 화폐, 아바타, 환경이 포함될 것으로 예상되지만 자세한 내용은 공개되지 않았다.

메타버스가 아직 명확하게 정의되진 않았을지라도 가까운 미래가 될 것으로 보이는 상황에서 중국의 거대 기업 텐센트, 알리바바, 바이트댄스는 이러한 메타버스를 이끌 선두 주자라는 이미지를 내세우기 시작했다. 그러자 중국 내 다른 경쟁업체들도 앞다퉈 수조 달러 규모로 예상되는 미래 메타버스 산업을 어떻게 개척할지 설명하려다 어이없는 실수를 저지르기도 했다. 예를 들어, 또 다른 중국의 대형 게임업체인 넷이즈의 기업 활동(IR) 책임자는 2021년 3분기 실적을 발표하는 자리에서 이렇게 말했다. "요즘 메타버스는 어딜 가든 나오는 새로운 유행어입니다. 그런데 실제로 그것이 무엇인지 직접 경험한 사람은 아직 아무도 없다고 생각합니다. 하지만 넷이즈는 기술적으로 준비되어 있습니다. 그날이 오면 관련 노하우와 기술을 어떻게 축적해야 하는지 우리는 알고 있습니다. 그날이 오면 아마도 우리 기업은 메타버스 공간에서 가장 빠른 추격자가 될 것입니다."[5]

저커버그가 처음으로 메타버스 전략을 자세히 밝힌 후 일주일이 지났을 때 CNBC 방송의 주식 해설가 짐 크레이머Jim Cramer가 미국 주식 시장 투자자들에게 메타버스를 설명하려 애썼지만 결국 온라인 커뮤니티에서 조롱의 대상으로 전락하고 말았다.[6]

짐 크레이머: 유니티 테크놀로지의 1분기 실적 발표회를 보셔야 합니다. 메타버스가 무엇인지 제대로 설명하거든요. 메타버스는, 그러니까 기본적으로 오큘러스 같은 것에 들어갈 수 있다는 아이디어입니다. 가령 어떤 사람이 입고 있는 셔츠가 당신 마음에 들었다고 칩시다. 나 역시 저 셔츠를 주문하고 싶다고 생각하게 되죠. 그렇다면 그것은 궁극적으로 엔비디아 기반의 엔비디아가 됩니다. 세가 엔비디아의 젠슨 황을 민닌 적이 있는데요. 어떤 일이 일어날까요? 주문이 가능합니다. 상상이 가능하죠. 아시겠어요? 데이비드, 들어보세요. 이거 중요한 거예요.

데이비드 파버 David Faber: 저는 저커버그가 메타버스에 대해 발언한 내용을 읽고 있어요.

크레이머: 저커버그는 아무것도 알려주지 않았어요…… 아무것도!

파버: "[메타버스는] 우리가 함께할 수 있는 영속성과 동시성을 갖춘 환경이며, 그 환경은 오늘날 우리가 보아왔던 소셜 플랫폼 간의 하이브리드와 유사할 것입니다. 하지만 동시에 우리가 그 안에 내재화된 환경일 것입니다." 그러니까 이건 홀로데크Holodeck(2017년 엔비디아가 공개한 협업 환경 프로젝트로, 가상현실에서 제품을 설계, 개발, 시연할 수 있는 기술이다—옮긴이)네요.

크레이머: 홀로그램입니다. 그런 아이디어예요.

파버: 「스타트렉」 같군요.

크레이머: 말하자면, 혼자서 어떤 방에 들어갔다고 가정해 봅시다. 조금 외롭다는 생각이 들겠죠. 당신은 클래식 음악을 좋아하는데, 그 방에 들어

가서 처음 보는 사람에게 이렇게 말하는 거예요. "모차르트를 좋아하십니까? 교향곡 「하프너」는 어때요?" 그러자 두 번째 사람이 "「하프너」 말고 베토벤 교향곡 9번은 들어보셨나요?"라고 묻습니다. 그런데 말이죠. 이 사람들은 실제로 존재하지 않습니다. 아시겠어요?

파버: 그렇군요.

크레이머: 그게 바로 메타버스입니다.

크레이머는 분명히 헷갈렸을 것이다. 많은 기술 커뮤니티에서도 메타버스의 핵심 요소를 둘러싼 논쟁이 계속해서 벌어지고 있다. 일각에서는 증강현실이 메타버스의 일부인지, 아니면 별개인지, 몰입형 VR 헤드셋을 통해서만 메타버스를 경험할 수 있는지, 아니면 그러한 장치를 사용할 때 가장 잘 경험할 수 있는지 열띤 토론을 벌인다. 암호화폐와 블록체인 커뮤니티에서 메타버스는 오늘날 인터넷의 탈중앙화 버전이다. 즉, 플랫폼이 아닌 사용자가 자체 데이터와 가상 상품, 자체 기본 시스템을 제어하는 것이다. 오큘러스 VR의 전(前) CTO인 존 카맥John Carmack을 비롯한 주요 인사들은 메타버스가 주로 한 기업에서만 운영된다면 그것은 메타버스가 될 수 없다고 주장한다. 반면 유니티 테크놀로지의 CEO 존 리치티엘로는 이러한 주장에 동의하지 않는다. 그는 중앙에서 통제되는 메타버스의 위험을 해결할 방안으로 "벽으로 둘러싸인 정원walled garden(기업이 통제하는 환경에 존재하는 제품이나 서비스를 일컫는 표현―옮긴이)의 벽 높이를 낮추는" 유니티 테크놀로지의 교차 플랫폼 엔진cross-platform engine(두 개 이상의 플랫폼에서 실행 가능한 엔진―옮긴이)과 서비스 제품군 같은 기술을 제안한다. 페이스북은 메타버스가 사적으로 운영될 수 있는 지에 대해 언급하진 않았지만, 세상에 하나의 '인터넷'만이 존재하 듯 이 세상에는 하나의 메타버스만 존재할 수 있다고 밝혔다. 이와 다르게 마이크로소프트와 로블록스는 여러 개의 '메타버스'가 존재할 수 있다고 바라본다.

메타버스를 둘러싼 일반적인 이해는 다음과 같다. 메타버스는 끝이 없는 가상 세계로, 모든 사람이 재미있는 아바타로 분장하고 몰입형 VR 게임에서 경쟁하며 점수를 획득하고, 좋아하는 프랜차이즈 서비스를 경험하고, 현실에서는 불가능한 환상적인 이미지를 구현한다. 이러한 아이디어는 2011년 출간된, 어니스트 클라인Ernest Cline 의 『레디 플레이어 원』에서 생생하게 다뤄졌다. 이 소설은 스티븐슨의 『스노 크래시』를 계승했지만 좀 더 주류 문화로 여겨지면서 2018년 스티븐 스필버그Steven Spielberg에 의해 동명의 영화로도 각색되었다. 스티븐슨과 마찬가지로 클라인도 메타버스(또는 소설에 등장하는 가상현실 게임 「오아시스」)를 명확하게 정의하진 않았지만, 그것을 통해 무엇을 할 수 있고 그 안에서 어떤 사람이 될 수 있는지 묘사했다. 메타버스의 이러한 비전은 1990년대 일반인들이 인터넷을 이해한 방식과 유사하다. 그저 3D로 바뀌었을 뿐이다. 당시 인터넷은 키보드와 '마우스'로 '서핑'할 수 있는 '정보 고속도로Information Superhighway' 또는 '월드와이드웹'으로 여겨졌다. 그로부터 25년이 흐른 지금, 이러한 개념은 인터넷의 미래를 제대로 설명하지 못하며 오해를 불러일으킨다는 것을 알게 되었다.

메타버스를 둘러싼 의견 충돌과 혼란은 인간이 존재하는 두 가지 차원을 기술 자본가들이 지배하는 다소 암울한 공상과학소설과 엮으며 다양한 평가를 불러왔다. 일각에서는 메타버스라는 용어가 공허한 과대 선전에 불과하다고 말한다. 이미 수십 년 앞서 출시되어 세상을 바꿀 것으로 기대를 모았지만 결국 사람들의 기억에서 희미해져 개인용 컴퓨터에서 삭제된 「세컨드 라이프」 같은 경험과 메타버스가 얼마나 다를 것인지 의문을 제기하는 이들도 있다.

일부 언론에서는 빅테크 기업들이 규제를 피하기 위한 목적으로 돌연 메타버스라는 모호한 개념에 관심을 쏟고 있다고 지적한다.[7] 이러한 주장에 비춰볼 때, 전 세계 정부가 파괴적인 플랫폼 전환이 곧 일어날 것이라고 확신한다면 역사상 가장 크고 견고한 기업들을 굳이 쪼갤 필요가 없다. 자유 시장과 빅테크에 맞서는 경쟁업체들이 등장해 알아서 이들을 처리해줄 것이기 때문이다. 이와 반대로, 오늘날 규제 기관들이 빅테크 기업들을 상대로 반(反)독점 조사를 벌이도록 유도하기 위해 반란 기업들이 메타버스를 이용하고 있다는 시각도 있다. 스위니는 애플을 상대로 반독점법 위반 소송을 제기하기 일주일 전에 애플의 정책이 메타버스의 출현을 얼마나 저해할지 상세하게 설명한 소장과 함께 "애플은 메타버스를 가로막고 있습니다"라는 글을 트위터에 게시했다.[8] 이 소송을 담당한 연방법원 판사는 '메타버스가 규제 전략'이라는 시각에 어느 정도 공감한 것으로 보이며 법정에서 이렇게 언급했다. "분명히 하자면, 에픽게임즈가 이 자리에 선 이유는 만일 승소할 경우 기업 가치가 수십억 달러에서 수조 달러로 불어날 수 있기 때문입니다. 진정으로 선한 마음에서 소송을 제기한 것이 아닙니다."[9] 담당 판사는 에픽게임즈가 애플과 구글을 상대로 제기한 소송에 대해 판결문에 다음과 같이 썼다. "[에픽게임즈가] 이러한 조치를 취한 두 가지 주된 이유는 기록에서 드러납니다. 첫째, 에픽게임즈가 추구하는 체계적인 변화는 엄청난 금전적 이득과 부를 가져올 수 있습니다. 둘째, [해당 소송은] 다가오는 메타버스 미래에 대한 스위니 씨의 비전을 가로막는 애플과 구글의 정책과 관행에 도전하기 위한 수단입니다."[10] 일각에서는 CEO들이 가장 애착을 갖고 있지만 시장에 공개하려면 아직 수년은 더 기다려야 하고, 개발 일정보다 많이 늦어지거나 주주들의 관심을 거의 받지 못하는 연구 개발 프로젝트들을 성낭화하기 위해 다소 모호하게 해석되는 용어들을 남발하고 있다고 주장하기도 한다.

마이크로소프트와 페이스북의 실수

완전히 새롭고 대단히 파괴적인 기술은 의구심을 갖고 면밀하게 조사해야 한다. 하지만 적어도 지금까지는 메타버스가 하나의 이론에 불과하므로 현재 메타버스를 둘러싼 논쟁은 여전히 혼란스럽다. 메타버스는 만질 수 있는 제품이 아니며 실체가 없는 개념이다. 결과적으로 어떤 주장이 잘못되었음을 구체적으로 입증하기 어렵기 때문에 메타버스가 특정 기업의 역량과 선호도에 따라 해석되는 것도 불가피하다.

그러나 메타버스에서 잠재적 가치를 알아차린 기업의 수만 살펴봐도 기회의 규모와 다양성을 가늠할 수 있다. 게다가 메타버스가 무엇이고 얼마나 중요한 역할을 수행할 것이며, 언제쯤 도래하고 어떻게 작동할 것인지, 그리고 어떤 기술적 발전이 필요한지에 대한 논쟁은, 바로 광범위한 파괴가 불러올 기회를 시사한다. 불확실성과 혼란은 파괴를 반증하는 것과는 거리가 멀며 오히려 파괴에서 나타나는 특징이다.

인터넷을 떠올려보자. 위키백과는 인터넷을 다음과 같이 설명한다(2000년대 중반 이후 크게 변경된 내용은 없다). "[인터넷은] 네트워크와 장치 간 통신을 위해 TCP/IP를 기반으로 전 세계 상호 연결된 컴퓨터 네트워크 시스템이다. 개인, 공공, 학교, 기업, 정부 등 로컬부터 글로벌 범위에 이르는 네트워크로 이뤄진 '네트워크들의 네트워크'이며, 광범위한 전자, 무선, 광네트워크 기술로 연결되어 있다. 인터넷은 상호 연결된 하이퍼텍스트 문서와 월드와이드웹(WWW) 애플리케이션, 전자메일, 전화 통신, 파일 공유 등 다양한 정보 자원과 서비스를 제공한다."[11]

위키백과는 인터넷의 기본적인 기술 표준 중에서 일부를 다루고 기술 범위와 몇 가지 사용 사례를 간단히 설명한다. 요즘 사람들은 오늘날 위키백과의 설명을 읽고 개인적으로 사례를 찾아 쉽게 연결 지을 수 있으며 그 설명이 얼마나 효과적인 정의인지 이해할 것이다. 하지만 1990년대와 Y2K(2000년) 직후 사람들은 인터넷의 정의를 이해했을지라도, 그 정의를 통해 미래가 어떤 모습일지 명확하게 알 수는 없었다. 전문가들조차 인터넷에 언제, 어떤 기술을 이용해서 무엇을 구축해야 할지 알아내기 위해 고군분투했다. 지금은 인터넷의 잠재력과 필요성을 분명하게 알 수 있지만, 당시에는 인 터넷의 미래에 대해 짜임새 있고 쉽게 전달되는, 올바른 비전을 갖 춘 사람이 거의 없었다.

이러한 혼란은 몇 가지 흔한 오류를 초래한다. 때때로 새로 생겨 난 기술은 처음에는 그저 평범하고 시시하게 여겨진다. 설령 그러 한 기술의 잠재력을 인정받더라도 본질이 잘 알려지는 경우는 많지 않다. 사람들은 종종 어떤 특정 기술이 왜 성장할지에 대해 잘못 이 해한다. 가끔은 모든 것을 제대로 이해할지라도 정작 타이밍을 놓 치기도 한다.

1998년에 폴 크루그먼Paul Krugman은 「경제학자들의 예측이 대체로 빗나가는 이유Why Most Economists' Predictions Are Wrong」라는 (의도치 않게) 역설적 인 제목의 글을 썼다(그로부터 10년 후에 그는 노벨경제학상을 수상했다). 크루그먼은 그 글에서 다음과 같이 전망했다. "네트워크의 잠재적 인 연결 수가 사용자 수의 제곱에 비례한다는 '메트칼프의 법칙'에 결함이 있음이 명백하게 밝혀지면 인터넷 성장은 급격히 둔화할 것 이다. 사람들 대부분은 서로 나눌 말이 그렇게 많지 않기 때문이다! 2005년쯤이 되면 인터넷이 경제에 미치는 영향이 팩스보다 월등하 지 않다는 점이 분명하게 드러날 것이다."**12**

닷컴 버블이 붕괴한 후 페이스북, 텐센트, 페이팔 같은 기업들이 설립되기 이전에 크루그먼이 내놓은 이러한 예측은 금세 빗나갔다. 그러나 그의 발언 이후로 인터넷의 중요성은 10년 넘게 논쟁거리로 남았다. 예컨대, 2010년대 중반에 이르러서야 할리우드에서는 유튜 브 동영상과 스냅챗 스토리 등 사용자가 제작한 저비용 콘텐츠뿐만 아니라 영화 사업의 핵심 축 역시 인터넷으로 이동할 것이라는 관점을 마침내 받아들였다.

차기 플랫폼의 중요성을 제대로 이해하더라도 플랫폼의 기술적 전제, 관련 장치의 역할, 비즈니스 모델이 여전히 분명하지 않을 수도 있다. 마이크로소프트의 창업자이자 CEO인 빌 게이츠Bill Gates는 1995년에 「인터넷의 파고Internet Tidal Wave」라는 유명한 메모를 남겼다. 그는 이 메모에서 인터넷이 "우리 사업의 전 부문에 중대한 영향을 끼칠 것"이며 "1981년 IBM에서 개인용 컴퓨터(PC)를 공개한 이래, 가장 중요한 발전"이라고 말했다.[13] 이러한 표현은 마이크로소프트의 '포용Embrace, 확장Extend, 말살Extinguish' 전략이 탄생한 시발점으로 여겨진다. 미국 법무부는 이를 근거로 마이크로소프트가 시장 지배력을 이용해서 인터넷 소프트웨어와 서비스 시장을 선도하는 기업들을 따라잡고 제거하려 한다고 비판했다.

게이츠가 메모를 남긴 후 5년이 지났을 때 마이크로소프트는 최초의 휴대전화 운영체제를 출시했지만, 몇 가지 치명적인 실수를 저질렀다. 이를테면 지배적인 모바일 폼팩터form factor(외형, 터치스크린), 플랫폼 비즈니스 모델(운영체제 판매가 아닌 앱스토어와 서비스 운영), 장치의 역할(휴대전화는 구매자 대부분에게 보조 수단이 아닌 주요 컴퓨팅 장치가 되었다), 타깃층 범위(모든 연령대), 최적의 가격대(500~1000달러), 휴대전화 운영체제의 역할(단순 업무와 전화 통화만이 아닌 대부분의 기능을 수행) 등을 잘못 파악한 것이다. 오늘날 잘 알려진 바와 같이 마이크로소프트가 저지른 실수는 첫 아이폰이 출시된 2007년에 정점에 이르렀다. 마이크로소프트의 제2대 CEO인 스티브 발머Steve Ballmer는 아이폰의 성공 가능성을 묻는 기자에게 어처구니 없다는 듯 웃으며 이렇게 답했다. "가격이 500달러라고요? 전액 보조금이 지원되나요? 약정인가요? 저는 그것이 세상에서 가장 비싼 휴대전화라고 생각합니다…… 그리고 비즈니스 고객에게는 그다지 매력적이지 않습니다. 키보드가 없으니까요. 이메일을 쓰기에 적합한 기계는 아닙니다."[14] 마이크로소프트의 모바일 운영체제는 애플의 아이폰과 iOS, 구글의 안드로이드가 지닌 파괴적인 기술력을 극복하지 못했다. 구글은 소니, 삼성, 델 등 마이크로소프트의 일반적인 윈도 제조업체들을 대상으로 안드로이드를 무료로 제공했으며 앱스토어 수익의 일부를 기기 제조업체와 공유하기도 했다. 2016년에는 전 세계 인터넷 사용량의 대부분이 모바일 컴퓨터를 통해 이뤄졌다. 아이폰이 처음 출시된 지 10주년이 되는 2017년에 마이크로소프트는 윈도 폰 개발을 중단하겠다고 발표했다.

소비자 인터넷이 떠오르면서 가장 큰 수혜를 입은 승자 기업 중한 곳인 페이스북도 처음에는 모바일 시대를 잘못 판단했지만, 다른 기업에 대체되기 전에 실수를 바로잡을 수 있었다. 도대체 어떤 실수였을까? 페이스북은 사람들이 웹에 접속할 때 앱이 아닌 브라우저를 더 많이 사용할 것으로 판단했다.

애플이 아이폰 전용 앱스토어를 출시한 후 4년, "이를 위한 앱이 있습니다(There's an app for that)"라는 슬로건을 내걸어 유명해진 광고 캠페인을 펼친 후 3년, 「세서미 스트리트」가 그 광고를 패러디한 후로 2년이 흘렀지만, 소셜 네트워킹 빅테크 기업인 페이스북은 여전히 브라우저 기반 환경에 집중했다. 하지만 애플이 앱스토어를 출시한 당일에 맞춰 페이스북은 모바일 앱을 출시했고, 이 앱은 모바일 장치에서 페이스북에 접속할 때 가장 많이 사용되는 방법으로 빠르게 자리 잡았다. 당시 페이스북이 출시한 앱은 브라우저가 아닌 인터페이스 내부에 HTML을 불러오는 '신 클라이언트thin client' 형태였다.

2012년 중반, 페이스북은 마침내 장치별 코드에 집중해서 "완전히 새로 구축한" iOS 앱을 재출시했다. 출시 후 한 달이 지나자 마크 저커버그는 사용자가 "뉴스피드 스토리를 2배 더 많이" 소비하고 있으며 "페이스북이 저지른 가장 큰 실수는 HTML5에 너무 많은 기대를 걸었다는 점입니다…… 우리는 처음부터 다시 모든 것을 네이티브 앱(안드로이드나 iOS 등 특정 플랫폼에 최적화된 언어로 개발된 전용 앱으로, 속도가 빠르고 안정적이다—옮긴이)으로 작성해야 했죠. 여기까지 오는 데 2년이나 걸렸습니다"[15]라고 말했다.

역설적이게도, 뒤늦게 네이티브 앱으로 전환한 페이스북의 사례는 비즈니스를 성공적으로 모바일로 전환한 사례 연구로 여겨진다. 2012년 한 해 동안 페이스북이 벌어들인 전체 광고 수익 중에서 모바일 비중은 5퍼센트 미만에서 23퍼센트로 급증했다. 하지만 이것은 페이스북이 앞서 수년 동안 HTML5에 집중하느라 놓쳐버린 모바일 수익을 보여주는 셈이다. 이처럼 지체된 전환은 수십억 달러에 달하는 수익과 기회를 놓치는 결과로 이어졌다. 페이스북이 모바일로 전환한 지 10년이 지난 현재 시점 기준, 일일 사용자 수가 가장 많은 페이스북 서비스는 왓츠앱이다. 페이스북은 2014년에 약 200억 달러에 왓츠앱을 인수했다. 왓츠앱은 스마트폰에 특화된 앱 기반 메신저로 2009년에 개발되었다. 당시 페이스북은 인수하자마자 약 3억 5000만 명에 달하는 월간 사용자 수를 확보할 수 있었다. 월가의 많은 전문가는 페이스북이 iOS 앱을 재출시하기 몇 달 전에 10억 달러에 인수한, 모바일 기반의 소셜 네트워크 인스타그램을 페이스북이 보유한 가장 가치 있는 자산으로 평가한다.

　마이크로소프트와 페이스북이 미래 기술을 잘못 전망하는 커다란 실수를 저지른 사례라면, 반대로 적합한 기술에 제대로 투자했음에도 이를 뒷받침해 줄 시장이 미처 형성되기 전이라 실패한 기업들도 많다. 닷컴 버블이 붕괴하기 수년 선, 미국 전역에 길쳐 광 네트워크를 구축하는 사업에 수백억 달러의 투자금이 투입되었다. 추가로 네트워크를 확장하는 데 소요되는 한계비용이 낮아서 많은 업체가 필요 이상으로 많은 용량을 구축했다. 그들은 현재는 물론이고 미래에 예상되는 트래픽까지 모두 수용하기에 충분한 인프라를 공급해 지역 시장을 장악하고자 했다. 하지만 그것은 앞으로 인터넷 트래픽이 수년 동안 기하급수적으로 증가할 것이라는 잘못된 믿음에 기인한 결정이었다. 결과적으로 '빛'을 내는 광섬유, 즉 실제로 사용되는 광섬유의 용량은 전체의 5퍼센트도 되지 않았고, 나머지는 사용되지 않는 것이 일반적이었다.

　오늘날 미국 전역에는 미사용 광섬유를 의미하는 '다크 파이버'가 수천 킬로미터에 달하는데, 이는 국가 디지털 경제에서 크게 과소평가되는 요소다. 다크 파이버는 콘텐츠 소유자와 소비자가 낮은 가격으로 고대역폭high-bandwidth, 저지연low-latency 인프라를 이용할 수 있도록 묵묵히 지원하고 있다. 그러나 이러한 광케이블을 구축한 지

수년 만에 담당 업체 중 상당수가 파산했다. 파산한 업체로는 메트로미디어 파이버 네트워크, KPNQ웨스트, 360네트워크 등이 있으며, 이외에도 미국 역사상 최대 규모의 기업 파산으로 손꼽히는 글로벌 크로싱이 있다. 퀘스트, 윌리엄스 커뮤니케이션과 같은 몇몇 기업은 간신히 파산을 면했다. 월드컴과 엔론은 고속 광대역 수요가 공급을 빠르게 초과할 것이라는 전망만 믿고 수십억 달러를 쏟아부었지만, 결국 재무 상태가 악화되어 불명예스러운 몰락을 겪었고 끝내 회계 부정으로 파산했다. 엔론은 머지않아 고속 데이터 시장이 열리면 수요가 폭증할 것이라 확신했고, 비트당 전송 비용의 변동성을 줄이려는 기업들이 최대 몇 년 동안 사용할 용량을 사전에 확보하리라 판단해 1999년에 석유나 실리콘 등을 비롯한 대역폭 관련 선물 거래 계획을 발표했다.

기술적 변화를 예측하기 어려운 이유는 이것이 하나의 발명이나 혁신, 또는 개인에 의해 일어나는 것이 아니라, 수많은 변화가 함께 일어나야만 현실적으로 전환이 이뤄질 수 있어서다. 새로운 기술이 탄생하면 사회와 개인 발명가가 이에 대응해 새로운 행동을 취하고 새로운 제품을 만든다. 이는 다시 기초 기술을 활용한 새로운 사례로 이어지고 또 다른 조치와 창작을 불러일으키며 이후에도 이러한 과정을 되풀이한다.

혁신은 반복되기 때문에 20년 전 인터넷을 신봉한 사람들조차도 오늘날 인터넷의 용도까진 제대로 예측하지 못했다. "더 많은 사람이 온라인에 더 자주 접속하고, 더 많은 장치를 사용하고, 더 많은 목적을 수행할 것"이라는 일반적이고 진부한 예측이 그나마 가장 정확했다. 한편 언제, 어디에서, 어떻게, 무슨 목적으로 사람들이 어떤 온라인 활동을 할 것인지 시시콜콜하게 묘사한 예측은 가장 많이 빗나갔다. 물론 전 세대가 주로 이모티콘, 트윗, 또는 인스타그램의 기능 중 하나인 짧은 영상 '스토리'를 통해 서로 소통하는 미래를 상상한 사람은 거의 없었다. 레딧의 주식 투자 포럼이 로빈후드 같은 간편한 무료 주식거래 플랫폼과 더불어 '인생은 오직 한 번뿐You Only Live Once(YOLO)'이라는 거래 전략을 크게 유행시켜, 게임스톱과 AMC 엔터테인먼트 등 여러 기업을 코로나19로 촉발된 파산 위기로부터 구제하고, 60조 실이의 틱톡 리믹스가 빌보드 차트 순위와 출퇴근길에 듣는 배경음악을 점령하게 될 줄은 아무도 예상하지 못했다.

1950년 IBM의 제품 계획 부서에서는 그해 내내 "전국적으로 시장에서 거래될 컴퓨터가 약 18대를 넘지 못할 것"이라는 전망을 유지했다고 한다.[16] 왜 그랬을까? 당시 IBM이 개발하고 있었던 소프트웨어와 애플리케이션을 사용하는 것밖에는 사람들이 컴퓨터를 찾아 쓸 다른 이유가 전혀 없을 거라고 생각했기 때문이다.

메타버스 신봉자든 회의론자든, 아니면 그 중간 어딘가에 자리한 사람이든 메타버스가 도래했을 때 우리의 '일상생활'이 어떤 모습일지 정확히 예측하기에는 아직 너무 이르다는 사실을 받아들여야 한다. 하지만 메타버스를 어떻게 활용하고 그것이 일상생활을 어떻게 변화시킬지 정확하게 예측할 수 없다고 해서 문제가 되는 것은 아니다. 오히려 그러한 혼란은 파괴적인 힘을 지닌 메타버스를 맞이하기 위한 전제 조건이다. 다가올 미래를 대비할 유일한 방법은

그것을 구성하는 구체적인 기술과 기능에 집중하는 것이다. 다시
말해, 메타버스의 정의를 확립해야 한다는 뜻이다.

3장

신기루 속 신세계

서두에서 다룬 중요한 배경 설명에 이어 이제 메타버스가 무엇인지 구체적으로 이야기해 보고자 한다. 메타버스의 정의에는 여러 가지가 존재하고 엄청난 혼란이 빚어지고 있지만, 나는 메타버스 역사의 초기 시점인 현 단계에서도 이 용어에 관한 명확하고 포괄적이며 유용한 정의를 내리는 것이 가능하다고 본다.

내가 메타버스에 관한 글을 쓰고 말할 때 의미하는 바는 다음과 같다.

메타버스는 실시간 렌더링(합성)된 3D 가상 세계로 구성된 네트워크로, 대규모 확장과 상호 운용이 가능하며, 사실상 무한한 수의 사용자가 정체성, 역사, 소유권, 개체, 소통, 결제 등 다양한 데이터의 연속성과 개별적 실재감을 가지고 동시에 영속적으로 경험할 수 있는 세상이다.

이 장에서는 이러한 정의에 포함된 각 요소를 분석하고 메타버스 자체를 설명할 것이며, 그 과정에서 메타버스가 오늘날의 인터넷과 어떻게 다른지, 그것을 실현하려면 무엇이 필요한지, 그리고 언제 달성될 수 있는지도 함께 살펴볼 것이다.

조건 1: 가상 세계

메타버스 신봉자부터 회의론자, 그리고 용어조차 익숙하지 않은 사람에 이르기까지 모두가 동의할 만한 측면이 있다면, 그것은 메타버스가 가상 세계에 바탕을 두고 있다는 점이다. 지난 수십 년 동안 가상 세계가 구축된 주된 이유는 「젤다의 전설」, 「콜 오브 듀티」 같은 비디오게임이나 디즈니의 픽사 작품, 또는 워너브라더스의 영화 「매트릭스」의 장면을 제작하기 위해서였다. 이러한 이유로 메타버스는 종종 어떤 게임이나 엔터테인먼트 경험으로 잘못 기술된다.

　가상 세계는 컴퓨터에서 생성된 시뮬레이션 환경을 의미한다. 이러한 환경은 몰입형 3D, 3D, 2.5D(이른바 아이소메트릭 3D), 2D, '현실 세계' 위에 띄우는 증강현실, 1970년대 게임형 MUD와 비게임형 MUSH 같은 순수 텍스트 기반 등 다양한 형태를 아우른다. 생물학 수업 때 다루는 생태계 가상 시뮬레이션이나 픽사 영화에 나오는 장면에서 볼 수 있듯, 이러한 환경에는 개인 사용자가 없다. 그외 경우를 살펴보면, 가상 세계는 「젤다의 전설」과 같이 단일 사용자로 제한되거나, 「콜 오브 듀티」처럼 다수의 사용자에게 공유될 수도 있다. 사용자들은 키보드, 모션 센서, 또는 모션을 추적하는 카메라 등 다양한 장치를 통해 이러한 가상 세계에서 영향을 주고받을 수 있을 것이다.

형식 면에서 가상 세계는 '현실 세계'를 정확하게 재현하거나(종종 '디지털 트윈digital twin'으로 불린다) 현실을 허구화해서 나타내거나(예를 들면, 「슈퍼 마리오 오디세이」에 등장하는 도시 왕국인 뉴동크 시티 또는 2018년 플레이스테이션 게임 시리즈 「마블 스파이더맨」에 등장하는 4분의 1 규모의 맨해튼), 불가능한 일이 흔히 일어나는 완전한 허구적 현실을 보여준다. 가상 세계의 목적은 '게임' 활동과 유사할 수 있다. 이를테면 싸움에서 승리하고, 적을 죽이거나 무찌르고, 득점하고, 문제를 해결하는 등 어떤 목표를 달성하는 것이다. 아니면 교육이나 직업훈련, 상업, 사교, 명상, 운동 등 '비게임' 활동과 유사한 목적이 있을 수도 있다.

놀랍게도 지난 10년 동안 가상 세계의 성장과 인기는 일반적인 게임에서 볼 법한 목표가 없거나 그런 목표를 경시하는 움직임에서 주로 이뤄졌다. 닌텐도 스위치 플랫폼 전용으로 제작된 베스트셀러 게임을 떠올려보자. 아마 2017년에 출시된 「젤다의 전설: 브레스 오브 더 와일드」나 「슈퍼 마리오 오디세이」를 떠올리는 사람들이 많을 것이다. 두 게임 모두 역사상 가장 훌륭하고 인기 있는 비디오게임 시리즈로 꼽힐 테지만, 정작 판매 면에서 왕좌를 차지하진 못했다. 놀랍게도 지금까지 가장 많이 팔린 게임 시리즈는 「모여봐요 동물의 숲」으로, 3분의 1도 되지 않는 짧은 기간에 앞서 언급한 두 닌텐도 게임보다 약 40퍼센트나 더 많이 팔렸다. 「모여봐요 동물의 숲」은 명목상 게임이지만 실제 게임 방식은 가상의 정원을 가꾸는 것이나 다름없다. 달성해야 할 명시적인 목표도 없고, 무엇보다 반드시 승리해서 손에 넣어야 할 어떤 대상도 없다. 대신 플레이어는 열대섬에서 아이템을 수집하거나 직접 만들고, 의인화된 동물들로 구성된 마을을 조성하고, 장식 아이템이나 직접 만든 아이템 등을 다른 플레이어들과 거래한다.

최근 몇 년 동안 가장 많이 만들어진 가상 세계는 '게임플레이 gameplay(게임 규칙과 패턴, 플레이어와 게임 간 연결, 줄거리 등 여러 요소를 통해 플레이어가 게임과 상호작용하는 방식을 의미한다―옮긴이)'가 전혀 필요 없는 세계다. 인기 게임 엔진인 유니티를 통해 만들어진 홍콩국제공항의 디지털 트윈이 대표적인 예나. 이 디지딜 트윈의 목적은 승객 흐름, 유지 관리 문제, 활주로 대체로 빚어질 결과, 그 외 공항 설계나 운영 관련 의사 결정에 영향을 미칠 수 있는 이벤트 등을 시뮬레이션하는 것이다. 한편 도시 전체를 가상 세계에 그대로 재현한 다음 차량 통행과 날씨, 경찰, 소방, 구급차 응답과 같은 기타 시민 서비스를 실시간으로 알려주는 데이터 피드와 연결한 사례도 있다. 이러한 디지털 트윈의 목표는 도시 계획 전문가들이 관리하는 도시를 더 깊이 이해하고, 구역을 설정하거나 건축을 승인할 때 좀 더 정보에 입각한 의사 결정을 내릴 수 있도록 지원하는 것이다. 예를 들어, 새로 지어질 상업 시설이 응급 의료 서비스나 경찰이 이동하는 시간에 어떤 영향을 줄지, 특정 건물 설계가 바람 조건, 도시 기온, 도심 조명에 어떤 부정적인 영향을 끼칠지 디지털 트윈에서 먼저 시뮬레이션해 볼 수 있다. 이처럼 가상 세계는 현실 세계에 도움이 될 수 있음을 증명하고 있다.

가상 세계에서 제작자는 한 명 또는 여러 명이거나 전문가 또는 아마추어일 수 있고, 영리 또는 비영리를 추구할 수 있다. 하지만 가상 세계를 만드는 데 필요한 비용과 난이도, 시간이 대폭 줄어들면서 제작자들의 인기가 치솟았고, 이는 가상 세계의 수와 가상 세계 간 다양성이 증가하는 결과로 이어졌다. 「로블록스」 기반 환경인 「입양하세요!」는 2017년 여름에 개발 경험이 별로 없는 독립된 사용자 두 명이 개발한 게임이다. 4년 뒤 이 게임은 한때 플레이어 수가 약 2500만 명에 달했으며(「젤다의 전설: 브레스 오브 더 와일드」는 총 2500만 장이 판매되었다), 2021년 말까지 누적 플레이 횟수는 300억 회를 돌파했다.

일부 가상 세계는 완전한 영속성을 갖는다. 즉, 가상 세계 내부에서 발생하는 모든 일이 끝없이 지속된다. 반면 플레이어마다 경험이 초기화reset되는 경우도 있다. 대체로 가상 세계는 그 중간 즈음에서 작동한다. 1985년 닌텐도 엔터테인먼트에서 출시한 「슈퍼 마리오 브라더스」는 유명한 2D 사이드 스크롤링side scrolling 게임(플레이어가 스테이지를 통과하면서 양옆으로 스크롤되는 2D 게임—옮긴이)이다. 첫 번째 레벨은 400초 이상 지속되지 않는다. 그 전에 플레이어가 죽으면 한 번 더 생명을 얻어 다시 도전할 수 있는데, 첫 번째 레벨의 가상 세계는 마치 플레이어가 한 번도 싸운 적이 없었던 것처럼 완전히 초기화된다. 앞서 물리쳤던 모든 적이 다시 살아나고, 모든 아이템이 복원된다. 그러나 「슈퍼 마리오 브라더스」에서도 영속성을 허용하는 항목이 있다. 예컨대, 레벨 3~4에서 사망한 플레이어는 이전 레벨에서 획득한 코인과 게임의 진행 단계를 유지할 수 있으며 수명이 다하면 모든 데이터가 초기화된다.

일부 가상 세계는 특정 장치나 플랫폼으로 제한된다. 이를테면 「젤다의 전설: 브레스 오브 더 와일드」, 「슈퍼 마리오 오디세이」, 「모여봐요 동물의 숲」은 닌텐도 스위치에서만 플레이할 수 있다. 반면 여러 플랫폼에서 작동되는 가상 세계도 있다. 닌텐도 모바일 게임은 대부분의 안드로이드와 iOS 장치에서 실행할 수 있지만, 닌텐도 스위치나 다른 콘솔에서는 실행할 수 없다. 완전히 교차 플랫폼 게임으로 출시되어 다양한 플랫폼에서 즐길 수 있는 게임들도 있다. 예를 들어, 2019년과 2020년에는 모든 주요 게임 콘솔(예: 닌텐도 스위치, 마이크로소프트 엑스박스 원, 소니 플레이스테이션 4)과 PC 상치 (예: 윈도 또는 맥 OS 운영체제를 탑재한 장치), 주요 모바일 플랫폼(iOS와 안드로이드)에서 「포트나이트」를 플레이할 수 있었다.* 이는 플레이어가 거의 모든 장치에서 게임과 본인 계정에 접속하고 소유한 아이템(예: 가상 백팩 또는 의상)을 이용할 수 있음을 의미했다. 반면 다른 가상 세계의 경우, 명목상으로 게임들을 여러 플랫폼에서 플레이할 수 있지만 각 경험이 연결되진 않는다. 「콜 오브 듀티: 모바일」과 PC 및 콘솔 전용 「콜 오브 듀티: 워존」은 계정 정보를 공유하고 둘 다 유사한 맵과 메커니즘을 갖춘 배틀로열 방식의 게임이지만, 그 점을 제외하고는 서로 별개의 분리된 게임이며 플레이어들은 두 가상 세계를 넘나들며 플레이할 수 없다.

가상 세계의 거버넌스(지배 구조) 모델은 현실 세계와 마찬가지로

---

* 2020년 8월에 에픽게임즈가 애플을 고소하자 애플은 앱스토어에서 「포트나이트」를 삭제해 사용자가 더 이상 iOS 기기에서 플레이할 수 없도록 조치했다.

88   파트 1

매우 다양하다. 대부분은 가상 세계를 개발하고 운영하는 개인이나 집단에 의해 중앙에서 통제된다. 경제, 정책, 사용자를 상대로 일방적인 통제가 가능한 것이다. 반대로 사용자가 다양한 민주주의 형태를 통해 스스로 의사 결정을 내리는 경우도 있다. 일부 블록체인 기반 게임은 출시 이후 최대한 자율적인 운영을 목표로 삼고 있다.

조건 2: 3차원(3D)

가상 세계는 여러 차원으로 존재하지만 '3차원(3D)'은 메타버스에서 매우 중요한 사양이다. 3D를 제외하면 현재의 인터넷만 논해야 할 것이다. 게시판, 채팅 서비스, 웹사이트 구축, 이미지 플랫폼, 상호 연결된 콘텐츠 네트워크는 이미 수십 년 동안 널리 사용되어왔다.

3D는 단순히 새로운 기술을 암시하기 때문에 필요한 것이 아니다. 메타버스 이론가들은 인류의 문화와 노동이 현실 세계에서 디지털 세계로 전환되기 위해서는 3D 환경이 필요하다고 말한다. 예를 들어, 마크 저커버그는 특히 소셜 미디어를 예로 들며 3D가 본질적으로 2D로 이루어진 웹사이트, 앱, 화상 통화보다 인간에게 더 직관적인 상호작용 모델이라고 주장했다. 물론 인류가 수천 년에 걸쳐 진화한 건 평면 터치스크린을 사용하기 위해서가 아니지만.

우리는 온라인 커뮤니티의 특성과 지난 수십 년 동안 쌓은 경험을 고려해야 한다. 1980년대와 1990년대 초반에는 인터넷이 대부분 텍스트 기반으로 이뤄졌다. 온라인 사용자는 사용자 이름이나 이메일 주소, 텍스트로 작성한 프로필을 통해 자신의 정체성을 드러내고, 채팅방과 게시판에서 자신을 표현했다. 1990년대 후반과 2000년대 초반에는 PC에 용량이 큰 파일을 저장할 수 있게 되었고, 인터넷 속도가 빨라지면서 파일 업로드와 다운로드도 수월해졌다. 덕분에 대부분의 인터넷 사용자는 화면이나 프로필 사진, 저해상도 이미지와 때로는 오디오 클립을 넣은 개인 웹사이트 등을 통해 온라인 공간에서 자신을 드러내기 시작했다. 이러한 변화는 마이스페이스와 페이스북 등 최초의 주류 소셜 네트워크가 출현하는 계기로 작용했다. 2000년대 후반과 2010년대 초반에는 완전히 새로운 형태의 온라인 사교 활동이 떠오르기 시작했다. 자주 업데이트하지 않는 개인 블로그 또는 프로필 사진 한 장과 오래된 텍스트 상태 메시지로 구성된 페이스북 페이지만으로 만족하는 시대는 지났다. 사용자는 거의 끊김이 없는 고해상도 사진과 동영상을 올려 자신을 표현하기 시작했다. 이러한 사진과 동영상 대부분은 이동하는 중에 촬영되었는데, 특정 순간에 사용자가 무엇을 하고, 무엇을 먹고, 어떤 생각을 하는지 공유하는 것 외에는 별다른 목적이 없었다. 이러한 흐름은 유튜브, 인스타그램, 스냅챗, 틱톡 등 새로운 소셜 미디어 네트워크에 의해 주도되었다.

　이러한 역사는 몇 가지 가르침을 준다. 첫째, 인간은 실제로 경험한 세상을 가장 근접하게 표현하는 디지털 모델을 찾는다. 매우 자세하고 소리와 동영상이 혼합되어 있으며, 정적이거나 시대에 뒤처지지 않고 '생동감' 있는 형태를 원하는 것이다. 둘째, 온라인 경험이 더욱 '실제'와 같은 수준으로 발전하면서 사용자는 온라인에서 현실 생활의 더 많은 부분을 쏟고, 인류의 문화는 전반적으로 온라인 세계에 더 많이 영향을 받게 된다. 셋째, 이러한 변화를 암시하는 선행지표는 일반적으로 젊은 세대가 앞서 받아들이는 새로운 소셜 애플리케이션일 때가 많다. 종합하면, 이러한 교훈은 인터넷이 나아갈 다음 단계가 3D라는 견해를 뒷받침해 준다.

만일 이것이 사실로 드러난다면, 우리는 '3D 인터넷'이 디지털 파괴에 저항해 온 산업들을 끝내 어떻게 파괴할 것인지 상상해볼 수 있다. 수십 년 동안 미래학자들은 중등 이후 교육과정과 직업훈련이 원격 온라인 교육으로 부분적으로나마 대체될 것이라고 예측했다. 교육 환경은 대부분 크게 달라지지 않았음에도 전통적인 대면 교육 관련 비용은 (평균 물가상승률을 크게 웃도는 수준으로) 계속 상승하고 단과대학과 종합대학 지원율도 계속 급증하고 있다. 전 세계 모든 일류 학교에서는 대면 교육의 질이나 검증 수준에 필적하는 원격 교육 프로그램을 도입하려는 시도조차 하지 않았다. 각 학교의 운영 재단에서 그럴 필요성을 인식하지 못했기 때문이다. 전 세계 수백만 학부모는 코로나19 대유행을 계기로 2D 터치스크린으로 혼자 학습하는 방식이 아이들에게 그리 적절하지 못하다는 사실을 깨닫게 되었다. 3D 가상 세계와 시뮬레이션, VR과 AR 헤드셋이 발전하면 교육 방식도 근본적으로 바뀔 것이라고 상상하는 사람이 많다. 전 세계 학생들은 가상 교실에서 친구들과 나란히 앉아 선생님과 인사를 나눈 후 가상 수업에 몰입할 것이다. 예컨대, 몸을 15마이크로미터 크기로 줄여 인간 순환계를 타고 이동하는 혈액세포에 들어갔다가 다시 원래 크기로 돌아와 가상 고양이를 해부할 수도 있다.

　메타버스가 3D 경험으로 인식된다고 해서 메타버스 내 모든 것이 3D로 이뤄진다는 의미는 아니라는 것을 기억해야 한다. 메타버스 내에서 2D 게임을 하거나, 메타버스를 이용해서 모바일 장치와 인터페이스를 통해 경험하는 소프트웨어와 애플리케이션에 접속하는 사람이 많을 것이다. 하지만 3D 메타버스가 출현한다고 해서 모든 인터넷과 컴퓨터 작업이 3D로 전환된다는 의미는 아니다. 모바일 인터넷 시대는 이미 15년 전에 시작되었지만, 여전히 비모바일_{non-mobile} 장치와 네트워크를 사용하는 사람이 많다. 시금도 두 모바일 장치 사이에 전송되는 데이터는 주로 유선(즉 지하) 인터넷 인프라를 통해 전송된다. 지난 40년 동안 인터넷이 널리 보급되었지만, 여전히 오프라인 네트워크와 독자적 프로토콜을 사용하는 네트워크도 있다. 그러나 3D는 인터넷에 새로운 경험을 수없이 구축할 수 있도록 이끌고 있으며 엄청난 기술적 문제를 일으키기도 한다. 이 문제에 대해서는 후술할 것이다.

　몰입형 가상현실이나 VR 헤드셋이 메타버스에 꼭 필요하지는 점을 유념해야 한다. 물론 그것들은 메타버스를 경험하는 가장 일반적인 방법이 될 수 있지만, 몰입형 가상현실은 메타버스에 접속하는 여러 방법 중 하나일 뿐이다. 몰입형 VR이 메타버스의 요건이라는 주장은 마치 앱을 통해서만 모바일 인터넷을 이용할 수 있으므로 모바일 브라우저를 제외해야 한다는 주장이나 다름없다. 사실 모바일 데이터 네트워크와 모바일 콘텐츠에 접속할 때 화면이 꼭 필요한 건 아니다. 예컨대, 차량 추적 장치와 고사양 헤드폰, 수많은 기계 간 통신(M2M)과 사물인터넷(IoT) 장치, 센서 등에서 이러한 특징을 흔히 발견할 수 있다. 메타버스도 화면이 필요하진 않다. 자세한 내용은 9장을 참조하길 바란다.

조건 3: 실시간 렌더링

렌더링은 컴퓨터 프로그램을 이용해서 2D 또는 3D 개체나 환경을 생성하는 프로세스다. 이러한 프로그램의 목표는 그래픽처리장치(GPU)와 중앙처리장치(CPU) 같은 다양한 컴퓨팅 자원을 활용해 무엇을 언제 렌더링(즉 시각화)해야 할지 결정하는 다양한 입력값과 데이터, 규칙으로 구성된 방정식을 '해결'하는 것이다. 모든 수학 문제가 그러하듯, 문제를 푸는 데 이용할 수 있는 자원(여기서는 시간, CPU와 GPU 개수, 처리 능력)이 많아질수록 더욱 복잡한 방정식을 다룰 수 있으며 더 세부적인 정보가 해법에 제공된다.

2013년에 개봉한 영화 「몬스터 대학교」를 살펴보자. 아무리 산업용 컴퓨팅 프로세서를 사용하더라도 이 영화에 쓰인 12만 개 이상의 프레임이 각각 렌더링되기까지는 프레임당 평균 29시간이 소요되었을 것이다. 렌더링이 한 번도 교체되지 않거나 장면이 바뀌지 않았다고 가정할 때, 영화 전체를 한 번 렌더링하는 데만 2년 이상이 걸렸을 것이다. 픽사는 이러한 문제를 해결하기 위해 결합 코어 2만 4000개를 탑재한 산업용 컴퓨터 2000대를 바탕으로 데이터 센터를 구축했는데, 모든 코어에 작업을 할당할 경우 단 7초 안에 한 프레임을 렌더링할 수 있도록 설계되었다.[1] 물론 이렇게 강력한 슈퍼컴퓨터에 엄청난 비용을 쏟고, 대기하는 데 많은 시간을 할애할 수 있는 기업은 그리 많지 않다. 예를 들어, 건축 설계 기업 상당수가 매우 세부적인 모델을 렌더링하려면 밤새 기다려야 한다.

아이맥스 전용 할리우드 블록버스터 영화를 제작하거나 수백만 달러 규모의 건물 개조 공사를 수주하는 경우 시각적 충실도를 우선시하는 것이 실용적이다. 하지만 가상 세계에서 설정된 경험은 **실시간** 렌더링이 필요하다. 실시간 렌더링이 없으면 가상 세계의 크기와 시각 효과에 심각한 제약이 가해지고 참여하는 사용자 수는 물론이고 각 사용자가 사용할 수 있는 옵션도 제한된다. 왜 그럴까? 『내 맘대로 골라라』 시리즈(R. A. 몽고메리R.A.Montgomery가 쓴 어린이용 게임북으로, 독자가 주인공이 되어 이야기를 직접 선택할 수 있도록 만들어 큰 인기를 끌었다―옮긴이) 같은 모험소설이 제공할 수 있는 선택지가 무한하지 않고 소수에 불과한 것처럼 이미 렌더링된 이미지로 구현된 몰입형 환경을 경험하려면 가능한 한 모든 시퀀스가 사전에 만들어져 있어야 한다. 다시 말해, 시각적 효과를 높이면 기능성과 매개성이 떨어진다.

예를 들어, 비디오게임과 구글 스트리트 뷰에서 로마의 콜로세움을 탐색해 보자. 두 방식 모두 360도 보기와 다차원 움직임(위아래 보기, 왼쪽/오른쪽, 뒤로/앞으로 이동) 기능을 제공하지만, 비디오게임에선 선택의 폭이 크게 제한된다. 콜로세움 외벽의 돌을 자세히 들여다보려면, 정밀 조사용으로 설계되지 않은 이미지를 확대하는 수밖에 없다. 이 경우 이미지가 흐릿하고 화각이 고정된 콜로세움에 만족해야 한다.

　실시간 렌더링을 통해 '생동감' 있고 사용자(또는 사용자 집단)의 입력에 반응하는 가상 세계를 만들 수는 있지만, 그러려면 초당 최소 30개, 이론상으로는 120개 프레임이 렌더링되어야 한다. 이러한 제약은 사용되는 하드웨어 종류와 양, 주기에 영향을 미칠 수밖에 없어 렌더링되는 항목의 복잡성에도 영향을 준다. 물론 몰입형 3D는 2D보다 훨씬 더 고도화된 컴퓨팅 연산력computing capabilities이 필요하다. 일반 건축 회사가 디즈니 자회사의 슈퍼컴퓨터를 상대할 수 없는 것처럼, 일반 사용자가 기업용 GPU나 CPU를 감당할 수는 없는 노릇이다.

조건 4: 상호 운용 가능한 네트워크

메타버스 비전에서 가장 중요한 특징은 사용자가 어떤 가상 공간에서 또 다른 가상 공간으로 아바타나 배낭 같은 가상 '콘텐츠'를 가져가 바꾸거나 판매하거나 다른 상품과 다시 혼합할 수 있는 능력이다. 예를 들어, 「마인크래프트」에서 구매한 의상을 「로블록스」에서 입거나, 「로블록스」에서 피파가 개발하고 운영하는 한 가상 스포츠 경기에 참석해 획득한 스웨터를 입고 동시에 「마인크래프트」에서 구매한 모자를 쓸 수도 있다. 경기 참가자는 이러한 이벤트를 통해 얻은 특별한 아이템을 다른 환경으로 가져가 마치 1969년산 오리지널 우드스톡(1969년 8월 15일부터 3일 동안 미국 뉴욕주의 베델 평원에서 사랑과 평화를 모토로 내걸고 개최한 음악 축제로 주로 히피족을 중심으로 큰 인기를 얻었다―옮긴이) 티셔츠 같은 희귀품이라도 되는 것처럼 타사 플랫폼에서 판매할 수도 있다.

메타버스는 사용자가 어디를 가든 무엇을 선택하든 현실 세계뿐만 아니라 수많은 가상 세계에서 사용자의 업적, 이력, 재정이 인식될 수 있도록 해야 한다. 이러한 시스템에 가장 근접한 형태로는 국제 여권 시스템, 지역 시장 신용 점수, 사회 보장 번호_{social security} _{number}(출생 시 미국 정부가 공식적으로 부여하는 개인 신원 증명 번호로 우리나라의 주민등록번호와 같은 개념이다―옮긴이)와 같은 국가 실명세를 들 수 있다.

이러한 비전을 실현하려면 우선 가상 세계에서 '상호 운용이 가능'해야 한다. 이는 컴퓨터 시스템이나 소프트웨어가 서로 주고받은 정보를 교환하고 활용하는 능력을 가리킨다.

상호 운용성_{interoperability}의 가장 대표적인 예는 인터넷이다. 인터넷에서는 서로 다르고 독립적이며 자율적인 수많은 네트워크가 전 세계적으로 안전하고 안정적이며 이해 가능한 방식으로 정보를 교환할 수 있다. 이 모든 것은 데이터를 패킷_{packet}(네트워크를 통해 전송하기 쉽도록 형식화된 데이터 전송 단위―옮긴이)으로 나눠 주소를 지정하고, 전송하고, 라우팅하고, 수신하는 방식을 서로 다른 네트워크에 알려주는 일련의 통신 프로토콜인 TCP/IP를 도입한 덕분에 가능해진 일이다. 이같은 TCP/IP는 미국 연방정부에 의해 1986년에 비영리 개방형 표준 공동체로 설립된 이래 완전히 독자적인 세계 기구로 거듭난 국제 인터넷 표준화 기구(IETF)에서 관리하고 있다.

전 세계적으로 상호 운용이 가능한 오늘날의 인터넷은 TCP/IP의 확립만으로 만들어낸 결과물이 아니다. 영어로 '인터넷internet'은 부정관사 'an'이 붙은 'an internet'이 아니라 정관사 'the'가 붙은 'the internet'으로 표기하며, 다른 실질적인 대체어 없이 'the internet'이라는 표현으로 통일되었다. 이는 중소기업을 시작으로 광대역 공급업체, 장치 제조업체, 소프트웨어 회사에 이르기까지 전 세계 거의 모든 컴퓨터 네트워크가 자발적으로 공통된 인터넷 프로토콜 스위트를 도입했기 때문이다.

인터넷과 월드와이드웹이 크고 분산되어 있을지라도 상호 운용성을 유지하고 보장하기 위해 새로운 담당 기구들이 설립되었다. 이러한 기구들은 최상위 계층적 웹 도메인(.com, .org, .edu)의 할당과 확장, 인터넷에서 개별 장치를 식별하는 IP 주소, 컴퓨터 네트워크에서 주어진 자원의 위치를 지정하는 URL, HTML 등을 관리했다.

인터넷에서 주고받는 파일에 대한 공통된 표준(예: 디지털 이미지 형식 JPEG, 디지털 오디오 형식 MP3)과 다양한 웹사이트, 웹페이지, 웹 콘텐츠(예: HTML) 간 연결을 기반으로 구축된 인터넷상의 정보를 표시하기 위한 공통 시스템, 그리고 이러한 정보를 렌더링할 수 있는 브라우저 엔진(예: 애플의 웹킷)을 확립하는 일도 중요했다. 대부분 여러 표준이 확립되면서 경쟁을 벌였지만, 서로 변환하는 기술적인 솔루션이 등장했다(예: JPEG에서 PNG로 변환). 초기 웹이 개방형으로 제공되었기 때문에 이러한 대안도 대부분 오픈소스로 제공되었으며 가능한 한 가장 광범위한 호환성을 추구했다. 오늘날 우리는 아이폰으로 찍은 사진을 페이스북에 쉽게 업로드할 수 있고,

이후 페이스북에서 구글 드라이브로 다운로드한 다음 아마존에 올려 후기를 남길 수도 있다.

인터넷은 서로 다른 애플리케이션, 네트워크, 장치, 운영체제, 언어, 도메인, 국가 등에서 상호 운용성을 설정하고, 유지하고, 확장하는 데 필요한 시스템과 기술 표준, 규약의 범위를 보여준다. 하지만 가상 세계의 상호 운용 가능한 네트워크에 대한 비전을 실현하려면 그보다 훨씬 더 많은 것이 필요할 것이다.

오늘날 많은 인기를 얻고 있는 가상 세계들은 거의 모두가 자체적인 렌더링 엔진을 사용한다(많은 업체가 다양한 타이틀에 걸쳐 여러 가지 엔진을 운영한다). 그리고 각자 보유한 개체, 텍스처, 플레이어 데이터를 완전히 다른 파일 형식으로 저장하고 자신들에게 향후 필요할 것으로 예상되는 정보만 포함하며, 다른 가상 세계와 데이터를 공유할 수 있는 시스템조차 갖추고 있지 않다. 결과적으로 현존하는 가상 세계들은 서로를 발견하고 인식할 수 있는 명확한 방법이 없으며 일관되고 안전하며 포괄적인 방식으로 상호 소통할 수 있는 공통된 언어도 없다.

이러한 고립과 분리는 오늘날의 가상 세계와 그 개발자들이 자체 시스템이나 경험을 상호 운용 가능하도록 설계한 적이 없다는 사실에 기인한다. 각 세계는 통제된 경제와 더불어 폐쇄된 경험을 목표로 삼았고, 그러한 목표에 맞게 최적화된 것이다.

표준과 솔루션을 확립하기 위한 분명하고 빠른 방법은 없다. 예를 들어, '상호 운용 가능한 아바타'라는 아이디어를 떠올려보자. 개발자들이 이미지의 정의와 표시 방법에 대해 합의하는 것은 상대적으로 쉽다. 개별적으로 색을 넣은 픽셀로 구성된 콘텐츠의 정적 2D 단위로서 하나의 이미지 파일 형식(예: PNG)을 다른 형식(예: JPEG)으로 변환하는 프로세스는 간단하기 때문이다. 반면에 3D 아바타는 훨씬 복잡하고 합의할 거리도 많아진다. 아바타는 의상을 입은 상태의 완전한 3D 인간인가, 아니면 전신 아바타에 의상을 더한 상태로 구성되어 있는가? 후자라면 의상 개수는 몇 개이며 셔츠와 셔츠 위에 입는 재킷은 어떻게 정의되는가? 아바타에서 어떤 부분을 다시 채색할 수 있는가? 다른 부분도 함께 채색해야 하는가(소매가 셔츠와 분리되어 있는가)? 아바타의 머리는 하나의 완전한 개체인가, 아니면 눈(자체 망막 포함), 속눈썹, 코, 주근깨 등과 같은 수많은 하위 요소의 일부인가? 한편 사용자는 의인화된 해파리 아바타와 상자 모양의 안드로이드가 다른 방식으로 움직일 것이라 기대한다. 이러한 기대는 개체에도 동일하게 적용된다. 아바타의 목에 문신을 넣는 경우, 문신은 아바타의 움직임과 관계없이 피부에 고정되어야 한다. 하지만 목에 거는 넥타이는 아바타가 움직일 때 같이 움직이고 상호작용해야 한다. 넥타이는 깃털이나 조개껍데기로 만든 목걸이와 다른 형태로 움직여야 한다. 따라서 이러한 움직임을 구현하려면 아바타의 크기와 시각적인 세부 정보를 공유하는 것만으로는 충분하지 않다. 개발자들은 작동 방식을 이해하고 합의를 이뤄내야 한다.

　개발자들이 새로운 표준을 합의하고 개선하더라도 타사의 가상 상품을 적절하게 해석하고, 수정하고, 승인할 수 있는 코드가 필요할 것이다. 「포트나이트」의 아바타를 「콜 오브 듀티」로 가져오려는 경우, 「콜 오브 듀티」 특유의 거친 분위기에 어울리는 스타일로 아바타를 변환하려 할 것이다. 따라서 「포트나이트」에서 거대한 바나나 캐릭터로 유명한 필리 스킨(아마도 「콜 오브 듀티」에 등장하는 자동차나 문틀에 걸려 안에 들어가지도 못할 것이다)처럼 「콜 오브 듀티」의 가상 세계에 적용될 수 없는 요소는 거부될 수 있다.

그 외에도 해결해야 할 문제가 많다. 만약 어떤 사용자가 하나의 가상 세계에서 가상 상품을 구매한 후 다른 가상 세계에서 사용한다면 소유권 기록은 어디에서 관리하고 어떻게 업데이트할 것인가? 또 다른 가상 세계는 어떻게 소유자를 대신해 이 상품을 요청하고 해당 상품의 소유권이 사용자에게 있음을 확인할 것인가? 수익 창출은 어떻게 관리해야 하는가? 변경할 수 없는 이미지와 오디오 파일은 3D 상품보다 단순하다. 게다가 컴퓨터와 네트워크 간에 이러한 파일의 사본을 전송할 수 있으며, 무엇보다도 전송한 이후에 사용하는 방식과 권한을 따로 통제할 필요가 없다. 위 내용은 가상 개체만을 다루고 있지만 이 외에도 상호 운용이 가능한 본인 인증과 디지털 통신, 그리고 특히 결제와 관련하여 고유한 문제가 많이 남아 있다.

효율이 좋은 표준을 엄선할 필요가 있다. 예를 들어, GIF 파일 형식을 생각해 보자. GIF는 널리 사용되지만, 기술적으로는 형편없다. GIF 이미지는 동영상의 개별 프레임이 많이 삭제되고 남은 프레임에서 시각적인 디테일도 많이 손실될 만큼 원본 동영상 파일을 압축하지만, 대체로 매우 무거운 편(즉, 파일 크기가 상대적으로 크다)이다. 반대로 MP4 형식은 GIF보다 일반적으로 5~10배 더 가볍고 동영상 해상도와 디테일 면에서 훨씬 뛰어나다. 그럼에도 GIF가 비교적 널리 사용되자 대역폭 사용이 늘어났고, 파일을 불러오기까지 더 오랜 시간이 소요되었으며, 전반적으로 경험의 질이 저하되었다. 이것은 그리 끔찍한 결과처럼 보이지 않을 수 있지만, 메타버스의 연산, 네트워크, 하드웨어 수요는 전례 없는 수준으로 증가할 것이다. 이에 관해서는 이 책의 후반부에서 다시 논할 것이다. 그리고 3D 가상 개체는 이미지 파일보다 훨씬 무겁고 어떤 면에선 더 중요할 수 있다. 따라서 어떤 파일 형식을 선택하느냐에 따라 언제, 어떤 장치에서, 무엇이 가능한지도 크게 좌우될 것이다.

표준화 과정은 복잡하고 까다롭고 오래 걸린다. 사실상 기술적인 문제를 가장한 비즈니스 문제이자 인류의 문제이기 때문이다. 표준은 물리법칙과 달리 발견이 아닌 합의를 통해 확립된다. 합의를 형성하려면 모든 당사자를 만족시킬 수 없으므로 양보가 필요한 때가 많고, 이로 인해 다양한 파벌이 나뉘지면서 '포크fork(합의가 이뤄지지 않았을 때 개발자들이 오픈소스 코드를 통째로 복사해 독립적인 새로운 소프트웨어를 개발하는 행위—옮긴이)'가 발생할 수 있다. 하지만 표준화 과정은 여기서 멈추지 않는다. 새로운 표준이 계속해서 등장하고, 오래된 표준은 업데이트되거나 때로는 중요도가 떨어져 더 이상 사용되지 않고 자취를 감춘다(GIF 활용도가 서서히 줄고 있다). 가상 세계가 처음 등장한 지 수십 년이 지난 후에야 3D 표준화 과정에 돌입했다는 사실은 수조 달러가 걸린 상황에서 표준화 과정을 더욱 어렵게 할 것이다.

일각에서는 이러한 문제를 지적하면서 '메타버스'가 발생할 가

능성은 거의 없고, 대신 서로 경쟁하는 가상 세계 네트워크가 많아

질 것이라고 주장한다. 하지만 이러한 형태는 그리 생소하지 않다.

1970년대부터 1990년대 초반까지 공통된 인터네트워킹internetworking(복

수의 네트워크를 서로 연결한 네트워크―옮긴이) 표준의 확립 여부를 놓

고 논의가 끊이지 않았다(이 시기를 '프로토콜 전쟁Protocol Wars'이라 부른

다). 대부분은 전 세계 네트워크가 특정한 목적을 위해 엄선된 외부

네트워크에만 연결하는 소수의 독자적인 네트워킹 스택에 따라 분

리될 것이라고 예상했다.

　돌이켜 보면 하나로 통합된 인터넷은 분명히 가치가 있다. 인터넷

이 통합되지 않았다면 세계 경제의 20퍼센트가 지금과 같은 '디지

털' 형태가 아니었을 것이다(나머지 대부분도 디지털로 구동되지 않았을

것이다). 모든 기업이 개방성과 상호 운용성의 이득을 본 것은 아니

지만, 대부분의 기업과 사용자가 이점을 누려왔다. 따라서 상호 운

용성의 원동력은 단순히 선견지명이나 새로 도입된 기술이 아니라

경제성이 된다. 경제를 최대한 활용하는 수단은 더 많은 사용자와

개발자를 유치해 메타버스 경제를 성장시키는 공통된 표준이 되며,

이는 더 나은 경험으로 이어지면서 제조 비용을 낮추고 운영 수익

성을 개선해 더 많은 투자를 끌어모은다. 경제의 중심이 계속 작동

하는 한, 모든 당사자가 공통된 표준을 수용할 필요는 없지만, 표준

을 받아들인 주체는 성장하고 받아들이지 않은 주체는 제약에 직면

할 것이다.

　메타버스의 상호 운용성 표준이 어떻게 확립될지 이해해야 하는

이유가 바로 여기에 있다. 차세대 인터넷으로 여겨지는 메타버스가

존재하기에 이 분야의 선두 주자들은 엄청난 소프트 파워를 갖게 된다. 그들은 여러 방법으로 물리적인 법칙과 업데이트 시기, 방식, 이유 등을 결정지을 것이다.

조건 5: 거대한 규모

'인터넷'이 진정한 '인터넷'이 되기 위해서는 무수히 많은 웹사이트와 페이지가 있어야 한다는 것은 대체로 받아들여지는 사실이다. 예를 들어, 몇몇 개발자가 소유한 포털 몇 개만으로는 달성할 수 없다. 메타버스도 마찬가지다. 진정한 '메타버스'가 되려면 거대한 규모로 구축된 가상 세계 여러 곳이 있어야 한다. 그렇지 않으면 아무리 엄선된 볼거리와 사용자 경험을 갖추고 있을지라도 외부(현실) 세계만큼 다양하거나 그에 견줄 만한 장소가 될 수 없으므로 사람들이 많이 찾는 디지털 놀이동산에 불과하게 된다.

이쯤에서 '메타버스'라는 용어의 어원을 분석하면 도움이 될 것이다. 스티븐슨이 만들어낸 이 신조어는 그리스어 접두사 '메타meta'와 우주를 뜻하는 단어 '유니버스universe'의 합성어다. 영어에서 보통 '메타'는 '저 너머' 또는 '초월하는'으로 번역된다. 예를 들어, 메타데이터metadata는 데이터를 설명하는 데이터이고, 형이상학으로 번역되는 메타피직스metaphysics는 '물질과 그것을 이루는 기본 구성요소, 공간과 시간을 통한 움직임과 행동, 에너지와 힘의 관련 실체'를 연구하는 학문이 아니라 '존재, 정체성, 변화, 공간과 시간, 인과성, 필연성, 가능성'을 탐구하는 철학의 한 갈래를 일컫는다.[2] 우주에 약 70조 개의 행성이 있는 것처럼, '메타'와 '버스'가 결합하면 컴퓨터가 생성한 각각의 '우주'와 현실 세계를 모두 아우르는 단일층을 이루게 된다.

이처럼 메타버스 안에는 하나의 권한 아래 작동하고 시각적 계층으로 명확하게 연결된 가상 세계의 집합인 '메타갤럭시metagalaxy(여기서 '갤럭시'는 은하계를 의미한다—옮긴이)'가 존재할 수 있다. 이 정의에 따르면,「로블록스」는 하나의 메타갤럭시가 되며「입양하세요!」는 하나의 가상 세계가 된다. 왜 그럴까?「로블록스」는 수백만 개의 다양한 가상 세계로 구성된 네트워크이고, 그중 하나가「입양하세요!」이기 때문이다. 하지만「로블록스」에 모든 가상 세계가 포함된 것은 아니다(만일 모든 가상 세계를 아우른다면 단일 메타버스가 될 것이다). 특히 인터넷에서 각 네트워크가 자체적으로 하위 네트워크를 운영하고, 지구에 여러 국가로 구성된 대륙이 있고 각 국가에서 도시와 주 등으로 지역을 나누듯이 각 가상 세계는 자체적으로 특정 하위 지역을 포함할 수 있다.

인터넷에서 페이스북이 수행하는 역할을 떠올리면 메타갤럭시를 이해하는 데 도움이 될 것이다. 페이스북은 분명 인터넷은 아니지만 밀접하게 통합된 여러 페이스북 페이지와 프로필을 모아놓은 플랫폼이다. 간단히 말하자면, 페이스북은 현존하는 2D 메타갤럭시 버전인 셈이다. 이와 유사하게 메타버스 상호 운용성의 가능성도 고려해 볼 수 있다. 현재 세상에선 모든 상품이 자유롭게 이동할 수는 없다. 예를 들어, 기타를 금성으로 보낼 수는 있지만 도착하자마자 곧바로 부서질 것이다. 오하이오 농장을 기술적으로 달에 보낼 수는 있지만, 그러한 시도는 실용성이 떨어진다. 지구상에서 인간이 만들어낸 대부분의 물건은 인간이 만들어낸 대부분의 장소로 옮길 수는 있지만, 그러한 시도는 다양한 사회, 경제, 문화, 안전과 관련된 이유로 제한된다.

가상 세계의 수가 증가하면 가상 세계의 사용량도 증가해야 한다. 팀 스위니를 비롯해 가상 세계 분야를 이끄는 몇몇 리더는 모든 기업이 궁극적으로 자체 가상 세계를 「포트나이트」와 「마인크래프트」 같은 주요 가상 세계 플랫폼의 일부분으로서, 그리고 독립형 행성으로서 운영해야 할 것이라고 말한다. 스위니는 "수십 년 전에 모든 기업이 웹페이지를 만들었고, 어느 시점에 이르자 모든 기업이 페이스북 페이지를 만들었습니다"라고 말했다.

조건 6: 영속성

앞서 가상 세계에서 나타나는 영속성의 개념에 대해 논했다. 현재 완전한 영속성을 보여주는 게임은 거의 없다. 가상 세계의 일부 또는 전체를 초기화하기 전 한정된 기간에 영속성이 유지될 뿐이다. 큰 인기를 끌고 있는 「포트나이트」와 「프리 파이어」를 떠올려보자. 경기 내내 플레이어는 다양한 구조물을 건설하거나 파괴하고, 숲에 불을 지르거나, 야생 동물을 죽이지만, 약 20~25분 후에 사실상 맵이 '종료'되고 제작사인 에픽게임즈와 가레나에 의해 폐기된다. 플레이어가 게임에 참가하는 동안 획득하거나 잠금 해제한 아이템을 계속 보유할지라도 다시 똑같은 플레이를 경험할 수는 없다. 사실, 가상 세계에서는 주어진 게임 내에서도 파괴되지 않는 암석에 남겨진 총알 자국 같은 데이터는 폐기한다. 렌더링의 복잡성을 줄이기 위해 30초가 지나면 데이터를 '언로드unload'하는 것이다.

모든 가상 세계가 「포트나이트」 게임처럼 초기화되는 것은 아니다. 예를 들어, 「월드 오브 워크래프트」는 계속 이어진다. 그렇다고 해서 가상 세계가 완전히 영속적이라고 말하는 것은 옳지 않다. 플레이어는 「월드 오브 워크래프트」 맵의 특정 부분에 입상해서 적을 물리친 후 떠났다가 다시 돌아왔을 때 죽은 적들이 다시 살아났다는 사실을 알아차리지 못하는 경우가 더 많다. 전날 플레이어에게 희귀 아이템을 판매한 게임 속 상인은 마치 처음 만난 사이처럼 해당 아이템을 또다시 제공할 수도 있다. 개발자(이 경우에는 액티비전 블리자드)가 대규모 업데이트를 진행했을 때만 가상 세계는 바뀔 수 있다. 플레이어는 주어진 선택이나 이벤트 결과의 무기한 지속 여부에 영향을 줄 수 없다. 플레이어의 기억과 적을 물리치거나 아이템을 구매한 기록만이 유일하게 지속된다.

가상 세계에서 영속성의 문제는 이해하기 다소 어려울 수 있다. 현실 세계에선 그러한 문제가 발생하지 않기 때문이다. 어떤 나무를 물리적으로 베어내면 그 나무는 사라진다. 나무를 벤 사람이 그 나무를 기억하더라도, 또 지구가 다른 나무를 아무리 많이 키워내더라도 그 나무는 더 이상 세상에 존재하지 않는다. 반면에 가상 나무의 경우, 사용자의 장치와 이를 관리하는 서버에서 나무에 관한 정보를 보유하고, 렌더링하고, 다른 사용자와 공유할지 적극적으로 결정해야 한다. 만일 컴퓨터가 그렇게 하기로 선택하면 추가적으로 세부 사항을 고려해야 한다. 이를테면 나무가 '사라진' 것인가, 아니면 땅에 그냥 쓰러진 것인가? 플레이어는 나무가 어느 쪽에서 찍혀 넘어갔는지 볼 수 있어야 하는가? 아니면 나무가 평범하게 잘려나갔는가? 나무는 '생분해'되는가? 그렇다면 생분해 방식은 일반적인가, 아니면 현장의 환경에 따라 달라지는가? 지속되는 정보가 많을수록 컴퓨팅 연산력을 많이 소모하므로 다른 활동에 할당할 메모리와 전력은 줄어들 수밖에 없다.

컴퓨팅 연산의 영속성과 상호작용을 가장 잘 보여주는 사례는 게임 「이브 온라인」에서 찾을 수 있다. 「세컨드 라이프」처럼 2000년대 초반에 출시된 다른 '최초의 메타버스'만큼 유명하거나 「로블록스」처럼 최근 출시된 새로운 게임은 아니지만, 「이브 온라인」은 문제 해결이나 업데이트를 위해 가끔 중단되는 점검 시간을 제외하고는 2003년 출시 이후 꾸준히 지속적으로 운영되었다는 점에서 경이롭다. 「포트나이트」 같은 게임은 수천만 명의 플레이어를 분리해 12~150명이 겨루는 20~30분짜리 경기를 진행한다. 반면 「이브 온라인」은 약 8000개의 태양계와 약 7만 개의 행성을 아우르는 단일 가상 세계에 수십만 명의 월간 사용자를 배치한다.

「이브 온라인」을 이루는 특별한 가상 세계의 이면에는 혁신적인 시스템 아키텍처뿐만 아니라 매우 독창적인 디자인이 있다. 「이브 온라인」의 가상 세계는 본질적으로 은하계로 보이는 배경이 펼쳐져 있는 텅 빈 3차원 공간이다. 엄밀히 말하면, 사용자는 채굴 같은 활동을 한다고 해서 정말로 행성을 방문하진 못한다. 여기서 채굴은 가상 장비를 구축하는 것보다 무선 라우터를 설정하는 행위에 더 가깝다. 따라서 이 게임의 영속성은 비교적 적절한 규모의 소유권(예: 플레이어의 선박과 자원)과 관련 위치 데이터를 관리하는 데 달려 있다. 이는 제작사인 CCP 게임즈의 서버가 감당해야 할 컴퓨터 연산 작업이 줄어들고, 사용자의 장치가 변경된 세계 전체가 아닌 그 안에서 몇 가지 개체만 렌더링하는 것으로 충분하다는 의미가 된다. 알다시피, 복잡성은 실시간 렌더링을 방해하는 장애물이다.

게다가 「이브 온라인」에서는 매일, 분기별 또는 연간 단위로 발생하는 이벤트가 거의 없다. 「이브 온라인」의 목표는 자체적인 가상 세계가 계속 존재하는 한, 플레이어들로 구성된 다양한 파벌이 행성과 시스템, 은하계를 정복하는 것이기 때문이다. 이러한 목표는 주로 기업을 설립하고, 동맹을 형성하고, 함대를 전략적으로 배치함으로써 달성된다. 이를 위해 「이브 온라인」의 상당 부분이 제작사인 CCP의 서버가 아닌 타사가 운영하는 메시지 애플리케이션과 이메일을 통해 '현실 세계'에서 이뤄진다. 사용자들은 수년을 들여 공격을 계획하고, 반대편 길드에 잠복해 있다가 나중에 배신하고, 거대한 개인 네트워크를 구축해 자원을 거래하고 새로운 선박을 건조했다. 대규모 전투는 매우 드물게 일어나며, 이때 가상 세계 자체보다는 가상 세계의 자산(예: 선박)이 파괴된다. 중앙처리장치 관점에서는 전자보다 후자가 파괴되는 편이 관리하기에 훨씬 수월하다. 정원에서 기르는 식물이 정원 생태계에 어떤 영향을 미칠지 이해하기보다 죽은 식물을 쓰레기통에 버리기가 쉬운 것과 같은 이치다.

「이브 온라인」은 기술적으로나 사회학적으로나 매우 복잡하면서도 메타버스가 갖는 대부분의 비전과 비교하면 규모나 범위 등이 제한적이라는 점에서 특별한 사례라 할 수 있다. 스티븐슨의 『스노 크래시』에서 메타버스는 고유한 비즈니스와 방문할 장소, 수행할 활동과 구매할 물건, 만날 사람들이 거의 무한한 가상 세계로, 규모가 행성만큼 거대하고 매우 세밀하게 설계되어 있다. 거의 모든 개체와 사용자가 수행한 모든 작업은 언제든지 영구적으로 지속될 수 있다. 이것은 가상 세계뿐만 아니라 그 안에 속하는 각 아이템에도 적용된다. 아바타가 착용하는 가상 운동화는 점차 낡을 것이고, 이러한 손상은 영원히 남는다. 상호 운용성 원칙에 따라 이러한 변경 사항은 사용자가 어디로 이동하든 지속될 것이다. 이러한 경험을 생성하고 유지하기 위해 읽고, 쓰고, 동기화하고(자세한 내용은 아래 설명에서 확인하기 바란다), 렌더링해야 하는 데이터의 양은 전례 없을 만큼 많고 현재 기술로 처리할 수 있는 수준을 크게 벗어난다. 그러나 스티븐슨의 메타버스를 문자 그대로 해석하는 것은 바람직하지 않을 수도 있다. 그는 사람들이 가상의 집 안에 있는 메타버스에서 깨어나 가상의 술집까지 걸어가거나 기차를 타고 가는 모습을 상상했다. 스큐어모피즘skeuomorphism*은 종종 유용하지만, 가상 세계에 존재하는 모든 것을 통합하는 단일층인 '더 스트리트'는 그렇지 않을

---

* '스큐어모피즘'은 인터페이스가 현실 세계의 것을 모방하도록 설계된 그래픽디자인에 사용되는 기술을 말한다. 예를 들어, 아이폰의 첫 번째 '노트' 앱은 일반적인 메모장과 마찬가지로 빨간색 선이 그어진 노란색 종이에 입력할 수 있도록 했다.

가능성이 크다. 메타버스 참가자의 대부분은 한 장소에서 다른 장소로 순간 이동하는 것을 선호할 것이다.

다행히 행성 크기에 맞먹는 넓은 세계에 모든 사용자가 기록한 미세한 기여도의 영속성보다는 다양한 세계와 시간에 걸쳐 생성한 사용자 데이터(즉 사용자가 소유한 아이템과 수행한 활동)의 영속성을 관리하기가 훨씬 쉽다. 이러한 모델은 현존하는 인터넷뿐만 아니라 대중이 선호하는 상호작용 모델을 더욱 밀접하게 반영한다. 우리는 종종 웹에서 구글 독스에 올린 특정 문서나 유튜브 동영상 같은 웹 페이지로 직접 이동한다. 어떤 '인터넷 홈페이지'에서 탐색을 시작한 후 구글 웹사이트(Google.com)를 클릭해 들어간 다음 특정 제품 페이지로 이동하진 않는다.

하나의 사이트나 플랫폼, 또는 '닷컴(.com)' 같은 최상위 도메인을 막론하고 인터넷은 지속된다. 하나의 사이트, 심지어는 여러 개의 사이트가 더 이상 존재하지 않게 되면 그 안에 있는 콘텐츠는 사라질 수 있지만, 인터넷 전체는 지속된다. 사용자가 만든 콘텐츠는 말할 것도 없고 쿠키나 IP 주소처럼 사용자의 데이터 대부분은 특정 웹사이트, 브라우저, 장치, 플랫폼, 서비스가 없어도 존재할 수 있다. 하지만 가상 세계가 오프라인 모드로 전환되거나, 초기화되거나, 종료되면 플레이어 관점에서는 그것이 존재하지 않았던 것이나 다름없게 된다. 가상 세계가 계속 운영되더라도 플레이어가 그 세계에서 플레이를 중단하는 순간, 소유한 가상 상품, 이력, 업적은 물론이고 소셜 그래프social graph(소셜 네트워크의 개인, 집단, 조직 간 상호 연결 상태를 보여주는 관계도—옮긴이)도 부분적으로나마 잃을 수 있다.

가상 세계가 '게임'이라면 이러한 손실은 그리 큰 문제가 되지 않는다. 하지만 인간 사회가 의미 있는 방식으로 가상 공간으로 전환하기 위해서는(예를 들어 교육, 업무, 의료 등의 분야) 이러한 가상 공간에서 수행하는 작업도 학교 성적표나 야구 대회 입상 기록처럼 안정적으로 영속되어야 한다. 존 로크John Locke를 비롯한 철학자들에게 정체성은 기억의 연속성으로 해석된다. 그렇다면 우리가 그동안 수행해 왔던 모든 일에 대한 기억이 사라질 가능성이 있는 한 가상의 정체성은 영원히 가질 수 없을 것이다.

그럼에도 개별 가상 세계 내에서 영속성을 높이는 것은 메타버스가 성장하는 데 필수 요건이다. 이 책에서도 후술하겠지만, 지난 5년 동안 인기를 얻은 디자인 아이디어의 상당수는 완전히 새로운 것이 아니라 최근 들어 구현 가능해진 디자인이다. 따라서 현재 우리는 「월드 오브 워크래프트」가 사용자의 지난 흔적을 원래 모습 그대로 영원히 기억해야 할 이유를 파악하는 데 다소 어려움을 겪을 수 있지만, 몇몇 디자이너가 결국 이 문제를 해결할 솔루션을 알아낼 가능성이 크고, 머지않아 그것은 많은 게임의 핵심 기능으로 자리 잡을 것임을 짐작할 수 있다. 그러한 솔루션을 찾기 전까지 영속성이 가장 많이 요구되는 가상 세계는 가상 부동산을 기반으로 하거나 물리적 공간과 결부된 가상 세계가 된다. 예를 들어, '디지털 트윈'은 대응되는 현실 세계의 변경 사항을 반영하도록 자주 업데이트되어야 하며, 가상 전용 부동산 플랫폼은 특정 방에 추가된 새로운 예술품이나 장식을 '잊지' 않을 것이다.

조건 7: 동시성

우리가 원하는 메타버스의 가상 세계는 단순히 지속되거나 실시간으로 반응하는 세계가 아니다. 우리는 경험이 **공유**되는 세계이길 바라는 것이다.

이렇게 작동하려면 가상 세계의 모든 참가자가 주어진 시간('고대역폭')에 대용량의 데이터를 전송하고, 빠르게('저지연') 연속적*으로 (지속적이고 중단 없이) 가상 세계의 서버에 연결(송수신)할 수 있는 인터넷 접속망을 갖추어야 한다.

딱히 색다른 요건처럼 들리진 않을 것이다. 현재 수천만 가정에서는 이미 고해상도 동영상을 스트리밍하고 있고, 세계 경제의 상당 부분은 코로나19 팬데믹을 계기로 실시간 동기화되는 동영상 회의 소프트웨어를 도입했다. 광대역 공급업체는 경쟁적으로 대역폭과 지연 시간을 계속해서 개선하고 있어 인터넷이 중단되는 상황은 날이 갈수록 줄어들고 있다.

그러나 실시간으로 동기화되는 온라인 경험은 아마도 오늘날 메타버스가 직면한 가장 해결하기 어려운 중대한 제약일 것이다. 간단히 말해, 인터넷은 공통된 경험을 실시간 동기화하도록 설계되지 않았다. 그 대신 당사자 간 메시지와 파일의 정적 사본을 공유할 수 있도록 설계되었다(연구소와 대학에서는 메시지와 파일에 접근할 때

---

* 이를 종종 '지속적' 연결이라고 부르지만, 가상 세계의 영속성과 구별하기 위해 이 책에서는 '연속적'이라는 표현을 사용할 것이다.

한 번에 하나씩 공유했다). 이러한 방식은 상상하기 힘들 만큼 커다란 제약으로 들리겠지만, 오늘날 거의 모든 온라인 환경에서 문제없이 잘 작동한다. 특히 실시간으로 연속성을 느끼기 위해 계속해서 연결해야 하는 경우는 매우 드물기 때문이다!

사용자는 페이스북 뉴스피드나《뉴욕 타임스》의 선거 중계 등 실시간 웹페이지를 꾸준히 업데이트하며 보고 있다고 생각하지만, 실제로는 자주 업데이트되는 페이지를 수신하는 것이다. 실제로는 다음과 같은 일이 벌어진다. 먼저 사용자의 장치가 브라우저나 앱을 통해 페이스북이나《뉴욕 타임스》의 서버에 요청하면 해당 서버에서 요청을 처리하고 적절한 콘텐츠를 다시 내보낸다. 이 콘텐츠에는 지정된 시차를 두고(예: 5초 또는 60초마다) 서버에 업데이트를 요청하는 코드가 포함되어 있다. 이러한 모든 전송(사용자 장치 또는 관련 서버에서 보내는 전송)은 다양한 네트워크 집합을 거치며 수신자에게 도달한다. 이것은 실시간으로 지속되는 양방향 연결처럼 느껴질 테지만, 실제로는 실시간이 아닌, 단방향으로 다양하게 라우팅되는 데이터 패킷이 모인 배치batch인 것이다. 이와 똑같은 모델이 이른바 '인스턴트 메신저' 애플리케이션에 적용된다. 사용자들과 그 사이에 자리한 서버는 각 사용자에게 고정 데이터를 푸시push(사용자의 요청에 관계없이 정보를 전달하는 방식—옮긴이)하고 동시에 종종 정보 요청(메시지 또는 수신 확인 상태를 전송)을 보낸다.

'스트리밍'이라는 용어와 목표로 삼는 경험(연속 재생)이 시사하는 바와 달리, 정작 넷플릭스는 연속으로 작동하지 않는다. 사실상 넷플릭스 서버는 사용자에게 고유한 데이터 배치를 전송하고 있으며,

이러한 배치의 상당수가 서로 다른 네트워크 경로를 통해 서버에서 해당 사용자에게로 이동한다. 넷플릭스는 사용자가 요청하기도 전에 30초 분량 콘텐츠를 추가로 푸시하는 경우가 많다. 일시적인 전송 오류(예: 특정 경로가 혼잡하거나 사용자의 와이파이 연결이 잠시 끊기는 경우)가 발생하더라도 동영상은 계속 재생된다. 결과적으로 넷플릭스의 전송 방식은 실제와 다르게 연속적으로 전달되는 듯한 기분을 선사한다.

넷플릭스는 또 다른 기법을 구사한다. 예를 들어, 콘텐츠를 대중에게 공개하기 몇 개월에서 몇 시간 전에 해당 콘텐츠의 동영상 파일을 받는다. 이러한 과정은 광범위한 기계 학습 기반 분석을 수행할 기회가 된다. 넷플릭스는 프레임 데이터를 분석해 어떤 정보가 불필요한지 결정한 후 파일 크기를 축소(또는 '압축')할 수 있다. 넷플릭스의 알고리즘은 파란 하늘이 나오는 장면을 '시청'하고, 시청자의 인터넷 대역폭이 갑자기 저하될 때 500여 개의 파란색 음영을 200, 50 또는 25로 단순화할 수 있도록 설정한다. 스트리밍 분석 기능이 맥락에 기반해 이와 같은 결정을 내린다. 예컨대, 대화 장면은 빠른 액션 장면보다 더 많은 압축을 견딜 수 있음을 인식하는 것이다. 또한 넷플릭스는 로컬 노드에 콘텐츠를 미리 불러온다. 사용자가 넷플릭스에서 미국 SF 드라마 「기묘한 이야기」의 최신 에피소드를 시청하기 위해 요청을 전송하면, 실제로 데이터가 몇 블록 거리에 떨어져 있으므로 사용자의 장치에 바로 도달할 수 있다.

이와 같은 방식이 작동하는 이유는 넷플릭스가 동기화되는 경험이 아니기 때문이다. 실시간으로 생성되는 콘텐츠에 대해서는 '사전 작업'을 할 수 없다. CNN 또는 트위치 같은 실시간 동영상 스트리밍이 넷플릭스나 HBO 맥스의 주문형 스트리밍보다 안정성이 크게 떨어지는 이유가 바로 여기에 있다. 하지만 실시간 스트리밍 업체들도 나름의 기법을 내세우고 있다. 예를 들어, 전송은 일반적으로 2초에서 30초 정도 지연되는데 이는 일시적인 혼잡이 발생했을 때 콘텐츠를 미리 보낼 기회가 있음을 의미한다. 콘텐츠 제공업체의 서버 또는 사용자는 이전 연결을 신뢰할 수 없다고 판단한 경우, 광고 시간을 활용해서 연결을 초기화할 수도 있다. 대부분의 실시간 동영상은 오직 단방향으로 연결된다. 예컨대 CNN 서버에서 사용자에게로 흘러가는 연속적인 연결이 필요한 것이다. 이따금 트위치 채팅처럼 양방향으로 연결되는 경우도 있지만, 이는 채팅 텍스트 자체에 불과할 정도로 아주 적은 양의 데이터만 공유되고 동영상에는 직접적으로 영향을 주지 않으므로 그리 중대한 문제는 아니다(동영상은 이미 전송되기 2초에서 30초 전에 생성된 것임을 기억하자).

전반적으로 실시간 렌더링된 멀티유저 가상 세계를 제외하고 고대역폭, 저지연, 연속적인 연결이 필요한 온라인 환경은 거의 없다. 대부분은 이러한 요소 중에 하나 또는 두 개가 필요하다. 초단타 매매를 하는 주식 트레이더(특히 초단타 매매 알고리즘)는 되도록 짧은 전달 시간을 선호한다. 전달 시간의 차이가 증권을 사고팔아 얻는 이익이나 손실을 좌우하기 때문이다. 하지만 주문 자체는 기본적으로 용량이 작은, 가벼운 데이터라서 연속적인 서버 연결이 필요하지 않다.

줌, 구글 미트 또는 마이크로소프트 팀즈 같은 화상회의 소프트웨어는 사정이 다르다. 이러한 소프트웨어에선 많은 사람이 고해상도 동영상 파일을 동시에 주고받으며 공통된 경험에 참여한다. 그러나 이러한 경험을 구현하는 소프트웨어 솔루션은 참가자가 많은 실시간 렌더링된 가상 세계에서는 그다지 잘 작동하지 않는다.

　최근에 줌을 통해 진행한 화상회의를 떠올려보라. 때로는 몇 개의 패킷이 너무 늦게 도달하거나 아예 도달하지 않아서 상대방의 발언 중 한두 단어 정도를 전혀 듣지 못했을 것이다. 어쩌면 다른 사람들도 당신이 내뱉은 단어 몇 개를 듣지 못했을 수 있다. 그럼에도 당신과 다른 회의 참가자들은 내용을 이해하고 통화를 이어갔을 가능성이 크다. 연결은 일시적으로 끊어졌다가도 다시 빠르게 회복되었을 것이다. 줌은 일시적으로 놓친 패킷을 전송한 다음 재생 속도를 높이고 일시 중지된 부분을 잘라내어 '실시간' 회의를 금세 '따라잡을 수' 있다. 로컬 네트워크 또는 로컬 네트워크와 원격 줌 서버 사이에서 문제가 발생해 연결이 완전히 끊어졌을 수 있지만, 이 경우에는 당신이 회의를 잠시 떠났다가 다시 합류했다는 사실을 아무도 알아차리지 못했을 것이다. 만일 사람들이 알아차렸다면 당신의 부재는 분명히 회의에 지장을 초래했을 테니까. 화상회의는 여러 사용자가 함께 작업하며 이끄는 것이 아니라 공통적으로 한 사람에게만 집중하는 경험이기 때문이다. 그런데 당신이 발표자라면 어떨까? 다행히 어떤 참여자가 대신 말을 잇거나 모든 참여자가 당신이 돌아오길 기다린다면 화상 통화는 당신의 부재와 상관없이 계속 진행될 수 있다. 네트워크 정체가 발생해 누구든 화상회의의 진행 상황을 듣지 못하거나 보지 못하게 되면, 줌은 가장 중요한 요소인 오디오를 우선 처리하기 위해 화상회의 참여자들의 장치에서 동영상을 업로드하거나 다운로드하는 작업을 중단할 것이다. 아니면 다양한 지연 시간으로 인해 통화가 중단되었을 수도 있다. 즉 화상회의에 참여한 다른 사람들이 '실시간' 동영상과 오디오를 0.25초, 0.5초 또는 1초 늦게, 또는 빠르게 수신하게 되어 결과적으로 말할 차례를 놓치거나 계속해서 방해를 받았을 것이다. 하지만 결국에는 장치마다 이를 극복할 방법을 알아내기 마련이다. 이를 위해서는 모두 조금씩 인내할 필요가 있다.

가상 세계는 더 높은 성능이 필요하고 다른 어떤 활동보다도 사소한 걸림돌에 영향을 받기가 더 쉽다. 훨씬 복잡한 데이터 세트가 전송되며, 모든 사용자의 데이터 세트가 제때 준비되어야 한다.

사실상 제작자 한 명과 관객 여러 명이 참여하는 화상 통화와 달리, 일반적으로 가상 세계에는 많은 참여자가 모여 경험을 공유한다. 따라서 개인 한 명과 연결이 끊어지면 (아무리 일시적일지라도) 전반적인 공동체의 경험에 영향을 미친다. 그리고 사용자의 연결이 완전히 끊긴 건 아니지만 나머지 통화와 조금이라도 동기화되지 않으면 가상 세계에 영향을 줄 수 있는 능력을 완전히 상실하게 된다.

1인칭 슈팅 게임을 플레이하는 상황을 상상해 보자. 플레이어 A가 플레이어 B보다 75밀리초milisecond(ms)(1000분의 1초를 가리키는 시간 단위―옮긴이) 뒤처진다면 플레이어 B가 있을 것으로 예상되는 위치에 총을 쏘더라도 플레이어 B 본인과 게임 서버는 플레이어 B가 이미 그 자리를 떠났다는 사실을 알고 있다. 이러한 불일치는 가상 세계의 서버가 어떤 참가자의 경험이 '진실'이고(즉 모든 참가자에게 렌더링되고 지속되어야 하는 경험), 어떤 참가자의 경험을 거부해야 하는지 판단해야 함을 의미한다. 이러한 상황에서는 뒤처진 참가자의 경험을 거부하고 다른 참가자들이 게임을 계속 진행할 수 있도록 판단하는 경우가 대부분이다. 만일 메타버스 속 많은 주체가 서로 상충되는(그리고 무효화된) 경험을 하게 된다면 해당 메타버스는 인간이 존재하는 평행 세계로서 제대로 기능할 수 없다.

시뮬레이션당 사용자 수가 컴퓨터 성능에 따라 제한되는 것(이에 대해서는 후술할 것이다)은 보통 사용자가 주어진 세션에서 연결을 끊을 경우 다시 참여할 수 없다는 것을 의미한다. 이는 해당 사용자의 경험뿐만 아니라 함께하는 동료들의 경험에도 지장을 준다. 동료들이 플레이를 함께 재개하려면 기존의 가상 세계를 종료하는 수밖에 없고, 그게 아니면 연결을 끊은 사용자가 빠진 상태에서 그대로 플레이를 이어나가야 한다.

지연과 지체가 발생하면 넷플릭스와 줌 사용자들은 답답함을 느낄 것이다. 반면에 가상 세계에서 그러한 문제가 발생한다면 개인은 비록 가상일지라도 목숨을 잃을 위험에 처하고 팀은 끊임없는 좌절 상태에 놓이게 된다. 이 글을 작성한 시점을 기준으로 할 때, 미국 가구의 75퍼센트만이 실시간으로 렌더링되는 대부분의 가상 세계에 계속 참여할 수 있지만, 중동에서는 그러한 가구 비율이 25퍼센트도 채 되지 않는다.

메타버스가 앞으로 수십 년 동안 어떻게 진화하고 성장할 것인지 이해하려면 동시성 문제에 대해 상세하게 설명할 필요가 있다. VR 헤드셋, 게임 엔진(예: 언리얼), 「로블록스」 같은 플랫폼 등 여러 장치에서 나타나는 혁신에 따라 메타버스의 미래가 결정된다고 생각하는 사람이 많지만, 실제로는 네트워킹 역량이야말로 언제, 누구를 위해, 무엇이 가능한지를 주로 정의하고 제한할 것이다.

이후 장에서도 살펴보겠지만, 세상에 간단하면서 저렴하고 재빠른 해결책은 없다. 새로운 케이블 연결 인프라, 무선 표준, 하드웨어 장비를 갖춰야 하며, 잠재적으로 경계 경로 프로토콜(BGP)과 같은 인터넷 프로토콜 스위트의 근본적인 요소에 대해서도 자세히 조사해야 한다.

대부분의 사람은 BGP에 대해 들어본 적이 없을 것이다. BGP는 주변에서 흔히 찾아볼 수 있는 프로토콜로, 디지털 시대에 일종의 트래픽 보호 장치로서 다양한 네트워크에서 데이터가 전송되는 방법과 위치를 관리하는 역할을 한다. BGP의 문제는 정적 비동기식 파일 공유와 같은 인터넷의 본래 용도를 위해 설계되었다는 점이다. BGP는 전송되는 데이터(이메일, 실시간 프레젠테이션, 또는 실시간 렌더링된 가상 시뮬레이션에서 가상 충격을 피할 목적으로 입력되는 데이터 집합 등)와 방향(데이터가 내부로 들어오는 경우인 인바운드 또는 데이터가 서버 외부로 나가는 경우인 아웃바운드), 네트워크 정체가 미치는 영향 등을 이해하기는커녕 인식하지도 못한다. 그렇지만 BGP는 트래픽 라우팅에 대해 상당히 일률적으로 표준화된 방법론을 따르며, 기본적으로 가장 짧은 경로와 가장 빠른 경로, 가장 저렴한 경로를 저울질한다(주로 마지막 변수를 선호한다). 따라서 연결이 유지되더라도 불필요하게 대기 시간이 길어져 지연될 수 있으며, 실시간으로 전달될 필요가 없는 네트워크 트래픽의 우선순위를 지정하기 위해 연결이 끊어질 수 있다.

BGP는 국제 인터넷 표준화 기구에서 관리하며 개정할 수 있다. 그러나 변경 사항이 실행될 가능성은 수많은 인터넷 서비스 공급업체, 사설 네트워크, 라우터 제조업체, 콘텐츠 전송 네트워크 등의 사전 동의 여부에 따라 달라진다. 적어도 가까운 미래에는 업데이트가 상당한 수준으로 진행되더라도 전 세계적으로 확장된 메타버스를 실현하기에는 충분하지 않을 것으로 예상된다.

조건 8: 무제한 사용자와 개별적 실재감

스티븐슨은 『스노 크래시』에 정확한 날짜를 밝히진 않았지만, 소설 속 여러 정황으로 미루어보아 소설의 배경은 2010년대 중후반으로 유추할 수 있다. 스티븐슨이 상상한 메타버스는 지구의 약 2.5배 규모이며 그곳에 상주하는 인구는 어느 시점을 기준으로 "뉴욕시 인구의 2배"[3]에 달했다. 스티븐슨이 만들어낸 가상의 '현실 세계'에 사는 약 80억 인구 중 1억 2000만 명이 메타버스의 프로토콜을 처리할 만큼 고성능 컴퓨터를 사용하며 원하면 언제든 메타버스에 참여할 수 있었다. 반면 우리가 사는 현실 세계는 스티븐슨의 세계에 비하면 아직 갈 길이 멀다.

우리는 어디쯤 있을까? 면적이 10제곱킬로미터 미만에 불과하고, 기능이 엄격하게 제한되어 있으며, 역사상 가장 성공한 비디오게임 회사에서 운영하고, 훨씬 강력한 컴퓨팅 장치에서 실행되는 비영속적인 가상 세계들조차도 여전히 공통된 시뮬레이션에 50~150명 이상의 사용자를 안정적으로 유지하기 위해 고군분투하고 있다. 게다가 동시 사용자(CCU) 150명을 수용할 수 있다는 점은 실로 엄청난 성과이며, 이것은 각 게임이 창의적으로 설계된 덕분에 가능한 일이다. 「포트나이트: 배틀로열」에서는 최대 100명의 플레이어가 화려한 애니메이션 가상 세계에 참여할 수 있으며, 각 플레이어는 아바타를 통해 수십여 개의 다양한 아이템을 사용하고, 수십 가지 춤과 동작을 수행하고, 수십 개 층으로 구성된 복잡한 구조물을 지을 수도 있다. 하지만 약 5제곱킬로미터에 불과한 「포트나이트」의 맵에서는 한 번에 12~24명의 플레이어만 서로 마주칠 수 있다. 플레이어들이 맵에서 좁은 구역에 강제로 들어가야 할 때쯤이면, 이미 대부분이 경기에서 탈락해 점수판만 남아 있을 뿐이다.

이와 동일한 기술적 한계가 「포트나이트」에서 사회적 경험을 형성한다. 트래비스 스캇과 함께해 유명해진 「포트나이트」의 2020년 콘서트가 대표적인 사례다. 많은 '플레이어'가 맵상에서 매우 좁은 구역에 모여들었는데, 이는 일반적인 장치가 훨씬 많은 정보를 렌더링하고 계산해야 한다는 것을 의미했다. 이에 따라 당시 「포트나이트」에서는 인스턴스instance(온라인 게임에서 임시로 생성되는 별도의 공간으로, 특정 개인이나 집단만 입장할 수 있다—옮긴이)당 100명의 플레이어라는 표준 상한을 절반으로 줄이고, 건축을 비롯해 많은 아이템과 행동을 비활성화해 작업 부하를 대폭 줄였다. 에픽게임즈는 이 라이브 콘서트에 1250만 명이 넘는 사람들이 참석했다고 말하지만, 엄밀히 따져보면 참석자들은 콘서트 행사를 그대로 복사한

25만 개의 개별 사본에 따라 쪼개졌고(즉, 사람들은 25만 개 버전으로 나뉜 스콧의 영상을 시청한 셈이다), 이렇게 나뉜 콘서트는 사실상 동시에 시작하지도 않았다.

이처럼 동시 사용자 지원이 어려운 문제임을 잘 보여주는 또 다른 사례는 '대규모 멀티플레이어 온라인 게임'인 「월드 오브 워크래프트」다. 이 게임에서 플레이어는 먼저 '렐름realm'을 선택해야 한다. 여기서 렐름은 별개의 서버를 가리킨다. 각 서버는 약 1500제곱킬로미터에 달하는 가상 세계를 그대로 복사한 사본을 관리하며, 서로 보거나 상호작용할 수 없다. 이 특성을 고려하면 월드의 복수형을 써서 이 게임을 '월즈Worlds' 오브 워크래프트로 부르는 것이 더 정확한 표현일 것이다. 사용자들은 렐름을 넘나들 수 있으므로 이론상으로는 여러 세계를 하나의 '대규모 멀티플레이어' 온라인 게임으로 통합했다고도 볼 수 있다. 그러나 각 렐름은 수백 명의 참가자로 제한되며, 특정 구역에 너무 많은 사용자가 몰리면 「월드 오브 워크래프트」는 해당 구역을 그대로 복사한 별개의 임시 구역을 여러 개 만들어 사용자들을 나눈다.

「이브 온라인」은 모든 사용자가 하나의 영구적인 영역에 속한다는 점에서 「월드 오브 워크래프트」나 「포트나이트」 같은 게임과 차별화된다. 하나의 영역에 속하는 것이 가능해진 이유는 이 게임이 특별하게 설계된 덕분이다. 예를 들어, 우주에서 벌어지는 전투의 특성상 액션의 다양성이 떨어지며 형태가 상당히 단순하고(점프하거나 춤추는 플레이어와 레이저 빔을 비교해 보자) 드물게 일어난다. 어떤 행성에서 자원을 채굴하거나 어떤 고정된 위치에서 또 다른 고정된 위치로 무기를 쏘아 연쇄 폭발을 일으키도록 지시하는 것은 서로 제각각 춤추고 점프하고 총을 쏘는 애니메이션 아바타를 조종하는 것보다 훨씬 덜 복잡하다. 「이브 온라인」은 게임이 처리하고 렌더링하는 대상보다는 주로 인간이 게임 외부에서 계획하고 의사 결정을 내리는 데 초점을 맞춘다. 게임 배경이 광활한 우주로 설정되어 있기 때문에 사용자들은 대부분 서로 멀리 떨어져 있다. 따라서 CCP 게임즈의 서버는 필요할 때까지 사용자들을 별개의 가상 세계에 있는 것처럼 효과적으로 처리할 수 있다. 또한 '이동 시간'을 창의적으로 이용하면 사용자들은 동시에 같은 위치에 모여들 수 없고, 지정된 위치를 떠날 때 전략적 비용과 위험을 부담하게 된다.

그렇지만 「이브 온라인」도 동시성 문제를 피할 수 없었다. 2000년대에 한 플레이어 그룹이 율라이라는 항성계가 주요 성단 내부에 트래픽이 높은 여러 행성 근처에 자리하고 있음을 발견했다. 그들은 율라이가 새로운 상업 허브를 구축하기에 매력적인 지점이 될 것으로 판단했다.[4] 그들의 예상은 적중했다. 율라이에 상점을 차린 지 얼마 되지 않아 많은 구매자가 몰려들기 시작했고, 이를 본 다른 판매자와 더 많은 구매자 등이 추가로 모여들었다. 이 허브 내부에서 발생하는 거래 건수가 늘어나면서 제작사인 CCP 게임즈의 서버가 마비되기 시작했고, 결국 제작사는 「이브 온라인」의 세계를 바꿔 사용자들이 전처럼 편리하게 율라이를 방문할 수 없도록 만들었다.

CCP 게임즈가 '율라이 사태'를 겪으면서 얻은 교훈은 이후 수년 동안 맵을 설계하고, 확장하고, 점검하는 데 확실히 도움이 되었다. 하지만 또 다른 문제가 발생했다. 전략적으로 중요한 전투가 급작

스럽게 벌어지면서 수천 명의 사용자가 자신의 진영을 지키거나 다른 진영과 싸우기 위해 불시에 모여든 것이다.

2021년 1월, 「이브 온라인」 역사상 최대 규모의 전투가 벌어졌다. 이는 이전 기록의 2배가 넘는 규모였다. 거의 7개월에 걸쳐 임페리움 진영과 파피로 불리는 적군 연합 간 긴장이 고조되다가 마침내 절정에 이르며 확전된 것이다. 아니, 적어도 그랬어야 했다. 이 전투에서 진정한 패자는 단일 시스템에 모여든 1만 2000명의 플레이어를 제대로 따라잡지 못했던 CCP 게임즈의 서버와 압승을 바랐던 플레이어들이었다. 약 절반에 달하는 플레이어가 게임에 입장할 수 없었고, 간신히 입장한 플레이어 중 상당수마저 이러지도 저러지도 못하는 지옥 같은 상황에 갇히고 말았다. 게임에 로그인하면 일관된 명령을 입력하기도 전에 파괴될 확률이 높았던 탓이다. 그렇다고 게임을 떠나자니 그들의 서버 거점이 동맹국을 죽일 적군에 점령될 위험에 처한 것이다. 최종 승자는 임페리움이었다. 하지만 실제로 일어나지도 않는 전투에서는 방위군이 승리하는 것이 당연한 일이기에 임페리움의 승리는 거의 부전승이나 다름없었다.

동시성은 메타버스에서 발생하는 근본적인 문제 중 하나다. 동시성 문제가 발생하는 주된 이유는 메타버스에서 시간 단위당 처리하고, 렌더링하고, 동기화해야 하는 데이터의 양이 기하급수적으로 증가하기 때문이다. 아무도 범접할 수 없을 만큼 멋진 가상 세계를 렌더링하는 것은 그리 어렵지 않다. 꼼꼼하게 설계되어 예측 가능한 루브 골드버그 장치를 찍은 동영상을 시청하는 것과 사실상 다를 바 없기 때문이다.* 플레이어(이 경우에는 시청자)가 시뮬레이션에 영향을 줄 수 없다면 실시간으로 계속해서 연결하거나 동기화할 필요도 없다.

메타버스는 사용자의 기능성, 세계 상호작용성, 영속성, 렌더링 품질 등을 크게 내려놓지 않으면서 수많은 사용자가 같은 시간, 같은 장소에서 똑같은 이벤트를 경험하도록 지원할 수 있는 경우에만 진정한 '메타버스'로 거듭날 것이다. 만일 현실 세계의 스포츠 경기와 콘서트, 정치 집회, 박물관, 학교 또는 쇼핑몰에 겨우 50~150명만 모일 수 있다면 오늘날 우리 사회의 모습이 얼마나 다르고 제한적일지 상상해 보자.

하지만 우리는 여전히 '현실 세계'의 밀도와 유연성을 복제하지 못하고 있다. 당분간은 불가능할 것으로 보인다. 2021년 페이스북의 메타버스 기조연설에서 오큘러스 VR(페이스북이 메타버스 전환을 위해 2014년에 인수했다)의 전 CTO이자 현재 CTO 고문인 존 카맥은 다음과 같이 말했다. "누군가 2000년도에 '현재 시스템 처리 능력의 100배에 달하는 강력한 기계를 갖고 있다면 메타버스를 구축할 수 있을까⋯⋯?'라고 제게 물었다면 저는 그렇다고 대답했을 것입니다." 하지만 그로부터 21년이 흐른 현재, 세계에서 가장 가치 있는

---

* 루브 골드버그 장치는 난해한 연쇄 반응을 일으키는 기계로, 복잡한 일련의 단계를 거쳐 비교적 간단한 작업을 수행한다. 예를 들어, 먼저 도미노를 넘어뜨려 공을 컵 안에 넣고, 이것이 다시 다른 수많은 도미노를 넘어뜨려 선풍기를 작동시키고, 선풍기에서 불어오는 바람의 영향으로 공이 레일을 타고 내려가 여러 물체를 넘어뜨린 후 공중으로 날아가 마침내 최종 목적지인 컵에 안착한다.

기업이며 메타버스에 집중하는 기업으로 손꼽히는 페이스북의 지원을 받는 상황에서도 그는 메타버스를 구현하려면 적어도 5~10년은 더 걸릴 것이며 이러한 비전을 실현하는 데 '만만찮은 최적화' 상충tradeoffs 문제가 발생할 것으로 내다보았다. 21세기 초에 출시된 컴퓨터 수억 대를 합친 것보다도 100배 더 강력한 컴퓨터를 수십억 대나 보유했는데도 말이다.[5]

이 정의에서 빠진 내용

이제 내가 다음과 같이 정리한 메타버스의 정의를 이해할 수 있을 것이다.

실시간 렌더링된 3D 가상 세계로 구성된 네트워크로, 대규모 확장과 상호 운용이 가능하며, 사실상 무한한 수의 사용자가 정체성, 역사, 소유권, 개체, 소통, 결제 등 다양한 데이터의 연속성과 개별적 실재감을 가지고 동시에 영속적으로 경험할 수 있는 세상이다.

이 정의에 대한 설명에서 '탈중앙화decentralization', '웹3', '블록체인'이라는 용어가 빠져 있다는 사실에 놀란 독자가 많을 것이다. 그도 그럴 것이 최근 몇 년 동안 이 세 단어는 아주 흔하게 접할 수 있었고, '메타버스'라는 용어와 서로 긴밀하게 얽혀 있었기 때문이다.

웹3는 구글, 애플, 마이크로소프트, 아마존, 페이스북과 같은 덩치 큰 애그리게이터 플랫폼(인터넷의 여러 출처에서 생성된 정보를 수집해 한곳에 제공하는 플랫폼—옮긴이)이 아닌 독립 개발자들과 사용자들을 중심으로 구축된 미래의 인터넷으로, 다소 모호하게 정의되는 개념이다. 오늘날의 인터넷보다 더 분산된 형태이며, 대체로 블록체인을 통해 가장 잘 구현될 것으로 여겨진다. 여기서부터 첫 번째 융합이 시작된다.

메타버스와 웹3는 모두 오늘날 우리가 알고 있는 인터넷을 '계승'할 차세대 인터넷이지만, 두 개념은 상당히 다르게 정의된다. 웹3는 3D, 실시간 렌더링 또는 동기식 경험을 꼭 필요로 하진 않는다. 한편 메타버스는 탈중앙화, 분산 데이터베이스, 블록체인, 또는 플랫폼에서 사용자에게로 온라인 권력이나 가치를 상대적으로 전환할 것을 요구하지 않는다. 메타버스와 웹3를 혼합하는 것은 민주공화국의 부상을 산업화 또는 전기화와 통합하는 것과 같다. 산업화는 사회 형성과 거버넌스를, 전기화는 기술과 기술의 확산과 관계가 있다.

그렇지만 메타버스와 웹3는 나란히 발달할 수 있다. 대규모 기술 전환은 일반적으로 개별 소비자에게 더 많은 발언권과 새로운 기업(따라서 개별 선두 기업)이 등장할 기회를 제공하기 때문에 종종 사회적 변화로 이어진다. 이들 기업 중 상당수는 소비자가 기존 서비스에서 느끼는 불만에 착안해 새로운 미래를 개척한다. 현재 메타버스를 통해 기회를 찾는 데 집중하는, 그리고 기술 및 미디어 분야에서 반란을 일으키고 있는 신생 기업들을 비롯해 많은 기업이 블록체인 기술을 기반으로 기업 시스템을 구축하고 있다. 이들 기업이 성공을 거둔다면 블록체인 기술의 부상으로 이어질 가능성이 크다.

어찌 되었든 웹3의 원칙은 성장하는 메타버스를 구축하는 데 매우 중요한 역할을 할 것으로 예상된다. 경쟁은 대부분의 경제에서 건전한 요인이다. 하지만 현재 인터넷과 컴퓨팅으로 이루어진 모바일 세대가 소수의 기업에 너무 집중되어 있다고 지적하는 사람이 많다. 더욱이 메타버스는 구현 기술을 보유한 기본 플랫폼에서 직접적으로 구축되지도 않을 것이다. 미국 연방정부가 미국을 건국하지 않았고, 유럽의회가 유럽연합을 설립하지 않았듯이 말이다. 대신 실제 물리적인 세계와 마찬가지로 개인 사용자, 개발자, 중소기업 등이 메타버스를 건설할 것이다. 메타버스가 존재하길 원하는 사람들은 물론이거니와 그렇지 않은 사람들도 거대 기업이 아닌 이러한 집단이 메타버스를 주도하고 이득을 얻길 바라야 한다.

메타버스의 건전성과 미래를 결정지을 핵심 요소인 신뢰를 포함해, 웹3의 다른 특성들도 고려해야 한다. 웹3 지지자들은 중앙 집중식 데이터베이스와 서버 모델하에서는 소위 가상 또는 디지털 권리가 허울뿐이라고 주장한다. 사용자는 가상의 모자, 토지, 영화 등을 구매하더라도 진정으로 소유할 수는 없다. 그것들을 마음대로 제어하지도, '판매'한 기업이 소유한 서버에서 제거하지도 못할뿐더러, 판매자가 절대 삭제하거나 회수하거나 변경하지 못하도록 강제할 방법도 없기 때문이다. 그렇지만 중앙 집중식 서버에서도 사용자 지출이 적잖이 발생한다. 실제로 2021년 아이템 소비 금액은 약 1000억 달러에 달했다. 그러나 1조 달러 규모의 거대 플랫폼들은 언제나 개인 사용자의 이익보다 자체 플랫폼의 이익을 우선시할 것이기에, 거대 플랫폼에 의존해야 하는 상황에서 아이템 소비가 제약을 받는 것은 당연하다. 예를 들어, 딜러가 언제든 회수해 갈 수 있는 자동차에 투자하거나, 정부가 이유도, 보상도 없이 몰수할 수 있는 집을 개조하거나, 화가가 가격이 올랐을 때 되찾아 갈 수 있는 그림을 구매할 사람이 있을까? 가끔은 그렇다고 답할 사람이 나오겠지만, 분명히 정도의 차이가 있을 것이다. 이러한 역학 관계는 미래에도 운영할 수 있을지 보장할 수 없음에도 가상 상점, 비즈니스, 브랜드를 구축해야 하는 개발자에게 특히 문제가 된다(어쩌면 계속 운영하기 위해 가상 임대인에게 현재 임대료의 2배에 달하는 금액을 억지로 지불해야 할 수도 있다). 궁극적으로 사용자와 개발자에게 아이템, 데이터, 투자에 대한 더 큰 권한을 제공하기 위해 법률 체계가 개선될 수도 있다. 한편 일각에서는 탈중앙화로 인해 법원 명령에 의존할 필요가 없어지므로 법률 체계 자체가 비효율적인 존재로 인식될 것이라고 우려한다.

또 다른 의문은 중앙 집중식 서버 모델이 거의 무한하고 영속적이며 세계적인 규모의 메타버스를 지원할 수 있는가의 문제다. 메타버스에 필요한 컴퓨팅 자원을 제공하려면 개별적으로 소유하고 보상을 받는 서버와 장치로 구성된 탈중앙화 네트워크를 통하는 방법밖에 없다고 믿는 사람들이 있다. 하지만 나는 한 걸음 더 나아가 이 문제를 살펴보고자 한다.

4장

인터넷 다음에 오는 것

앞 장에서 살펴본 메타버스의 정의는 메타버스가 차세대 모바일 인터넷으로 종종 간주되고 묘사되는 이유에 대해 어느 정도 기초적인 정보를 제공할 것이다. 메타버스는 새로운 표준 개발과 새로운 인프라 구축, 잠재적으로 오래된 TCP/IP에 대한 검토를 요구한다. 또한 완전히 새로운 장치와 하드웨어 도입을 수반할 것이며, 빅테크 기업과 독립 개발자, 최종 사용자 간 힘의 균형을 바꿀지도 모른다.

이러한 전환이 대대적으로 이뤄지고 있다는 사실은, 메타버스가 아직 먼 이야기이고 그것이 미칠 영향이 대체로 불분명한데도 기업들이 메타버스 시대를 대비해 변화를 꾀하는 이유를 설명해 준다. 새로운 컴퓨팅과 네트워킹 플랫폼이 등장할 때마다 이러한 흐름을 주도하는 세계와 기업들이 완전히 탈바꿈하게 된다는 사실을 기민한 비즈니스 리더들은 이미 알고 있다.

1950년대부터 1970년대까지 이어진 메인프레임 시대에는 일반적으로 버로, 유니백, NCR, RCA, 컨트롤 데이터, 허니웰, 제너럴 일렉트릭을 포함한 이른바 'IBM과 일곱 난쟁이'가 만든 컴퓨터 운영체제가 군림했다(당시 IBM의 매출이 나머지 일곱 업체의 매출을 합한 것보다도 많아 '일곱 난쟁이'라는 별명이 붙었다—옮긴이). 1980년대에 본격적으로 열린 PC 시대는 잠시나마 IBM과 IBM의 운영체제가 주도했다. 하지만 최종 승자는 시장에 새로 진출한 기업들로 마이크로소프트와 델, 컴팩, 에이서와 같은 제조업체가 대표적이다. 특히 마이크로소프트의 윈도 운영체제와 오피스 소프트웨어 제품군은 전 세계 거의 모든 PC에서 실행되었다. 2004년 IBM은 씽크패드 라인을 레노버에 매각하면서 관련 사업을 완전히 접었다. 모바일 시대도 이와 비슷하게 전개되고 있다. 애플의 iOS와 구글의 안드로이드처럼 새로운 플랫폼이 부상하거나 등장하면서 윈도는 카테고리에서 아예 빠지게 되었고, PC 시대를 풍미한 제조업체들은 샤오미와 화웨이 같은 새롭게 진입한 기업들에 밀려났다.*

　실제로 컴퓨팅 및 네트워킹 플랫폼의 세대 변화는 가장 심하게 정체되고 보호를 받는 분야조차 파괴한다. 예를 들어, 1990년대에 AOL 인스턴트 메신저와 ICQ 같은 채팅 서비스는 많은 전화 회사와 우편 사업의 고객층과 수요에 필적할 만한 텍스트 기반 통신 플랫폼을 빠르게 구축했다. 2000년대에 이러한 서비스들은 전통적인 오프라인 전화 시스템에도 연결되는 스카이프처럼 실시간 오디오에 주력하는 서비스에 뒤처지기 시작했다. 모바일 시대에 접어들자

---

*　　모바일 장치 시장을 이끄는 또 다른 주요 기업은 삼성이다. 삼성은 다른 제조업체들과 달리 설립된 지 80년이 넘은 오래된 기업이지만 메인프레임과 PC 시장에서 압도적인 시장점유율을 차지한 적은 없다.

왓츠앱, 스냅챗, 슬랙과 같은 새로운 선도 업체들이 연이어 등장했다. 이러한 업체들의 플랫폼은 단지 스카이프 같은 서비스를 제공하는 데 그치지 않고 모바일 장치 전용으로 만들어졌다. 이들은 사용자들의 다양한 행동, 수요, 심지어 소통 방식에 근거해 서비스를 구축했다.

예를 들어, 왓츠앱은 예정된 통화나 간헐적인 통화에 집중한 스카이프와 다르게 거의 지속적인 사용을 목적으로 만들어졌다. 왓츠앱은 텍스트를 입력하기보다 이모티콘을 많이 쓰며 소통하는 토론의 장이 되었다. 스카이프는 본래 전통적인 '공중전화 교환망Public Switched Telephone Network'(즉 전화선에 연결된 전화)에 무료 또는 저렴한 비용으로 전화를 걸 수 있는 기능을 중심으로 구축되었지만, 왓츠앱은 이러한 기능을 모두 생략했다. 스냅챗은 모바일 통신에서 이미지가 우선되며 스마트폰의 전면 카메라가 평소에 자주 사용되는(그리고 해상도가 높은) 후면 카메라보다 더 중요하다고 판단했고, 결과적으로 이러한 경험을 향상시키기 위해 수많은 AR 렌즈를 구축했다. 슬랙은 다양한 생산성 도구와 온라인 서비스 등을 계획적으로 통합해 비즈니스에 사용하기 적합한 생산성 기반 도구를 구축했다.

더 많은 규제 조치가 이뤄지면서 정체되었던 결제 분야에서 또다른 사례를 찾을 수 있다. 1990년대 후반, 콘피니티와 일론 머스크의 X닷컴 등 P2P 디지털 결제 네트워크가 합병되면서 페이팔이 탄생했다. 페이팔은 소비자들이 선호하는 송금 방식으로 빠르게 자리 잡았다. 2010년에는 페이팔이 처리하는 결제 금액만 연간 약 1000억 달러에 육박했다. 그로부터 10년 후, 페이팔의 결제 처리 금액은 1조 달러를 넘어섰다(부분적으로는 2012년 벤모를 인수하면서 얻은 결과이기도 했다).

메타버스를 이끌어갈 선두 주자들은 이미 쉽게 찾아볼 수 있다. 플랫폼과 운영체제에서는 「로블록스」와 「마인크래프트」 등 가상 세계 플랫폼, 에픽게임즈의 언리얼 엔진과 유니티 테크놀로지의 유니티 엔진 등 실시간 렌더링 엔진이 경쟁업체로 가장 많이 언급된다. 이들은 모두 iOS 또는 윈도와 같은 기본 운영체제에서 실행되지만, 개발자와 최종 사용자를 상대로 이러한 플랫폼들을 중재하는 역할을 수행한다. 한편 디스코드는 비디오게임과 가상 세계에 초섬을 맞춘 최대 규모의 커뮤니케이션 플랫폼과 소셜 네트워크를 운영한다. 2021년 한 해에만 블록체인과 암호화폐 네트워크를 통해 16조 달러 이상이 결제되었으며, 이는 많은 전문가에게 메타버스를 구현할 토대가 되고 있다(자세한 내용은 11장 참조). 이와 대조적으로 비자는 약 10조 5000억 달러를 처리했다.[1]

메타버스를 '차세대 인터넷'으로 이해하면 그것이 잠재적으로 일으킬 파괴를 넘어 훨씬 많은 것을 설명하는 데 도움이 된다. '인터넷'이라는 용어에는 복수형이 없다는 사실을 상기해 보자. '페이스북 인터넷'이나 '구글 인터넷'이라는 개념도 없다. 페이스북과 구글은 인터넷에서 작동하는 플랫폼, 서비스, 하드웨어를 운영한다. 인터넷은 문자 그대로 정의된 '네트워크들의 네트워크'*이며 서로 다른 기술 스택을 갖춰 독립적으로 작동하는 동시에 공통 표준과 프

---

*   '인터넷'이라는 용어는 '인터네트워킹'의 줄임말이다.

로토콜을 공유한다. 단일 회사가 TCP/IP를 개발한 후 그것을 소유하고 제어하는 것을 가로막을 절대적인 기술적 걸림돌은 없었다 (IBM 같은 몇몇 기업은 소위 프로토콜 전쟁의 일환으로 독자적인 제품군을 추진하려 했다). 하지만 당시 통신 산업이 그러한 방향으로 나아갔다면 지금보다 규모도 작고 수익성과 혁신성도 떨어지는 인터넷이 탄생했을 것이라고 생각하는 사람이 대부분이다.* 메타버스를 구축하는 것은 인터넷을 구축하는 것과 대체로 유사할 것으로 예상된다. 메타버스를 구축하거나 도입하려는 기업이 많을 것이다. 스위니가 우려하는 대로, 이들 중 한 곳이 커다란 성공을 거둘 수도 있다. 그러나 많은 가상 세계 플랫폼과 기술이 경쟁하고 부분적으로 통합을 거치면서 메타버스가 실현될 가능성이 크다. 이러한 과정은 어느 정도 시간이 걸리고 불완전하면서도 무궁무진해서 상당한 기술적 한계에 직면할 것이다. 하지만 그것이야말로 우리가 꿈꾸고 나아가야 할 미래다.

메타버스는 인터넷의 기본 아키텍처나 프로토콜 스위트를 대체하거나 근본적으로 바꾸지는 않을 것이다. 그 대신 기존 인터넷 기술을 토대로 독창적인 환경을 구축하는 방향으로 진화할 것이다. 인터넷의 '현재 상태'에 대해 생각해 보자. 우리는 모바일 인터넷 시대를 살고 있다고 말하지만, 인터넷 트래픽의 대부분은 여전히

---

* 그동안 인터넷이 지역으로 분권화하고 있다는 주장이 제기되어 왔다. 특히 중국이 대표적이며, 정도는 덜하지만 유럽연합도 포함된다. 이러한 주장이 어느 정도 타당해 보이는 이유는 규제 시행이 표준, 서비스, 콘텐츠에 커다란 (필수적인) 차이를 불러왔기 때문이다.

유선 케이블을 통해 전송된다. 모바일 기기에서 또 다른 모바일 기기로 전송되는 데이터도 마찬가지다. 게다가 인터넷 트래픽은 대부분 수십 년 전에 설계된 표준과 프로토콜, 형식에 따라 실행된다. 표준, 프로토콜, 형식이 모두 이전보다 발전했는데도 실행 방식은 달라지지 않았다. 우리는 여전히 초기 인터넷에 맞게 설계된 소프트웨어와 하드웨어(윈도 또는 마이크로소프트 오피스)를 사용하고 있다. 이러한 소프트웨어와 하드웨어는 그 이후로 발전하긴 했지만 대체로 수십 년 전과 거의 달라진 게 없다. 그럼에도 '모바일 인터넷 시대'는 1990년대와 2000년대 초반을 지배한 유선 인터넷 시대와는 다르다. 이제 우리는 새로운 장소에서 다양한 장치(여러 기업이 제조한 장치)를 통해 다양한 유형의 소프트웨어(일반적인 목적으로 만들어진 소프트웨어나 웹 브라우저보다는 대부분 앱)를 다양한 용도로 사용한다.

우리는 인터넷이 수없이 다양한 '정보'를 모아놓은 곳이라는 사실을 알고 있다. 사람들은 인터넷과 상호작용하기 위해 흔히 다양한 칩셋을 통해 '인터넷'에 자체적으로 연결할 수 있는 장치를 사용해 웹 브라우저나 앱(소프트웨어)에 접속한다. 이러한 연결은 모두 다양한 표준과 공통 프로토콜을 통해 주고받고, 다양한 물리적 네트워크를 통해 데이터를 전송한다. 각 영역은 집합적으로 인터넷 경험을 가능하게 한다. 설령 TCP/IP 전체를 운영할지라도 인터넷에서 엔드투엔드 발전을 단독으로 주도할 수 있는 기업은 없다.

비디오게임이 차세대 인터넷을 주도하는 이유

메타버스가 정말 인터넷을 계승했다면 메타버스를 이끄는 선도 기업들이 비디오게임 업계에서 나왔다는 사실이 자못 이상해 보일 수 있다. 지금까지 인터넷이 발전해 온 양상과는 상당히 다르기 때문이다.

인터넷은 정부 연구소와 대학에서 처음 시작된 이후 대기업으로, 그다음에는 중소기업으로, 나중에는 소비자에게로 점차 확대되었다. 엔터테인먼트 산업은 아마도 세계 경제에서 인터넷을 가장 늦게 수용한 분야 중 하나일 것이다. 동영상 스트리밍 기술 시연이 처음 대중에 공개된 지 거의 25년 만인 2019년에 이르러서야 소위 '스트리밍 전쟁'에 돌입했다. 심지어 인터넷 프로토콜(IP)을 통해 제공되는 매우 간단한 미디어인 오디오도 대부분 비디지털 미디어로 남아 있으며, 2021년 미국에서 음반 수익의 거의 3분의 2를 차지한 매체는 지상파 라디오, 위성 라디오, 물리적 미디어(CD, DVD 등—옮긴이)였다.

정부가 주도하진 않았지만 모바일 인터넷의 발전 과정도 대체로 동일한 흐름으로 전개되었다. 모바일 인터넷이 1990년대 초에 출시되었을 때 소프트웨어 개발과 사용은 정부와 대기업에 집중되었다가, 1990년대 후반과 2000년대 초반에 중소기업으로 확대되었다. 2008년에 아이폰 3G가 출시된 후에야 대량 유통 시장에서 모바일 인터넷이 채택되었고, 그 후 10년에 걸쳐 소비자를 주요 대상으로 설계된 앱들이 등장했다.

이러한 역사를 좀 더 자세히 살펴보면, 1800억 달러 규모의 여가 산업인 게임이 95조 달러 규모의 세계 경제를 뒤흔들 것으로 보이는 이유를 알 수 있다. 모든 기술 개발에서 제약 사항이 미친 영향을 고려하는 것이 핵심이다.

인터넷이 등장했을 때 대역폭은 제한적이었고, 지연 시간이 상당했으며, 컴퓨터 메모리와 처리 능력 또한 부족했다. 이 때문에 인터넷을 통해 용량이 작은 파일만 전송할 수 있었고 여전히 많은 시간이 소요되었다. 당시에는 사진 공유, 동영상 스트리밍, 다채로운 커뮤니케이션과 같은 거의 모든 소비자 사용 사례를 상상도 할 수 없었다. 하지만 메시지와 기본적인 파일(형식이 지정되지 않은 엑셀 시트, 재고 구매 주문서 등) 전송처럼 비즈니스에 필요한 작업은 인터넷의 설계 의도와 정확히 맞아떨어지면서 대체로 지원되었다. 방대한 서비스 경제와 관리 기능이 중요한 상품 경제에서 생산성이 조금이라도 향상되는 것은 대단히 가치 있는 일이었다. 모바일도 비슷했다. 초창기에 나온 장치들은 게임을 하거나 사진을 보낼 수 없었고, 동영상 스트리밍이나 페이스타임 통화도 할 수 없었다. 그러나 푸시 이메일은 무선호출기(속칭 '삐삐'—옮긴이) 알림이나 실시간 전화 통화보다 훨씬 유용했다.

실시간 렌더링된 3D 가상 세계와 시뮬레이션 기술은 매우 복잡하기 때문에 개인용 컴퓨터와 인터넷이 처음 등장한 이후로 수십 년 동안 다른 소프트웨어와 프로그램에 비해 확실히 훨씬 큰 제약을 받았다. 정부, 대기업, 중소기업은 이러한 복잡성을 이유로 그래픽 기반 시뮬레이션을 거의 또는 전혀 사용하지 않았다. 화재를 진짜처럼 시뮬레이션할 수 없는 가상 세계는 소방관에게 도움이 될 수 없고, 총알이 중력에 따라 휘지 않는 가상 세계는 군 저격수에게 도움이 되지 않으며, 건축 회사는 "태양으로부터의 열기"라는 일반적인 개념만으로는 건물을 설계할 수 없다. 하지만 비디오게임을 비롯한 모든 **게임**에서는 진짜 같은 화재, 중력, 열역학이 필요하지 않다. 재미만 있으면 된다. 8비트 단색으로 구성된 게임도 플레이어에게 충분히 재미를 줄 수 있다. 이러한 경향은 무려 70년 동안 이어졌다.

지난 수십 년 동안 가정이나 소기업에서 쓸 수 있는 최고 사양의 CPU와 GPU는 보통 비디오게임 콘솔이나 게임용 PC였다. 그 외 다른 컴퓨팅 소프트웨어는 게임에서 요구되는 사양이 필요하지 않았다. 2000년에 일본은 자국 기업인 소니에서 새로 출시한 플레이스테이션 2 장치가 해외에서 테러(예: 미사일 유도 시스템 처리)에 활용될 가능성을 우려한 나머지 수출을 제한하기까지 했다.[2] 이듬해에는 미국 상무장관 돈 에번스Don Evans가 소비자 가전 산업의 중요성을 강조하면서 "어제의 슈퍼컴퓨터가 오늘날의 플레이스테이션"이라고 말하기도 했다.[3] 2010년, 미국 공군 연구소는 1760대의 소니 플레이스테이션 3를 활용해서 세계에서 33번째로 큰 슈퍼컴퓨터를 만들었다. 관련 프로젝트 책임자는 이렇게 만들어진 고성능 슈퍼컴퓨터 '콘도르 클러스터'가 동급 시스템을 갖춘 컴퓨터와 비교할 때 구현 비용이 5~10퍼센트, 소비 에너지는 10퍼센트에 불과하다고 추정했다.[4] 이렇게 만들어진 슈퍼컴퓨터는 레이더 개선, 패턴 인식, 위성 이미지 처리, 인공지능 연구에 사용되었다.[5]

일반적으로 비디오게임 콘솔과 PC의 전력 공급에 집중한 기업들은 이제 인류 역사상 가장 강력한 기술을 보유한 기업으로 손꼽힌다. 가장 대표적인 사례는 컴퓨팅 및 단일 칩 체제system-on-a-chip 분야의 빅테크 기업 엔비디아다. 엔비디아는 이름이 그리 널리 알려진 기업은 아니지만, 소비자에게 친숙한 기술 플랫폼인 구글, 애플, 페이스북, 아마존, 마이크로소프트와 더불어 전 세계 시가총액 상위 10대 상장 기업 중 한 곳이다.

엔비디아의 CEO 젠슨 황은 게임 업계에서 공룡 기업이 될 작정으로 회사를 설립하진 않았다. 사실 그는 범용 컴퓨터로는 절대 불가능한 쿼리와 문제를 해결하려면 궁극석으로 그래픽 기반 컴퓨팅이 필요할 것이라고 판단하고 엔비디아를 설립했다. 하지만 관련 역량과 기술을 개발할 가장 효과적인 방법은 비디오게임에 집중하는 것이었다. 그는 2021년《타임》과의 인터뷰에서 "규모가 큰 동시에 기술적으로 까다로운 시장은 극히 드뭅니다"라고 말했다. "기후 시뮬레이션이든 분자 동역학을 이용한 신약 개발이든 정말 강력한 컴퓨터를 써야 하는 시장은 규모가 매우 작은 경우가 일반적입니다. 그러한 시장은 규모가 너무 작아서 대규모 투자를 감당할 수 없습니다. 기후 연구를 목적으로 설립된 기업을 찾기 힘든 이유죠. 비디오게임은 엔비디아에서 선택한 가장 훌륭한 전략이었습니다."[6]

엔비디아는 『스노 크래시』가 출간된 이듬해에 설립되었다. 게임 커뮤니티에서는 이 소설이 엔비디아에 큰 영향을 끼쳤을 것이라고 추측하지만, 스티븐슨은 오히려 게임을 통한 메타버스의 출현은 소설에서 자신이 "완전히 놓친 부분"이라면서 다음과 같이 말했다. "메타버스를 구상할 때 이 모든 기술을 적절한 가격에 구현해 낼 시장 메커니즘을 파악하려 했습니다.『스노 크래시』를 집필한 시기는 3D 이미지 그래픽 하드웨어가 터무니없이 비싸서 몇몇 연구실에서만 겨우 사용되던 때였습니다. 저는 관련 기술이 TV만큼 저렴해지면 3D 그래픽 시장도 TV 시장만큼 커질 것으로 예상했죠.『스노 크래시』의 메타버스는 TV와 비슷합니다…… 실제로 3D 그래픽 하드웨어 비용을 획기적으로 낮춘 것은 게임이었습니다. 우리가 20년 전에 상상했던 가상현실은 우리의 예상과 다르게 비디오게임 형태로 나타난 겁니다."[7]

이와 마찬가지로 실시간 3D 렌더링에 가장 적합한 소프트웨어 솔루션도 게임에서 비롯되었다. 가장 주목할 만한 사례는 에픽게임즈의 언리얼 엔진과 유니티 테크놀로지의 유니티 엔진을 들 수 있지만, 그 외 다른 비디오게임 개발사와 배급사 수십여 곳도 독자적으로 구축한 고성능의 실시간 렌더링 솔루션을 보유하고 있다.

게임 이외에 다른 대안도 존재하지만, 적어도 현재 다른 분야에서는 실시간 렌더링 기술 수준이 대체로 뒤처지는 것으로 평가된다. 처음부터 그러한 기술적 제약이 필요 없었기 때문이다. 제조나 영화 제작 용도로 설계된 렌더링 솔루션은 30분의 1 또는 120분의 1초 내에 이미지를 처리할 필요가 없었다. 제조업과 영화 산업에서는 시각적 풍부함을 극대화하는 기술이나 동일한 파일 형식을 이용해서 개체를 디자인하고 제조하는 역량 등 다른 목표를 우선시했다. 이러한 솔루션들은 대체로 전 세계 소비자들이 사용하는 장치가 아닌 고사양 기계에서 실행되도록 설계되었다.

게임 개발사와 배급사, 플랫폼이 수십 년 동안 인터넷의 네트워킹 아키텍처를 놓고 경쟁하면서 해결책을 찾은 덕분에 메타버스로 전환하는 현시대에 유리하게 대응할 수 있는 유일무이한 전문성을 확보했다는 사실은 종종 간과되기 쉽다. 온라인 게임은 1990년대 후반부터 실시간 연속적인 네트워킹 연결이 필요했고, 엑스박스와 플레이스테이션, 스팀은 2000년대 중반 이후에 출시된 게임 타이틀 대부분에 실시간 오디오 채팅 기능을 지원했다. 이를 위해 네트워크가 잠시 끊기는 동안 플레이어가 다시 돌아와 제어하기 전까지 플레이어를 대신할 예측 기반 AI를 도입하고, 맞춤형 소프트웨어를 통해 한 플레이어가 다른 플레이어보다 먼저 불시에 정보를 수신하는 경우 게임플레이를 눈에 띄지 않게 이전 상태로 되돌리는 '롤백'을 수행하며, 대부분의 플레이어에게 영향을 미칠 수 있는 기술적 문제를 무시하지 않고 그에 맞춰 조정되는 게임플레이를 만들어야 했다.

이와 같은 설계 방향성은 게임 기업이 지닌 결정적인 강점으로 이어진다. 바로 플레이어들이 실제로 시간을 보내고 싶어 할 만한 장소를 만들어내는 능력이다. 스포티파이의 공동 설립자이자 CEO인 다니엘 에크Daniel Ek는 인터넷 시대에 지배적인 비즈니스 모델이 원자로 이루어진 모든 것을 비트로 분해해 왔다고 주장한다. 한때 협탁에 올려진 물리적 알람 시계가 이제 협탁에 올려진 스마트폰 안에 설치된 애플리케이션으로 대체되거나, 가까이에 둔 스마트 스피커에 저장된 데이터가 되었을 뿐이다.[8] 단순하게 말하자면, 메타버스 시대는 가상 원자로 이루어진 3D 알람 시계를 만들기 위해 비트를 사용하는 것으로 볼 수 있다. 수십 년에 걸쳐 가상 원자를 가장 많이 경험한 사람들은 게임 개발자다. 그들은 시계뿐만 아니라 플레이어가 행복을 느끼며 머무는 방, 건물, 마을을 만드는 방법을 알고 있다. 인류가 "실시간 렌더링된 3D 가상 세계로 구성되어 대규모 확장과 상호 운용이 가능한 네트워크"로 이동하는 날이 온다면, 게임 개발자들의 기술은 우리를 그러한 세상으로 인도할 것이다. 스티븐슨은 《포브스》와의 인터뷰에서 소설 『스노 크래시』를 통해 자신이 예측한 미래가 얼마나 적중했고, 또 얼마나 빗나갔는지 이야기하면서 "『스노 크래시』 속 사람들이 스트리트에 있는 술집에 갔다면, 현실 세계의 사람들은 「워크래프트」 길드를 만들어" 게임 안에서 기습 공격을 한다고 말했다.[9]

이 책의 1부에서는 '메타버스'라는 용어와 개념의 유래, 지난 수십 년 동안 메타버스를 구축하기 위해 행해진 다양한 노력, 그리고 그것이 우리 미래에 미칠 중요한 영향력에 대해 자세히 설명했다. 차세대 모바일 인터넷으로 여겨지는 메타버스를 실현하기 위해 기업들이 얼마나 열의를 보이고 있는지 알아보고, 메타버스가 불러온 심각한 혼란이 계속해서 얼마나 중요한 의미를 갖게 될지 검토한 뒤, 메타버스의 적절한 정의를 소개하고, 비디오게임 제작사가 관련 기술을 선도하는 이유를 논했다. 이제 메타버스를 실현하기 위해 무엇이 필요한지 차근차근 살펴보도록 하자.

파트 2

혁명의 풍경

미래로 연결된 7개의 관문

5장

네트워킹

유한 공간, 무한 공간

"숲속에서 나무 한 그루가 쓰러졌는데 아무도 그 소리를 듣지 못했다면, 과연 소리가 났다고 할 수 있을까?"

이런 식으로 질문을 던져 추론하는 사고실험의 역사는 수백 년 전으로 거슬러 올라간다. 그 세부 사례가 실생활에 얼마나 가까운지에 따라, 그리고 얼마나 흥미로운 철학적 화두를 던지는지에 따라 사고실험의 재미가 좌우된다.

종종 위와 같은 질문을 제안한 장본인으로 여겨지는 주관적 관념론자 조지 버클리George Berkeley는 "존재하는 것은 지각된 것이다(to be is to be perceived)"라고 주장했다. 나무가 서 있거나, 쓰러지고 있거나, 이미 쓰러진 상태일 때 누군가 또는 무언가가 그것을 지각하면 비로소 그 나무는 존재한다는 것이다. 하지만 우리가 말하는 '소리'는 단지 물체를 통해 전파되는 진동일 뿐이며 관측자가 그것을 수신하든 수신하지 않든 소리는 존재한다고 주장하는 사람들도 있다. 어쩌면 소리는 이러한 진동이 말초신경과 상호작용할 때 뇌에서 경험되는 감각일 수 있다. 이때 진동 입자와 상호작용할 신경이 아예 없다면 소리는 존재할 수 없다.

한편 인간은 수십 년에 걸쳐 진동을 소리로 해석할 수 있는 물리적 장치를 만들어냈고, 결국 인공 관측기를 통해 소리를 들을 수 있게 되었다. 그런데 그것을 소리로 인정할 수 있을까? 오늘날 양자역학계에서는 관측자가 없다면 존재는 증명되거나 반증될 수 없는 추측에 지나지 않는다는 의견이 대체로 우세하다. 그저 나무의 존재 **가능성**만 논할 수 있다는 것이다. (양자역학 이론을 확립하는 데 중요한 역할을 한 알베르트 아인슈타인Albert Einstein은 이러한 관점에 이의를 제기한 바 있다.)

2부에서는 메타버스를 구축하고 작동하는 데 필요한 요소를 설명한다. 먼저 네트워킹과 컴퓨팅 역량을 짚어보고, 다양한 가상 세계를 운영하는 게임 엔진과 플랫폼으로 넘어가 가상 세계를 통합하는 데 필요한 표준 기술과 접속 장치, 메타버스 경제를 뒷받침하는 결제 채널 등을 살펴볼 것이다. 이에 관한 설명을 읽어나갈 때 버클리의 나무 이야기를 상기하길 바란다.

그 이유는 간단하다. 메타버스가 '완전히 실현'되더라도 **실제로** 존재하진 않을 것이기 때문이다. 메타버스의 나무와 수많은 나뭇잎, 그리고 그것들이 속한 숲은 무한한 서버 네트워크에 저장된 데이터일 뿐이다. 데이터가 존재하는 한 메타버스와 메타버스 속 콘텐츠도 존재한다고 주장할 수 있겠지만, 데이터가 데이터베이스를 제외한 모든 인간에게 지각되어 존재하기 위해서는 다양한 단계와 기술이 필요하다. '메타버스 스택'의 각 부분은 회사에 유리한 수단을 제공하고, 무엇이 가능하고 불가능한지도 알려준다.

예컨대, 오늘날 그래픽 충실도가 높은 나무 이미지가 쓰러지는 소리를 관측할 수 있는 사람이 수십 명에 불과하다는 사실을 깨닫게 한다. 그렇다면 소리가 더 많은 사용자에게 도달하려면 어떻게 해야 할까? 그러려면 가상 세계가 복제되어야 한다. 즉, 많은 사람이 나무 한 그루가 쓰러지는 소리를 들으려면 그만큼 많은 나무가 쓰러져야 한다. (버클리도 이러한 방식을 상상하진 못했을 것이다!) 그러지 않으면 관측자가 시간 지연을 겪게 되므로 나무가 쓰러지는 데 아무런 영향을 주지도 못하고, 나무와 소리의 상관관계를 영영 증명하지도 못할 것이다. 또 다른 기술은 나무껍질을 질감이 없는 갈색으로 통일하고 나무가 쓰러지는 소리를 평범한 쿵 소리로 단순화하는 것이다.

이러한 제약과 영향을 분석하기 위해 먼저 오늘날 가장 인상적인 기술을 갖추었다고 생각되는 가상 세계 한 곳을 실제 사례로 들여다보고자 한다. 「로블록스」도, 「포트나이트」도 아니다. 아마도 이 가상 세계에는 전체 수명에 걸쳐 「로블록스」나 「포트나이트」의 하루 사용자보다도 훨씬 적은 수의 사람이 접속할 것이다. 지금까지 언급한 많은 가상 세계와 달리 이것을 게임으로 부르는 것도 적절하지 않다. 많은 사람이 그다지 선호하지 않고 지루하거나 무섭다고 여기는 경험을 정밀하게 재현하기 위해 고안된 가상 세계이기 때문이다. 바로 가상 비행virtual flight이다.

대역폭: 포크나이크보다 1000배 큰 규모의 가상세계

첫 번째 「플라이트 시뮬레이터」가 1979년에 출시되자 소수의 마니아 층이 빠르게 형성되었다. 그로부터 3년 후(아직 사상 첫 엑스박스가 출시되기 20년 전)에 마이크로소프트에서 「플라이트 시뮬레이터」의 라이선스를 사들였고, 2006년까지 10개의 후속 버전을 출시했다. 2012년도 『기네스북』은 게이머들에게 그리 잘 알려지진 않았지만 가장 오랫동안 운영된 비디오게임 시리즈로 「플라이트 시뮬레이터」를 선정했다. 「마이크로소프트 플라이트 시뮬레이터(MSFS)」는 2020년에 출시된 12번째 버전에 이르러서야 인기가 치솟으며 대중에게 각인되었다. 미국 잡지《타임》은 「MSFS」를 그해 최고의 게임으로 꼽았고,《뉴욕 타임스》는 「MSFS」가 "디지털 세계를 이해하는 새로운 방법"을 알려준다면서 "우리가 밖에서 볼 수 있는 것보다도 더 진짜 같은 광경과 우리가 현실을 이해하는 방식을 조명하는 사진"을 제공한다고 평가했다.[1]

이론적으로 「마이크로소프트 플라이트 시뮬레이터」는 많은 사람에게 게임으로 여겨진다. 애플리케이션을 열면 곧이어 마이크로소프트의 엑스박스 게임 스튜디오가 프로그램을 개발하고 출시했다는 정보가 뜬다. 하지만 「MSFS」의 목표는 다른 플레이어나 AI 기반 경쟁 상대를 이기거나, 죽이거나, 쏘거나, 물리치거나, 점수를 얻는 것이 아니라 가상 비행기를 조종하는 것이다. 이러한 과정에서는 실제 비행기를 조종하는 것과 거의 동일한 작업을 수행해야 한다. 플레이어는 항공교통 관제소와 부조종사와 통신하고, 이륙 허가를 기다리고, 고도계와 플랩(비행기 양 날개 가장자리 부분에 달린 고양력장치로 양력 발생량과 활공 각도, 착륙 속도 등을 조절한다―옮긴이)을 설정하고, 연료 비축량과 연료-공기 혼합기를 확인하고, 제동장치를 풀고, 엔진 출력 조절 장치인 스로틀을 천천히 밀어 올리는 등 여러 조종 단계를 거친 후 직접 선택하거나 지정받은 비행경로를 따라 이동하면서 겹치는 노선을 관리하고, 다른 가상 비행기들과 비행경로를 조정한다.

「MSFS」의 모든 시리즈가 이러한 기능을 제공했지만 2020년 버전은 매우 특별했다. 역대 「MSFS」 중에서도 가장 사실적이고 포괄적인 시뮬레이션으로, 비행 가능한 면적이 '실제' 지구 면적과 같은 5억 제곱킬로미터 이상에 달하며 저마다 독특하게 렌더링된 나무 2조 그루(단순히 복제되거나 수십 개 품종으로만 구성된 이미지가 아니었다), 건물 15억 채, 그리고 전 세계의 도로, 산, 도시, 공항 등이 거의 모두 포함되었다.[2] 「MSFS」의 가상 세계는 '실제' 이미지와 고품질 단층 촬영을 바탕으로 구축되었기 때문에 모든 것이 '실제'처럼 보인다.

「MSFS」의 이미지 재현과 렌더링은 완벽하진 않아도 여전히 훌륭한 수준이다. '플레이어'는 비행기를 타고 자기 집 위를 지나가면서 앞마당에 있는 우편함이나 그네를 포착할 수도 있다. 노을빛이 강물에 비치고 비행기 날개에 굴절되는 모습을 재현한 '게임' 속 이미지 스크린숏과 실제 사진을 구별하는 것 또한 쉽지 않다.

「MSFS」는 이처럼 실제에 가까운 환경을 재현하기 위해 약 2.5페타바이트 또는 250만 기가바이트에 달하는 '가상 세계'를 구축했다.

이는 「포트나이트」보다 약 1000배나 더 큰 규모다. 소비자용 장치(또는 대부분의 기업용 장치)가 이처럼 많은 데이터 용량을 저장할 방법은 없다. 대부분의 콘솔과 PC의 최대 용량은 1000기가바이트에 그치는 반면 최대 규모의 소비자용 네트워크 결합 스토리지(NAS) 드라이브는 2만 기가바이트로 소매가격이 750달러에 달한다. 2.5페타바이트 용량을 저장하는 데 필요한 물리적 공간을 마련하는 일조차도 비현실적이다.

그러나 소비자가 그러한 하드 드라이브를 구매할 여력이 있고 그것을 보관할 공간을 충분히 마련했더라도 「마이크로소프트 플라이트 시뮬레이터」는 **실시간**으로 제공되는 서비스다. 실제 날씨(정확한 풍속과 방향, 온도, 습도, 비, 빛 포함)와 항공교통, 기타 지리적 변화를 계속 반영한다. 이를 통해 플레이어는 현실 세계의 허리케인 속으로 들어가 비행하거나 현실 세계에서 실제 상업용 여객기가 비행하는 정확한 경로를 따라갈 수도 있다. 이는 사용자가 「MSFS」의 모든 구성을 '사전 구매'하거나 '사전 다운로드'할 수 없음을 의미한다. 대부분이 아직 존재하지 않기 때문이다!

「MSFS」는 약 150기가바이트에 달하는 비교적 적은 용량의 '게임'을 소비자의 장치에 저장하는 방식으로 작동한다. 이 정도 데이터 용량만으로도 게임을 실행하기에 충분하다. 여기에는 게임의 모든 코드, 수많은 비행기에 대한 시각 정보, 여러 지도 등이 포함되어 있다. 결과적으로 「MSFS」는 오프라인에서도 사용할 수 있다. 하지만 오프라인 사용자는 대부분 기계적으로 생성된 환경과 개체를 보게 된다. 예컨대, 맨해튼은 널리 알려진 랜드마크로 눈에 띄지만, 그

외 현실 세계의 모습과 간간이 유사하게 닮았을 뿐, 대부분 평범하고 복제된 건물들로 배경이 채워져 있다. 사전에 프로그래밍된 비행경로가 존재하지만, 그러한 정보만으로는 실제 움직이는 경로를 모방할 수 없으며, 플레이어들은 서로의 비행기를 볼 수 없다.

플레이어가 온라인에 접속할 때 「MSFS」에서는 놀라운 모습이 펼쳐진다. 마이크로소프트의 서버가 새로운 지도, 텍스처, 날씨 데이터, 비행경로 등 사용자에게 필요한 모든 정보를 스트리밍하는 것이다. 플레이어는 어느 정도 실제 조종사가 경험할 만한 상황을 「MSFS」세계에서 고스란히 경험할 수 있다. 플레이어가 산 너머로 또는 산 주위를 비행할 때 빛 입자를 통해 새로운 정보가 플레이어의 망막에 비치면서 점차 시야에서 대상이 뚜렷하게 나타난다. 그때까지 조종사는 **무언가**가 그 자리에 있을 것이라고 논리적으로 유추할 뿐이다.

많은 게이머는 이것이 모든 온라인 멀티플레이어 비디오게임에서 일어나는 일이라고 생각한다. 하지만 사실상 대부분의 온라인 게임은 사용자에게 가능한 한 많은 정보를 미리 보내고 플레이 도중에는 가능한 한 적은 정보를 보내려 한다. 이는 「슈퍼 마리오브라더스」와 같이 상대적으로 용량이 적은 게임도 기가바이트 용량의 게임 파일이 포함된 디지털 디스크를 구매하거나 몇 시간을 들여 이러한 파일을 다운로드하고, 설치에는 더 많은 시간을 소비해야 하는 이유를 설명해 준다. 이따금 플레이를 다시 시작하기 전에 기가바이트 용량에 달하는 업데이트 파일을 다운로드한 후 설치하라는 지시 사항이 뜨기도 한다. 이러한 파일은 코드, 게임 로직(논리),

게임 내 환경에 필요한 모든 애셋asset과 텍스처(모든 유형의 나무, 모든 아바타, 모든 대규모 전투, 모든 무기 등)를 비롯해 게임의 대부분을 포함하기 때문에 용량이 매우 클 수밖에 없다.

일반적인 온라인 게임의 경우, 실제로 온라인 멀티플레이어 서버에서는 무엇을 전송할까? 그리 많은 용량은 아니다. 「포트나이트」의 PC 및 콘솔 게임 파일 크기는 약 30기가바이트지만 온라인 플레이를 진행할 때 시간당 다운로드되는 데이터는 20~50메가바이트(또는 0.02~0.05기가바이트)에 불과하다. 이렇게 받은 정보는 플레이어의 장치에 이미 보관하고 있는 데이터로 무엇을 해야 하는지 알려준다. 예를 들어, 「마리오 카트」의 온라인 게임을 플레이할 때 닌텐도 서버는 사용자의 닌텐도 스위치에 경쟁자가 어떤 아바타를 사용하고 있는지, 따라서 어떤 데이터를 로드해야 하는지 알려준다. 경기 중에 닌텐도 서버에 계속 연결하면 경쟁자가 정확히 어디에 있는지('위치 데이터'), 무엇을 하고 있는지(빨간등껍질을 보내고 있는지)는 물론, 통신(팀원의 목소리) 정보나 몇 명의 플레이어가 아직 경기에 참가하고 있는지와 같은 다양한 정보를 데이터 형태로 끊임없이 전송받을 수 있다.

웬만한 게이머들도 온라인 게임이 '대부분 오프라인' 상태를 유지한다는 사실에 놀라워할 것이다. 이제 대부분의 음악과 비디오가 스트리밍되므로, 더 이상 노래나 TV 프로그램을 미리 다운로드하거나, 보관을 위해 물리적인 CD를 구매할 필요가 없어졌다. 그런데 기술적으로 더 정교하고 미래 지향적인 미디어로 여겨짐에도 불구하고, 비디오게임이 너무 복잡해지자 게임 제작자들은 인터넷의 중요도를 오히려 낮추기로 했다. 인터넷 연결이 안정적이지 않기 때문이다. 다시 말해, 인터넷 연결과 대역폭, 지연 시간이 안정적이지 않은 것이다. 3장에서 논했듯이, 대부분의 온라인 경험은 이러한 불안전성을 견딜 수 있지만, 게임은 그렇지 않다. 결과적으로 개발자는 가능한 한 인터넷에 많이 의존하지 않는 방식을 선택했다.

온라인 게임을 오프라인으로 접근하는 방식은 대체로 잘 작동하지만 많은 제약이 있다. 예를 들어, 서버가 각 사용자에게 렌더링해야 하는 애셋, 텍스처, 모델을 알려줄 수 있다는 사실은 모든 애셋, 텍스처, 모델을 사전에 인식하고 저장해야 한다는 뜻이다. 게임은 필요에 따라 렌더링 데이터를 전송해 더욱 다양한 가상 개체를 소유할 수 있다. 「마이크로소프트 플라이트 시뮬레이터」는 모든 도시가 서로 다른 특징을 간직하는 동시에 현실 세계의 모습 그대로 존재하는 것을 지향한다. 그리고 100가지 유형의 구름을 저장한 후 장치에 어떤 구름을 어떤 색상으로 렌더링할지 일일이 알려주기보다 구름이 어떻게 생겼는지 정확히 짚어주고자 한다.

말하자면, 어떤 플레이어가 「포트나이트」에서 친구를 만날 때 파도나 문워크 등 미리 로드된 제한된 애니메이션(또는 '이모트$_{emote}$')을 사용해서 소통할 수 있다. 하지만 많은 사용자는 실제 자기 얼굴과 몸의 움직임이 가상 세계에서 재창조되는 미래를 상상한다. 친구를 맞이할 때 장치에 미리 로드된 20개의 손짓 중에서 17번째 손짓을 선택하지 않고 손가락 관절을 독특하게 움직이며 직접 손을 흔들고 싶어 하는 것이다. 사용자들은 메타버스에 연결된 무수한 가상 세계를 넘나들며 무수한 가상 아이템과 아바타를 불러올 수 있길 원한다. 「마이크로소프트 플라이트 시뮬레이터」의 파일 크기에서 알 수 있듯, 사용자에게 미리 많은 데이터를 보내는 것은 말 그대로 불가능하다. 사전에 데이터를 많이 보내려면 용량이 비현실적으로 큰 하드 드라이브가 필요하고, 가상 세계는 앞으로 생성되거나 수행될 만한 모든 아이템과 활동을 미리 인식해야 한다.

이와 같은 제약이 있지만 또 다른 이유로 생동감이 넘치는 가상 세계를 사용자에게 '미리 전송'해야 할 필요가 있다. 에픽게임즈가 「포트나이트」의 가상 세계를 손볼 때마다(예: 새로운 목적지, 자동차, 또는 플레이할 수 없는 캐릭터 추가) 사용자는 업데이트 파일을 다운로드해 설치해야 한다. 에픽게임즈가 더 많은 기능을 추가할수록 업데이트하는 데 더 오랜 시간이 소요되고 사용자는 그만큼 더 오래 기다려야 한다. 가상 세계가 자주 업데이트될수록 사용자는 더 많은 지연을 경험하는 것이다.

배치 기반 업데이트 프로세스는 가상 세계가 진정으로 '살아 숨 쉴 수 없다'는 것을 의미한다. 대신 중앙 서버는 다음 업데이트가 대체하기 전까지 지속되는 가상 세계의 특정 버전을 모든 사용자에게 전달한다. 그렇다고 각 버전이 늘 고정된 것은 아니다. 새해 전야 이벤트나 매일 늘어나는 강설량처럼 프로그래밍된 변경 사항이 업데이트에 포함되어 있을 수 있다. 하지만 이것은 사전에 계획된 것이다.

마지막으로 사용자가 이동할 수 있는 장소가 제한되어 있다. 트래비스 스콧이 「포트나이트」에서 10분 동안 개최한 이벤트에 참여하기 위해 접속한 약 3000만 명의 플레이어는 게임 속 주요 맵에서 한 번도 본 적 없는 깊은 바닷속으로, 한 번도 본 적 없는 행성으로, 그리고 깊은 우주 공간으로 순간 이동할 수 있었다. 많은 사람이 메타버스도 이와 유사한 방식으로 작동한다고 생각할 것이다. 즉, 사용자가 오랜 로딩 시간을 경험하지 않고도 한 가상 세계에서 다른 가상 세계로 쉽게 이동한다고 말이다. 하지만 에픽게임즈는 표준「포트나이트」패치를 통해 콘서트가 열리기 며칠 또는 몇 시간 전에 이러한 작은 세계들을 사용자에게 전송해야 했다(콘서트가 열리기 전에 업데이트를 다운로드한 후 설치하지 않은 사용자는 행사에 참여할 수 없었다). 각 장면이 나오는 동안 모든 플레이어의 장치는 백그라운드에서 다음 장면을 로드하고 있었다. 스콧의 콘서트 장소가 전환될 때마다 더 작고 제한된 장소가 등장했고 마지막에 사용자들이 대체로 별 특징이 없는 공간에서 자신의 의지와 상관없이 단순히 앞으로 날아가는 '온레일on rails(마치 선로에 이끌린 듯 프로그래밍된 대로만 빠르게 진행되는 모습을 나타낸 비유적인 표현—옮긴이)' 경험이 이어졌다는 점은 주목할 만하다. 이는 쇼핑몰을 자유롭게 둘러보는 것과 무빙워크에 올라 쇼핑몰을 가로지르는 것의 차이를 보여준다.

트래비스 스콧의 콘서트는 매우 의미 있고 창의적인 성과였지만, 동시에 메타버스를 지원할 수 없는 기술적 선택지에 의존해야 했다. 이는 온라인 게임에서 흔히 나타나는 문제이기도 하다. 사실 오늘날 메타버스에 가장 근접한 가상 세계에서는 '코어 게임'을 미리 로드하되 필요할 때 훨씬 많은 데이터를 전송하는 하이브리드 로컬·클라우드 스트리밍 데이터 모델을 주로 채택하고 있다. 이러한 접근 방식은 아이템과 환경적 다양성이 비교적 적은 「마리오 카트」

나 「콜 오브 듀티」 같은 게임에서는 그리 중요하지 않지만, 「로블록스」와 「마이크로소프트 플라이트 시뮬레이터」에서는 대단히 중요하다.

「로블록스」의 인기와 「마이크로소프트 플라이트 시뮬레이터」의 방대한 규모를 감안하면, 현대 인터넷 인프라(기반 시설)가 메타버스 방식의 실시간 데이터 스트리밍을 처리할 수 있는 것처럼 보일 수 있다. 하지만 이러한 모델은 오늘날 매우 제한된 형태로만 작동한다. 예를 들어, 「로블록스」는 대부분의 게임 아이템이 '조립식' 기반으로 되어 있어 많은 데이터를 클라우드로 스트리밍할 필요가 없다. 게임은 사용자의 장치에 이전에 다운로드한 아이템을 조정하고 색상을 변경하거나 재배열하는 방법을 알려줄 뿐이다. 「로블록스」의 그래픽 충실도는 상대적으로 낮아서 텍스처와 환경 파일 크기도 상대적으로 작다. 전반적으로 「로블록스」의 데이터 사용량은 「포트나이트」보다 훨씬 많지만(30~50메가바이트가 아닌 시간당 약 100~300메가바이트), 여전히 관리할 수 있는 수준이다.

「마이크로소프트 플라이트 시뮬레이터」는 목표 설정에서 「포트나이트」보다 거의 25배, 「로블록스」보다 5배 많은 시간당 대역폭이 필요하다. 이는 사전에 로드된 집의 형태나 색상을 변경하기 위해 데이터가 아니라 사용자의 장치에 수 킬로미터에 달하는 구름의 정확한 치수, 밀도, 색상 또는 실제 멕시코만 해안선과 거의 똑같이 생긴 복제본을 전송하기 때문이다. 그러나 이러한 필요성조차도 '메타버스'에서는 작동하지 않을 방식으로 단순화된다.

「MSFS」에는 많은 데이터가 필요하지만, 그렇다고 속도가 엄청 빨라야 하는 것은 아니다. 현실 세계 속 조종사와 마찬가지로, 「MSFS」 조종사는 갑자기 뉴욕주에서 뉴질랜드로 순간 이동할 수 없고, 맨해튼 상공 3만 피트에서 알바니 시내를 내다볼 수 없으며, 단 몇 분 만에 하늘에서 활주로로 착륙할 수도 없다. 이러한 제약을 활용해 플레이어의 장치에 필요한 데이터를 다운로드할 시간을 충분히 확보하고, 플레이어가 목적지를 선택하기도 전에 필요한 데이터를 예측해서 다운로드를 시작하는 기능까지 제공할 수 있다. 만에 하나 이러한 데이터가 제때 사용자의 장치에 도달하지 않는다고 해도 영향은 크지 않다. 맨해튼의 일부 건물들은 실제 모습과 똑같지 않더라도 일시적으로 단계별로 생성되며 관련 데이터가 도달하면 실감 나는 세부 사항이 추가된다.

「MSFS」의 가상 세계는 닐 스티븐슨이 상상한 북적이고 종잡을 수 없는 스트리트보다는 박물관에서 볼 법한 작은 입체 모형과 닮은 구석이 많다. 쉽게 예측할 수 없는 데이터, 그리고 복합 상업지구나 숲의 시각적인 세부 사항보다 훨씬 방대한 데이터를 사용자에게 전송하려면 시간당 1기가바이트 이상을 전송할 수 있어야 한다.

지연 시간: 우리는 빛의 속도와 끊임없이 겨루고 있다

대역폭과 혼동되기 쉬운 개념인 지연 시간은, 시간 단위당 전송하거나 수신할 수 있는 데이터 용량에 영향을 준다는 점에서 종종 우리를 헷갈리게 한다.

이러한 실수는 충분히 이해할 만하다. 두 요소를 구분하는 전형적인 방법은 인터넷 연결을 고속도로에 비유하는 것이다. '대역폭'은 고속도로의 차선 수, '지연 시간'은 제한속도로 생각해 볼 수 있다. 고속도로에 차선이 늘어나면 혼잡 없이 더 많은 자동차와 트럭이 지나갈 수 있다. 하지만 제한속도가 낮으면(커브가 너무 많거나 비포장도로인 경우) 도로에 여유 차선이 많더라도 교통 흐름이 정체된다. 마찬가지로, 제한속도가 높더라도 차선이 한 개만 있으면 교통 체증이 계속 이어질 수밖에 없다. 이때 제한속도는 현실이 아니라 희망 사항일 뿐이다.

실시간 렌더링되는 가상 세계의 문제는 사용자가 한 목적지에서 다른 목적지로 자동차 한 대를 보내는 것이 아니라는 점이다. 대신 수많은 자동차를 한꺼번에 끊임없이 보내 목적지를 오가도록 만든다('지속적인 연결'이 필요하다는 사실을 기억하자). 자동차에 담긴 콘텐츠는 도로에 도달하기 겨우 몇 밀리초 전에 결정되기 때문에 사전에 전송할 수 없다. 게다가 자동차는 다른 경로로 이탈하지 않고 가급적 빠르게 움직여야 한다(다른 경로로 이탈하면 최고 속도가 유지되더라도 연속적인 연결이 끊어지고 주행 시간도 늘어날 것이다).

전 세계 모든 도로 체제가 이러한 사양을 충족하고 유지하도록 만드는 것은 엄청난 도전 과제다. 1부에서는 오늘날 초저지연 시간이 필요한 온라인 서비스가 거의 없다는 점을 언급했다. 왓츠앱 메시지를 보내고 수신 확인을 받는 데 100밀리초나 200밀리초가 걸리든 심지어 2초가 지연되든 그것은 큰 문제가 아니다. 사용자가 유튜브에서 일시 중지 버튼을 클릭한 후 동영상이 멈출 때까지 20밀리초, 150밀리초 또는 300밀리초가 걸려도 상관없다. 대부분은 20밀리초와 50밀리초의 차이를 알아차리지 못한다. 넷플릭스를 시청할 때 동영상이 즉시 재생되는 것보다 안정적으로 재생되는 것이 더 중요하다. 줌 화상 통화에서 지연 시간은 성가신 요소지만, 참여자들은 이러한 상황을 쉽게 관리할 수 있다. 참여자들은 발표자가 말을 멈췄을 때 잠시 기다리는 법을 익히기만 하면 된다. 심지어 지연 시간이 1초(1000밀리초)여도 괜찮다.

상호작용 경험에서 지연 시간에 대해 인간이 인식하는 기준치는 매우 낮다. 사용자는 입력한 내용이 실제로 효과가 있는 것처럼 본능적으로 느껴야 한다. 응답이 지연된다는 것은 새로운 결정이 내려진 후 '게임'이 이전에 내린 결정에 응답한다는 것을 의미한다. 마찬가지로 지연 시간이 짧은 사용자와 플레이하는 것은 미래에 있는 누군가(초고속으로 움직이는 누군가)와 경쟁하는 것처럼 느껴질 수 있다. 예컨대, 아직 가하지도 않은 타격을 상대방이 먼저 피하는 것이다.

비행기, 아이패드, 또는 영화관에서 시청한 영화나 TV 프로그램에서 흘러나오는 오디오와 동영상 속도가 제대로 들어맞지 않았을 때를 떠올려보자. 일반적으로 사람들은 오디오가 45밀리초 이상 빠르거나 125밀리초 이상 늦지 않는 한(전체 변동폭 170밀리초) 동기화 문제를 알아차리지 못한다. 허용 기준치는 그보다 폭이 넓어 90밀리초 빠르거나 185밀리초 늦는 정도(275밀리초)다. 유튜브 일시 중지 버튼과 같은 디지털 버튼을 사용할 때 일반 사용자는 응답까지 200~250밀리초가 소요되어야 클릭이 실패했다고 생각한다. 「포트나이트」, 「로블록스」 또는 「그랜드 테프트 오토」와 같은 게임에 열광하는 게이머들은 지연 시간이 50밀리초가 되면 답답함을 느낀다 (대부분의 게임 배급사에서는 지연 시간이 20밀리초이길 바란다).

가끔 플레이하는 게이머들도 자신의 경험 부족이 아니라 입력이 110밀리초 지연되는 것을 탓한다.[3] 지연 시간이 150밀리초가 되면 빠른 응답이 필요한 게임은 플레이할 수 없게 된다.

그렇다면 실제로 지연 시간은 어느 정도일까? 미국에서 데이터가 한 도시에서 다른 도시로 전송되고 다시 돌아오는 데 걸리는 중위 시간은 35밀리초다. 하지만 특히 인구밀도가 높고 수요가 많은 도시(예: 저녁 시간에 샌프란시스코에서 뉴욕까지) 사이에서 주고받는 많은 통신 교류는 이 중위 시간을 초과한다. 결정적으로 이것은 도시 간 또는 데이터 센터 간 전송 시간일 뿐이다. 도심에서 사용자를 잇는 전송 시간이 여전히 존재하며, 여기에서 특히 더 속도 저하가 발생하기 쉽다. 밀집된 도시, 로컬 네트워크, 개별 공동주택 등은 쉽게 정체를 겪을 수 있으며 대용량 정보 전송을 위한 광섬유가 아닌 대역폭이 제한된 구리 케이블이 깔리는 경우가 많다. 주요 도시 밖에 사는 사람들은 수십 또는 수백 킬로미터에 달하는 구리 기반 전송선의 끝자락에 자리하고 있을 수도 있다. 라스트 마일(광대역 전송 신호를 최종 소비자에게 전달하는 1마일 내외의 짧은 구간, 즉 통신 전송망의 최종 구간에 적용되는 기술—옮긴이)이 무선 인터넷인 경우, 4G는 지연 시간을 최대 40밀리초 늘린다.

이러한 문제에도 불구하고 미국의 왕복 전달 시간은 일반적으로 허용 기준치 이내에 속한다. 그러나 모든 연결은 '지터jitter'로 인해 어려움을 겪는다. 지터는 데이터 패킷이 도착하는 사이에 나타나는 전달 시간 변동을 나타낸다. 대부분의 지터는 연결의 중위 지연 시간을 중심으로 밀접하게 분포되어 있지만, 네트워크 경로 어딘가에서 예기치 않은 정체가 발생하면 지터는 몇 배로 급증할 수도 있다. 여기에는 최종 사용자의 네트워크가 포함되는데, 이는 다른 전자장치나 가족 구성원 또는 이웃이 동영상 스트리밍이나 다운로드를 시작하면서 혼잡이 야기되기 때문이다. 지터는 일시적이나마 빠르게 진행되는 게임의 흥을 깨거나 네트워크 연결을 끊을 수도 있다. 이처럼 네트워크는 안정적이지 않다.

온라인 게임 업계는 지연 시간을 관리하기 위해 부분적으로 여러 솔루션과 해결책을 개발했다. 예를 들어, 충실도가 높은 멀티플레이어 게임 대부분은 서버 지역을 중심으로 '매칭'된다. 게임 배급사에서는 플레이어 명단을 미국 북동부, 서유럽 또는 동남아시아에 거주하는 사람들로 제한해 각 지역 내 지연 시간을 최소화할 수 있다. 게임은 보통 한 명에서 세 명의 친구와 함께하는 여가 활동이므로 이처럼 무리를 형성하는 클러스터 작업은 충분히 잘 작동한다. 사람들이 저마다 시간대가 다른 플레이어들과 게임을 하고 싶어 할 가능성은 낮다. 그들은 누군지 알지도 못하는 상대방의 거주 지역에 대해서도 별로 신경 쓰지 않는다(대부분의 경우 서로 대화조차 나눌 수 없다).

멀티플레이어 온라인 게임은 동시성과 일관성을 보장하고 플레이를 계속 유지하기 위해 '넷코드' 솔루션을 도입했다. 지연 기반 넷코드는 플레이어의 장치(예: 플레이스테이션 5)에 더 많은 잠재 플레이어(상대 플레이어)의 입력이 도착할 때까지 소유자가 입력한 내용이 렌더링되는 과정을 인위적으로 지연시키도록 지시한다. 짧은 지연 시간에 익숙한 플레이어는 짜증이 날 테지만, 이러한 방식은 제법 잘 통한다. 롤백 넷코드는 더욱 정교하다. 상대 플레이어의 입력이 지연되면 플레이어의 장치는 앞으로 일어날 상황을 예상해서 작업을 진행한다. 상대 플레이어가 다른 작업을 한 것으로 판명되면 장치는 진행 중인 애니메이션을 되돌린 후 다시 '정확하게' 재생하려 할 것이다.

이러한 솔루션이 효과적이기는 하지만 확장성은 떨어진다. 넷코드는 운전 시뮬레이션처럼 플레이어 입력을 예측하기 쉽거나 대부분의 격투 게임처럼 동기화할 플레이어 수가 상대적으로 적은 게임에 적합하다. 하지만 특히 클라우드 스트리밍 환경과 애셋 데이터가 있는 샌드박스 방식(아이들이 마음대로 모래로 무언가를 만들어내듯, 사용자가 자유롭게 자신만의 세계를 만들 수 있는 게임 플랫폼―옮긴이)의 가상 세계에 참여할 때 수십 명의 플레이어가 취하는 행동을 정확하게 예측하고 일관되게 동기화하는 작업의 난도는 기하급수적으로 증가한다. 이것을 근거로 실시간 대역폭 기술 회사인 서브스페이스는 광대역을 사용하는 미국 가정의 4분의 3만이「포트나이트」와「콜 오브 듀티」처럼 그래픽 충실도가 높은 실시간 가상 세계에 (완벽하진 않아도) 연속적으로 참여할 수 있다고 추정한다.

반면 중동에서는 이것이 가능한 가정이 4분의 1에도 미치지 못한다. 지연 시간의 기준치를 충족하는 것만으로는 충분하지 않다. 서브스페이스는 지연 시간이 평균 10밀리초 증가하거나 감소하면 주간 플레이 시간이 6퍼센트 감소하거나 증가한다는 사실을 알아냈다. 게다가 이러한 상관관계는 게임에 열광하는 플레이어들이 인식할 수 있는 네트워크 지연 시간을 넘어서는 수준에서도 성립된다. 연결 속도가 25밀리초가 아니라 15밀리초인 경우, 게임 시간은 6퍼센트 더 늘어날 것이다. 이 정도로 연결에 민감한 산업은 거의 없으며, 게임이 참여 기반 비즈니스라는 점에서 연결이 수익에 미치는 영향도 상당하다.

이것은 메타버스 문제라기보다 게임이 안고 있는 고유의 문제처럼 보일 수 있다. 이러한 문제가 게임 수익의 일부에만 영향을 끼친다는 점도 주목할 만하다. 「하스톤」과 「워즈 위드 프렌즈」와 같은 많은 히트작이 턴제 기반 게임(플레이어와 상대 플레이어 또는 인공지능이 번갈아 수를 내며 승부를 겨루는 방식—옮긴이)이거나 비동기식 게임인 반면 「펜타스톰」과 「캔디 크러쉬」 같은 다른 동기식 게임은 픽셀 단위의 정확도나 밀리초 단위의 정밀한 입력이 필요하지 않다. 그러나 메타버스에서는 저지연이 필요할 것이다. 미세한 표정 변화는 인간이 대화를 나누는 데 매우 중요한 역할을 한다. 우리는 약간의 실수와 동기화 문제에 매우 민감하다. 픽사 만화 캐릭터의 입이 움직이는 방식에 대해서는 신경 쓰지 않지만, 실사 같은 CGI 가상 인간의 입술이 제대로 움직이지 않는 모습을 보면 금세 불편해진다(애니메이터들은 이러한 현상을 '불쾌한 골짜기uncanny valley'라고 부른다).

어머니와 이야기를 나누는데 어머니의 반응이 100밀리초 지연된 것처럼 보이면 당신은 순간적으로 당황하거나 걱정할 수도 있다. 메타버스에서의 상호작용은 픽셀별로 총알처럼 빠르게 시간을 감지하진 않더라도 매우 많은 데이터 용량을 요구한다. 지연 시간과 대역폭이 단위 시간당 전송 가능한 정보의 양에 집합적으로 영향을 미친다는 점을 기억하자.

소셜 상품도 얼마나 많은 사용자가 사용할 수 있고 실제로 사용하는지에 달려 있다. 대부분의 멀티플레이어 게임에서는 같은 시간대의 사람들이 어울려 플레이하거나 특정 시간대가 제거되기도 하지만, 인터넷 통신은 전 세계에 걸쳐 이뤄지곤 한다. 앞서 언급했듯이, 미국 북동부에서 남동부로 데이터를 전송하는 데 35밀리초가 걸릴 수 있다. 대륙 간 전송은 그보다 더 오랜 시간이 걸린다. 미국 북동부에서 동북아시아까지 중위 전달 시간은 350밀리초 또는 400밀리초이며 사용자 간 전달 시간은 그보다 훨씬 오래 걸린다(최대 700밀리초에서 1초). 친구나 가족이 800킬로미터 이내에 없으면 페이스타임이나 페이스북이 작동하지 않는 상황을 상상해 보자. 아니면 사용자가 집에 있을 때만 작동한다고 상상해 보자. 기업이 가상 세계에서 외국이나 먼 곳에 거주하는 인력을 고용하려면 지연 시간이 0.5초보다 짧아야 할 것이다. 가상 세계에 사용자 한 명 한 명이 추가될수록 동시성 문제가 가중될 뿐이다.

증강현실 기반 경험은 머리와 눈의 움직임에 근거하기 때문에 지연 시간에 대한 요건을 유독 엄격하게 설정한다. 안경을 낀 상태에서 뒤로 돌아서서 0.00001밀리초 만에 빛 입자를 받았을 때 눈이 주변 환경에 즉시 적응하는 것을 당연하게 여길 수 있다. 하지만 이와 같은 새로운 정보를 수신하는 데 10~100밀리초 정도 지연이 일어난다면 어떤 기분이 들까?

지연 시간은 메타버스 구현을 방해하는 가장 커다란 네트워킹 장애물이다. 오늘날 초저지연 전송이 필요한 서비스와 애플리케이션이 몇 개 없다는 점도 문제다. 이는 실시간 전송에 중점을 둔 네트워크 운영업체나 기술 기업을 어렵게 만드는 요인이 된다. 그래도 다행스러운 건 메타버스가 성장하면서 저지연 인터넷 인프라에 대한 투자가 증가할 것이라는 점이다. 하지만 지연 시간을 극복하려는 시도는 큰 비용이 들 뿐만 아니라 물리법칙에도 어긋난다. 클라우드 전송을 위해 게임을 구축한 경험이 있는 한 유명 비디오게임 배급사의 CEO는 다음과 같은 말을 남겼다.

> "우리는 빛의 속도와 끊임없이 겨루고 있습니다. 그러나 빛의 속도는 무적이며 앞으로도 무패 행진을 이어갈 것입니다."

뉴욕시에서 도쿄 또는 뭄바이로 초저지연 수준에서 단 1바이트를 전송하는 작업이 얼마나 어려울지 생각해 보자. 이러한 전송은 1만 1000~1만 2500킬로미터 거리 기준 빛의 속도로 40~45밀리초가 소요된다. 우주의 물리법칙이 경쟁 비디오게임의 목표 최솟값을 겨우 10~20퍼센트 차이로 앞지르므로, 딱히 우리가 물리법칙에 패하고 있는 것처럼 보이진 않는다. 그러나 실제로 우리는 이 40~45밀리초 기준치에 훨씬 미치지 못한다. 예컨대, 아마존의 미국 북동부 데이터 센터(뉴욕시 담당)에서 동남아시아 태평양(뭄바이와 도쿄 담당) 데이터 센터로 전송되는 패킷의 평균 지연 시간은 230밀리초다.

이러한 지연을 초래하는 원인은 다양하다. 그중 하나가 석영유리다. 흔히 광섬유 케이블을 통해 전송되는 데이터가 빛의 속도로 이동한다고 생각하지만 이는 맞는 말이기도, 틀린 말이기도 하다. 광선 자체는 빛의 속도로 이동하며, 이때 빛의 속도는 일정하다. 그러나 케이블 자체가 직선으로 놓여 있을지라도 광선은 직선으로 이동하지 않는다. 모든 유리섬유는 진공과 달리 빛을 굴절시키기 때문이다. 따라서 광선의 경로는 주어진 섬유의 가장자리 사이에서 팽팽하게 지그재그로 튀는 것에 가깝다. 결과적으로 경로는 45퍼센트 이상 연장되어 전송에 58밀리초 또는 65밀리초가 소요된다.

대부분의 인터넷 케이블은 일식선으로 깔리지 않는다. 게다가 국제적 권리와 지리적 장애물을 고려하고 비용·편익 분석까지 거쳐야 한다. 그 결과 많은 국가와 주요 도시에서는 직접적인 연결이 부족한 상황이다. 뉴욕시에는 프랑스와 직결되는 해저케이블이 있지만, 포르투갈과는 연결되어 있지 않다. 미국에서 도쿄로는 트래픽이 직접 전송될 수 있지만, 인도에 도달하려면 아시아나 오세아니아 대륙의 해저 케이블에서 또 다른 케이블로 이동해야 한다. 미국에서 인도까지 단일 케이블을 놓을 수도 있지만, 태국을 통과하거나 그 주변 지역을 거쳐야 하므로 수백 또는 수천 마일이 추가된다. 해안 간 전송 문제만 해결해서 될 일이 아니다.

그런데 놀랍게도 국제 인프라보다 국내 인터넷 인프라를 개선하는 것이 오히려 더 어렵다. 케이블을 설치(또는 교체)하려면 광범위한 교통 인프라(고속도로와 철도)와 다양한 인구 중심지(저마다 고유한 정치적 절차, 유권자, 보상 체계를 보유하고 있다), 보존 지역과 공원 주변에서 작업해야 한다. 국제 해역의 해저산 위에 케이블을 설치하는

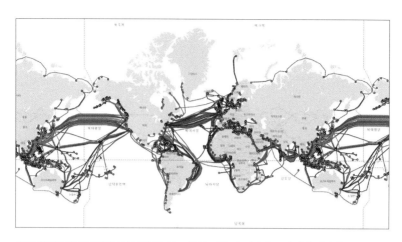

해저 케이블 약 500개와 지상 전신국 1250곳이 지금 이 시간에도 전 세계 인터넷을 구동시키고 있다.

출처: submarinecablemap.com

것이 민간과 공공의 소유권이 얽혀 있는 산맥을 가로질러 케이블을 설치하는 것보다 간단하다.

'인터넷 백본internet backbone'이라는 표현은 대규모로 계획되고 부분적으로 연합된 케이블 네트워크를 떠올리게 한다. 사실 인터넷 백본은 사설 네트워크를 묶어 만든 느슨한 조합이다. 이러한 네트워크는 절대 전국에 걸쳐 효율적으로 배치되지 않는다. 오히려 지역별 목적에 맞게 배치된다. 예를 들어, 사설 네트워크 운영업체가 지역 두 곳 또는 복합 상업 지구 두 곳 사이에 회선을 설치했을 수 있다. 허가 비용과 기존 노력에 편승해 얻는 효율성을 감안하면, 일직선으로 두 도시를 연결하기보다 다른 인프라가 구축된 시점과 장소에 케이블을 설치하는 경우가 많다.

뉴욕과 샌프란시스코 또는 로스앤젤레스와 샌프란시스코 등 두 도시 간에 데이터가 전송될 때 함께 연결된 여러 네트워크를 통해 이뤄질 수 있다(각 부분을 홉hop이라고 부른다). 이러한 네트워크는 모두 두 위치 간의 거리 또는 전송 시간을 최소화하도록 설계된 것이 아니다. 따라서 어떤 패킷은 사용자와 서버 사이에서 실제 지리적 거리보다 훨씬 더 긴 거리를 이동할 수도 있다.

이러한 문제는 TCP/IP의 핵심 응용 계층 프로토콜 중 하나인 BGP에 의해 악화된다. 3장에서 다루었듯이, BGP는 각 네트워크에서 데이터를 라우팅할 다른 네트워크를 결정할 수 있도록 지원해 '인터넷상에서' 전송되는 데이터를 통제하는 일종의 항공 관제사 역할을 한다. 하지만 BGP는 전송 대상과 방향, 중요성을 알지 못한 채 작업을 수행한다. 따라서 대부분 비용을 우선시하는 대단히 표준화된 방법론을 적용해 '지원'한다.

BGP의 규칙 집합ruleset은 인터넷의 본래 용도에 맞춘 비동기식 네트워크 설계를 반영한다. BGP의 목표는 모든 데이터가 성공적으로 낮은 가격에 전송되도록 하는 것이지만, 결과적으로 많은 경로가 필요 이상으로 훨씬 길고 일관성도 없는 것으로 나타난다. 맨해튼에서 같은 건물에 있는 두 명의 플레이어가 동일한 「포트나이트」 경기에 참여할 수 있다. 이 경기는 버지니아주에 근거지를 둔 「포트나이트」 서버에서 관리하는데, 이때 패킷은 먼저 오하이오주를 통해 라우팅되어 목적지에 도달하기까지 50퍼센트 더 오래 걸릴 수 있다. 데이터는 시카고를 통과하는 더 긴 네트워크 경로를 통해 플레이어 한 명에게 다시 전송될 수 있다. 이러한 연결 중 하나가 끊어지거나 반복적으로 150밀리초 지연되는 문제를 겪을 수도 있는 데, 이는 이메일과 같이 실시간으로 전달할 필요가 없는 트래픽의 우선순위를 지정하기 위한 조치다.

이러한 모든 요인을 종합하면, 때에 따라 평균 데이터 패킷이 뉴욕시에서 도쿄까지 이동하는 데 빛의 입자보다 4배, 뉴욕시에서 뭄바이까지 이동하는 데 5배, 샌프란시스코에 도달하는 데 2~4배 더 오래 걸리는 이유를 알 수 있다.

전달 시간을 개선하는 작업은 대단히 값비싸고, 어렵고, 더딘 방식으로 진행될 것이다. 케이블 기반 인프라를 교체하거나 업그레이드하려면 비용이 많이 들 뿐만 아니라 일반적으로 여러 단계에서 정부 승인을 받아야 한다. 케이블의 계획된 경로가 직선일수록 기존의 주거, 상업, 정부 건물이나 환경보호 자산 등과 부딪힐 가능성이 크기 때문에 승인을 받기가 더 어려워지는 경향이 있다.

따라서 무선 인프라를 업그레이드하는 편이 훨씬 수월하다. 5G 네트워크는 기본적으로 무선 사용자에게 잠재적으로 1밀리초, 보다 현실적으로는 20밀리초로 예상되는 '초저지연' 시간을 제공하는 것으로 여겨진다. 이는 오늘날 4G 네트워크에 비해 20~40밀리초 정도를 줄이는 효과가 있다. 하지만 이러한 기술은 데이터 전송에서 최종 구간인 수백 미터에만 도움이 된다. 일단 무선 사용자의 데이터가 전신탑에 도달한 후에는 유선 백본 네트워크로 이동하기 때문이다.

스페이스X의 위성 인터넷 회사인 스타링크는 미국 전역과 궁극적으로는 전 세계에 고대역폭, 저지연 인터넷 서비스를 제공하겠다고 선언했다. 하지만 위성 인터넷은 특히 먼 거리에서 초저지연 시

간을 달성하지 못한다. 2021년 기준으로 스타링크를 사용하면 일
반 주택에서 위성까지는 평균 18~55밀리초가 걸리지만, 뉴욕에서
로스앤젤레스로 데이터를 전송하거나 수신할 때는 여러 위성이나
기존 지상파 네트워크를 가로질러 이동해야 하므로 전송 시간이
길어질 수밖에 없다.

스타링크가 이동 거리 문제를 악화시킬 때도 있다. 뉴욕에서 필라
델피아까지 거리는 직선으로 약 160킬로미터, 케이블로는 약 201킬
로미터지만, 저궤도 위성으로 이동한 후 다시 지상으로 돌아오면
1126킬로미터가 넘어간다. 게다가 광심유 케이블의 경우, 특히 흐
린 날에 대기를 통해 전송되는 빛보다 '손실'되는 데이터가 훨씬 적
다. 밀집된 도심지에서는 소음에 간섭을 받기도 한다. 2020년 일론
머스크는 이러한 문제를 인식한 듯 스타링크가 "[통신 회사에서]
도달하기 어려운 고객에게 서비스를 제공하는 데 초점을 맞추고 있
다"라고 강조했다.[4]

이처럼 위성 전송은 이미 메타버스에 필요한 연결 요건을 갖춘
사람들에게 더 나은 기술을 제공한다기보다 그렇지 못한 사람들을
대상으로 최소한의 저지연 요건을 충족할 수 있도록 지원한다는 데
의미가 있다.

경계 경로 프로토콜이 다른 프로토콜로 보완되거나 새로운 특
허 표준이 도입될 수 있다. 어떤 상황이 벌어지든 앞으로의 가능성
은 로블록스 코퍼레이션이나 에픽게임즈 또는 개별 제작자의 결정
과 혁신에 따라 달라진다. 이들이 네트워크 기반 제약을 우회해서
능숙하게 경로를 설계한다는 점은 입증된 사실이며, 앞으로도 모든

대역폭 및 지연 시간과 관련된 문제를 경험하며 계속해서 방법을 찾아낼 것이다. 하지만 적어도 가까운 미래에는 현실적인 제약이 메타버스와 그것을 구성하는 모든 것을 계속해서 제한할 것이다.

6장

컴퓨팅

하나의 사건만으로는 충분하지 않다

충분한 양의 데이터를 제때 전송하는 것은 동기화된 가상 세계의 운영 프로세스 중 일부 과정일 뿐이다. 여기서 더 나아가 데이터를 이해하고, 코드를 실행하고, 입력을 평가하고, 로직을 수행하고, 환경을 렌더링하는 등 많은 작업이 이어져야 한다. 이것은 CPU와 GPU가 수행하는 작업이며 일반적으로 '컴퓨팅'으로 일컬어지고는 한다.

컴퓨팅은 모든 디지털 '작업'을 수행하는 자원이다. 우리는 지난 수십 년 동안 제조되거나 이용 가능한 컴퓨팅 자원의 수가 매년 증가하고 있으며, 이러한 자원이 얼마나 강력한지 목격했다. 그럼에도 컴퓨팅 자원은 항상 부족했고 앞으로도 계속 부족할 것이다. 더 많은 컴퓨팅 용량을 사용할 수 있게 되면 더욱 복잡한 연산을 시도하고 수행하려는 경향이 나타나기 때문이다. 지난 40년 동안 변화해 온 비디오게임 콘솔의 평균 크기를 살펴보자. 1994년에 출시된 최초의 플레이스테이션은 무게가 1.45킬로그램, 크기는 약 27×19×6센티미터였다. 2020년에 출시된 5세대 플레이스테이션은 무게가 4.5킬로그램, 크기는 약 39×26×10센티미터였다. 이러한 변화의 대부분은 장치의 컴퓨팅 연산력을 높이고, 작업을 수행할 때 발생하는 열의 온도를 낮추기 위해 커다란 팬을 배치한 결정과 관련이 있다. 오늘날 초창기 플레이스테이션의 사양은 (광 드라이브를 제외하고) 지갑에 넣을 수 있을 정도로 작아졌고 가격도 25달러 미만이지만, 요즘 나오는 현대식 제품에 비해 수요가 거의 없는 편이다.

이 책의 앞부분에서 2013년에 개봉한 영화 「몬스터 대학교」 제작용으로 픽사가 구축한 슈퍼컴퓨터를 언급한 바 있다. 이 슈퍼컴퓨터는 2만 4000개의 결합 코어를 탑재한 약 2000대의 산업용 컴퓨터를 연결해 만든 것이다. 픽사가 이 데이터 센터를 구축하는 데 쏟아부은 돈은 수천만 달러에 달해 플레이스테이션 3 한 대 값을 크게 웃돌았지만, 덕분에 훨씬 용량이 크고, 세밀하고, 더 아름다운 이미지를 구현할 수 있었다. 전체적으로 영화의 12만 개 프레임을 각각 렌더링하는 데 30코어시간이 걸렸다.* 이듬해에 픽사는 컴퓨터와 코어 상당수를 더 강력한 성능을 가진 최신 프로세서로 교체했다. 픽사는 향상된 컴퓨터 성능을 활용해서 동일한 장면을 더욱 빠르게 렌더링할 수도 있었지만, 속도를 최적화하기보다 렌더링 작업을 더욱 정교하게 수행하는 길을 택했다. 예를 들어, 픽사가 제작한 2017년 영화 「코코」의 한 장면에는 거의 800만 개의 조명이 개별적으로 렌더링되었다. 처음에는 이 장면의 모든 프레임을 렌더링하는 데 1000여 시간이 소요되었고, 그다음에는 450시간이 소요되었다.

---

*   이것은 문자 그대로 30시간이 아니라 30코어시간을 말한다. 코어 하나가 렌더링에 30시간을 소비하거나, 코어 30개가 렌더링에 1시간을 소비할 수 있다.

픽사는 여러 개의 조명을 가로, 세로 20도씩 증분하면서 '베이킹(조명 효과와 관련해 미리 계산한 정보를 이미지 텍스처에 기록하면서 렌더링 속도를 향상시키는 작업―옮긴이)'해 부분적으로 시간을 55시간으로 단축할 수 있었다. 즉, 카메라에 대한 응답을 줄인 것이다.[1]

이 사례는 기준점으로 잡기에 부적절해 보일 수 있다. 모든 렌더링 작업이 800만 개의 조명이나 실시간 사양을 요구하지도 않고, 350제곱미터 면적의 아이맥스 화면에서 면밀하게 검토되지도 않기 때문이다. 그러나 여전히 메타버스에 필요한 렌더링과 연산은 대단히 복잡하다. 최대 0.016초 또는 0.0083초마다 렌더링과 연산이 생성되어야 한다! 모든 기업과 소수의 개인이 슈퍼컴퓨터 데이터 센터를 구축할 수 있는 것도 아니다. 오늘날 가장 인상적인 가상 세계조차도 컴퓨터 기능 면에서 제한된다는 사실은 놀라울 정도다.

「포트나이트」와 「로블록스」로 돌아가 보자. 두 게임은 믿기지 않을 만큼 독창적인 업적을 달성했지만, 기본적인 개념은 전혀 새로운 것이 아니었다. 수십 년 동안 개발자들은 하나의 공통된 시뮬레이션에서 수십 명의 플레이어(아니면 수백 또는 수천 명)와 실시간으로 소통하는 경험과 개인 사용자의 상상력에 따라 달라지는 가상 환경을 상상해 왔다. 문제는 그러한 상상을 기술적으로 구현해 낼 수 없었다는 점이었다.

수십만에서 수천 명의 '동시 사용자', 즉 CCU가 있는 가상 세계는 1990년대 후반부터 구현될 수 있었지만, 가상 세계와 사용자 모두 심각한 제약을 받았다. 「이브 온라인」은 개인 플레이어가 아바타를 통해 한데 모이는 행동을 허용하지 않는다. 그 대신 플레이어는 대부분 정적인 대형 우주선을 우주로 이동시키거나 포격을 주고받도록 지시할 수 있다. 「월드 오브 워크래프트」에서는 수십 명의 아바타를 같은 위치에 렌더링할 수 있지만, 모델의 세부 사항이 제한되고 원근감이 상대적으로 축소되며 플레이어들은 각 아바타가 수행할 수 있는 작업을 제한적으로 제어할 수 있다.

너무 많은 플레이어가 한곳에 몰리면 해당 공간의 복사본 여러 개가 독립적으로 동시에 작동하면서 게임 서버가 일시적으로 '분할'된다. 심지어 몇몇 게임에서는 실시간 렌더링을 개인 플레이어로 제한하고 게임 내 인공지능(AI)을 도입했으며, 이에 따라 전체 배경이 사전 렌더링되어 플레이어가 영향을 미칠 수 없었다. 이러한 게임을 경험하려면 수천 달러에 달하는 게임 전용 PC를 구매해야 했다. 사용자는 그러한 장치가 꼭 필요하지 않더라도 게임의 렌더링 기능을 '끄거나' '낮추거나', 프레임 속도를 절반으로 줄여야 했다.

2010년대 중반이 되어서야 소비자용 장치 수백만 대가 「포트나이트」처럼 화려한 애니메이션 아바타 수십 명이 하나의 경기에 참여하고 각각의 아바타가 차갑고 광활한 우주가 아닌 생동감 넘치고 실감 나는 세계에서 다양한 행동을 보이며 상호작용할 수 있는 게임을 처리할 수 있었다. 비슷한 시기에 수많은 장치에서 입력되는 내용을 처리하고 동기화할 수 있는 서버가 충분히 합리적인 가격대에 공급되었다.

이와 같은 발전은 비디오게임 산업에 엄청난 변화를 가져왔다. 그로부터 몇 년 만에 풍부한 사용자 생성 콘텐츠(UGC)와 많은 수의 동시 사용자에 중점을 둔 「프리 파이어」, 「배틀그라운드」, 「포트나이트」, 「콜 오브 듀티: 워존」, 「로블록스」, 「마인크래프트」 등이 세계에서 가장 인기 있는 (그리고 많은 수익을 창출하는) 게임이 되었다. 이러한 게임들은 이전에는 '실생활에서만' 가능하다고 여겼던 미디어 경험으로 영역을 빠르게 확장했다(예: 「포트나이트」에서 열린 트래비스 스캇의 콘서트, 「로블록스」에서 열린 릴 나스 X의 콘서트). 이처럼 새로운 장르와 이벤트가 어우러져 만들어낸 결과는 게임 산업의 엄청난 성장으로 이어졌다. 2021년에는 하루에 평균 3억 5000만 명이 넘는 사람들이 하나의 배틀로열 게임(동시 사용자가 많은 게임의 한 장르)에 참가했고, 많게는 수십억 명이 참가할 수 있었다.

2016년에는 전 세계에서 고작 3억 5000만 명만이 화려한 3D 가상 세계를 렌더링할 수 있는 장비를 보유했다. 2021년 「로블록스」가 최고의 인기를 누릴 때 월간 사용자 수는 2억 2500만 명에 달했다. 이는 역대 가장 많이 팔린 콘솔인 플레이스테이션 2의 누적 판매량을 3분의 1 이상 뛰어넘는 데다, 스냅챗과 트위터 등 소셜 네트워크 규모의 3분의 2에 해당하는 수치다.

짐작하다시피, 이러한 게임들은 특정 설계 방식을 통해 현재 직면한 컴퓨팅 제약을 해결한다는 점에서 시대를 너무 앞서간 것처럼 느껴진다. 대부분의 배틀로열 게임은 100명의 플레이어를 지원하지만, 수많은 '관심 지점'이 있는 거대한 맵을 사용해 플레이어들이 멀리 흩어지게 만든다. 즉 서버는 모든 플레이어가 수행하는 작업을 추적해야 하지만, 각 플레이어의 장치는 플레이어를 렌더링하거나 작업을 추적하거나 처리할 필요가 없다. 궁극적으로 플레이어들이 기숙사 방 크기의 작은 공간에 모여야 할 때도 있지만, 배틀로 열의 기본 전제는 거의 모든 플레이어가 그 시점에 패배했음을 의 미한다. 그리고 맵이 축소될수록 생존은 더욱 어려워진다. 배틀로열 플레이어는 99명의 경쟁자를 걱정해야 할지 모르지만, 실제로 그들 의 장치는 그보다 훨씬 적은 수의 경쟁자를 마주한다.

하지만 이러한 속임수에는 한계가 있다. 예를 들어, 모바일 전용 배틀로열 게임인 「프리 파이어」는 전 세계적으로 큰 인기를 끌고 있지만, 플레이어 대부분이 동남아시아와 남아메리카 지역에 거주 하며, 성능이 강력한 아이폰이나 고급형 안드로이드가 아니라 중 저가 안드로이드 장치를 사용하다 보니 배틀로열이 100명이 아닌 50명으로 제한된다. 한편 「포트나이트」나 「로블록스」 같은 게임이 가상 콘서트장처럼 다소 폐쇄된 공간에서 사교 행사를 개최할 땐 동시 사용자 수를 50명 이하로 축소하고, 표준 게임 모드 대비 사용 자가 할 수 있는 활동을 제한한다. 건설 기능이 꺼지거나 댄스 동작 의 수가 일반적인 12~24개에서 기본 설정된 단일 프리셋 옵션으로 줄어들 수도 있다.

일반 플레이어들이 사용하는 프로세서만큼 강력하지 못한 프로 세서를 사용한다면 더 많은 것을 포기해야 한다. 몇 년이 지난 장치 는 다른 플레이어들의 맞춤 의상을 제대로 로드하지 못하고(게임플 레이에 영향이 없다) 대신 기본 캐릭터로 나타낼 것이다. 「마이크로소 프트 플라이트 시뮬레이터」의 이미지는 경이로울 정도로 아름답 지만, 충실도를 최저로 설정한 상태에서 이 게임을 실행할 수 있는 데 스크톱 또는 노트북 맥과 PC는 1퍼센트도 채 되지 않는다. 그러한 장치에서 이 게임을 실행할 수 있는 이유는 게임 속 세계에서 지도, 날씨, 비행경로 외에는 진짜가 거의 없기 때문이다.

물론 컴퓨팅 연산력은 매년 향상된다. 현재 「로블록스」는 상대적으로 그래픽 충실도가 낮지만, 최대 200명의 플레이어를 지원하며 베타 테스트에서는 최대 700명까지 수용할 수 있다. 하지만 이러한 발전이 인간의 상상력이 유일한 한계로 작용하는 수준까지 도달하려면 아직 멀었다. 메타버스에서는 공통된 시뮬레이션에 수십만 명이 참여하고, 원하는 만큼 다양한 맞춤형 가상 아이템과 완전한 모션 캡처, 완전한 영속성과 더불어 가상 세계를 (12개 정도의 옵션에서 선택하는 게 아니라) 화려하게 꾸밀 수 있는 능력을 확보하고, 가상 세계를 1080p(일반적으로 '고해상도'로 간주된다)뿐만 아니라 4K 또는 8K로 렌더링하는 작업이 가능해질 것이다.

모든 단일 애셋, 텍스처, 해상도가 증가하거나 프레임과 플레이어가 추가되면 안 그래도 부족한 컴퓨팅 자원이 추가로 소모되기 때문에 아무리 지구상에서 가장 강력한 장치일지라도 앞서 언급한 작업들을 실시간으로 수행하기가 쉽지 않다.

엔비디아의 창업자이자 CEO인 젠슨 황은 향후 몰입형 시뮬레이션이 단순히 진짜 같은 폭발이나 생동감 넘치는 아바타를 뛰어넘는 수준으로 크게 발전할 것이라고 전망했다. 그는 "입자 물리학, 중력, 빛과 전파를 포함한 전자기학…… 기압과 소리의 법칙"이 적용되는 미래를 상상한다.[2]

메타버스에서 정밀한 수준의 물리학이 필요할지에 대해서는 논란의 여지가 있다. 하지만 중요한 점은 컴퓨팅 성능이 추가적으로 향상되면 중요한 발전을 불러오기 때문에 컴퓨팅 연산력은 늘 부족할 수밖에 없다는 것이다. 물리법칙을 가상 세계에 도입하고자 하는 젠슨 황의 열망이 과장되고 비현실적으로 보일 수 있지만, 그렇게 치부하려면 가상 세계에서 나올 수 있는 혁신을 예측하고 일축해야 할 것이다. 100명의 플레이어가 경쟁하는 배틀로열을 가능하게 한 기술이 세상을 바꿀 거라고 누가 생각이나 했을까? 컴퓨팅의 가용성과 제약에 따라 어떤 메타버스 경험이 언제, 어디에서, 누구를 대상으로 실현 가능할지 구체적으로 정해질 것이라는 점은 분명하다.

같은 문제의 양면성

메타버스를 실현하려면 더 많은 컴퓨팅 연산력이 필요하다는 사실은 이미 알려져 있지만, 정확히 얼마나 필요한지는 여전히 명확하지 않다. 앞서 3장에서 오큘러스 VR의 전 CTO이자 현 CTO 자문인 존 카맥의 말을 인용한 바 있다. 그는 "메타버스 구축이 도덕적 의무"라고 믿는 인물이다. 2021년 10월, 카맥은 20년 전에 "현재 시스템 처리 능력의 100배"에 달하는 기계가 이 업무를 처리하기에 충분할지 묻는다면 그렇다고 대답했을 것이라고 말했다. 하지만 카맥은, 현재 그러한 성능을 갖춘 장치가 수십억 대에 달하지만 메타버스를 구현하기까지 최소 5년에서 10년이 더 걸릴 것이며 10년 후에도 여전히 "심각한 최적화 상충" 문제에 직면할 것이라고 내다봤다. 그로부터 두

달 후, 인텔의 상무이자, 가속 컴퓨팅 시스템 및 그래픽 그룹(AXG)의 총책임자인 라자 코두리Raja Koduri도 카맥과 비슷한 생각을 인텔의 기업 활동 사이트에 게시했다. "메타버스는 컴퓨팅에서 월드와이드웹과 모바일 다음으로 떠오를 차세대 주요 플랫폼이 될 수 있습니다…… [그러나] 수십억 명이 실시간으로 이용할 수 있고 진정으로 영속적이며 대규모 몰입형인 컴퓨팅을 구현하려면 오늘날 최첨단 기술보다 1000배는 더 향상된 컴퓨팅 효율성이 필요할 것입니다."[3]

이를 달성할 가장 좋은 방법은 관점에 따라 다양하게 꼽힌다.

우선 가능한 한 많은 '작업'을 소비자 장치가 아닌 산업용 원격 데이터 센터에서 수행해야 한다는 주장이 있다. 가상 세계와 관련된 대부분의 작업이 각 사용자의 장치에서 수행되는데, 이것을 낭비라고 느끼는 사람들이 많다. 많은 장치가 동일한 경험을 지원하기 위해 동시에 동일한 작업을 수행한다는 것을 의미하기 때문이다. 반면 가상 세계의 '소유자'가 운영하는 매우 강력한 서버는 사용자의 입력을 추적하고 필요에 따라 전달한 후 프로세스 충돌이 발생하면 충돌을 중재하면 된다. 아무것도 렌더링할 필요가 없는 것이다!

이를 생생하게 잘 보여주는 (가상의) 예를 하나 들어보자. 어떤 플레이어가 「포트나이트」에서 나무에 로켓포를 발사할 때, 관련 정보(사용한 아이템, 아이템의 특성, 발사체 궤적)가 해당 플레이어의 장치에서 「포트나이트」의 멀티플레이어 서버로 전송되고, 이는 다시 서버를 통해 해당 정보가 필요한 모든 플레이어에게 전달된다. 그 후 로컬 기계는 해당 정보를 처리하고 그에 따라 적절한 작업을 수행한다. 이를테면 폭발 장면을 보여주고, 플레이어가 부상을 입었는지 확인하고, 폭발에 영향을 받은 나무를 맵에서 제거하고, 플레이어들이 원래 나무가 있던 자리를 지나 이동할 수 있도록 만드는 것이다.

실제로 '같은' 로켓포가 정확히 '같은' 시간에 정확히 '같은' 각도로 정확히 '같은' 나무를 명중시키고 정확히 동일한 로직이 인과관계를 처리하는 데 적용되었을지라도 플레이어들은 시각적으로 똑같은 폭발을 목격하지 못할 수 있다. 이것은 (가변적인 지연 시간으로 인해) 플레이어의 장치에서 로켓포가 조금 일찍 또는 늦게, 약간 다른 위치에서 발사뇌었다고 인식할 가능성을 반영한다.

일반적으로 이것은 그리 문제가 되지 않지만, 때로는 중대한 결과로 이어질 수 있다. 예를 들어, 플레이어 1의 콘솔은 플레이어 2가 나무를 파괴한 폭발로 사망했다고 판단할 수 있는 반면 플레이어 2의 콘솔은 플레이어 2가 치명적이진 않아도 상당한 부상을 입었다고 인식할 수 있다. 둘 다 '틀린' 판단은 아니지만, 두 가지 '진실'이 존재하는 상황에서는 게임을 제대로 진행할 수 없다. 따라서 서버는 두 진실 중에서 하나를 '선택'해야 한다.

현재 개인용 장치에 의존해야 하는 상황은 다른 제약을 일으키기도 한다. 소비자는 자신의 장치에서 처리할 수 있는 내용만 경험할 수 있다. 2019년형 아이패드, 2013년형 플레이스테이션 4, 2020년형 플레이스테이션 5는 모두 「포트나이트」를 다르게 보여준다. 아이패드에서는 초당 30프레임, 플레이스테이션 4는 초당 60프레임, 플레이스테이션 5는 초당 120프레임으로 제공된다. 아이패드는 선별된 맵 텍스처만 로드하고 아바타 의상을 건너뛸 수 있지만, 플레이스테이션 5는 플레이스테이션 4에서 볼 수 없었던 빛과 그림자의 굴절까지 보여준다. 결과적으로 이러한 차이는 가상 세계에 접속할 수 있는 장치의 최저 사양에 따라 가상 세계의 전반적인 복잡성이 부분적으로 제한된다는 것을 의미한다. 에픽게임즈는「포트나이트」의 아바타와 의상이 게임플레이에 영향을 미치지 않도록 설정해 놓았지만, 이러한 결정을 바꾼다면 많은 플레이어가 더 이상 게임에 참여할 수 없게 될 수도 있다.

렌더링 작업을 산업용 데이터 센터로 옮기는 것이 메타버스를 구축하는 데 더 효율적이고 필수적인 방안으로 보인다. 실제로 이미 여러 기업과 서비스가 이러한 방향으로 전환하고 있다. 예를 들어, 구글 스테이디어와 아마존 루나는 원격 데이터 센터에서 모든 비디오게임 플레이를 처리한 후 렌더링된 경험 전체를 사용자의 장치에 동영상 스트림으로 푸시한다. 고객이 보유한 장치에서는 넷플릭스를 시청할 때와 유사하게 게임 동영상을 재생하고 입력 정보(왼쪽으로 이동, X 버튼 입력 등)를 전송하기만 하면 된다.

이러한 방식을 지지하는 사람들은 종종 민간 발전기가 아닌 전력망과 산업용 발전소를 통해 가정에 전력을 공급하는 논리를 내세운다. 클라우드 기반 모델을 채택하면 소비자는 자주 업그레이드되지 않는 소비자용 컴퓨터를 더 이상 비싼 소매가격에 구매하지 않아도 된다. 그 대신 처리 능력 단위당 비용 효율이 높고 업데이트가 수월한 기업용 장비를 임대할 수 있다. 사용자의 장치가 1500달러짜리 아이폰이든, 화면이 탑재되고 와이파이가 지원되는 오래된 냉장고든 상관없이「사이버펑크 2077」처럼 높은 연산력이 필요한 게임을 완전히 렌더링된 버전으로 플레이할 수 있다. 그렇다면 가상 세계가 그 세계를 운영하는 업체가 보유한 (10억 달러는 아닐지라도) 수백만 달러어치의 서버 스택이 아니라 형형색색의 플라스틱 커버로 감싼 작은 소비자용 하드웨어에 의존할 이유가 있을까?

이러한 논리가 표면적으로 타당해 보이고 넷플릭스와 스포티파이 같은 서버 측 콘텐츠 서비스가 성공을 이뤄낸 것은 사실이지만, 원격 렌더링은 오늘날 게임 배급사 사이에서 합의된 솔루션이 아니다. 팀 스위니는 다음과 같이 주장한다. "지연 시간이라는 벽에 가로막혀 엉뚱한 곳에 실시간 처리 역할을 배치하는 계획은 언제나 실패할 수밖에 없었습니다. 대역폭과 지연 시간이 개선되고 있지만, 로컬 컴퓨팅 연산력이 더 빠르게 개선되고 있기 때문입니다."[4] 다시 말해, 원격 데이터 센터가 소비자가 소유한 장치보다 더 나은 경험을 제공할 수 있는지는 논쟁거리가 아니다. 당연히 데이터 센터가 우월하다. 문제는 네트워크가 장애물이며 앞으로도 계속 연결을 가로막을 가능성이 크다는 점이다.

여기서 발전기에 비유하는 논리가 무너지기 시작한다. 대부분의 선진국에서 소비자는 매일 필요한 전력을 빨리 공급받기 위해 애쓰지 않는다. 전송되는 전력(즉 데이터)이 매우 적어도 마찬가지다. 그런데 원격으로 렌더링된 경험을 제공하려면 시간당 많은 기가바이트 용량을 실시간으로 전송해야 한다. 하지만 알다시피, 시간당 메가바이트 규모의 어마어마한 용량을 제때, 그것도 매 시간 전송하기는 여전히 쉽지 않은 일이다. 게다가 원격 컴퓨팅이 렌더링에 더 효율적인지도 아직 입증되지 않았다. 이것은 상호 연관된 여러 문제가 빚어낸 결과다.

먼저 GPU는 어떤 시점이든 가상 세계 전체는 물론이거니와 가상 세계의 상당 부분을 렌더링하지 않는다. 그 대신 사용자가 필요한 시점에 해당 사용자에게 필요한 부분만 렌더링한다. 플레이어가 「젤다의 전설: 브레스 오브 더 와일드」 같은 게임에서 방향을 바꿀 때 닌텐도 스위치의 엔비디아 GPU는 플레이어의 새로운 시야를 지원하기 위해 이전에 렌더링된 데이터를 사실상 모두 폐기한다. 이 프로세스를 '뷰잉 프러스트럼(시야 절두체) 컬링'이라고 부른다. 다른 기술로는 플레이어의 시야에 들어온 개체가 다른 개체에 가려지면 로드되지 않거나 렌더링되지 않는 '오클루전', 그리고 플레이어의 시야에 자작나무 같은 개체가 들어갔을 때만 나무껍질의 미세한 텍스처 정보가 렌더링되는 '디테일 수준(LOD)'이 있다.

컬링, 오클루전, LOD는 사용자의 장치가 사용자의 시야에 비치는 개체들을 처리하는 연산력에 집중하도록 만들기 때문에 실시간 렌더링 경험에 반드시 필요한 솔루션이다. 하지만 결과적으로 다른 사용자들은 어떤 한 플레이어의 GPU 작업에 '편승'할 수 없다. 이것이 거짓이라고 생각하는 독자들도 있을 것이다. 특히 닌텐도 64를 통해 TV 화면을 4개로 '분할'한 후 드라이버당 화면 하나씩을 배정받아 「마리오 카트」를 플레이하며 오랜 시간을 보낸 경험이 있다면 말이다. 오늘날 「포트나이트」에서는 두 명의 플레이어가 모여 한 번에 플레이할 수 있도록 하나의 플레이스테이션이나 엑스박스를 통해 화면을 절반으로 분할하는 것을 허용한다. 그러나 이 경우에는 해당 GPU가 사용자가 아닌 여러 참가자에 대해 동시에 렌더링을 지원한다. 이는 구분해야 할 필요가 있다. 모든 플레이어는 동일한 매치와 레벨에 입장해야 하며 일찍 떠날 수도 없다. 장치의 프로세서가 제한된 양의 정보만 로드해 처리할 수 있고, 장치에서 임의 접근 기억 장치(랜덤 액세스 메모리) 시스템이 다양한 렌더링 개체(예: 나무, 건물)를 임시로 저장해 각 플레이어가 매번 처음부터 모든 개체를 렌더링하는 게 아니라 계속해서 재사용할 수 있게 해주기 때문이다. 게다가 각 플레이어가 경험하는 해상도와 프레임 속도는 사용자 수에 비례해서 낮아진다. 다시 말해, TV 한 대의 화면을 두 개로 분할하지 않고 TV 두 대를 이용해서 2인용 「마리오 카트」 게임을 할지라도 각 플레이어가 접하는 초당 렌더링되는 픽셀 수, 즉 실제 해상도는 원래의 절반 수준밖에 되지 않는다.*

전혀 다른 두 게임을 GPU가 렌더링하는 것은 기술적으로 가능하다. 최고 사양을 자랑하는 엔비디아 GPU는 2D 사이드 스크롤링 게임인 「슈퍼 마리오브라더스」를 2인용에 맞게 두 개 화면으로 나눠 지원하거나, 「슈퍼 마리오브라더스」의 한 가지 버전과 또 다른 유사한 저출력 게임을 지원할 수 있다. 하지만 연산력 면에서 효율적인 방식으로 수행되진 않는다. 최대 렌더링 사양에서 고급형 게임 A를 실행할 수 있는 엔비디아 GPU는 사양의 절반 또는 3분의 1만 써서 해당 게임의 두 가지 버전을 실행하진 못한다. 마치 부모 한 명이

---

* 여기서 GPU가 지원하는 성능보다 크게 미치지 못하는 수준에서 게임이 실행되는 경우는 예외다. 가령 닌텐도 64 이후 21년이 흘러 출시된 닌텐도 스위치에서 「마리오 카트」 닌텐도 64 버전을 플레이한다면 해상도가 저하되는 현상이 발생하지 않을 것이다.

두 아이의 공부나 잠자리를 돌봐주는 것처럼, 필요와 시기에 따라 두 게임 사이에서 전력을 교환하며 균형을 찾을 수도 없다. 게임 A가 엔비디아 GPU의 성능을 모두 쓸 수 없는데도 성능의 여분을 다른 데 할당할 수 없는 것이다.

GPU는 사용자 사이에 분할될 수 있는 포괄적인 렌더링 '전력'을 생성하지 않는다. 전력 발전소가 여러 가정에 전력을 분배하거나, CPU 서버가 하나의 배틀로열 게임에서 100명의 플레이어를 위해 입력, 위치, 동기화 데이터를 지원할 수 있는 방식과는 다른 것이다. 일반적으로 GPU는 단일 플레이어의 렌더링을 지원하는 '잠긴 인스턴스locked instance'로 작동한다. 많은 기업에서 이 문제를 해결하기 위해 노력하고 있지만, 아직까진 대형 산업용 발전기, 원동기 또는 기타 인프라와 흡사한 '메가 GPU'를 설계할 효율적인 방안이 없는 형편이다. 흔히 발전기는 성능이 증가하면 전력 단위당 비용 효율성이 증가하지만, GPU는 정반대다. 단순히 계산하자면, 다른 GPU보다 2배 더 강력한 GPU를 생산할 때 비용은 2배 이상이 든다.

GPU를 '분할'하거나 '공유'하는 것이 어렵기 때문에 실제로 마이크로소프트 엑스박스의 클라우드 게임 스트리밍 서버 팜(한 곳에 집단으로 수용되어 작동되는 일련의 서버 집단으로, 서버 클러스터라고도 불린다—옮긴이)은 랙(서버 장비를 쌓아둘 수 있는 장비—옮긴이)과 해체된 엑스박스들로 구성되어 각 플레이어에게 서비스를 제공한다. 즉, 마이크로소프트의 전력 발전소는 어떤 지역에 설치된 단일 발전기 규모가 아니라 단일 가구의 발전기로 이루어진 네트워크에 불과하다. 그리고 마이크로소프트는 소비자 위주로 설계된 엑스박스의 GPU와 CPU 하드웨어가 아니라 맞춤형 GPU와 CPU 하드웨어를 사용해서 클라우드 인스턴스를 지원할 수 있다. 하지만 이를 위해서는 모든 엑스박스 게임이 엑스박스의 추가 '유형'을 지원하도록 개발되어야 한다.

클라우드 렌더링 서버 역시 가동률 문제를 안고 있다. 어떤 클라우드 게임 서비스의 경우 일요일 저녁 8시에 클리블랜드 지역에서 전용 서버 7만 5000대를 필요로 하지만, 평균적으로 2만 대, 월요일 오전 4시에는 4000대면 충분하다. 소비자가 콘솔이나 게임용 PC 형태로 이러한 서버를 보유하고 있을 때 소비자가 해당 장치를 사용하지 않거나 오프라인 상태에 있는지는 중요하지 않다. 하지만 데이터 센터 경제는 수요 최적화를 지향하므로, 결과적으로 가동률이 낮은 고급형 GPU를 임대하는 것은 언제나 많은 비용이 들 것이다.

이러한 이유로 아마존 웹 서비스(AWS)는 아마존에서 미리 서버를 임대하는 고객에게 요금을 할인해 준다('예약 인스턴스'). 고객은 이미 서버 비용을 지불했으므로 다음 해에도 서버를 이용할 수 있으며, 아마존은 고객에게 청구되는 가격과 비용의 차액을 수익으로 챙긴다(AWS에서 가장 저렴한 리눅스 GPU 예약 인스턴스는 플레이스테이션 4 사양에 상응하며 비용은 연간 2000달러가 넘는다). 고객이 필요할 때만 서버를 이용하고 싶은 경우('스폿 인스턴스'), 가용 가능한 서버가 없거나 저사양 GPU만 남아 있을 수 있다. 핵심은, 원격 서버의 가격을 낮출 유일한 방법이 구형 서버를 교체하지 않고 유지하는 것이라면 컴퓨팅 부족 문제가 해결되지 않는다는 점이다.

비용 모델을 개선할 또 다른 방법이 있다. 바로 서버 위치를 축소해 통합하는 것이다. 오하이오주, 워싱턴주, 일리노이주, 뉴욕주에서 클라우드 게임 스트리밍 센터를 운영하기보다 한두 곳에만 구축하면 된다. 고객이 많아지고 다양해지면 수요가 안정화되는 경향이 있어 결과적으로 평균 가동률이 증가한다. 물론 이에 따라 원격 GPU와 최종 사용자 간 거리가 늘어나면 지연 시간이 길어질 수 있다. 이러한 방식은 사용자 간 거리 문제도 해결하지 못한다.

컴퓨팅 자원을 클라우드로 옮기면 새로운 비용이 발생한다. 예를 들어, 데이터 센터에 나란히 보관한 장치들은 항상 켜져 있고 상당한 열을 발생시킨다. 일반 가정집 거실에서 서버 여러 대가 일으키는 열을 모두 합쳐도 데이터 센터에서 발생하는 열에는 미치지 못한다. 이러한 장비를 제공하고, 안전하게 보관하고, 관리하려면 비용이 많이 든다. 제한된 데이터 비트 스트리밍에서 프레임 속도가 높은 고해상도 콘텐츠로 전환하려면 대역폭 비용도 크게 증가하기 마련이다. 넷플릭스를 비롯해 많은 업체에서는 비용을 감당하기 위해 보통 컴퓨팅 작업을 집약적으로 수행하기보다 파일을 저장하고 있는 근처 서버에서 초당 30프레임 미만(60~120이 아님)의 저해상도 영상을(예: 구글 스테이디어가 약속한 4K 또는 8K가 아니라 1K 또는 2K) 비실시간으로 전송한다.

가까운 미래에도 이른바 '스위니의 법칙(로컬 컴퓨팅이 네트워크 대역폭, 지연 시간, 안정성보다 더 빠르게 개선되는 현상)'이 유지될 것으로 보인다. 1965년에 등장한 무어의 법칙은 밀도가 높은 집적회로에 들어가는 트랜지스터 수가 2년마다 2배로 증가한다는 관찰 결과다. 현재 이 무어의 법칙이 말하는 증가세가 둔화되고 있다고 생각하는 사람이 많지만, CPU와 GPU 처리 능력은 계속해서 빠른 속도로 성장하고 있다. 오늘날 소비자들은 기본 컴퓨팅 장치를 자주 교체하므로, 2~3년마다 최종 사용자의 컴퓨팅은 크게 향상될 것이다.

탈중앙화 컴퓨팅의 목표

더 많은 처리 능력을 확보하기 위한 끝없는 수요(가능한 한 사용자와 가까이에 위치하는 것이 이상적이지만, 적어도 산업용 서버 팜 가까이에 위치하는 것이 좋다)는 언제나 세 번째 대안인 탈중앙화 컴퓨팅으로 이어진다. 가정과 소비자, 그리고 근처 다른 가정과 사람들은 아주 강력하고 때로는 사용되지 않는 장치를 너무 많이 가지고 있다. 그렇다 보니 당연히 해당 장치들이 보유한, 대체로 가동되지 않는 처리 능력을 공유하는 시스템 개발의 필요성을 느끼게 된다.

집합적으로 공유되는 민간 소유의 인프라에 대한 개념은 적어도 문화적으로는 잘 이해되고 있다. 집에 태양광 패널을 설치한 사람은 누구나 초과 전력을 지역 내 전력망(간접적으로 이웃)에 판매할 수 있다. 일론 머스크는 소비자가 구매한 테슬라 자동차를 사용하지 않을 때 다른 사람들에게 자율 주행 자동차로 임대해 추가 수익을 얻는 미래상을 제시한다. 자동차가 차고에 주차된 채로 수명의 99퍼센트를 보내는 것보다는 나을 것이다.

이미 1990년대에 일상 속 소비자용 하드웨어를 사용하는 분산 컴퓨팅 프로그램이 등장했다. 그중에서도 유명한 캘리포니아대학교

버클리캠퍼스의 세티앳홈SETI@HOME은 소비자들이 외계 생명체를 찾기 위해 자발적으로 가정용 컴퓨터를 사용하는 프로젝트다. 스위니는 1998년에 출시된 1인칭 슈팅 게임 「언리얼 토너먼트 1」의 '할 일 목록'에 다음과 같은 목표를 하나 적었다.

"게임 서버끼리 서로 소통할 수 있도록 해 하나의 게임 세션 안에서 무한한 수의 플레이어를 지원하는 것."

놀랍지 않은가? . 하지만 그로부터 거의 20년이 지난 후 스위니는 그 목표가 "아직도 우리의 소원 목록에 남아 있는 것 같습니다"라고 인정했다.[5]

GPU를 분할하고 데이터 센터용이 아닌 CPU를 공유하는 기술은 아직 초기 단계지만, 일각에서는 블록체인이 탈중앙화 컴퓨팅을 위한 기술적 메커니즘과 경제적 모델을 모두 제공한다고 생각한다. 이를테면 활용도가 낮은 CPU와 GPU를 소유한 사람들에게 처리 역량을 사용한 대가로 암호화폐를 '지불'하는 것이다. 이러한 자원을 이용하기 위해 실시간으로 경매가 발생할 수도 있다. '작업'을 벌이려는 대상이 자원을 이용하기 위해 입찰에 참여하거나 처리 능력이 있는 주체가 작업을 할당받기 위해 입찰에 참여한다.

그러한 시장이 메타버스에 필요한 엄청난 양의 처리 용량을 해결해 줄 수 있을까?* 사용자의 계정이 몰입형 공간을 탐색할 때 필요한 컴퓨팅 작업을 주변 사람들의 모바일 장치에 맡기기 위해 계속해서 응찰하는 모습을 상상해 보자. 사용자의 경험을 렌더링하거나 생생한 애니메이션으로 만들기 위해 사용자 주변에서 거리를 거니는 사람들이 현재 사용하고 있지 않은 모바일 장치의 처리 능력을 이용하려는 것이다. 반대로 사용자가 자신의 장치를 사용하지 않을 땐 다른 사람들의 컴퓨팅 작업을 처리해 보상으로 토큰을 얻게 된다(11장에서 이에 대해 자세히 다룰 것이다). 오늘날 모든 장비에 블루투스 장지가 내상되어 아이폰과 아이패드와 맥북 등이 실시간으로 동기화될 수 있듯이, 가까운 미래에 각 장비가 지닌 기기적 역량, 즉 CPU 등을 실시간으로 공유하며 기기의 제한된 성능을 극복하는 풍경을 상상해 보자.

이처럼 암호화폐와 컴퓨팅 역량을 교환하는 개념을 지지하는 사람들은 이것을 미래의 모든 마이크로칩이 갖출 수밖에 없는 특징으로 여긴다. 모든 컴퓨터는 아무리 작더라도 언제나 컴퓨팅 사이클을 경매에 부치도록 설계될 것이다. 동적으로 배열된 프로세서 수십억 개가 가장 규모가 큰 산업 고객들의 난해한 컴퓨팅 사이클에 전력을 공급하고, 메타버스를 구현하는 데 필요한 궁극의 컴퓨팅 망을 무한히 제공할 것이다.

그 누구도 나무가 쓰러지는 소리를 듣지 못했다면 그 나무는 쓰

---

* 닐 스티븐슨은 『스노 크래시』 이후 7년 만인 1999년에 출간한 소설 『크립토노미콘』에서 이러한 종류의 기술과 경험을 자세히 그려냈다.

러진 것이 아니다. 즉 타인에게 활용되지 않는 리소스는 리소스가 아닌 것이다. 따라서 모든 사람이 나무가 쓰러지는 소리를 듣기 위해서는 모두가 나무에 물을 주는 수밖에 없다.

7장

이 세상은 모두 가짜다

가상 나무가 가상 숲에서 쓰러진다. 나는 앞서 두 장에 걸쳐 나무가 렌더링되고, 쓰러지는 모습이 처리된 후 공유되어 관찰자에게 알려지려면 무엇이 필요한지 설명했다. 그렇다면 이 나무는 무엇일까? 이 나무는 어디에 있을까? 여기서 숲은 무엇일까? 답은 데이터와 코드에 있다.

데이터는 차원이나 색상 등 가상 개체의 속성을 설명한다. 나무가 CPU에 의해 처리되고 GPU에 의해 렌더링되기 위해서는 이러한 데이터가 코드에 의해 실행되어야 한다. 그리고 나무를 베어내어 얻은 목재로 침대를 만들거나 불을 피우고 싶다면, 해당 코드가 가상 세계를 가동하는 훨씬 **폭넓은** 코드 프레임워크*의 일부여야 한다.

현실 세계도 별반 다르지 않다. 나무가 쓰러진 이유부터 나무가 쓰러지면서 낸 소리가 공기 중에 진동을 일으켜 사람의 귀에 도달

---

* 나무 자체는 잎, 몸통, 가지, 나무껍질 등 작은 가상 개체 여러 개가 모여 결합한 코드일 수 있다.

한 후 다양한 신경세포를 거쳐 전기신호를 통해 정보를 전달하는 방식에 이르기까지 물리법칙은 모든 상호작용을 읽고 실행하는 코드다. 마찬가지로 인간 관찰자가 '보는' 나무는 (보통) 태양에서 나오는 빛이 반사된 것이며, 빛은 차례로 인간의 눈과 뇌에서 인식되어 처리된다.

하지만 중요한 차이점이 있다. 현실 세계는 사전에 완전히 프로그래밍되어 있다. 우리는 엑스선을 보거나 음파를 탐지할 수 없지만, 필요한 정보는 이미 세상에 존재한다. 게임에서 엑스선을 보거나 음파를 탐지하려면 데이터와 많은 코드가 필요하다. 집으로 놀아가 케첩과 석유를 섞은 것을 먹거나 그것으로 칠을 하려고 하면 물리법칙이 결과를 알아서 처리해 줄 것이다. 게임이 동일한 상호작용을 처리하려면 케첩과 석유가 (아마도 일반적인 비율로) 결합되면 어떤 역할을 하는지 미리 알아야 한다. 또는 게임이 역량을 갖추고 있다고 가정할 때, 게임의 로직이 케첩과 석유의 작용을 알아낼 수 있도록 두 재료에 대한 정보를 충분히 알아야 한다.

가상 세계의 로직은 석유가 무엇과도 섞일 수 없거나, 오직 기름과 혼합될 수 있거나, 뭐라도 섞이면 쓸모없는 폐기물이 된다고 지시할 수 있다. 하지만 더 복잡한 결과를 얻으려면 데이터가 훨씬 더 많아지고 가상 세계의 로직이 훨씬 더 포괄적이어야 한다. 먹을 수 없는 수준에 이르려면 얼마나 많은 석유를 케첩에 첨가해야 할까? 사용할 수 없는 수준에 이르려면 얼마나 많은 케첩을 석유에 추가해야 할까? 두 물질이 섞인 비율에 따라 최종 물질의 색상과 점도는 어떻게 변할까?

이러한 변형 중 상당수가 거의 가치가 없다는 사실은, 사실상 가상 세계를 만들어낸 사람들에게는 큰 가치가 있다. 「젤다의 전설」에 등장하는 영웅은 우주에 갈 필요가 없으므로, 우주에 근거한 물리학이 필요하지 않다. 「콜 오브 듀티」 플레이어에게는 카약, 마법, 베이킹 재료가 필요하지 않기에 게임 개발자는 관련 코드를 생성하지 않았다. 닌텐도와 액티비전은 게임의 실용적인 가치를 제한하는 무한한 변형보다는 가상 세계에 꼭 필요하고 이득이 되는 부분에 더 많은 데이터와 코드에 집중할 수 있었다.

　이러한 접근 방식은 효율적이지만 메타버스와 비슷한 가상 세계를 구현하고 특히 상호 운용성을 구축하는 데 장애물을 야기한다. 예를 들어, 「마이크로소프트 플라이트 시뮬레이터」에서 조종사는 축구장 옆에 헬리콥터를 착륙시킬 수 있다. 하지만 조종사가 참가하거나 관람할 수 있는 축구 경기는 없다. 마이크로소프트에서 그러한 기능을 제공하려면 처음부터 자체 축구 시스템을 구축해야 한다. 이미 축구 시스템을 구축한 개발자가 많이 있고 수년간의 경험을 토대로 더 잘할 수 있을 테지만 말이다. 「마이크로소프트 플라이트 시뮬레이터」가 이러한 축구 관련 가상 세계로의 통합을 시도할 수는 있지만, 모든 면에서 데이터 구조와 코드가 호환된다는 보장은 없다. 나는 앞서 네트워킹과 컴퓨팅을 설명하면서 사용자의 장치가 종종 동일한 작업을 수행한다는 사실을 논했다. 하지만 비교하자면 개발자들이 해야 할 일은 더욱 복잡해질 것이다. 개발자들은 축구장과 축구공 등 모든 개체를 끊임없이 구축하고 재건해야 한다. 하다못해 축구공이 공중에서 어떻게 날아가는지에 대한 규칙까지 세워야 한다. 게다가 가상 세계 빌더들이 더욱 정교해진 CPU 와 GPU를 활용하려 하기 때문에 이러한 구축 작업은 매년 복잡해 지고 있다. 세계 최대 비디오게임 배급사 중 한 곳인 넥슨에 따르면, 이동이 자유로운 오픈 월드 액션 게임(예: 「젤다의 전설」이나 「어쌔신 크리드」)의 평균 제작 인원 수가 2007년 약 1000명에서 2018년에는 4000명 이상으로 증가했고 제작비는 (약 2.5배 빠른 속도로 가파르게 증 가해) 10배로 뛰었다.[1]

나무가 쓰러지는 소리를 듣게 하고, 그 나무가 축구장 근처에서 쓰 러지게 하면서, 축구 경기에서 이긴 팀을 향해 관중이 환호하는 소 리에 나무가 쓰러지는 소리를 더하려면 많은 프로그래머가 수많은 코드를 작성해 방대한 양의 데이터를 모두 같은 방식으로 처리해야 한다.

지금까지 메타버스를 구현하는 데 필요한 데이터와 코드를 공유 하고, 실행하고, 렌더링하는 데 요구되는 네트워킹과 컴퓨팅 성능에 대해 알아보았으니, 이제 다음 개념으로 넘어가 보자.

게임 엔진, 가상 세계를 구동하는 힘

이제껏 보아왔듯, 메타버스의 개념, 역사, 미래는 모두 게임과 밀접 하게 연관되어 있으며, 이 사실은 아마도 가상 세계의 기본 코드에 서 가장 분명하게 나타난다. 일반적으로 이 코드는 '게임 엔진'에 포 함되어 있다. 게임 엔진은 게임을 만들고, 렌더링하고, 로직을 처리하고, 메모리를 관리하는 데 도움이 되는 기술과 프레임워크를 통틀어 일컫는 용어로 느슨하게 정의된다. 단순히 말하자면, 게임 엔진은 우주의 가상 법칙, 즉 모든 상호작용과 가능성을 정의하는 규칙 집합을 확립하는 구성 요소라고 생각하면 된다.

과거에는 모든 게임 제작자가 자체적으로 게임 엔진을 구축하고 유지했다. 그러나 15년 세월이 흐르는 동안 새로운 대안이 떠오르기 시작했다. 바로 자체 엔진을 구축하기보다 언리얼 엔진을 만든 에픽게임즈 또는 유니티를 만든 유니티 테크놀로지와 라이선스 계약을 체결하고 해당 엔진을 사용하는 것이다.

게임 엔진을 사용하려면 비용이 든다. 예를 들어, 유니티를 사용하는 모든 개발자에게는 연간 사용료가 부과된다. 연간 사용료는 필요한 기능과 개발자가 속한 기업의 규모에 따라 400달러에서 4000달러까지 다양하다. 언리얼은 보통 순수익의 5퍼센트를 사용료로 청구한다. 그러나 기업들은 단지 사용료 때문에 자체 엔진을 구축하려는 것이 아니다. 일부 개발자들은 사실적이고 빠르게 진행되는 1인칭 슈팅 게임과 같은 특정 게임 장르나 경험에 자체 엔진을 사용하는 것이 '더 나은 느낌'을 선사하거나 더 적절한 성과를 얻을 수 있다고 믿는다. 그 외에도 다른 기업의 제품과 우선순위에 의존해야 하는 상황을 걱정하거나, 엔진 공급업체가 특정 게임과 성능에 대한 자세히 정보를 얻을 수 있다는 점에 불안해한다. 이러한 우려를 감안할 때 대형 제작사들은 자체 엔진을 구축하고 유지 관리하는 것이 일반적이다(액티비전과 스퀘어 에닉스 등 몇몇 업체는 엔진을 6개 이상 운영하기도 한다).

그러나 대부분의 개발자들은 언리얼이나 유니티의 라이선스를 구매하고 맞춤 설정하는 것에 대체로 긍정적인 반응을 보인다. 소규모 팀이나 아직 경험이 부족한 팀은 라이선스 구매를 통해 자체적으로 만들 수 있는 엔진보다 훨씬 강력하고 광범위하게 검증된 엔진을 사용해서 게임을 구축할 수 있다. 따라서 실패할 확률이 줄어들고 예산을 초과할 일도 없다. 이들은 게임 실행에 필요한 기본 기술보다는 레벨 설계, 캐릭터 디자인, 게임플레이 등 가상 세계를 차별화할 수 있는 요소에 더 많은 시간을 할애할 수 있다. 개발자를 고용해 자체 엔진을 사용하거나 구축하도록 훈련시키는 대신, 이미 유니티 또는 언리얼 엔진에 익숙한 수백만 명의 개발자 중에 적임자를 찾아 즉시 작업에 투입할 수도 있다. 이와 비슷한 이유로, 타사 도구들을 통합하는 일도 더 수월하다. 예를 들어 비디오게임 아바타용 얼굴 추적 소프트웨어를 만드는 한 신생 기업은 개발자들이 한 번도 사용해 본 적 없는 자체 엔진을 이용해서 솔루션을 설계하는 대신 개발자 대다수가 선택한 엔진으로 작업한다.

이것은 집을 설계하고 건축하는 과정에 비유해 볼 수 있다. 건축가와 인테리어 전문가는 직접 목재 치수를 재고, 하드웨어를 조립하고, 측정 시스템과 청사진 프레임워크 또는 도구를 설계하지 않는다. 그들은 창의적인 작업에 더 몰입하고 그 대신 목수, 전기 기사, 배관공 등을 고용한다. 이렇게 지은 집을 다시 개조해야 하는 경우, 다른 전담 팀이 기존 구조를 쉽게 수정할 수도 있다. 새로운 기술, 도구, 시스템을 따로 익힐 필요가 없기 때문이다.

하지만 이러한 비유에는 중요한 한계가 있다. 집은 한 장소에 한

번 지어진다. 반대로 게임은 가능한 한 많은 장치와 운영체제에서 실행되도록 설계되며 일부는 아직 개발되지도, 출시되지도 않았다. 따라서 게임에는 다양한 전압 표준(예: 영국은 240볼트, 미국은 120볼트), 측정 시스템(영국식 도량법과 미터법), 관행(공중전화선과 매립형) 등 서로 호환되어야 하는 요소가 많다. 유니티와 언리얼은 모든 플랫폼과 호환될 뿐만 아니라 최적화되도록 게임 엔진을 구축하고 유지 관리한다.*

어찌 보면 독립 게임 엔진은 업계에 공유된 연구 개발 모음이라고 생각할 수 있다. 에픽게임즈와 유니티 테크놀로지는 영리를 추구하는 기업들임에 틀림없지만, 한편으로는 모든 개발업체가 핵심 게임 로직을 관리하기 위해 자체 시스템에 예산 일부를 투자하는 것이 아니라, 일부 교차 플랫폼 기술 제공업체가 더 뛰어난 성능을 지닌 엔진에 예산을 집중 할당함으로써 생태계 전반을 지원하고 이롭게 할 수 있다.

주요 게임 엔진들이 개발되자 또 다른 유형의 독립 게임 솔루션인 라이브 서비스 스위트가 등장했다. 플레이팹(마이크로소프트 애저 소유)과 게임스파크(아마존 소유) 같은 기업들은 가상 세계가 온라인 경험과 멀티플레이어 경험을 '실행'하는 데 필요한 대부분의 서비스를 운영한다. 여기에는 사용자 계정 시스템, 플레이어 데이터 저장, 게임 내 거래 처리, 버전 관리, 플레이어 간 소통, 매치메이킹(대

---

*　앞 장에서도 GPU와 CPU에 대해 논했듯이, 언리얼 또는 유니티가 대부분의 게임 플랫폼과 호환된다고 해서 어떤 경험이 반드시 모든 플랫폼에 걸쳐 실행될 수 있다는 의미는 아니다.

진 짜기), 리더보드(순위표), 게임 통계 분석, 안티치트(부정행위 방지) 시스템 등이 포함되며, 이 모든 서비스는 여러 플랫폼에 걸쳐 작동한다. 유니티 테크놀로지와 에픽게임즈는 모두 자체적으로 개발한 엔진에 국한되지 않는 라이브 서비스 제품을 저렴한 비용으로 제공하고 있다. 세계 최대 PC 게임 스토어이자 후에 10장에서 핵심 주제로 다뤄질 스팀은 자체 라이브 서비스 제품인 스팀웍스를 제공한다.

글로벌 경제가 가상 세계로 계속 이동함에 따라 이러한 교차 플랫폼과 교차 개발 기술은 글로벌 사회의 핵심 역량이 될 것이다. 특히 전통적인 게임 제작자가 아닌 소매업체, 학교, 스포츠 팀, 건설회사, 도시 등이 새로운 변화를 이끌 차세대 가상 세계 빌더가 되어 이러한 솔루션을 사용할 가능성이 크다. 유니티, 언리얼, 플레이팹, 게임스파크 같은 기업들은 선망의 대상이 되고 있다. 그들은 가상 세계에 적합한 표준 기능 또는 공용어로 통하고 있다. 메타버스의 '영어' 또는 '미터법'이라고 여기면 된다. 해외여행을 할 때 약간의 영어를 구사하고 미터법에 대한 지식을 어느 정도 활용하면 여행이 수월해지듯, 오늘날 온라인에서 무언가를 구축할 땐 대상과 관계없이 이들 기업의 제품 중 하나 이상을 구매해서 사용해야 할 가능성이 크다.

하지만 더 중요한 요소가 있다. 가상 세계 로직을 통제하는 기업보다 가상 세계 전반에 걸쳐 공통된 데이터 구조와 코딩 규칙을 더 잘 수립하는 기업은 어디일까? 가상 세계 안에서 정보, 가상 상품, 화폐를 작동시키는 기업보다 여러 가상 세계 사이에서 정보, 가상 상품, 화폐의 교환을 더 잘 촉진하는 기업은 어디일까? 그리고 국제 인터넷 주소 관리 기구(ICANN)에서 웹 도메인과 IP 주소를 관리하듯, 이러한 가상 세계의 상호 연결된 네트워크를 더 잘 만드는 기업은 어디일까? 우리는 이러한 질문들로 다시 돌아와 추정을 통한 답을 찾아볼 것이다. 하지만 먼저 메타버스를 더 쉽게 구축할 수 있는 가장 좋은 방법에 대해 살펴볼 필요가 있다.

통합 가상 세계 플랫폼이란 무엇인가

지난 20년에 걸쳐 독립 게임 엔진과 라이브 서비스 스위트live services suites가 개발되면서 다른 기업들은 이러한 방식들을 결합해 통합 가상 세계 플랫폼(IVWP)이라는 새로운 방식을 만들어냈다. 「로블록스」,「마인크래프트」,「포트나이트 크리에이티브」가 대표적인 예다.

IVWP는 유니티, 언리얼과 유사한 자체 범용, 교차 플랫폼 게임 엔진을 기반으로 하지만(에픽게임즈의 「포트나이트 크리에이티브」는 에픽게임즈의 언리얼 엔진으로 구축된다), 실제 '코딩'이 필요하지 않도록 설계되었다. 그 대신 그래픽 인터페이스, 도식, 개체를 통해 게임과 경험, 가상 세계가 구축된다. 이는 텍스트 기반 MS-도스와 시각적인 iOS가 다르고, HTML을 통한 웹사이트 디자인과 스퀘어스페이스를 통한 웹사이트 제작이 다른 것과 비슷하다. IVWP 사용자는 인력과 투자 자본이 적고 전문성과 기술이 부족하더라도 IVWP 인터페이스를 통해 가상 세계를 더 쉽게 구현할 수 있다. 예를 들어, 대부분의 「로블록스」 제작자는 어린아이이며, 1000만 명에 가까운 사용자가 「로블록스」 플랫폼에서 가상 세계를 만들었다.

이러한 플랫폼에 구축된 가상 세계는 모두 자체 계정과 통신 시스템, 아바타 데이터베이스, 가상 화폐 등 플랫폼의 전체 라이브 서비스 스위트를 사용해야 한다. 모든 가상 세계는 IVWP를 통해 접속해야 하며, 이때 IVWP는 통합된 경험 계층과 단일 설치 파일 역할을 한다. 「로블록스」에서 가상 세계를 구축하는 것은 스퀘어스페이스로 웹사이트를 제작하는 것보다는 페이스북 페이지를 구축하는 것과 비슷하다. 「로블록스」가 개발자를 대상으로 운영하는 통합 마켓플레이스에서는 각각의 가상 세계에 맞게 맞춤 세작된 모든 아이템(크리스마스 트리, 눈 덮인 나무, 메마른 나무, 소나무 껍질 텍스처 등등)을 업로드하며 다른 게임 제작자들에게 라이선스를 판매할 수도 있다. 이는 개발자에게 또 다른 수입원(개발자와 플레이어가 아닌 개발자와 개발자의 거래)이 되는 동시에 다른 사람들에게 자신만의 가상 세계를 더 쉽고 저렴하고 빠르게 구축할 길을 제공한다. 더 나아가 이러한 프로세스는 가상 개체와 데이터의 표준화를 촉진한다.

개발자에게는 언리얼 또는 유니티 같은 게임 엔진보다 IVWP를 사용해서 가상 세계를 구축하는 것이 더 수월하지만, 사실 게임 엔진보다는 IVWP를 구축하는 것이 더 어렵다. 왜 그럴까? IVWP에서는 모든 것이 중요하기 때문이다. IVWP는 제작자의 창의적인 유연성을 허용하는 동시에 기본 기술을 표준화하고, 구축한 모든 세계와 아이템 간 상호 연결성을 극대화하며, 제작자 측이 교육을 받거나 프로그래밍 지식을 습득해야 할 필요성을 최소화하고자 한다. 가령 이케아가 미국처럼 역동적인 가상의 국가를 만들려 하는데 모든 건물에 이케아의 조립식 상품을 무조건 사용해야 한다고 상상해 보자. 이 경우 이케아는 새로운 국가의 화폐, 공공시설, 경찰, 세관 등을 책임지게 된다.

「세컨드 라이프」의 전 CEO인 에베 알트버그Ebbe Altberg의 사례는 IVWP 운영이 얼마나 어려운지 이해하는 데 도움이 된다. 2010년대 중반에 「세컨드 라이프」 플랫폼 개발자 중 한 명이 가상의 말을 판매하고 가상의 말 먹이를 구독하는 비즈니스를 만들었다. 후에 「세컨드 라이프」는 물리학 엔진을 개선했지만, 버그가 발생하면서 먹이를 먹으려 할 때마다 말이 먹이를 지나치며 미끄러졌다. 결국 말들은 굶어 죽고 말았다. 「세컨드 라이프」가 이 버그의 존재를 인지하기까지 시일이 소요되었고, 버그를 수정하고 버그의 영향을 받은 사용자들에게 적절한 보상을 제공하기까지는 더 많은 시일이 소요되었다. 이와 같은 사건이 발생하면 「세컨드 라이프」의 경제가 혼란에 빠지는 동시에 시장에 불신이 생겨나고, 구매자와 판매자 모두 피해를 보게 된다. 오류 없이 오래된 프로그래밍을 계속 지원하면서 기능을 지속적으로 개선하는 방법을 찾는 것은 매우 특별한 작업이다. 게임 엔진도 이와 비슷한 문제에 직면해 있다. 그러나 에픽 게임즈가 언리얼을 업데이트할 때 모든 개발자는 이 업데이트를 사용할지 결정해야 한다. 개발자들은 광범위한 테스트를 거친 후에야 업데이트가 다른 개발자와의 상호작용에 미칠 영향에 대해 걱정하지 않고 원하는 시점에 배치할 수 있다. 「로블록스」가 업데이트를 푸시하면, 그 알림이 모든 세계에 자동으로 도달하는 것이다.

동시에 '가상 이케아'가 파티클보드(건축용 합판)가 아닌 프로그래밍을 기반으로 구축된다는 사실은 이케아의 잠재력이 문자 그대로 물리학이 아닌 소프트웨어의 거의 무한한 잠재력에 가까워진다는 것을 의미한다. 로블록스 코퍼레이션 또는 관련 개발자들이 「로블록스」에 만들어놓은 모든 것은 한계비용을 들이지 않고도 무한대로 용도를 변경하거나 복사할 수 있고 개선할 수도 있다. IVWP의 모든 개발자는 지속적으로 규모와 역량이 확장되는, 가상 세계와 개체로 이루어진 네트워크를 북적이게 하기 위해 서로 효과적으로 협력하고 있다. 네트워크가 발전하면 더 많은 사용자를 유치하고 사용자낭 소비 금액을 높이기가 수월해지며, 이는 더 많은 네트워크 수익 창출로 이어지고 더 많은 개발자, 투자를 유치해 또다시 네트워크를 발전시키는 선순환을 불러온다. 이것은 엔진뿐만 아니라 모든 관련 기술의 연구 개발을 한데 모아 놓으면서 얻는 이점이다.

그렇다면 실무에서 이것은 무엇을 의미할까? 「포트나이트 크리에이티브」를 관리하는 에픽게임즈가 아직 비상장 기업이고 「마인크래프트」의 모회사인 마이크로소프트에서 「마인크래프트」의 재무 상태를 공개하지 않는다는 점을 감안하면, 당장은 로블록스 코퍼레이션에서 가장 적절한 답을 찾을 수 있을 것이다.

우선 사용자의 참여도부터 살펴보자. 2022년 1월 「로블록스」의 월평균 이용 시간은 40억 시간을 넘어섰으며, 이는 1년 전 약 27억 5000만 시간, 2년 전 15억 시간, 2018년 말 10억 시간보다 크게 증가한 수치다. 전 세계적으로 가장 널리 사용되는 동영상 사이트인 유튜브에서 사람들이 「로블록스」 콘텐츠를 시청한 시간은 이 수치에서 제외되었다. 유튜브의 통계에 따르면 시청자가 가장 즐겨 찾는 카테고리는 게임 콘텐츠이며 「로블록스」는 그중에서도 두 번째로 인기 있는 게임이다(1위는 또 다른 IVWP인 「마인크래프트」다). 이와 대조적으로, 넷플릭스의 월평균 이용 시간은 125~150억 시간으로 추정된다. 「입양하세요!」, 「타워 오브 헬」, 「밉 시티」 등 상위권에 오른 「로블록스」 게임들은 모두 개발 경험이 적거나 전혀 없는 독립 개발사와 직원 10~30명 정도(처음에는 한두 명으로 시작했다)가 이뤄낸 성과다. 지금까지 이 게임들은 각각 150억~300억 번이나 플레이되었다. 이들 게임의 사용자 수는 하루에만 「포트나이트」나 「콜 오브 듀티」 플레이어의 절반에 이를 것이며, 이는 「젤다의 전설: 브레스 오브 더 와일드」나 「더 라스트 오브 어스」 같은 게임이 달성한 누적 플레이어 수의 절반에 해당하는 수치다. 플랫폼을 다양한 가상 개체로 채우는 작업을 살펴보면, 2021년 한 해에만 2500만 개의 아이템이 만들어졌으며 플레이어들은 58억 개의 아이템을 획득하거나 구매했다.[2]

「로블록스」에서 치솟은 사용자 수의 일부는 사용자층이 증가한 데 기인한다. 2018년 4분기부터 2022년 1월까지 월평균 플레이어는 약 7600만 명에서 2억 2600만 명(약 200퍼센트)으로 증가한 반면 일평균 플레이어는 약 1370만 명에서 5470만 명(약 300퍼센트)으로 증가했다. 일일 플레이어 수는 월간 사용자층보다 더 많이 증가했으며, 참여도는 그보다 훨씬 큰 폭(400퍼센트)으로 증가했다. 「로블록스」는 전반적으로 대중에게 많은 인기를 얻는 동시에 기존 사용자들에게도 좋은 반응을 얻고 있다. 「로블록스」의 재무 상태에서 네트워크 효과를 보여주는 비슷한 증거를 찾을 수 있다. 2018년 4분기부터 2021년 4분기까지 「로블록스」의 이익은 469퍼센트 증가했으며, 플랫폼에서 활동하는 전 세계 빌더(개발자)들에게 지불한 금액은 660퍼센트 증가했다. 다시 말해, 일반적으로 「로블록스」 사용자는 그 어느 때보다 플랫폼에서 시간당 소비를 늘리고 있고, 빠르게 수익을 창출하고 있다. 이 두 지표에서 나타난 성장세는 이미 사용자 수의 엄청난 증가세를 넘어섰다. 더 나아가 개발자들에게 지불된 보상 역시 사용자 수보다 더 가파른 성장세를 보였다. 「로블록스」의 성장은 비교적 연령대가 높은 사용자층에 불균형적으로 집중되어 있다. 2018년 말에는 일일 사용자의 60퍼센트가 13세 미만 어린이였다. 그로부터 3년 후에는 21퍼센트에 불과했다. 바꿔 말하자면, 2021년 말 「로블록스」의 13세 이상 플레이어 수는 2018년 13세 미만 플레이어 수의 2.5배가 넘는 수치를 기록했다.

로블록스 코퍼레이션의 플라이휠(아마존 CEO 제프 베이조스가 제시한 성장 원리이자 비즈니스 모델로, 성장을 가져다주는 선순환 수레바퀴를 의미한다. 처음에 바퀴를 굴릴 때는 큰 힘이 필요하지만 한번 속도가 붙으면 관성에 의해 바퀴가 쉽게 굴러가듯, 기업도 초반에 고객 경험을 개선하는 데 많은 비용을 들여야 하지만, 점차 고객이 늘어나면 트래픽과 상품군, 매출이 증가하고 고정 비용이 낮아진다. 이는 또다시 고객 경험을 개선하는 선순환을 일으킨다―옮긴이) 중에서도 가장 인상적인 측면은 연구 개발에 대한 투자일 것이다. 코로나19가 유행하기 직전인 2020년 1분기에 로블록스 코퍼레이션은 약 1억 6200만 달러의 매출을 올렸고 연구 개발에 4940만 달러를 투자했다. 「로블록스」가 벌어들인 돈의 30퍼센트가 플랫폼으로 재투자된 것이다. 이후 7분기에 걸쳐 「로블록스」

의 수익은 250퍼센트 이상 급증해 2021년 4분기에는 총 5억 6800만 달러를 기록했다. 그러나 「로블록스」는 이렇게 벌어들인 수익을 이익으로 전환하지도, 다른 용도로 사용하지도 않았다. 대신 이전과 거의 같은 비율로 계속해서 연구 개발에 재투자했다. 그 결과, 로블록스 코퍼레이션은 2020년 1분기에 **벌어들인 수익**보다도 많은 금액을 2021년 4분기에 연구 개발에 지출했다. 이러한 추세가 이어진다면 2022년 로블록스의 연구 개발 비용은 7억 5000만 달러를 넘어 연말쯤이면 연간 기준으로 10억 달러에 도달할 수도 있다.

록스타의 「그랜드 테프트 오토 V」와 「레드 데드 리뎀션 2」는 대조적인 모습을 보여준다. 「그랜드 테프트 오토 V」는 역사상 두 번째로 많이 팔린 게임으로, 1억 5000만 장 이상 판매되었다(1위는 「마인크래프트」로 2억 5000만 장 가까이 팔렸다). 「레드 데드 리뎀션 2」는 8세대 콘솔(예: 플레이스테이션 4, 엑스박스 원, 닌텐도 스위치) 전용으로 제작된 게임으로 4000만 장이 판매되었다. 두 게임은 역사상 가장 많은 제작비가 들어간 게임으로도 손꼽힌다. 개발 기간만 5년 이상이 걸렸고 광범위한 마케팅과 유통 비용까지 고려하면 최종 제작비는 각각 2억 5000만~3억 달러, 4~5억 달러로 추정된다. 로블록스 코퍼레이션의 연구 개발 예산을 소니의 플레이스테이션 그룹과 비교해보자. 플레이스테이션은 2021년에 최대 12억 5000만 달러를 약 10여 곳의 게임 스튜디오, 클라우드 게임 부문, 라이브 서비스 그룹, 하드웨어 부문에 걸쳐 연구 개발 비용으로 지출했다. 같은 해 에픽게임즈의 언리얼 엔진이 벌어들인 수익은 약 1억 5000만 달러 미만으로 추정된다. 유니티의 엔진은 그보다 훨씬 많은 약 3억 2500만 달러를

벌어들였지만, 여전히 로블록스의 연구 개발비에는 20퍼센트 정도
밖에 못 미친다.

로블록스 코퍼레이션이 투자한 연구 개발 분야는 개발자 도구와
소프트웨어, 높은 동시성 시뮬레이션을 동기화하기 위한 서버 아키
텍처, 교란 탐지를 위한 기계 학습, 인공지능, 가상현실 렌더링, 모
션 캡처 등에 이르기까지 다양하다. 로블록스가 플랫폼에 그렇게
많은 금액을 투자할 수 있다는 것은 놀라운 일이다. 이론적으로 1달
러가 추가로 투자될 때마다 개발자는 더욱 매력적인 가상 세계를
만들어낼 수 있으며, 이렇게 구현된 가상 세계는 더 많은 사용자를
끌어모으고 더 많은 수익을 창출한다. 이렇게 벌어들인 수익은 로
블록스뿐만 아니라 이러한 세계를 구축한 독립 개발자의 연구 개발
에 더 많이 재투자된다. 늘어난 투자는 「로블록스」에서 사용자의 참
여도와 소비를 한층 끌어올려 더 많은 연구 개발로 이어진다.

만약 한 기업이 인류의 두 번째 세계를 지배한다면?

앞서 3장에서 설명한 메타버스의 정의를 다시 떠올려보자. 메타버
스는 '실시간 렌더링된 3D 가상 세계로 구성된 네트워크로, 대규모
확장과 상호 운용이 가능하며, 사실상 무한한 수의 사용자가 정체
성, 역사, 소유권, 개체, 소통, 결제 등 다양한 데이터의 연속성과 개
별적 실재감을 가지고 동시에 영속적으로 경험할 수 있는 세상이
다.' 이 정의를 읽고 「로블록스」가 메타버스에 근접하다고 생각하는

독자들이 있을 것이다. 하지만 사실상 「로블록스」에서는 무한한 수의 사용자가 동시에 연속적으로 경험할 수 없다. 현재로서는 실시간 렌더링된 가상 세계가 없는 셈이다. 그러한 기술이 구현되는 날이 오면 「로블록스」에서도 가능해질 수 있다. 그러나 「로블록스」는 한 가지 핵심적인 영역에서 내 정의를 충족하지 못할 것이다. 바로 대부분의 가상 작업이 플랫폼 외부에 존재할 것이라는 점이다. 따라서 「로블록스」는 메타버스가 아니라 메타갤럭시로 봐야 한다.

그렇다면 「로블록스」는 진정한 메타버스가 될 수 없을까? 에픽게임즈의 IVWP인 「포트나이트 크리에이티브」, 게임 엔진인 언리얼, 라이브 서비스 스위트인 에픽 온라인 서비스를 다른 특별 프로젝트와 결합한다면 메타버스라는 결과물을 얻을 수도 있지 않을까? 이러한 기업들 또는 다른 유사한 기업들이 모든 가상 경험을 포함해 메타버스 규모의 메타갤럭시로 거듭나는 모습을 우리는 얼핏 상상해 볼 수 있을 것이다. 그러한 과정 중 일부가 『스노 크래시』와 『레디 플레이 원』에서 나타난 형태로 이뤄질 수 있다는 점에 주목해야 한다.

하지만 현재의 기술적 발전 단계는 또 다른 결과를 시사한다. 왜 그럴까? 이러한 가상 세계를 만드는 대형 기업들이 빠르게 성장하는 만큼 가상 경험, 혁신가, 기술, 기회, 개발자의 수는 더 빠르게 늘어나고 있기 때문이다.

「로블록스」와 「마인크래프트」는 전 세계적으로 큰 인기를 얻은 게임이지만, 개괄적으로 볼 때 두 게임이 미치는 범위는 아직 미미하다. 두 거대 기업의 일일 활성 사용자는 전 세계 인터넷 인구

45~50억 명의 극히 일부인 3000~5500만 명이다. 사실상 오래전 메신저 선두 기업이었던 ICQ처럼 가상 세계의 초기 단계에 머물러 있는 셈이다. 수십억 명의 사용자와 수백만 명의 개발자가 아직 두 기업의 서비스를 경험해 보지도 않은 상태다. 「로블록스」나 「마인크래프트」가 이런 성장의 주요 수혜자가 되리라고 가정하기 쉽지만, 섣불리 확신해선 안 된다는 역사의 교훈을 우리는 잊어서는 안 된다.

마이크로소프트가 2014년 「마인크래프트」 개발업체 모장을 인수했을 당시 「마인크래프트」는 역사상 가장 많은 판매고를 올렸으며, AAA 비디오게임 역사상 가장 높은 월간 활성 사용자 2500만 명을 기록했다. 그로부터 7년 후, 「마인크래프트」는 월간 사용자가 거의 5배로 증가했지만, 「로블록스」에 왕좌를 넘겨줘야 했다. 「로블록스」는 처음에는 월간 사용자가 500만 명에도 미치지 못했지만, 후에 2억 명 이상으로 급성장했다. 새로운 1위 기업으로 등극한 「로블록스」는 「마인크래프트」의 **월간** 사용자 수 대비 거의 2배에 달하는 **일일** 사용자 수를 자랑한다. 게다가 당시에는 다양한 IVWP가 출시되었다. 「포트나이트」는 2017년이 되어서야 출시되었고, 「포트나이트 크리에이티브」는 1년 후에 출시되었다. 전 세계적으로 1억 명 이상의 일일 활성 사용자를 기록한 또 다른 배틀로열 게임 「프리 파이어」는 2021년에 자체 크리에이티브 모드를 출시했다. 2013년에 출시된 「그랜드 테프트 오토 V」는 거의 10년을 들여 1인용 게임에서 「그랜드 테프트 오토 온라인」의 임시 IVWP로 전환했고, 앞으로 몇 년 안에 다음 시리즈를 출시할 예정이다. 물론 「로블록스」, 「마인크래프트」, 「포트나이트 크리에이티브」가 거둔 성공과 교훈을 기회로 활용할 것이다.

수십억 또는 수천만 명의 플레이어가 IVWP를 채택하는 한, 더 많은 시장이 출현할 것이다. 한국의 대형 게임 회사이자 처음으로 주류 배틀로열 게임으로서 큰 인기를 얻은 「배틀그라운드」의 제작사인 크래프톤은 자체적으로 게임을 개발하고 있다. 2020년 중국에서 큰 성공을 거둔 게임 「리그 오브 레전드」를 제작한 라이엇 게임즈는 한때 가장 큰 사설 「마인크래프트」 서버를 운영한 하이픽셀 스튜디오를 인수한 후 자체적으로 「마인크래프트」 같은 플랫폼을 개발하기 위해 폐업시켰다.

많은 새로운 IVWP가 다양한 기술에 근거해 개발되고 있다. 2021년 말, 「디센트럴랜드」, 「더 샌드박스」, 「크립토복셀」, 「솜니움 스페이스」, 「업랜드」 등 최대 규모의 블록체인 기반 IVWP들의 사용자를 다 합쳐도 「로블록스」와 「마인크래프트」의 일일 활성 사용자 수의 1퍼센트에도 미치지 못했다. 하지만 이러한 플랫폼들은 사용자에게 가상 세계 아이템에 대한 소유권과 플랫폼이 관리되는 방식에 대한 발언권, 수익을 공유할 권리 등을 더 많이 부여함으로써 기존 IVWP보다 훨씬 빠른 속도로 성장할 수 있다고 믿고 있다(이 이론에 대한 자세한 설명은 11장을 참조하길 바란다).

페이스북의 「호라이즌 월드」는 몰입형 VR과 AR에 국한되는 것은 아니지만 VR과 AR 영역에 중점을 둔 가상현실 커뮤니타다. 몰입형 VR로 이용할 수 있지만 아이패드나 PC 화면 같은 기존 화면 인터페이스를 우선시하는 「로블록스」와는 대조적이다. 렉 룸, VR챗과 같은 신생 기업들도 몰입형 VR 세계 제작을 중심으로 빠르게 사용자를 늘려나가고 있다. 2021년 말에 두 플랫폼의 가치는 각각 약 10~30억 달러로 평가받았지만 여전히 규모가 작다. 2020년 초, 유니티 테크놀로지와 로블록스 코퍼레이션의 기업 가치는 각각 100억 달러와 42억 달러에 미치지 못했지만, 그로부터 2년 후 두 기업 모두 기업 가치가 500억 달러 이상으로 평가되었다. 「스냅」과 「포켓몬고」를 제작한 나이언틱은 자체 증강현실과 위치 기반 가상 세계 플랫폼을 개발하고 있다.

이러한 경쟁업체들은 쇠퇴할 수도 있지만, 현재 시장을 이끄는 선두 주자들과 함께 나란히 성장하면서 잠재적으로 그들을 대체할 가능성도 크다. 페이스북을 예로 들어보자. 소셜 네트워킹 강자인 페이스북은 2010년 초에 5억 명이 넘는 월간 활성 사용자를 확보했지만, 지난 10년 동안 큰 인기를 끈 소셜 미디어 플랫폼들을 전혀 압도하지 못했다. 페이스북은 2011년에 출시된 스냅챗을 견제하기 위해 2013년에 스냅챗과 유사한(거의 '복제' 수준인) '포크'라는 앱을 출시했지만 1년 후에 관련 비즈니스를 접어야 했다. 2016년 페이스북은 두 번째로 스냅챗과 매우 유사한 '라이프스테이지'를 출시했지만 12개월 만에 또다시 서비스를 종료했다. 같은 해 페이스북은 인스타그램 앱에 스냅챗의 대표적인 기능인 '스토리Stories' 형식을 그대로 따라 적용했으며, 이듬해 페이스북의 기본 앱에 스토리 기능을 추가했다. 그 후 2019년에 인스타그램은 스냅챗과 유사한 전용 앱으로 '스레드 프롬 인스타그램'을 출시했지만 그다지 큰 관심을 끌지는 못했다. 2018년 트위치의 경쟁 서비스로 페이스북 게이밍, 마찬가지로 틱톡의 경쟁 서비스로 라소를 연달아 출시했다. 2019년에는 페이스북 데이팅을 출시했으며, 2020년에는 인스타그램에 틱톡과 유사한 기능인 '릴스'를 추가했다. 페이스북의 시도는 분명히 경쟁 서비스들의 성장을 억제했지만, 이들 서비스는 그 어느 때보다 큰 규모로 계속해서 확장하고 있다. 2021년 말, 틱톡은 10억 명 이상의 사용자를 확보했고, 그해 사람들이 가장 많이 방문한 웹 도메인으로 보고되었으며, 구글과 페이스북이 상위 3개 도메인에 이름을 올렸다.

상위 통합 가상 세계 플랫폼들은 강력하고 빠르게 성장하고 있지만, 소셜 웹에서 페이스북의 점유율에 비하면 이들이 게임 산업에서 차지하는 비중은 매우 적다. 2021년에 「로블록스」, 「마인크래프트」, 「포트나이트 크리에이티브」의 수익을 모두 합쳐도 그해 게임 산업이 벌어들인 총수익의 2.5퍼센트에 미치지 못하며, 플레이어 수는 전체 게임 인구인 약 25~30억 명 중 5억 명 미만에 불과하다. 주요 교차 플랫폼 엔진들의 점유율과 비교해도 이들의 수치는 미미하다. 오늘날 모든 게임의 약 절반이 유니티에서 실행되며, 시각적 충실도가 높은 언리얼 엔진의 3D 몰입형 세계 점유율은 15~25퍼센트로 추산된다. 「로블록스」의 연구 개발 지출은 언리얼과 유니티의 연구 개발 지출을 모두 넘어서지만, 이는 두 엔진이 라이선스 허가를 통해 추가로 투자하는 수십억 달러가 제외되었기 때문이다. 「캔디크러쉬」처럼 시각적 충실도가 낮은 간단한 게임을 제외하고 세계에서 가장 인기 있는 두 게임으로는 유니티를 기반으로 구축된 「배틀그라운드 모바일」과 「프리 파이어」를 꼽을 수 있다. 가장 중요한 차이는 언리얼과 유니티를 사용하는 개발자의 수에 있을 것이다. 수백만 명의 사용자가 「마인크래프트」 모드나 「로블록스」 게임을 제작해 왔지만, 이러한 IVWP를 사용하는 전문 개발자의 수는 수만 명으로 추산된다. 반면 에픽게임즈와 유니티 테크놀로지는 수백만 명의 숙련된 활성 개발자를 확보하고 있다. 한편 액티비전이 인수한 게임 개발업체 IW(「콜 오브 듀티」), 소니의 데시마(「호라이즌 제로 던」과 「데스 스트랜딩」)를 비롯해 여러 자체 제작 엔진이 계속해서 투자를 받고 있고, 이러한 엔진들을 기반으로 하는 게임들이 점점 인기를 얻고 있다.

가상 세계와 메타버스의 가치가 증가하면 개발자가 기술 스택을 자체적으로 내부에서 조달할 유인이 커진다. 내부 조달 방식은 기술 차별화를 위한 더 나은 기회와 전반적인 기술에 대한 더 많은 통제권을 제공하고, 경쟁업체가 될 수 있는 타사에 대한 의존도를 줄이며,* 이익 폭을 확대한다. 물론 이러한 개발업체 중 상당수는 여전히 언리얼이나 유니티를 게임 엔진으로 사용하거나 게임스파크

---

* 「포트나이트」와 함께한 에픽게임즈의 역사는 이런 우려를 보여주는 좋은 사례다. 2017년부터 2020년까지 전 세계에서 가장 많은 돈을 벌어들인 「포트나이트」는 에픽게임즈가 만든 다른 게임 상품들의 플레이어, 플레이어 시간, 지출을 확실히 잠식했다. 그중 일부는 에픽게임즈 이외에 다른 배급사들의 영향도 있었지만, 그들도 에픽게임즈의 언리얼 엔진을 사용했다. 게다가 오늘날 큰 인기를 끌고 있는 「포트나이트」의 '배틀로얄' 버전은 게임의 원래 버전이 아니었다. 2017년 7월에 이 게임이 처음 출시되었을 땐 플레이어들이 좀비 무리를 물리치기 위해 서로 협동하는 생존 게임이었다. 2017년 9월이 되어서야 추가된 배틀로얄 모드는 특히 라이선스를 통해 언리얼 엔진을 채택한 인기 게임 「배틀그라운드」의 형태와 매우 유사했다. 이후 「배틀그라운드」 배급사는 저작권 침해를 이유로 에픽게임즈를 고소했지만, 소송은 결국 취하되었다(합의 여부는 불분명하다). 2020년에 에픽게임즈는 독립 스튜디오에서 만든 게임들을 출시하기 위해 자체 유통 부문을 출범시켰고, 이에 따라 라이선스 계약을 맺고 언리얼 엔진을 채택한 몇몇 배급사와 치열한 경쟁을 벌이게 되었다.

또는 플레이팹을 라이브 서비스로 사용한다. 그러나 엔진 공급업체들은 개발자가 원하는 기능을 '선택'하고 라이선스를 제공한 부분을 맞춤 설정할 수 있도록 지원해 준다. IVWP와 달리 개발자는 자체 계정 시스템을 관리하고 자체적으로 게임 내 경제를 운영할 수 있다. 이러한 서비스도 훨씬 저렴하게 제공된다. 로블록스는 플레이어가 개발자의 게임에 지출한 금액, 즉 매출의 25퍼센트 미만을 개발자에게 지급한다.* 이와 달리 에픽게임즈의 언리얼 엔진은 수익에 대해 5퍼센트의 로열티만 받는다. 유니티 엔진의 총비용은 성공적인 게임이 벌어들인 수익의 1퍼센트 미만일 가능성이 크다. 로블록스는 개발자를 위해 값비싼 서버 사용료, 고객 서비스, 청구 등 추가 비용을 부담하지만, 대부분의 경우 개발자는 여전히 IVWP 내부가 아닌 독립된 가상 세계를 구축할 때 잠재적으로 수익성을 더 높일 수 있을 것이다. 따라서 앞으로 「로블록스」나 「마인크래프트」가 얼마나 더 큰 성공을 거두는지와 상관없이 그들이 전체 게임 산업에서 차지하게 될 점유율은 극히 적을 것으로 추정해야 한다.

게임과 게임 엔진이 메타버스의 중심에 있는 것은 맞지만, 그렇다고 해서 메타버스의 전부를 아우르는 것은 아니다. 다른 대부분의 분야에서도 자체 렌더링과 시뮬레이션 소프트웨어를 찾을 수 있다. 예를 들어, 픽사는 자체 개발한 렌더맨 솔루션을 사용해서 애니메이션 세계와 캐릭터를 구축한다. 한편 할리우드에서는 오토데스크

---

* 이 수치는 변동적이며 대부분의 분석가는 이러한 지급 비율이 시간이 지나면서 상승할 것으로 내다보고 있다. 자세한 내용은 10장에서 확인할 수 있다.

의 마야 소프트웨어를 사용한다. 오토데스크의 오토캐드는 다쏘 시스템의 카티아, 솔리드웍스와 더불어 가상 개체를 구축하고 설계하는 데 사용되는 주요 솔루션이다. 이렇게 설계된 가상 개체는 실제 개체로 만들어지며 자동차, 건물, 전투기 등이 그 대표적인 예다.

최근 몇 년 동안 유니티와 언리얼은 엔지니어링, 영화 제작, 컴퓨터 지원 디자인을 포함한 비게임 분야에 진출했다. 앞서 언급한 2019년 홍콩 국제공항은 승객 흐름, 유지 관리 등을 모두 실시간으로 추적하고 평가하기 위해 유니티로 '디지털 트윈'을 구축하여 공항 전체에 있는 수많은 센서와 카메라에 연결했다. 이와 같은 시뮬레이션을 가동하기 위해 '게임 엔진'을 사용하면 실재하는 물리적 차원과 가상 차원을 모두 아우르는 메타버스를 좀 더 수월하게 구현할 수 있다. 하지만 홍콩 공항의 시도와 그와 유사한 다른 시뮬레이션의 성공은 더 많은 경쟁이 벌어질 가능성을 시사한다. 오토데스크, 다쏘 등 여러 업체가 자체 시뮬레이션 기능을 추가하며 시장의 변화에 대응하고 있기 때문이다. 언리얼과 유니티가 게임을 구축하거나 운영하는 데 필요한 모든 기술을 제공하진 않는 것처럼, 다른 소프트웨어들도 모든 영역에 적합한 것은 아니다. 이러한 엔진들의 '틀'을 가져와 토목/산업 건축가, 엔지니어, 시설 관리자 등에게 알맞은 '제품화'를 진행하는 동시에 자체적인 맞춤형 코드와 기능을 추가하는 소프트웨어 신생 회사가 속속 등장하고 있다. 한 가지 예로는 디즈니의 자회사인 인더스트리얼 라이트 앤드 매직 (ILM)의 특수 효과 부서를 들 수 있다. ILM은 유니티로 디즈니의 「라이온킹」을, 언리얼로 TV 드라마 「만달로리안」 시즌 1을 제작했으며, 이후 실시간 렌더링 엔진인 헬리오스를 자체 개발했다. 「스타워즈」의 열렬한 팬조차 「만달로리안」 시즌 2가 언리얼이 아닌 헬리오스로 제작되었다는 사실을 알아차리지 못했고, 이는 앞으로 수많은 다양한 렌더링 솔루션과 플랫폼이 구축될 수 있음을 시사한다.

생성된 애셋의 수를 기준으로 측정할 때, 가장 빠르게 성장하는 가상 소프트웨어 분야는 현실 세계를 촬영하는 소프트웨어일 것이다. 예를 들어, 기업 가치가 수십억 달러에 달하는 플랫폼 기업인 메타포트는 아이폰 같은 장치로 스캔한 이미지를 변환해 건물 내부 모습을 담은 3D 모델을 생성하는 소프트웨어를 제공한다. 오늘날 메타포트의 소프트웨어는 주로 부동산 소유자가 생생하고 탐색 가능한 부동산 모형을 만들어 질로우, 레드핀, 컴퍼스 등 부동산 사이트에 게시하는 데 사용된다. 이러한 서비스는 임대인뿐만 아니라 건축 전문가와 기타 서비스 제공업체가 공간을 더 잘 파악하는 데 일반적인 청사진, 사진, 또는 시찰보다 더욱 도움이 될 수 있다. 머지않아 이러한 스캔 기능을 이용해서 무선 라우터 또는 플랜트의 배치를 결정하고, 엄선된 여러 조명(각각 메타포트에서 구매 가능)을 테스트하거나, 전기, 보안, HVAC(공조 설비) 등을 포함해 전반적인 스마트 홈 기능을 작동시킬 수도 있을 것이다.

또 다른 예로는 플래닛 랩스를 들 수 있다. 플래닛 랩스는 위성을 통해 매일 8개의 스펙트럼 대역에 걸쳐 거의 지구 전체를 스캔하고, 고해상도 이미지뿐만 아니라 열, 바이오매스(광합성으로 생성되는 식물자원과 유기성 폐자원 등을 총칭하는 용어―옮긴이), 연무 등을 포함한 세부 정보를 포착한다. 소프트웨어에서 지구 전체를 미묘한 차이까지 판독할 수 있게 하고 매일 또는 매시간 관련 데이터를 업데이트 하는 것이 목표다.

변화의 속도와 기술적 난이도, 다양한 잠재적 응용성을 감안하면, 결국에는 대중적인 가상 세계와 가상 세계 플랫폼 수십여 곳이 생겨나고 기본적인 기술을 공급하는 업체는 더욱 늘어날 것이다. 이것은 좋은 현상으로 보인다. 단일 가상 세계 플랫폼이나 엔진이 메타버스 전체를 운영하는 일은 그리 바람직하지 못하기 때문이다.

메타버스의 범위에 대한 팀 스위니의 경고를 다시 떠올려보자. "메타버스는 다른 어떤 것보다 강력하며 훨씬 광범위하게 침투할 것입니다. 어떤 하나의 기업이 중앙에서 메타버스의 통제권을 거머쥔다면 어떤 정부보다도 강력한 지상의 신이 될 것입니다." 이러한 표현은 과장처럼 들릴 수 있고, 실제로 과장일 수도 있다. 하지만 우리는 이미 구글, 애플, 마이크로소프트, 아마존, 페이스북 등 기업 가치가 각각 수조 달러에 달하는 5대 빅테크 기업이 우리의 디지털 생활을 관리하고, 우리가 생각하는 방식과 구매 결정에 영향을 줄 가능성을 우려하고 있다. 지금 우리 삶의 대부분은 여전히 오프라인에서 벌어진다. 오늘날 수억 명의 사람이 인터넷을 통해 일자리를 찾고 아이폰으로 일을 처리하지만, 말 그대로 iOS 내부에서 또는 iOS 콘텐츠를 구축해 모든 작업을 수행하진 않는다. 자녀가 줌으로 학교 수업을 들을 때 아이패드나 맥을 통해 줌과 학교 사이트에 접속하지만, 학교 자체가 iOS 플랫폼 내에서 운영되는 것은 아니다. 서구권에서 전자상거래가 소매 지출에서 차지하는 비중은 현재 20~30퍼센트 정도지만, 이러한 지출 대부분은 실제 물리적인 상품을 구매하는 데 소비되며 소매 거래는 전자상거래 경제의 6퍼센트만 차지한다. 우리가 메타버스로 이동한다면 어떻게 될까? 어떤 기업이 인류가 실재하는 두 번째 차원의 물리학, 부동산, 관세 정책, 화폐, 정부를 운영한다면 어떤 일이 벌어질까? 이제 스위니의 경고가 단순히 과장으로만 들리지 않을지도 모른다.

순전히 기술적 관점에서 보면, 메타버스는 단일 플랫폼의 투자와 신념에 얽매여 진화해선 안 된다. 스위니의 경고대로, 어떤 기업 한 곳이 메타버스의 통제권을 쥐고 흔든다면 메타버스를 이루는 경제, 개발자 또는 사용자의 이익보다는 기업 자체의 지배력을 가장 우선시할 것이다. 물론 최대한 많은 이익을 차지하려고 애쓸 것이다.

하지만 단일 메타버스 플랫폼이나 운영업체가 없다면(우리가 그런 형태를 원하지도 않는다면) 여러 플랫폼과 기업들의 상호 운용성을 높일 방법을 찾아야 한다. 다시 한번 나무를 떠올려보자. 이제 가상의 나무가 실제 나무보다 그 존재 여부를 확인하기가 더 어렵다는 말이 더 이상 농담으로만 들리진 않을 것이다.

8장

모든 것은 동시에 존재한다

메타버스 이론가들은 '상호 운용 가능한 자산interoperable assets'이라는 용어를 즐겨 사용하지만, 가상 자산이라는 건 존재하지 않으므로 이것은 잘못된 명칭이다. 오직 데이터만이 존재한다. 바로 여기에서 상호 운용성 문제가 시작된다.

신발 한 켤레처럼 물리적인 상품의 '상호 운용성'을 생각해보자. '현실 세계'에서 아디다스 매장 관리자는 자사 매장에서 고객이 나이키 제품을 신는 것을 금지할 수 있다. 이 결정은 좋지 않은 결과로 이어질 것이 분명하며, 이 조치를 실제로 시행하는 것은 거의 불가능하다. 나이키 신발을 신은 고객은 문을 열고 아디다스 매장에 입장할 수 있다. 이것은 물리학 법칙이며, 원자가 "한번 작성하면 어디에서든 실행한다write once, run everywhere"(프로그래밍 언어 자바가 1995년에 발표한 슬로건―옮긴이) 원칙을 따르기 때문이다. 나이키 신발이 물리적으로 존재한다는 사실은 나이키 신발이 아디다스 매장 안에 들어갈 수 있다는 물리적 사실을 의미한다. 만약 아디다스 매장 관리자가 나이키 신발을 신은 고객이 매장에 들어오는 것을 차단하려면 새로운 물리 규칙(시스템)을 **만들고** 정책을 마련해야 한다.

그런데 가상 원자는 그런 식으로 작동하지 않는다. 가상의 나이키 매장에서 판매되는 가상의 제품을 가상의 아디다스 아웃렛에서 인식하려면, 아디다스 매장이 나이키 신발에 대한 정보를 받아들이고 해당 정보를 파악하는 시스템을 가동한 후 그에 따라 해당 신발을 작동시키는 코드를 실행해야 한다. 운동화를 인식하는 방식이 돌연 패시브에서 액티브로 전환되는 것이다.

오늘날 데이터를 구조화하고 저장하는 데는 수백여 가지의 파일 형식이 사용된다. 많은 인기를 얻고 있는 실시간 렌더링 엔진도 수십여 개에 달하며, 그중 대부분은 다양한 맞춤형 코드 설정을 통해 더욱 파편화fragmentation되었다.* 결과적으로 거의 모든 가상 세계와 소프트웨어 시스템은 각자 '신발(데이터)'로 간주하는 것을 서로 이해하지 못하기에 당연히 그러한 해석(코드)을 활용하지도 못한다.

이처럼 엄청난 변형이 존재할 수 있다는 사실은 JPEG 또는 MP3 같은 일반적인 파일 형식에 익숙하거나 대부분의 웹사이트에서 HTML을 사용한다는 점을 알고 있는 사람들에게는 놀라운 일일 수 있다. 그러나 온라인 언어와 미디어의 표준화는 '영리를 추구하는' 기업들이 인터넷에 늦게 등장한 데서 비롯된다. 예를 들어, 아이튠즈는 TCP/IP가 확립된 지 거의 20년이 지난 2001년까지도 출

---

* 유니티에서는 가상 개체에 대한 x/y/z 좌표계의 y축이 위/아래를 나타내지만, 언리얼에서는 z축이 위/아래를, y축이 좌/우를 나타낸다. 소프트웨어에서 이 정보를 변환하는 것은 쉽지만, 이러한 기본 데이터 규칙이 일치하지 않는다는 사실을 알아야 엔진별 규칙의 차이를 이해할 수 있다.

시되지 않았다. 애플이 WAV, MP3 등 이미 널리 사용되는 표준 형식을 거부하는 것은 터무니없는 일이었다. 하지만 게임이라면 이야기가 달라진다. 게임 업계가 등장하기 시작한 1950년대에는 가상 개체, 렌더링 또는 엔진에 대한 표준이랄 게 없었다. 게임을 제작하는 업체들이 컴퓨터 기반 콘텐츠를 개척하는 경우가 많았다. 애플의 오디오 교환 파일 형식(AIFF)은 지금까지도 애플 컴퓨터에 소리를 저장하는 데 가장 널리 사용되는 오디오 파일 형식이다. AIFF는 1988년에 만들어졌으며, 게임 제작사 일렉트로닉 아츠가 1985년에 개발한 범용 교환 파일 형식(IFF) 표준을 기반으로 한다. 본래 비디오게임은 인터넷과 같은 '네트워크'에 속하도록 만들어지지 않았고, 대신 고정된 오프라인 소프트웨어에서 실행되도록 설계되었다.

이러한 이유로 오늘날 가상 세계는 많은 기술적 다양성을 확보하게 되었지만, 현대 게임에서 요구되는 강력한 컴퓨팅과 네트워킹 사양으로 인해 모든 것이 특수 제작되고 개별적으로 최적화되어 있다. AR과 VR 경험, 2D와 3D 게임, 사실적이고 만화 같은 세계, 높거나 낮은 수준의 동시 사용자 시뮬레이션, 고예산 또는 저예산 게임, 3D 프린터 등은 모두 서로 다른 형식을 사용하며 데이터를 저장하는 방식도 다르다. 완전한 표준화는 어떤 애플리케이션에 대한 서비스가 부족하거나 대단히 모자랄 수 있음을 의미하며, 이러한 현상은 종종 예측할 수 없는 방식으로 나타난다.

문제는 파일 형식을 넘어 더 존재론적인 질문에 다가선다. 이미지의 정의를 합의하는 것은 상대적으로 쉽다. 이미지는 2차원이며 움직이지 않는다(비디오 파일은 이미지의 연속일 뿐이다). 하지만 3차원에서는, 특히 상호작용하는 개체의 경우에는 합의에 이르기가 훨씬 어렵다. 예를 들어, 신발은 개체일까, 아니면 개체의 모음일까? 만약 그렇다면 몇 개일까? 신발끈의 끝에 달린 쇠붙이는 신발끈의 일부일까, 아니면 분리된 것으로 봐야 할까? 신발에 신발끈을 넣을 수 있는 구멍이 12개 있다면, 각 구멍을 원하는 대로 변경하거나 제거할 수 있을까? 아니면 모든 구멍이 한 세트로 서로 연결된 걸까? 신발을 상상하기 어렵다면 실제 사람을 닮은 아바타를 떠올려보자. 이제 나무는 잊자. 사람이란 무엇일까?

시각적 요소 외에도 움직임 또는 '옷차림' 등 검토해야 할 다른 속성들이 있다. 『인크레더블 헐크』에 나오는 헐크의 몸은 해파리처럼 움직여선 안 된다. 그렇다면 이것은 아바타 제작자가 이러한 움직임을 자세히 설명하고 다른 플랫폼에서 이해할 수 있는 코드로 세세하게 작성해야 한다는 것을 의미한다. 플랫폼에 타사의 개체를 허용하려면 상품의 적절성을 설명하는 데이터(예: 과도한 노출, 폭력 성향, 문체, 어조)도 필요하다. 유아용 게임은 보호자를 동반할 경우 관람 가능한 PG 등급 수영복과 미성년자 관람 불가인 R 등급 수영복을 구별할 줄 알아야 한다. 마찬가지로, 참혹한 모습을 담은 전쟁 시뮬레이터는 나무처럼 보이는 길리 슈트(몸을 보호하거나 위장하기 위해 자연에서 얻을 수 있는 재료를 붙여 만든 옷—옮긴이)를 입은 저격수와 의인화된 나무 저격수의 차이를 알아야 한다. 이 모든 것이 가능하려면 데이터 규칙과 추가적인 시스템도 필요하다. 2D 게임에서 3D 아바타를 불러오려고 할 땐 2D 형식에 맞게 스타일을 다시 지정해야 할 것이다. 3D 게임에서 2D 아바타를 불러올 때도 마찬가지다.

따라서 상호 운용 가능한 메타버스를 구축하기 위해서는 기술 표준, 규칙, 시스템이 필요하다. 하지만 그것만으로는 충분하지 않다. 아이클라우드에 저장해 둔 사진을 할머니의 지메일 계정으로 보낼 때 어떤 일이 발생할지 생각해 보자. 아이클라우드와 할머니의 지메일 편지함에는 갑자기 같은 이미지의 복사본이 생긴다. 마찬가지로 발신자의 이메일 서비스에도 복사본이 남는다. 할머니가 해당 이미지 파일을 다운로드하면 이제 복사본은 4개가 된다. 하지만 가상 상품이 가치를 유지하고 거래되는 경우라면 이러한 방식이 통하지 않는다. 그렇지 않으면 여러 세계를 넘나들며, 또는 사용자 간 파일이 공유될 때마다 복사본이 무한하게 늘어날 것이다. 즉 이러한 가상 상품에 대한 소유권을 추적하고, 검증하고, 변경하는 동시에 이 데이터를 파트너 간에 안전하게 공유하는 시스템이 필요하다.

플레이어가 액티비전 블리자드의 「콜 오브 듀티」에서 구매한 의상을 일렉트로닉 아츠(EA)의 「배틀필드」에서 사용하려 할 경우 어떤 일이 벌어질까? 액티비전이 의상의 소유권 기록을 EA에 전송하고, EA가 다른 곳에서 요구할 때까지 해당 정보를 관리해야 할까? 아니면 액티비전이 의상을 무기한 관리하고 해당 의상을 사용할 수 있는 임시 권한을 EA에 부여해야 할까? 액티비전은 이러한 서비스로 어떻게 돈을 벌 수 있을까? 플레이어가 액티비전 계정이 없는 EA 사용자에게 의상을 판매하면 어떻게 될까? 어느 회사에서 이러한 거래를 처리해야 할까? 사용자가 EA 게임에서 해당 의상을 손보고 싶다면 어떻게 해야 할까? 그러한 기록은 어떻게 변경될까?

사용자의 가상 아이템이 여러 게임에 흩어져 있는 경우, 사용자는 어떤 아이템을 어디에, 얼마나 소유하고 있고, 어떤 게임에서 사용할 수 있는지, 또 사용할 수 없는지 어떻게 알 수 있을까?

플랫폼에서 사용하는 (또는 사용하지 않는) 3D 표준, 구축할 시스템과 구성할 데이터, 성사해야 할 파트너십, 보호하고 공유해야 하는 귀중한 데이터 등을 둘러싼 여러 쟁점은 현실 세계의 기업에 금전적으로 영향을 미친다. 하지만 그중에서도 가장 큰 문제는 상호 운용 가능한 가상 개체의 경제를 관리하는 방법일 것이다.

비디오게임은 'GDP를 최대화'하도록 설계되지 않았다. 게임의 목적은 재미다. 많은 게임에서 사용자가 가상 상품을 구매하고, 판매하고, 거래하거나 획득할 수 있는 가상 경제를 제공하지만, 이러한 기능은 플레이를 지원하는 용도이자 배급사 수익 모델의 일환으로 사용된다. 결과적으로 게임 배급사들은 가격과 환율을 고정하고, 판매하거나 거래할 수 있는 아이템을 제한하고, 사용자가 게임 아이템을 실제 화폐로 '현금화'하는 것을 대체로 금지함으로써 게임 내 경제를 관리하려는 경향을 보인다.

개방경제, 무제한 거래, 타사 플랫폼과의 상호 운용성은 모두 지속 가능한 '게임'을 만드는 데 장애물로 작용한다. 이익을 주겠다는 약속은 자연스럽게 플레이어에게 마치 업무를 하는 것 같은 기분이 들게 하지만, 이는 게임의 주요 목적인 재미를 반감시킬 수 있다. 다른 방식으로 획득해야 할 아이템을 돈으로 간단히 구매할 수 있게 되면, 게임을 재밌게 만드는 요소인 경쟁과 그러한 경쟁이 벌어지는 공정한 레벨 경기장이 갖는 가치가 쉽게 훼손될 수 있다. 많은 배급사가 게임 내 화장품과 물건을 판매해 게임에서 수익을 창출하는데, 그들에게는 플레이어가 경쟁 개발업체를 통해 구매한 가상 아이템을 게임으로 불러온 후 아이템 구매를 중단하는 것이 두려운 일일 것이다. 이 모든 가능성을 감안할 때, 많은 게임 배급사가 아직 제대로 형성되지도 않은 가상 상품 시장에 연결하는 것보다 자사 게임을 더 매력적이고 대중적으로 발전시키는 데 집중하려는 경향을 보이는 건 당연하다. 가상 상품 시장은 금전적 가치가 아직 불분명하고 기술적 권리 문제가 발생할 가능성도 크기 때문이다.

게임 산업은 어느 정도 상호 운용성을 달성하기 위해 몇 가지 교환 솔루션에 맞춰 조정해야 할 것이다. 이를테면 다양한 공통 표준, 작업 규칙, '시스템의 시스템', '프레임워크의 프레임워크'를 마련해 타사와 정보를 안전하게 주고받고, 그 정보를 해석하고 상황에 맞게 설정할 수 있으며, 전례 없는 (하지만 안전하고 합법적인) 데이터 공유 모델을 승인함으로써 경쟁업체가 데이터베이스를 '읽고', '작성'하고, 귀중한 아이템과 가상 화폐를 회수하도록 허용할 수도 있다.

「포트나이트」 스킨으로 「콜 오브 듀티」를 플레이하기

우리는 수많은 가상 세계가 나무 한 그루와 신발 한 켤레를 인식하거나, 나무를 베어 가상 세계 세 곳에서 크리스마스 트리로 판매할 수단에 서로 합의하도록 만드는 일이 쉽지 않다는 점을 살펴보았다. 이제 미래의 어느 시점에 상호 운용이 가능한 메타버스가 존재할 가능성을 유의미한 수준에서 합리적으로 기대할 수 있을지 의문이 들 것이다. 대답은 '그렇다'이지만, 미세한 차이가 있다.

현실 세계에서 대부분의 의상은 상호 운용이 가능하다. 예를 들어, 벨트는 모든 바지에 쓸 수 있는 것으로 간주된다. 물론 예외도 있지만, 대부분의 벨트는 벨트를 구매한 연도, 벨트 브랜드, 구매 국가에 상관없이 웬만한 바지에 맞춰 착용할 수 있다. 하지만 그와 동시에 모든 벨트가 모든 바지에 똑같이 잘 들어맞는 것은 아니다. 바지와 벨트에도 공통 기준이 있지만, 패션 브랜드 제이크루의 30 × 30 바지와 또 다른 브랜드 올드네이비의 30 × 30 바지는 몸에 맞는 정도가 다르다(정장 사이즈는 훨씬 다양하고, 유럽과 미국의 신발 사이즈 기준도 전혀 다르다).

전 세계적으로 전압, 속도, 거리, 무게 측정 등 다양한 기술 표준이 존재한다. 예를 들어, 어떤 외국산 기기를 사용하려면 새로운 장비(예: 전기 콘센트 어댑터)를 써야 할 수도 있다. 지방정부에선 현지 배출 규제를 충족하기 위해 자동차 배기가스 장치 등을 교체하라고 요구하기도 한다.

바지는 어디에서나 입을 수 있지만, 모든 장소에서 청바지 복장을 허용하는 건 아니다. 영화관에서는 거의 모든 의상과 대부분의 신용 결제를 허용하지만, 외부 음식이나 음료 반입을 금지하고 있다. 미국에서는 대체로 야외에서 엽총을 휴대할 수 있지만(모든 곳에서 허용되는 건 아니다), 도시에서는 거의 휴대할 수 없다. 학교에서는 총기 반입이 대부분 금지되어 있다. 자동차는 미국의 모든 도로를 달릴 수 있지만, 골프장에서 운전하려면 골프 카트를 대여해야 한다

(골프 카트를 개인적으로 소유하고 있을지라도 말이다). 모든 사업체에서 모든 화폐를 받는 건 아니지만, 수수료를 내면 화폐를 교환할 수 있다. 몇몇 신용카드를 지원하는 상점도 많지만, 전혀 지원하지 않는 상점도 있다. 전 세계 대부분의 국가가 무역 경제 체제를 채택하고 있다고 해서 모든 상품에 대해, 무제한 규모 또는 무관세를 포함한 모든 종류의 무역을 허용한 것은 아니다.

신원 확인은 훨씬 더 복잡하다. 여권, 신용 등급, 학교 기록, 법적 기록, 사업자 등록 번호, 주민등록증 등 신원을 증명할 수단은 다양하다. 그중 어떤 신분증을 어떤 용도로 사용할지, 제3자가 사용하거나 제3자의 영향을 받을 수 있는지는 매번 다르다. 때로는 특정 시점에 당사자가 어디에 있는지에 따라 달라지기도 한다.

인터넷도 크게 다르지 않다. 공용 네트워크와 사설 네트워크(오프라인 네트워크 포함)는 물론이고, 전부는 아니더라도 대부분의 일반 파일 형식을 허용하는 네트워크, 플랫폼, 소프트웨어가 있다. 가장 인기 있는 프로토콜은 무료이고 개방형이지만, 상당수의 프로토콜이 유료이며 폐쇄형이다.

메타버스의 상호 운용성은 이진법 논리로 구분되지 않는다. 이는 가상 세계의 공유 여부에 관한 문제가 아니다. 언제, 어디에서, 얼마나 많은 사람이, 어떤 비용을 치르며 가상 세계를 얼마나 많이 공유하는가에 달려 있다. 그렇다면 이러한 복잡성에도 불구하고 내가 메타버스의 미래가 올 것이라고 낙관하는 이유는 무엇일까? 그것은 바로 경제적 가치가 있기 때문이다.

먼저 사용자 지출에 대한 질문을 던져보자. 메타버스에 회의적인 사람들은 다음과 같은 의문을 제기한다. "「콜 오브 듀티」를 플레이할 때 「포트나이트」의 필리 스킨을 적용하고 싶은 사람이 누가 있겠는가?" 엄밀히 말하자면, 웃기게 생긴 거대한 바나나 캐릭터는 「콜 오브 듀티」 또는 가상 교실과 그다지 잘 어울리진 않는다. 하지만 영화 『스타워즈』 캐릭터인 다스 베이더의 의상이나 미국 프로농구팀 레이커스의 유니폼, 명품 브랜드 프라다에서 만든 지갑 등 다양한 아이템을 다양한 공간에서 착용하고 싶어 하는 사용자들이 있다는 사실은 분명하다. 그렇다고 그들이 이러한 아이템을 여러 번 구매할 의향이 있는 건 아니다. 마지못해 반복해서 구매할 수도 있지만, 그것은 우리가 아직 가상 의상으로 전환하는 초기 단계에 머물러 있기 때문이다. 2026년에는 수억 명의 사람이 이전에 플레이한 많은 게임에서 (효과적으로) 복제된 수많은 의상을 입고 게임에 참여할 것이다. 당연히 같은 의상을 다시 구매하지 않으려 할 게 분명하다. 소비자를 특정 게임에 속박된 구매 방식에서 벗어나게 한다면 오히려 더 많은 구매가 이뤄지고 상품은 더 높은 가격에 거래될 것이다.

다시 말해, 디즈니가 디즈니랜드에서만 착용하거나 사용할 수 있는 상품을 판매한다면 어떨까? 그런 상품이 많이 팔릴까, 아니면 적게 팔릴까? 산티아고 베르나베우 축구 경기장에서만 입을 수 있는 레알 마드리드 유니폼이 있다면 얼마에 팔릴까? 만일 플레이어의 의상이 「로블록스」 게임 하나로 제한된다면 사용자가 「로블록스」에 지출하는 비용은 얼마나 줄어들까?

오늘날 소비자 지출은 세상에 영원히 지속되는 게임은 없다는 일반적인 인식에 제약을 받을 가능성이 크다. 휴가지에서 구매할 수는 있어도 군이 여행 가방에 넣어 집으로 가져올 계획은 없는 물건들을 떠올려보자. 부기 보드(누워서 타는 소형 서프보드 — 옮긴이), 스테인리스 스틸 물병, 멕시코 망자의 날에 입는 의상 등이 바로 그것이다. 앞으로 쓸 일이 없을 것이라는 생각은 소비자의 지출을 제한하기 마련이다.

이러한 상품들의 활용성은 소유권 제약으로 인해 더욱 제한된다. 대부분의 게임과 게임 플랫폼은 사용자가 의상이나 아이템을 다른 사용자에게 주거나 게임 내 화폐를 받고 판매하는 것을 금지한다. 재판매와 거래를 허용하더라도 일반적으로 그러한 활동에 한도를 확실히 정해놓는다. 로블록스 코퍼레이션은 '제한된 아이템'에 한해 재판매만 허용하고 있고(그렇지 않으면 P2P 거래는 로블록스 자체 상점의 상품 판매를 저해할 수 있다), **로블록스 프리미엄** 가입자만 이러한 아이템을 판매할 수 있다.

사용자는 이러한 아이템을 '구매'했다고 생각할 테지만, 실제로는 사용할 권리를 담은 라이선스를 부여받은 것이며 회사는 언제든지 해당 아이템을 '회수'할 수 있다. 10달러짜리 스킨과 댄스의 경우, 이러한 정책은 그리 큰 문제가 되지 않는다. 하지만 보상 여부에 상관없이 언제든 회수될 수 있는 1만 달러 상당의 가상 자산을 선뜻 구매할 사람은 없을 것이다.

2021년 초,《사우스차이나 모닝 포스트》의 기자 조시 예[Josh Ye]가 보도한 한 사례를 살펴보자. 중국 최대 게임업체 텐센트는 "게임 내 화폐와 아이템을 소유한 주체를 알아내기 위해 게임 아이템 거래 플랫폼을 고소했다"라고 밝혔다. 특히 텐센트는 이러한 자산이 "실생활에서 물질적 가치가 없다"면서 실제 현금으로 구매한 게임용 코인이 "실질적인 서비스 요금"이라고 주장했다.[1] 결과적으로 수많은 게이머가 텐센트의 대응에 부당함과 모욕감을 느끼고 분노했다.

소유권은 투자와 모든 상품 가격의 근본을 이루며, 이익을 창출할 기회는 적절하게 동기를 부여하는 요인이 된다. 투기는 거품을 일으키더라도 항상 새로운 산업의 성장에 필요한 자금을 지원하는 역할을 해왔다(현재 미국에서 저렴하게 사용되는 광섬유 케이블의 상당수가 닷컴 버블이 붕괴하기 직전에 설치되었다). 메타버스에 최대한 많은 시간과 에너지와 돈을 투자하고 싶다면, 그리고 진정한 메타버스를 달성하고 싶다면 가장 먼저 소유권을 확립해야 한다. 소유권이 없다면 비즈니스는 구축되지 않을 것이고, 투자 감소와 품질 저하라는 불편한 상황에 직면할 것이다. 이는 개발자, 사용자를 비롯해 게임과 플랫폼에도 도움이 되지 않는다.

사용자의 신원과 플레이어 데이터의 범위를 제한하는 것은 메타버스 경제에 또 다른 장애물로 작용한다. 게임의 유해성은 많은 사람에게 중요한 관심사이며 당연히 그럴 만하다. 오늘날 액티비전은 「콜 오브 듀티」에서 모욕적이거나 인종차별적인 표현을 쓰는 플레이어를 차단할 수 있지만, 해당 플레이어는 에픽게임즈의 「포트나이트」(또는 트위터나 페이스북)에 들어가 계속해서 부정적인 글을 남길 수 있다. 또는 새로운 플레이스테이션 네트워크 계정을 만들거나 엑스박스 라이브로 활동 무대를 바꿀 수도 있다. 이는 자신의 행적을 여러 곳으로 분산하는 것을 의미하는데, 어쨌든 그러한 활동

중 일부가 특정 플랫폼에 고정되는 셈이다. 물론 게임 배급사는 경쟁사의 게임이 더 좋게 보이는 것을 반기지 않을뿐더러 자사 플랫폼의 플레이 데이터를 타사와 공유할 생각도 없다. 그러나 불량한 행동으로 득을 보는 게임 회사는 한 곳도 없다. 모든 사람이 그러한 행동에 부정적인 영향을 받게 된다.

결국에는 경제성이 점차 표준화와 상호 운용성을 주도할 것이다.

프로토콜 전쟁은 이를 분명하게 보여주는 사례다. 1970년대부터 1990년대까지 당시 경쟁 관계에 있었던 많은 네트워킹 스택이 하나의 스위트, 심지어 비영리, 비공식 기구가 이끄는 스위트에 대체될 것이라고 예상한 사람은 거의 없었다. 오히려 '분할된 사이버 공간'과 씨름하게 될 것이라 예상했다.

은행과 기타 금융기관에서는 신용 데이터를 서로 공유하지 않았다. 신용 데이터는 매우 중요하고 특별한 정보로 여겨졌다. 하지만 결국 그들은 신용 등급 정보에 더 나은 데이터가 포함되어 폭넓게 활용되는 것이 공동의 이익에 부합하는 일이라고 확신했다. 홈스테이 숙박 시장에서 경쟁을 벌이고 있는 에어비앤비와 버보는 좋지 않은 이력이 있는 게스트(임차인)가 더 이상 예약을 하지 못하도록 막기 위해 타 업체와 협력하고 있다. 이러한 조치를 통해 규정을 위반한 개인은 손해를 보겠지만, 다른 게스트와 호스트(임대인), 그리고 플랫폼은 모두 이득을 본다.

'경제적 중력economic gravity'을 가장 잘 보여주는 사례는 메타버스의 배관을 개척한 게임 엔진 회사에서 찾을 수 있다.

가상 세계에서 지금처럼 커다란 기회를 포착할 수 있었던 적은 없었다. 하지만 이 시장 전체에 도달하기가 지금처럼 어려웠던 적도 없었다. 1980년대 개발자는 콘솔용 게임을 하나 만들기만 하면 잠재적 플레이어의 70퍼센트를 확보할 수 있었다. 개발자 두 명만 있으면 모든 플레이어에게 도달할 수 있었을 것이다. 오늘날 콘솔 제조업체는 세 곳이 있는데 그중 두 곳은 두 가지 다른 콘솔 세대에서 운영하고 있으며, 엔비디아의 지포스 나우, 아마존의 루나, 구글의 스테이디어 등 자체 기술 스택을 사용하는 클라우드 기반 콘솔도 있다. PC 플랫폼인 맥과 윈도는 수십에서 수백 개의 서로 다른 하드웨어에 걸쳐 설치되고, 대표적인 모바일 컴퓨팅 플랫폼인 iOS와 안드로이드는 더 다양한 OS 버전과 GPU, CPU, 기타 칩셋을 아우른다. 추가되는 모든 플랫폼, 장치, 구조에는 특정 하드웨어 세트에 맞는 고유한 코드나 대중에 맞게 일반화되지 않으면서도 여러 하드웨어에서 작동하게끔 작성된 코드가 필요하다. 이러한 코드를 만들고 지원하는 작업에는 비용과 노력이 많이 들고 시간도 많이 소요된다. 또 다른 방법은 시장의 상당 부분을 무시하는 것이지만, 이를 감수하려면 역시 값비싼 비용을 치러야 한다.

이러한 문제가 가상 세계에서 끝없이 증가하는 복잡성과 결합해 나타나면서 유니티와 언리얼 같은 교차 플랫폼 게임 엔진도 더욱 확산했다. 파편화에 대한 대응책으로 등장한 교차 플랫폼 엔진은 단순히 문제를 해결하는 데 그치지 않고 비용을 저렴하게 낮춰준다. 이는 가장 폐쇄적인 플랫폼에 속한 사람들을 포함한 모든 이에게 이득이 된다.

어떤 개발자가 iOS용 신규 게임을 구축한다고 가정해 보자. 애플

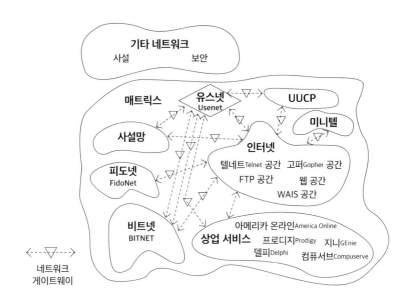

기타 네트워크
사설   보안

매트릭스   유스넷
              Usenet

사설망

피도넷
FidoNet

비트넷
BITNET

UUCP

미니텔

인터넷
텔네트Telnet 공간   고퍼Gopher 공간
    FTP 공간   웹 공간
      WAIS 공간

아메리카 온라인America Online
상업 서비스   프로디지Prodigy   지니GEnie
          델피Delphi   컴퓨서브Compuserve

<- - -▽- - ->
네트워크
게이트웨이

1995년에 만들어진 '네트워크 게이트웨이'라고 불리는 이 지도는, 당시 많은 전문가가 온라인 네트워킹의 미래라고 생각했던 파편화된 네트워크와 프로토콜 스위트를 보여준다. 이 분할된 사이버 공간에 가까운 지도에 따르면, 인터넷은 통합된 인터네트워킹 표준이 아니라 서로 다른 네트워크 집합에 필요한 공통된 기반에 가깝고, 그중 일부 네트워크는 서로 직접 통신할 수 없다. 이러한 네트워크의 대부분은 '매트릭스'에 존재하지만, 일부는 늘 매트릭스 외부에 자리한다. 그러나 이러한 미래는 일어나지 않았다. 대신 인터넷은 모든 사설 네트워크와 공용 네트워크 사이의 핵심 게이트웨이가 되어 각 네트워크가 서로 통신할 수 있도록 만든다. 이 맵에서 주요 컴퓨터 네트워크는 매트릭스에 무리를 지어 모여 있다. 여기서 매트릭스는 전자메일을 교환할 수 있는 컴퓨터 네트워크로 이루어진 전 세계적인 집합을 나타내는 용어다. 인터넷은 온라인에서 일어나는 많은 통신에 필요한 공통된 기반을 제공하며, 이때 상업용 온라인 서비스는 인터넷에 전자메일은 물론이고 기타 통신과 데이터 프로토콜 전용 게이트웨이를 구축한다. 프랑스의 미니텔(minitel.fr)과 같은 주요 국가 서비스는 이제 자체 서비스와 인터넷을 잇는 게이트웨이 통신을 제공한다.

출처: telegeography.com

의 모바일 생태계는 미국 내 스마트폰 점유율의 60퍼센트를 차지하고 있으며, 그중 10대의 경우 점유율은 80퍼센트에 육박한다. 게다가 전 세계 모바일 게임 수익의 3분의 2 이상을 벌어들이고 있다. 개발자가 10여 가지의 아이폰 SKU(특정 사양을 뜻하는 모델 식별 번호―옮긴이)에 작성만 하면 iOS 사용자의 약 90퍼센트에 도달할 수 있다. 미국을 제외한 나머지 세계 시장은 수천 개의 다양한 안드로이드 장치로 나뉜다. 개발자는 두 플랫폼 중 하나를 억지로 선택해야 하는 상황에서 언제나 iOS를 선택할 것이다. 하지만 유니티를 사용하면 모든 플랫폼(웹 포함)에 게임을 쉽게 배포할 수 있으므로, 적은 비용으로 잠재 수익을 50퍼센트 이상 높일 수 있다.

애플은 애플에만 독점 제공되는 게임과 애플 하드웨어에 완전히 최적화된 게임을 선호할 테지만, 대부분의 모바일 개발자가 유니티를 사용하는 것이 iOS 사용자와 앱스토어를 포함한 모든 당사자에게 더 나은 선택이 될 것이다. 개발자는 돈을 더 많이 벌어 더 좋은 게임을 더 많이 만들 수 있고, 더 나아가 모바일 장치에서 사용자가 더 많이 소비하도록 유도할 수 있다.

유니티와 언리얼 같은 교차 플랫폼 게임 엔진이 널리 보급되면 오늘날 운영되고 있는 많은 파편화된 가상 세계를 하나의 메타버스로 통합하는 일이 더 수월해질 것이다. 사실 이것은 이미 증명되었다. 온라인 콘솔 게임이 등장한 후 10여 년 동안 소니는 플레이스테이션과 기타 플랫폼에서 플레이되는 게임 간 교차 플레이, 교차 구매 또는 교차 진행을 지원하지 않았다. 이러한 소니의 정책은 게임 개발업체가 플레이스테이션과 엑스박스에 맞춰 두 가지 버전을 모두 제작해야 하고, 친구 사이인 플레이어 두 명이 각각의 버전을 구매한다면 두 플레이어는 절대 함께 플레이할 수 없음을 의미했다. 한 명의 플레이어가 동일한 게임을 두 가지 버전으로 구매하더라도 (예: 플레이스테이션용과 노트북용) 게임 내 화폐와 많은 보상이 각각 따로 보관된다.

이러한 정책을 비판하는 사람들은 소니의 시장 지배력이 압도적이어서 생겨난 결과라고 주장했다. 플레이스테이션 1은 콘솔 시장 점유율 2위인 닌텐도 64보다 200퍼센트, 엑스박스보다 900퍼센트 이상 더 많이 팔렸다. 플레이스테이션 2는 엑스박스와 닌텐도 게임큐브 판매량을 합친 것보다도 550퍼센트 더 많이 판매되었다. 그 후 엑스박스가 발 빠르게 움직이며 온라인 게임 분야에서 혁신을 꾀한 탓에 플레이스테이션 3는 엑스박스 360을 간신히 제쳤지만 닌텐도 위에는 밀렸다. 하지만 2010년대 중반까지 플레이스테이션 4는 엑스박스 원보다 2배, 닌텐도 위 U보다 4배 더 많이 팔렸다.

결과적으로 플레이스테이션은 교차 플랫폼 게임을 위협으로 간주한 것으로 보인다. 사용자가 다른 플레이스테이션 사용자(대부분의 콘솔 게이머)와 플레이할 때 플레이스테이션이 필요하지 않다면 애초에 플레이스테이션을 구매할 가능성이 줄어들고, 플레이스테이션 사용자는 경쟁업체로 이탈할 수도 있다. 2016년에 소니의 인터랙티브 엔터테인먼트 부문 대표는 교차 플레이를 위해 플레이스테이션 네트워크 접근을 개방하는 것과 관련해서 "가장 쉬운 부분은 기술적인 측면"이라고 언급해 어느 정도 가능성을 암묵적으로 인정했다.[2] 하지만 불과 2년 만에 플레이스테이션은 교차 플레이,

교차 구매, 교차 진행을 허용했다. 그로부터 3년 후, 이러한 기능을 지원할 수 있는 거의 모든 게임에서 해당 기능을 제공했다.

소니는 사내 선호도와 비즈니스 모델 또는 압력을 이유로 기존 입장을 바꾸지 않았다. 그러나 에픽게임즈에서 출시한 「포트나이트」가 성공을 거두면서 입장을 바꾼 것이다. 에픽게임즈가 교차 플랫폼 게임에 전념한 회사라는 점은 우연이 아니다.

「포트나이트」가 처음 출시되었을 때 몇 가지 독특한 특징이 있었다. 「포트나이트」는 플레이스테이션과 엑스박스의 최근 두 세대를 포함해 닌텐도 스위치, 맥, PC, 아이폰, 안드로이드 등 전 세계 거의 모든 주요 게임 장치에서 플레이할 수 있는 최초의 주류 AAA 게임이었다.* 무료 게임이었기 때문에 플레이어가 장치별로 여러 번 구매하지 않아도 여러 플랫폼에서 플레이할 수 있었다. 「포트나이트」는 소셜 게임으로도 설계되어 사용하는 친구가 많아질수록 더 즐겁게 플레이할 수 있으며, 고정된 이야기나 오프라인 플레이가 아닌 라이브 서비스를 중심으로 구축된 게임이어서 게임 콘텐츠에 끝이 없고 일주일에 두 번 정도 계속 업데이트되었다. 여기에 멋지고 독창적인 실행까지 더해진 「포트나이트」는 2018년 말 전 세계(중국 제외)에서 가장 인기 있는 AAA 게임이 되었고, 게임 업계 역사상 가장 많은 월 수익을 올렸다.

---

* 'AAA'는 대규모 제작과 마케팅 예산이 투입된 비디오게임을 일컫는 비공식 분류 체계로, 주로 대형 비디오게임 제작사와 배급사에서 만든 게임이 이에 해당된다. 영화계의 '블록버스터'라는 명칭과 비슷하다. 그렇지만 'AAA'와 '블록버스터'라는 이름이 반드시 금전적인 성공을 의미하는 것은 아니다.

소니의 게임 경쟁사들은 모두 「포트나이트」를 위한 교차 플랫폼 서비스를 수용했다. PC와 모바일은 처음부터 교차 플랫폼 기능을 차단하지 않았고, 윈도나 모바일 플랫폼도 독점 게임을 한 번도 구매하지 않았다. 닌텐도는 처음부터 「포트나이트」에 수많은 교차 플랫폼 서비스를 지원했지만, 소니와 달리 실질적인 온라인 네트워킹 비즈니스를 벌이지 않았으며 그것을 우선순위에 두지도 않았다. 마이크로소프트는 오랫동안 (아마도 소니가 저항했던 것과 같은 이유에서) 교차 플레이를 추진해 왔다.

교차 플랫폼 통합이 이뤄지지 않은 것은 플레이스테이션이 최악의 「포트나이트」 버전을 보유하고 있을 뿐만 아니라 플레이스테이션 소유자들이 그보다 더 나은 버전을 한 푼도 내지 않고 즉시 플레이할 수 있음을 의미했다. 이것은 소니의 생각을 근본적으로 바꾸었다. 소니는 「콜 오브 듀티」 같은 게임에 교차 플랫폼 기능을 제공하지 않으면서 액티비전의 판매량에 약간 영향을 주었을지 몰라도, 「포트나이트」로 벌어들일 게임 수익의 대부분을 놓치는 것도 모자라 플레이스테이션 플레이어들을 경쟁 플랫폼으로 밀어내고 있었다. 물론 플레이스테이션은 아이폰보다 기술적으로 더 나은 경험을 제공했지만, 대부분의 플레이어는 게임의 사회적 요소를 장치 사양보다 중요시했다. 에픽게임즈는 '뜻하지 않게' 소니의 허가 없이 최소 세 번 이상 플레이스테이션에서 교차 플레이를 활성화했고, 교차 플레이의 걸림돌이 기술이 아닌 정책임을 증명했다. 결국 이를 경험한 많은 사용자가 결집해 소니의 정책에 분노하며 변화를 요구하기에 이르렀다.

이러한 모든 요인에 영향을 받은 소니는 정책을 변경해야 했다. 이것은 확실히 모두에게 이득이었다. 오늘날 사용자는 자신의 신원, 게임 업적 또는 플레이어 네트워크를 재구매하거나 파편화할 필요 없이 전 세계적으로 거의 모든 컴퓨팅 장치에서 수많은 인기 게임에 접속할 수 있다(따라서 누구든지 언제 어디서나 플레이할 수 있다). 교차 플랫폼 플레이, 진행, 구매는 모든 콘솔이 하드웨어, 콘텐츠, 서비스를 놓고 경쟁을 벌이고 있음을 의미한다. 소니는 여전히 잘나가고 있다. 플레이스테이션은 「포트나이트」가 벌어들이는 전체 수익의 45퍼센트 이상을 차지한다(플레이스테이션 5는 엑스박스 시리즈 S와 X보다 2배 이상 잘 팔렸다).[3]

결정적으로, 폐쇄형 플랫폼을 개방하기로 한 소니의 결정은 상호 운용성 문제를 해결할 잠재적인 경제적 해결 방안에 대해 새로운 관점을 제공한다. 소니는 '수익 유실revenue leakage'을 막기 위해 에픽게임즈에 플레이스테이션 스토어에 대한 결제를 실제 사용량에 맞게 '조정'할 것을 요구했다. 예를 들어, 「포트나이트」 플레이어가 닌텐도 스위치에서 100시간을 플레이하고 플레이스테이션에서 100시간을 플레이했지만 닌텐도 스위치에서 60달러를 소비하고 플레이스테이션에서 40달러만 소비했다면, 에픽게임즈는 닌텐도에 60달러에 대한 수수료 25퍼센트를 지불하고 플레이스테이션에는 40달러 **그리고** 시간 점유율에 따라 산출된 10달러에 대한 수수료 25퍼센트를 지불해야 한다는 것이다. 에픽게임즈는 10달러에 대해 수수료를 두 번 지불하는 셈이 된다. 이 정책이 지금도 유효한지는 확실하지 않다. 에픽게임즈가 애플을 상대로 제기한 소송을 통해 이러한 정책이 존재한다는 사실이 대외적으로 알려졌을 뿐이다. 하지만 이 사례는 교차 플랫폼 게임의 확산이 모든 시장 참여자에게 어떻게 도움이 될 수 있는지 잘 보여준다.

디스코드의 성공은 또 다른 좋은 사례다. 역사적으로 닌텐도, 플레이스테이션, 엑스박스, 스팀과 같은 게임 플랫폼은 자체 플레이어 네트워크와 통신 서비스를 엄격하게 보호했다. 이는 엑스박스 라이브 사용자가 플레이스테이션 네트워크 사용자와 '친구'를 맺거나 직접 대화할 수 없는 이유이기도 하다. 그렇지만 타사 플랫폼에서 활동하는 사용자는 「포트나이트」 같은 교차 플랫폼 게임 내에서만 게임 전용 ID를 통해 플레이할 수 있다. 이 방식은 두 명의 플레이어가 로그인하기 전에 어떤 게임을 플레이하고 싶은지 정했을 땐 잘 작동했지만, 즉흥적으로 계획되지 않은 대화를 나누거나 즉석 플레이를 즐기려 할 땐 제대로 작동하지 않았다. 게임이 누군가의 생활에서 중요한 요소가 될수록 이러한 솔루션은 적합하지 않았다.

디스코드는 이러한 수요를 충족하기 위해 등장했고, 게이머에게 수많은 이점을 제공했다. 이 서비스는 PC, 맥, 아이폰, 안드로이드 등 모든 주요 컴퓨팅 플랫폼에서 작동하므로, 모든 게이머가 하나의 소셜 그래프에 접속할 수 있다(게이머가 아닌 사용자도 참여할 수 있다). 또한 게이머에게 다른 게임은 물론이고 슬랙과 트위치 등 준경쟁 소셜 서비스, 그리고 디스코드가 직접 배포하거나 운영하지 않는 독립형 게임 등에 통합할 수 있는 폭넓은 API 제품군도 제공한다. 디스코드는 그 어떤 단일 몰입형 게임 플랫폼보다도 훨씬 규모가 크고 활동적인 게이머 통신 네트워크를 구축할 수 있었다.

중요한 점은 사용자가 스마트폰에서 디스코드 앱과 디스코드 채팅 기능을 사용하는 것을 플랫폼 차원에서 막을 길이 없다는 것이다. 디스코드가 성공을 거두면서 결국 엑스박스와 플레이스테이션은 자사의 폐쇄형 플랫폼에 디스코드를 기본적으로 통합하겠다는 뜻을 밝혔다. 이러한 움직임은 엑스박스와 플레이스테이션의 플레이어 네트워크, 통신 서비스, 온라인 사교 활동에 새로운 '교환 interchange' 솔루션을 제시했다.

카카오 아이디로 페이스북에 로그인하는 사람들

게임 엔진과 통신 제품군의 표준화는 3D 개체 관련 규칙이 나타나는 방식에 비해 상당히 복잡하다.

현재 3D 애셋의 영역을 살펴보자. 그동안 영화, 비디오게임, 토목·산업 공학, 의료, 교육 등 여러 분야에 걸쳐 표준화되지 않은 가상 개체와 환경에 수십억 달러가 투입되었다. 이 정도 수준의 지출이 가까운 미래에도 계속해서 증가할 것으로 보이진 않는다. 새로운 파일 형식이나 엔진에 맞춰 이러한 개체를 계속해서 다시 제작하는 것은 금전적으로 실용성이 떨어지며 비경제적이다. 디지털 '사물'의 가장 큰 특징은 추가 비용 없이 영구히 재사용이 가능하다는 점이다.

교환 솔루션은 이미 앞서 생성되어 파편화된 애셋 라이브러리의 '가상 금광'을 활용할 방안으로 떠오르고 있다. 예를 들어 기업들은 2020년에 출시된 엔비디아의 옴니버스를 통해 다양한 파일 형식과 엔진, 기타 렌더링 솔루션을 이용하고 3D 애셋과 환경을 만들 수 있게 되었다. 이렇게 마련된 공유 가상 시뮬레이션 환경에서 팀원들은 서로 협업하며 업무에 필요한 시뮬레이션 모델을 구축할 수 있다. 자동차 회사는 언리얼 엔진에 기반한 자동차를 유니티로 설계한 환경으로 가져와 블렌더에서 만든 개체와 상호작용하도록 만들 수 있다. 옴니버스는 가능한 모든 형식과 메타데이터와 기능을 지원하진 않지만, 바로 이것이 독립 개발자에게는 표준화해야할 명확한 이유가 된다. 한편 협업은 공식적인 그리고 비공식적인 규칙으로 이어진다. 특히 옴니버스는 픽사가 2012년에 개발한 이후 2016년에 오픈소스로 공개한 교환 프레임워크인 유니버설 신 디스크립션(USD)를 기반으로 구축되었다. USD는 3D 정의, 패키징, 조합, 편집에 필요한 공통 언어를 제공하며, 엔비디아는 이를 메타버스용 HTML에 비유한다.[4] 요컨대, 옴니버스는 교환 플랫폼과 3D 표준을 모두 주도하고 있다. 헬리오스는 시각 효과 서비스 기업인 인더스트리얼 라이트 앤드 매직에서 독점적으로 사용하는 실시간 렌더링 엔진으로, 몇몇 엄선된 엔진과 파일 형식에만 호환된다는 점에서 또 다른 적절한 사례로 볼 수 있다.

3D 협업이 성장하면서 많은 표준이 자연스럽게 나타날 것이다. 예를 들어, 2010년대 초까지 세계화로 인해 전 세계 대기업 중 상당수가 기업의 공식 언어로 영어를 의무화했다. 여기에는 일본 최대 전자 상거래 회사인 라쿠텐, 프랑스와 독일 정부가 대주주인 항공 우주 대기업 에어버스, 핀란드에서 네 번째로 큰 기업인 노키아, 한

국 최대 기업인 삼성 등이 포함된다. 2012년 입소스에서 진행한 설문 조사에 따르면, 개인 응답자의 67퍼센트가 다른 국가에 거주하는 사람들과 소통하며 업무를 수행할 때 영어를 선호했다. 그다음으로 선호하는 언어는 스페인어로, 전체 응답자의 5퍼센트를 차지했다. 결정적으로 응답자의 61퍼센트는 외국인 파트너와 일할 때 모국어를 사용하지 않는다고 답했다. 따라서 응답자 대부분이 주로 영어권 사람들이기 때문에 영어를 선호한 것이 아니었음을 확인할 수 있다.[5] 세계화는 화폐(미국 달러와 유로), 단위(예: 미터법), 교역(복합 운송 컨테이너) 등등 여러 분야에서 사실상 표준을 확립했다.

옴니버스가 보여주듯, 소프트웨어와 관련해서 모든 사람이 똑같은 언어를 사용할 필요는 없다. 이는 유럽연합의 내부 시스템에 비유해 볼 수 있다. 유럽연합의 공식 언어는 24개지만, 그중에는 선호도가 높은 세 가지(영어, 프랑스어, 독일어) '절차상' 언어가 있다(유럽연합 지도부, 의회, 직원 상당수가 그중 최소 2개 언어를 구사할 수 있다).

한편, 에픽게임즈는 단일 '애셋'(사실상 데이터에 대한 권리)을 여러 환경에서 다양한 목적에 맞게 활용하는 것을 허용하는 데이터 표준을 개척하기 위해 노력하고 있다. 에픽게임즈는 사이오닉스를 인수한 지 얼마 되지 않았을 때 사이오닉스의 히트작인 「로켓 리그」를 에픽 온라인 서비스로 옮겨 무료 게임으로 전환하겠다고 발표했고, 몇 달 후에는 첫 번째 '라마라마' 이벤트를 개최했다. 「포트나이트」 플레이어는 한정된 기간에 「로켓 리그」에서 챌린지를 완수한 후 두 게임에서 모두 착용할 수 있는 전용 의상과 보상을 획득할 수 있었다. 그로부터 1년 후, 에픽게임즈는 "메타버스 구축"을 위한 투자의 일환으로「폴 가이즈」를 비롯해 게임 수십여 개를 제작한 토닉 게임즈 그룹을 인수했다.[6] 에픽게임즈는「로켓 리그」에서 선보인 애셋 실험을 확장할 가능성이 크다. 여기에는 토닉 게임즈 계열 게임뿐만 아니라 에픽게임즈 퍼블리싱에서 출시한 게임도 포함될 것이다. 현재 에픽게임즈 퍼블리싱은 여러 독립 스튜디오에 투자하면서 이들이 제작한 게임을 배포하고 있다.

에픽게임즈는 교차 타이틀 애셋과 업적 모델을 통해 교차 플랫폼 게임 업계에서 보인 행보와 유사한 선례를 남길 것으로 보인다. 에픽게임즈는 다른 게임에 접속할 때 발생하는 마찰을 줄이고 이러한 게임들을 넘나들며 친구와 아이템을 더 쉽게 불러오고 플레이어에게 새로운 게임들을 체험해 볼 이유를 제공하는 데 분명히 이점(이익)이 있다고 믿고 있다. 플레이어는 더 많은 사람과 다양한 게임을 즐기면서 더 많은 시간을 게임에 소비하고, 그 과정에서 더 많은 돈을 지출할 것이다. 그렇게 되면 계속해서 확장되는 타사의 게임 네트워크가 에픽게임즈의 가상 신원, 통신, 권한 시스템(예: 에픽 온라인 서비스의 일부분)에 연결하려 할 것이며, 결국 다양한 에픽게임즈 상품을 중심으로 표준화를 추진할 것이다.

에픽게임즈처럼 공유 가상 상품에 대한 공통 표준과 프레임워크를 구축하기 위해 소셜 미디어를 중심으로 시장 지배력을 활용하려는 다른 소프트웨어 대기업들도 있다. 대표적인 예로 페이스북을 들 수 있다. 페이스북은 자체 페이스북 커넥트 인증 API에 '상호 운용 가능한 아바타'를 추가하고 있다. 페이스북 커넥트는 일반 대중에게 '페이스북으로 로그인'이라는 기능으로 잘 알려져 있다. 페이스북 사용자는 이 기능을 이용해서 다른 웹사이트나 앱의 자체 계정 시스템을 페이스북 로그인으로 대체할 수 있다. 대부분의 개발자는 사람들이 맞춤형 계정을 만드는 것을 선호한다. 그래야만 사용자에 대한 더 많은 정보가 개발자에게 제공되고 개발자는 (페이스북이 아닌) 해당 정보와 계정을 통제할 수 있기 때문이다. 하지만 페이스북 커넥트는 훨씬 간단하고 빠르게 설정할 수 있어 대부분의 사용자가 선호하는 방식이다. 결과적으로 등록된 사용자가 많이 늘어나는 셈이므로 개발자는 (익명 사용자가 많을 때보다) 이점을 얻게 된다. 페이스북의 아바타 제품군(또는 구글, 트위터, 애플의 아바타 제품군)에도 이와 유사한 가치 제안이 존재할 것이다. 3D 공간에서 사용자의 표정을 전달하는 데 맞춤형 아바타가 필수라면, 사용하는 가상 세계마다 상세하게 묘사된 아바타를 새로 만들고 싶어 하는 사용자는 거의 없을 것이다. 사용자가 이미 투자한 아바타를 받아주는 서비스는 해당 사용자에게 더 나은 경험을 제공할 수 있다. 심지어 일각에서는 일관된 아바타를 사용할 수 없는 현실이 사용자를 진정으로 대표할 수 있는 아바타가 존재하지 않음을 의미한다고 주장한다. 이것은 스티브 잡스가 가끔 청바지와 검은색 모크 터틀넥(목 위로 완전히 올라오지 않고 반 정도만 감싸도록 디자인된 터틀넥—옮긴이)을 입고 장소에 따라 때로는 샴브레이(데님과 비슷하게 푸른색을 띠지만 시원하고 가벼워 정장 바지에 많이 쓰이는 직물—옮긴이) 바지와 회색 터틀넥을 착용한다고 해서 그가 유니폼을 입고 다닌다고 말할 수 없는 것과 같은 이치다. 그것은 자신의 정체성을 강조할 의도로 입는 유니폼이 아니라 하나의 미적 가치관이다. 그럼에도 페이스북

커넥트와 같은 교차 타이틀 서비스의 확립은 사실상 또 다른 표준
화 프로세스로 작용할 것이다(이 경우 페이스북의 사양을 기반으로 하며
관련 AR, VR, 통합 가상 세계 플랫폼 이니셔티브에 의해 발전된다).

에픽게임즈는 애셋의 상호 운용성 외에 경쟁 관계에 있는 다양한
지적 재산의 '상호 운용성'도 추진하고 있다. 이것은 기술적 문제가
아닌 철학적 문제로 볼 수 있다(교차 플랫폼 게임은 이것이 까다로운 문
제임을 상기시켜 준다). 「포트나이트」, 「마인크래프트」, 「로블록스」 같
은 가상 플랫폼이 문화를 주도하는 소셜 공간으로 성장하면서 점차
소비자 마케팅, 브랜드 구축, 멀티미디어 프랜차이즈 경험에 빠져
서는 안 될 필수 요소가 되었다. 지난 3년 동안 「포트나이트」는 미
국 프로 미식축구 리그(NFL)와 국제축구연맹(FIFA, 피파), 디즈니의
마블 코믹스, 「스타워즈」, 「에일리언」, 워너 브라더스의 DC 코믹스,
라이언스게이트의 「존 윅」, 마이크로소프트의 「헤일로」, 소니의 「갓
오브 워」와 「호라이즌 제로 던」, 캡콤의 「스트리트 파이터」, 미국의
장난감 회사 해즈브로의 지.아이.조, 나이키, 마이클 조던Michael Jordan,
트래비스 스콧 등과 협업해 경험을 만들어냈다.

그러나 브랜드 기업들이 이러한 경험에 참여하려면 그동안 거의
허용하지 않았던 부분까지 수용해야 한다. 이를테면 라이선스에 기
간 제한이 없고(플레이어가 게임 속 의상을 영구히 보관할 수 있어야 한
다), 마케팅 기간이 겹치거나(일부 브랜드 이벤트는 겨우 며칠 차이가 나
거나 완전히 겹칠 수 있다), 편집권을 거의 또는 전혀 갖지 못해도 이해
해야 한다. 요컨대, 이제 브라질 축구선수 네이마르Neymar Jr.처럼 옷을
입고, 아기 요다 또는 에어 조던이 그려진 배낭을 메고, 아쿠아맨의

삼지창을 들고서 가상의 스타크 인더스트리(마블 코믹스에 등장하는 가상의 미국 기업으로, CEO는 아이언맨인 토니 스타크다―옮긴이)를 둘러보는 것이 가능해졌다는 의미다. 브랜드 기업들은 이러한 일이 일어나기를 **원하고** 있다.

상호 운용성이 진정으로 가치가 있다면 궁극적으로 금전적 보상과 경쟁 압력이 문제를 해결해 줄 것이다. 개발자는 결국 기술적으로나 상업적으로 메타버스 비즈니스 모델을 지원하는 방법을 알아낼 것이고, 메타버스의 커다란 경제를 활용하며 '레거시' 게임 제작자(여기에서는 과거의 낡은 기술이나 방식을 따르는 오래된 기업을 일컫는다―옮긴이)들을 뛰어넘을 것이다.

게임을 무료로 제공해 수익성을 높이는 사례들을 통해 우리는 한 가지 교훈을 얻을 수 있다. 무료 게임 비즈니스 모델에서 플레이어는 게임을 다운로드하고 설치하고 플레이할 때 비용이 전혀 들지 않지만, 게임을 진행하면서 추가 레벨이나 장식 아이템 등 옵션을 구매할 수 있다. 이러한 모델이 2000년대에 처음 도입되었을 때도, 그로부터 10년이 지난 후에도 무료 게임이 수익성을 낮추고 최악의 경우 업계를 잠식할 것이라고 믿는 사람이 많았다. 그렇지만 무료 게임은 수익을 창출하는 가장 좋은 방법이자 비디오게임이 문화적 우위를 점하도록 뒷받침하는 핵심 동인이라는 점이 입증되었다. 돈을 내지 않는 플레이어가 많았지만, 전체 플레이어 수가 많이 늘어났고 유료 플레이어에게는 오히려 더 많이 지출할 유인이 되기도 했다. 결과적으로 플레이어는 자신의 맞춤형 아바타를 과시하며 보여줄 사람이 많아질수록 더 많은 비용을 지불하게 된다.

무료 플레이가 도입되면서 댄스를 시작으로 음성 변조기와 '배틀 패스(게임플레이를 통해 레벨을 올리거나 미션을 달성하면 각종 보상을 얻는 시스템—옮긴이)'에 이르기까지 플레이어에게 판매할 새로운 상품이 생겨났듯, 상호 운용성도 새로운 상품을 만들어낼 것이다. 개발자는 애셋의 코드에 성능 저하를 적용할 수 있다. 가령 어떤 스킨이 100시간 동안, 또는 게임 500회에 걸쳐, 또는 3년 동안 작동되며 시간이 갈수록 서서히 마모되도록 설계할 수 있다. 아니면 사용자가 어떤 아이템을 한 배급사의 게임에서 다른 경쟁사의 게임으로 가져오기 위해 추가 요금을 지불하거나('현실 세계'에서 많은 상품에 수입 관세가 붙는 것과 같다) 처음부터 '상호 운용 가능한 버전'을 더 비싼 값에 구매해야 할 수도 있다. 물론 모든 가상 세계가 광범위하게 상호 운용 가능한 모델로 전환되진 않을 것이다. 오늘날에는 무료로 플레이할 수 있는 멀티플레이어 온라인 게임이 널리 보급되고 있지만, 많은 게임이 여전히 유료, 1인용, 오프라인 등의 형태(때로는 세 가지 모두에 해당)로 제공된다.

웹3에 주목한 독자라면 내가 왜 아직 블록체인, 암호화폐, 대체 불가능한 토큰(NFT)을 다루지 않는지 의아할 것이다. 서로 밀접하게 연관된 이 세 가지 혁신은 우리가 경험할 가상 미래에 토대를 이루는 역할을 할 것으로 보이며, 이미 끝없이 확장되는 일련의 가상 세계와 경험에서 일종의 공통 표준으로 통하고 있다. 하지만 이러한 기술을 검토하기 전에 먼저 메타버스에서 하드웨어와 결제가 수행하는 역할을 살펴볼 필요가 있다.

9장

하드웨어

애플과 마이크로소프트의 미래

많은 사람에게 메타버스에서 가장 흥미진진한 부분은 메타버스에 접속하고, 렌더링하고, 운영하는 데 사용할 수 있는 새로운 장치의 개발일 것이다. 이것은 일반적으로 매우 강력하면서도 가벼운 증강현실과 몰입형 가상현실 헤드셋이 가져올 미래상으로 이어진다. 이러한 장치는 메타버스에 꼭 필요한 요소는 아니지만, 종종 메타버스의 많은 가상 세계를 경험하기에 가장 적절하거나 자연스러운 방법으로 여겨진다. 새로운 장치에 대한 소비자의 수요가 아직 판매로 이어지지 않았음에도 많은 경영진이 이러한 시각에 동의하는 것으로 보인다.

마이크로소프트는 2010년에 홀로렌즈 AR 헤드셋과 플랫폼 개발을 시작했고, 2016년에 첫 번째 장치를, 2019년에 두 번째 장치를 출시했다. 시장에 출시된 지 5년이 지난 후에도 누적 출하량은 50만 대에도 미치지 못했다. 그럼에도 이 부문에 대한 투자는 계속되었다. 마이크로소프트의 CEO 사티아 나델라는 지금도 회사의 야심 찬 메타버스 비전을 밝힐 때마다 투자자와 고객에게 이 장치의 중요성을 강조한다.

구글의 AR 장치인 구글 글래스는 2013년에 출시되자마자 가전제품 역사상 가장 과장되고 실패한 제품으로 손꼽히는 불명예를 얻었지만, 구글은 계속해서 투자를 아끼지 않았다. 2017년에는 구글 글래스 엔터프라이즈 에디션이라는 이름을 붙여 업데이트된 모델을 출시했고, 2019년 후반에도 후속 제품을 출시했다. 2020년 6월 이후 구글은 10~20억 달러를 들여 노스와 랙시엄 등 AR 글래스 관련 신생 기업을 인수했다.

VR 기술을 개발하려는 구글의 노력은 구글 글래스만큼 언론의 주목을 받진 못했지만, 중요한 의미를 갖는 동시에 확실히 실망스럽기도 하다. 2014년 구글이 진행한 첫 번째 시도에는 구글 카드보드라는 이름이 붙여졌고 몰입형 가상현실에 대한 세간의 관심을 불러일으키는 것을 목표로 삼았다. 구글은 개발자가 자바, 유니티 또는 애플의 메탈 기반 VR 전용 앱을 만드는 데 도움이 되는 개발자용 카드보드 소프트웨어 개발 키트를 제작했으며, 사용자가 새 장치를 구매하지 않고도 VR을 경험할 수 있도록 아이폰 또는 안드로이드 장치에 탑재할 수 있는 15달러짜리 접이식 카드보드 '뷰어'도 만들었다. 구글은 카드보드를 발표한 지 1년 후에 VR 영화 제작을 위한 플랫폼이자 생태계인 점프와 VR 기반 현장 학습을 제공하는 데 초점을 맞춘 교육자용 프로그램 익스페디션을 공개했다. 카드보드는 매우 인상적인 기록을 달성했다. 구글은 5년 만에 뷰어 1500만 대를 판매했다. 카드보드 지원 앱의 다운로드 횟수는 거의 2억 회에 달했고, 익스페디션이 출시된 첫해에만 100만 명이 넘는 학생들이 익스페디션 투어에 한 번 이상 참여했다. 그러나 이러한 수치는 영감보다는 소비자의 호기심에 기대어 달성한 결과였다. 2019년 11월, 구글은 카드보드 프로젝트를 종료하고 소프트웨어 개발 키트를 오픈소스로 공개했다. (익스페디션은 2021년 6월에 서비스가 중단되었다.)

2016년 구글은 카드보드의 기반을 개선하기 위해 두 번째 VR 플랫폼인 데이드림을 출시했다. 개선 작업은 데이드림 뷰어의 품질에서 시작되었다. 가격이 80~100달러로 책정된 이 헤드셋은 폼 소재와 부드러운 패브릭 커버(네 가지 색상으로 제공되었다)가 특징이며, 사용할 때마다 손으로 들고 있어야 했던 카드보드 뷰어와 달리 사용자의 머리에 끈으로 묶어 사용할 수 있었다. 데이드림 뷰어에는 작은 전용 리모컨이 포함되었고, 사용자가 직접 설정하지 않아도 기기 차원에서 현재 사용 중인 스마트폰의 상태를 자동으로 인식하고 VR 모드로 전환할 수 있는 NFC(근거리 무선통신) 칩이 탑재되었다. 데이드림은 언론에서 긍정적인 평가를 받았고 HBO, 훌루 등 여러 기업이 VR 전용 앱을 만들도록 이끄는 데는 성공했지만, 정작 소비자들은 이 플랫폼에 그다지 관심을 보이지 않았다. 구글은 카드보드를 종료하는 동시에 데이드림 프로젝트도 취소했다.

구글은 AR과 VR 분야에서 고군분투하고 있지만, 여전히 이러한 경험이 메타버스 전략을 세우는 데 중추적인 역할을 할 것이라고 생각하는 듯하다. 2021년 10월, 페이스북이 미래 비전을 대중에게 발표한 지 불과 몇 주 만에 구글 AR 및 VR 부문 책임자인 클레이 베이버Clay Bavor는 사내의 새로운 그룹인 '구글 랩스'의 책임자로 선임되어 구글(알파벳)의 CEO 선다 피차이에게 직접 보고했다. 구글의 기존 AR, VR, 가상화 프로젝트, 사내 인큐베이터인 에어리어 120을 비롯해 "잠재력이 높은 장기 프로젝트"가 모두 구글 랩스에 포함된다. 언론 보도에 따르면, 구글은 2024년에 새로운 VR 및 AR 헤드셋 플랫폼을 출시할 예정이다.

2014년 아마존은 자사 역사상 최초이자 유일한 스마트폰인 파이어폰을 출시했다. 스마트폰 시장을 선도하는 안드로이드 그리고 iOS와 차별화된 특징은 사용자의 머리 움직임에 따라 인터페이스를 조정하는 전면 카메라를 4개나 탑재했고, 텍스트와 사운드, 시각적 개체를 자동으로 인식하는 소프트웨어 도구인 파이어플라이를 사용했다는 점이다. 이 스마트폰은 줄시된 지 1년 만에 단종되어 아마존의 가장 큰 실패작으로 기록되었다. 아마존은 팔리지 않은 재고에 대해 1억 7000만 달러를 감가상각했다. 뒤이어 아마존은 디스플레이 장치가 없는 대신 통합 오디오, 블루투스, 알렉사 인공지능 비서 기능을 포함한 글래스인 에코 프레임 개발에 착수했다. 2019년에 첫 번째 에코 프레임이 출시되었고, 그로부터 1년 후에는 업데이트된 모델 에디션이 출시되었는데 두 버전 모두 그다지 잘 팔리진 않은 것으로 보인다.

AR과 VR 장치를 공개적으로 지지하는 대표적인 인물로는 마크 저커버그가 있다. 2014년 페이스북은 오큘러스 VR을 23억 달러에 인수했는데, 이는 2년 전 인스타그램 인수 금액의 2배가 넘는 금액이었다. 당시 오큘러스는 자신들이 개발한 장치를 대중에게 공개하지도 않은 상태였다. 그 후 얼마 지나지 않아 저커버그와 페이스북 임원들은 VR 헤드셋 PC가 전문가를 위한 기본 컴퓨터가 되고 AR 글래스는 소비자가 디지털 세계에 접속하는 주된 방법이 될 것이라는 전망을 공개적으로 밝혔다. 8년 후 페이스북은 오큘러스 퀘스트 2가 2020년 10월부터 2021년 12월까지 1000만 대 이상 판매되었다고 발표했다. 이는 같은 시기에 출시된 마이크로소프트의 새로운 엑스박스 시리즈 S와 X 콘솔 판매량을 크게 웃도는 수치였다. 그러나 오큘러스는 아직 PC를 대체하지 못했고, 페이스북 또한 AR 장치를 출시하지 못했다. 그렇지만 페이스북은 매년 메타버스에 투자하는 100~150억 달러 중 대부분을 AR과 VR 장치에 집중적으로 투입하는 것으로 보인다.

애플은 평소와 같이 AR 또는 VR에 대한 계획이나 신념조차 기밀로 유지해 왔지만, 애플의 인수와 특허 출원 움직임이 속속 드러나고 있다. 지난 3년 동안 애플은 AR 헤드셋 토템을 생산한 버바나, AR 제품용 렌즈를 생산한 아코니아, 기계 학습 소프트웨어로 얼굴 표정과 포착된 감정을 추적하는 이모션트, 안면 인식 기술 회사인 리얼페이스, 사용자의 얼굴 움직임을 3D 아바타로 다시 매핑하는 페이스시프트 등 여러 신생 기업을 인수했다. 또한 VR 콘텐츠 제작자인 넥스트VR을 비롯해 화상회의 소프트웨어를 위한 위치 기반 VR 엔터테인먼트와 VR 기반 경험을 제작한 스페이시스도 인수했다. 애플은 평균적으로 연간 2000개 이상의 특허를 등록한다(특허 출원 수는 더 많다). 그중 수백여 개는 VR, AR 또는 신체 추적 기술과 관련이 있다.

빅테크 기업 외에도 중견 소셜 기술 기업 상당수가 소비자 전자 제품을 생산, 공급하는 것은 물론이고 생산 이력이 거의 또는 전혀 없는데도 자체 AR과 VR 하드웨어 개발에 투자하고 있다. 예를 들어, 스냅의 첫 AR 글래스인 2017년형 스펙터클은 기술이나 경험 또는 판매 측면에서 거둔 성공보다는 팝업 자판기를 통한 판매 방식을 두고 더 많은 호평을 받았음에도, 스냅은 지난 5년 동안 3개의 새로운 모델을 출시했다.

소비자와 개발자가 이러한 장치를 여전히 받아들이지 않는 상황에서 기업들이 엄청난 규모로 관련 투자를 지속하는 이유는 역사가 반복될 것이라는 믿음 때문이다. 컴퓨팅과 네트워킹에 대규모 전환이 일어날 때마다 해당 기능에 더 적합한 새로운 장치가 등장한다. 그러한 장치를 가장 먼저 점유하는 기업은 차례로 새로운 비즈니스 분야를 만들어낼 뿐만 아니라 기술 시장에서 나타나는 힘의 균형을 바꿀 기회를 거머쥐게 된다. 따라서 마이크로소프트, 페이스북, 스냅, 나이언틱과 같은 기업들은 AR과 VR 분야에서 고군분투함으로써, 모바일 시대의 가장 지배적인 플랫폼을 운영하는 애플과 구글을 언젠가는 자신들이 대체할 수도 있을 것이라고 믿고 있다. 애플과 구글 역시 그들의 도전과 이러한 파괴에서 벗어나기 위해 투자를 해야 한다고 생각한다. AR과 VR이 차세대 장치 기술이라는 믿음을 입증하는 초기 징후가 나타났다. 2021년 3월, 미국 육군은 향후 10년 동안 마이크로소프트에서 맞춤형 홀로렌즈 장치를 최대 12만 대 정도 구매할 것이라고 발표했다. 이 계약의 가치는 220억 달러로 추산되며 헤드셋 하나만 거의 20만 달러에 육박한다(여기에는 하드웨어 업그레이드, 수리, 맞춤형 소프트웨어, 기타 애저 클라우드 컴퓨팅 서비스가 포함된다).

혼합 현실mixed-reality 장치가 차세대 기술임을 나타내는 또 다른 징후는, 대규모 도입을 방해할 만한 VR과 AR 헤드셋의 수많은 기술적 결함을 이제 식별할 수 있다는 점일 것이다. 그런 의미에서 스마트폰 시대 이전에 애플의 뉴턴 태블릿이 불운을 겪었던 것처럼, 최근 출시된 장치들도 메타버스 시대에 선두에 선 탓에 불운을 겪는 것이라는 주장도 있다. 1993년에 출시된 뉴턴은 터치스크린, 전용 모바일 운영체제와 소프트웨어 등 일반적인 모바일 장치가 가질 만한 많은 기능을 이미 제공했지만 부족한 면도 많았다. 뉴턴은 거의 키보드 크기(무게는 훨씬 더 나갔다)에 달했고 모바일 데이터 네트워크에 접속할 수 없었으며, 사용자는 손가락이 아닌 디지털 펜을 사용해야 했다.

AR과 VR에서 나타나는 한 가지 중요한 제약은 장치 디스플레이다. 2016년에 최초로 출시된 소비자용 오큘러스의 해상도는 한쪽 눈당 1080×1200 픽셀인 반면 그로부터 4년 후에 출시된 오큘러스 퀘스트 2의 해상도는 1832×1920(대략 4K에 해당)이었다. 오큘러스 창업자 중 한 명인 팔머 럭키Palmer Luckey는 VR이 픽실레이션 문제(실제 사람의 동작을 애니메이션처럼 띄엄띄엄 나눠 찍는 기법으로, 동작이 다소 부자연스럽게 보인다—옮긴이)를 극복하고 주류 장치로 편입되기 위해서는 해상도가 오큘러스 퀘스트 2의 2배 이상이어야 한다고 말한다. 첫 번째 오큘러스는 최대 90헤르츠 재생률refresh rate(초당 90프레임)을 기록한 반면 두 번째 오큘러스는 72~80헤르츠를 기록했다. 최근 버전인 2020년형 오큘러스 퀘스트 2는 기본적으로 72헤르츠로 설정되어 있지만, 대부분의 게임을 90헤르츠로 지원하며 연산력이 덜 필요한 게임에서는 120헤르츠까지 '실험적인 지원'을 제공한다. 많은 전문가가 120헤르츠를 방향 감각을 상실하거나 메스꺼움을 느끼는 위험을 피할 수 있는 최소 임계값으로 여긴다. 골드만삭스에서 발행한 보고서에 따르면, 몰입형 VR 헤드셋을 사용해 본 사람들의 14퍼센트는 장치를 사용하는 동안 멀미를 '자주' 경험하고 19퍼센트는 '가끔' 경험한다고 답했고, 25퍼센트는 전혀 경험하지 않는 것은 아니지만 드물게 경험한다고 답했다.

AR 장치에는 그보다 더 엄청난 제약이 있다. 일반적으로 인간은 수평으로 대략 200~220도, 수직으로 135도까지 볼 수 있는데, 이는 대략 250도인 대각선 시야각을 나타낸다. 약 500달러에 판매되는 스냅 AR 글래스 최신 버전은 대각선 시야각이 26.3도이며 초당 30프레임으로 실행되는데, 이는 사용자가 볼 수 있는 시야의 약 10퍼센트가 '증강'될 수 있음을 의미한다. 마이크로소프트의 홀로렌즈 2는 가격이 3500달러이며 스냅보다 시야와 프레임 속도가 2배에 달하고 렌즈 전체(헤드의 상당 부분)가 장치로 덮여 있음에도 사용자 시야의 20퍼센트만 증강할 수 있다. 홀로렌즈 2의 무게는 566그램 또는 1.25파운드(비교하자면, 가장 가벼운 아이폰 13의 무게가 174그램이고, 아이폰 13 프로 맥스의 무게는 240그램이다)이며 활성 사용 시간은 2~3시간에 불과하다. 스냅에서 출시한 스펙터클 4의 무게는 134그램이며 작동 시간은 30분이다.

우리 시대가 직면한 가장 어려운 기술적 도전

우리는 기술 기업들이 디스플레이를 개선하고, 무게를 줄이고, 배터리 수명을 늘리는 동시에 새로운 기능을 추가할 방법을 필연적으로 발견할 것이라고 당연하게 생각하곤 한다. TV 해상도는 매년 증가하는 것처럼 보이지만, 지원되는 재생률이 상승하고 가격은 하락하며 장치 자체의 측면 두께는 얇아지고 있다. 하지만 마크 저커버그는 "우리 시대가 직면한 가장 어려운 기술적 도전은 슈퍼컴퓨터를 평범하게 생긴 안경 틀에 맞춰 집어넣는 일"일 수 있다고 말했다.[1] 앞서 컴퓨팅에 대해 논했듯이, 게임 장치는 이전에 생성된 프레임을 단순히 '표시'만 하는 것이 아니며, TV처럼 프레임을 자체적으로 렌더링해야 한다. 지연 시간 문제가 발생할 때처럼 AR과 VR 헤드셋으로 가능한 작업과 관련해서도 우주의 법칙에 따라 실질적인 제약이 가해질 수 있다.

프레임당 렌더링되는 픽셀 수와 초당 프레임 수를 모두 늘리려면 엄청난 처리 능력이 필요하다. 그러한 처리 능력을 거실 선반에 놓거나 손으로 쥐는 것이 아니라 사용자가 머리에 편안하게 착용할 수 있도록 장치 내부에 탑재해야 한다. 결정적으로 더 많은 픽셀을 렌더링하는 데 그치지 않고 그 이상을 수행할 수 있는 AR과 VR 프로세서도 필요하다.

오큘러스 퀘스트 2는 장애물의 규모를 알려준다. 다른 게임 플랫폼과 마찬가지로, 페이스북의 VR 장치에는 배틀로열 게임인 「포퓰레이션: 원」이 설치되어 있다. 「콜 오브 듀티: 워존」이 150명, 「포트나이트」가 100명, 「프리 파이어」가 50명의 동시 사용자를 지원하는 반면 이 배틀로열 게임은 동시 사용자를 18명으로 제한한다. 오큘러스 퀘스트 2는 그 이상을 처리하지 못한다. 게다가 이 게임의 그래픽은 2020년에 출시된 플레이스테이션 5나 2013년에 나온 플레이스테이션 4는커녕 2006년 플레이스테이션 3가 구현할 법한 수준에 가깝다.

콘솔이나 PC에서 일반적으로 요구하지 않는 작업을 수행하려면 AR과 VR 장치가 필요하다. 예를 들어, 페이스북의 오큘러스 퀘스트 장치에는 외장 카메라 한 쌍이 포함되어 있다. 이 카메라는 부딪힐 만한 물리적 물체나 벽이 나타나 사용자에게 조심하라고 알려줄 때 활용될 수 있다. 동시에 사용자의 손을 추적할 수 있어 특정 동작이나 손가락 움직임을 인식한다. 이 기술은 가상 세계 내에서 손을 재구현하거나 물리적 버튼을 누르는 대신 손을 컨트롤러(제어장치)로 사용할 때 도움이 된다. 이것은 실제 컨트롤러를 대체하기에는 부족해 보일 수 있지만, VR과 AR 헤드셋 소유자가 컨트롤러를 손에 든 채로 거리를 걸어 다니거나 이동할 필요가 없어 편리하다. 저커버그는 AR과 VR 헤드셋 내부에 카메라를 넣어 사용자의 얼굴과 눈을 스캔하고 추적해서 얼굴과 눈동자의 움직임만으로도 사용자의 아바타를 조종할 수 있는 기능을 제공하고 싶다고 말했다. 하지만 이처럼 카메라를 추가하면 헤드셋의 무게와 부피가 늘어나고 더 많은 배터리 전력과 연산력이 필요할 수밖에 없다. 물론 제조 단가도 올라간다.

균형 잡힌 관점에서 바라보기 위해 마이크로소프트의 홀로렌즈

2와 스냅의 스펙터클 4를 비교해 보기로 하자. 전자는 후자의 2배에 달하는 시야각과 프레임 속도를 제공하지만, 가격이 7배(전자는 3000~3500달러, 후자는 500달러), 무게는 4배 수준으로 차이가 난다. 게다가 생김새는 미래 지향적인 레이밴 선글라스 스타일과는 거리가 멀고, 오히려 사이보그의 머리와 안면 덮개를 닮았다. 소비자용 AR 장치가 인기를 끌려면 홀로렌즈보다 강력하면서도, 스펙터클 4보다 크기가 작은 장치가 필요할 것으로 보인다. 산업용 AR 헤드셋은 더 커질 수 있지만 헬멧 안에 들어가고 목의 피로감을 최소화해야 한다는 필요성이 대두되며 제약을 받고 있고, 그 외에도 개선해야 할 점이 많다.

'슈퍼컴퓨터 글래스'라는 엄청난 기술적 도전은 이 분야에 연간 수백억 달러가 투입되는 이유를 설명해 준다. 하지만 이러한 대규모 투자가 이뤄지더라도 난제를 극복할 돌파구는 하루아침에 불쑥 튀어나오지 않을 것이다. 그렇지만 AR과 VR 장치의 가격을 낮추고 크기를 줄이는 동시에 컴퓨팅 연산력과 기능을 향상시키는 과정은 꾸준히 이어질 것이다. 특정 하드웨어 플랫폼이나 부품 공급업체가 핵심 장벽을 허물더라도 나머지 시장이 뒤따르기까지는 보통 2~3년이 걸린다. 특정 플랫폼을 궁극적으로 차별화하는 요인은 바로 플랫폼이 제공하는 경험이다.

이러한 과정은 모바일 시대에 가장 큰 성공을 거둔 제품인 아이폰의 역사에서 분명히 확인할 수 있다.

오늘날 애플은 제품 내부에 들어가는 많은 칩과 센서를 직접 설계하지만, 처음에 출시한 몇몇 모델은 다른 공급업체에서 생산한 부품으로 구성했다. 예컨대, 첫 번째 아이폰의 CPU는 삼성, GPU는 이미지네이션 테크놀로지, 다양한 이미지 센서는 마이크론 테크놀로지, 터치스크린 유리는 코닝 등에서 공급받은 것이다. 애플의 혁신은 실체가 그리 뚜렷하지 않았다. 이러한 부품들이 어떻게, 언제, 왜 결합되었는지도 명확하게 알려지지 않았다.

분명한 사실은 애플이 물리적 키보드를 완전히 제쳐두고 터치스크린에 회사의 명운을 걸었다는 점이다. 당시 이러한 움직임은 특히 시장을 선도하고 있었던 마이크로소프트와 블랙베리로부터 조롱을 받기도 했다. 1990년대 중반부터 2000년대 후반까지 스마트폰 판매의 대부분은 대기업과 중소기업 고객이 차지하고 있었지만, 오히려 애플은 소비자에게 집중하는 길을 선택했다. 그보다 더 과감한 시도는 아이폰의 가격이었다. 당시 블랙베리를 비롯해 다른 경쟁 스마트폰의 가격이 250~300달러(회사에서 업무용 스마트폰으로 제공하는 경우가 많아서 최종 사용자에게는 무료나 다름없었다)인 것에 비해 아이폰의 가격은 500~600달러로 비쌌다. 애플의 공동 창업자이자 CEO인 스티브 잡스는 이 500달러짜리 장치가 무료로 제공되는 200달러 또는 300달러 장치보다 훨씬 탁월한 가치를 제공한다고 믿었다.

터치스크린, 목표 시장, 가격대를 놓고 과감하게 베팅한 잡스의 결정은 모두 옳았다. 애플이 선택한 인터페이스는 종종 모순적으로 보이면서도 복잡성과 단순성 사이에서 팽팽한 긴장을 유지했고 아이폰의 인기를 끌어올리는 데 도움이 되었다. 아이폰의 '홈 버튼'은 좋은 사례연구 자료다.

잡스는 물리적 키보드에 딱히 관심을 보이지 않았지만, 아이폰 전면에는 커다란 '홈 버튼'을 배치했다. 지금은 홈 버튼이 친숙한 디자인 요소로 자리 잡았지만, 당시에는 참신한 접근 방식이었다. 그러한 선택으로 상당한 대가를 치르기도 했다. 홈 버튼 대신 그 공간에 더 큰 화면이나 오래 지속되는 배터리 또는 더 강력한 프로세서가 차지할 수도 있었다. 하지만 잡스는 홈 버튼이 소비자에게 터치스크린과 주머니 크기의 작은 컴퓨팅 장치를 소개하는 데 필수적인 요소라고 생각했다. 사용자는 아이폰의 터치스크린에서 무슨 일이 벌어지든 상관없이 홈 버튼을 누르면 언제든지 바로 메인 화면으로 돌아갈 수 있다는 사실을 알 수 있었고, 이러한 기능은 폴더폰 뚜껑을 닫는 것과 다르지 않았다.

첫 번째 아이폰을 출시한 지 4년이 지난 2011년, 애플은 자체 운영체제에 멀티태스킹이라는 새로운 기능을 추가했다. 이전에는 사용자가 미리 정해진 몇 가지 애플리케이션만 동시에 작동시킬 수 있었다. 예컨대, 《뉴욕 타임스》 앱에서 기사를 읽으면서 동시에 아이팟 앱을 통해 음악을 들을 수는 있지만, 이때 페이스북 앱을 열면 《뉴욕 타임스》 앱은 종료된다. 사용자가 《뉴욕 타임스》 앱에서 읽고 있었던 기사로 되돌아가려면 앱을 다시 열어 해당 기사를 클릭하고 읽고 있었던 위치를 다시 찾아야 했다. 그러면 또, 다른 앱으로 이동했으니 페이스북 앱은 종료된다. 하지만 이제 사용자는 멀티태스킹 기능을 통해 다른 앱으로 전환하는 동안 사용하던 앱을 효과적으로 '일시 중지'할 수 있게 되었다. 이 모든 작업은 홈 버튼으로 관리하는데, 사용자가 홈 버튼을 클릭하면 앱이 일시 중지되고 홈 화면으로 돌아간다. 홈 버튼을 두 번 클릭하면 앱은 계속 일시 중지되고 일시 중지된 모든 앱이 화면에 표시되어 스와이프할 수도 있다.

처음에 출시한 아이폰 모델들도 멀티태스킹을 지원할 수 있었을 것이다. 애플에 이어 비슷한 CPU를 탑재한 다른 스마트폰도 금세 멀티태스킹 기능을 지원했기 때문이다. 하지만 애플은 사용자가 모바일 컴퓨팅 시대에 친숙해질 필요가 있다고 믿었다. 즉, 구현 가능한 기술뿐만 아니라 사용자가 해당 기술을 받아들일 준비가 된 시점에 초점을 맞출 필요가 있었다. 바로 이러한 이유로 애플은 2017년에 이르러서야 10번째 아이폰 출시에 맞춰 물리적인 홈 버튼을 제거하고 대신 화면 하단에서 '위로 스와이프'하는 기능을 넣었다.

새로운 장치라는 카테고리에는 '모범 사례'가 없다. 사실 아이폰의 터치스크린뿐만 아니라 오늘날 우리가 당연하게 여기는 것들이 한때 논란거리로 불거졌던 적도 많았다. 예를 들어, 일부 안드로이드 빌드와 앱은 처음에 애플의 '핀치 투 줌(화면을 엄지와 검지로 벌리듯 확대하거나 조이듯 축소하는 기능—옮긴이)' 개념을 사용하긴 했지만, 방식을 정반대로 생각했다. 즉 손가락을 가까이 모으면 보고 있는 화면이 멀어지는 것이 아니라 더 가까워져야 맞는다고 본 것이다. 지금은 이러한 논리를 상상하기조차 힘들지만, 사실 그것은 우리가 부분적으로 반대 방식이 당연하다고 생각하게끔 지난 15년 동안 훈련을 받았기 때문이다. 애플의 '밀어서 잠금 해제'는 매우 참신한 기능으로 여겨졌고, 애플은 이 기능으로 특허까지 받았다. 미국 항소 법원에서 애플이 소유한 여러 특허 중 이 특허를 삼성이 침해했다고 판결하면서 삼성은 1억 2000만 달러가 넘는 배상금을 애플에 지급하게 되었다. 앱스토어 모델에 대해서도 논란이 일었다. 애플이 자체 스토어를 출시한 지 2년 후, 그리고 그 유명한 "이를 위한 앱이 있습니다" 캠페인을 펼친 지 1년 후인 2010년이 되어서야 스마트폰 강자였던 블랙베리도 자체 앱스토어를 출시했다. 블랙베리는 비즈니스 사용자와 보안에 중점을 두었기 때문에 매우 엄격한 정책을 폈다. 블랙베리의 애플리케이션 개발 키트에 접근할 권한을 얻으려면 공증 문서를 제출해야 했을 정도로 복잡해서 많은 개발자가 블랙베리의 플랫폼에는 진출하려는 생각조차 하지 않았다.

이미 VR과 AR 경쟁에서 '스마트폰 전쟁'의 영향이 포착되고 있다. 앞서 살펴보았듯이, 스냅의 AR 글래스는 일반 소비자를 대상으로 하며 가격이 500달러 미만으로 책정되었지만, 마이크로소프트 제품은 기업과 전문가를 대상으로 하며 가격이 3000달러 이상으로 책정되었다. 구글은 수백 또는 수천 달러에 VR 헤드셋을 판매하기보다 100달러 미만에 구매할 수 있는 '뷰어'에 소비자가 이미 갖고 있는 고가의 스마트폰을 장착하는 방안을 밀고 있다. 아마존의 증강현실 글래스는 디지털 디스플레이조차 탑재하고 있지 않지만, 오디오 기반 알렉사 인공지능 비서와 트렌디한 외형을 강조한다. 마이크로소프트와 달리 페이스북은 AR보다 VR에 비중을 두고 있는 것으로 보인다. 저커버그와 고위 간부들은 클라우드 게임 스트리밍이야말로 VR 사용자가 높은 동시성과 생동감 넘치는 렌더링이 특징인 시뮬레이션에 참여할 수 있는 유일한 방법이 될 것이라고 밝혔다. 더 나아가 저커버그는 페이스북이 소셜 미디어에 집중하는 기업인 만큼 AR 장치를 개발할 때 얼굴과 시선을 추적하는 카메라와 센서, 기능에 더 중점을 두겠다고 말했다. 이러한 행보는 장치의 크기를 최소화하거나 장치의 미학을 극대화하는 데 집중하는 경쟁 업체들과 대비된다. 하지만 장치 개요와 기능 또는 가격과 기능 사이에서 정확한 절충점을 인지하고 있는 업체는 아직 없다. 저커버그는 개발자들이 애플과 구글의 폐쇄형 앱스토어 모델(다음 장에서 더 자세히 다룰 것이다)에 대해 갖는 불만을 지적하며 오큘러스를 '개방형'으로 유지하겠다고 약속했다. 그렇게 되면 개발자는 사용자에게 앱을 직접 배포할 수 있고, 사용자는 오큘러스 장치에 오큘러스 이외에 다른 앱스토어도 설치할 수 있게 된다. 이것은 확실히 개발자를 유치하는 데 도움이 되지만, 장치에 장착되는 카메라 수가 증가하면 사용자의 개인 정보 보호와 데이터 보안을 위협하는 새로운 요인이 될 수도 있다.

AR과 VR의 경우, 하드웨어 문제가 스마트폰 문제보다 확실히 더 심각해 보인다. 2D 터치 방식에서 대체로 무형인 3D 공간으로 인터페이스를 적용하면 인터페이스 디자인도 더욱 어려워질 것이다. AR과 VR 분야에서 '핀치 투 줌' 또는 '밀어서 잠금 해제'에 상응하는 기술은 무엇일까? 사용자는 정확히 언제, 그리고 무엇을 수행할 수 있을까?

컴퓨터, 아이폰, 글래스, 워치… 그 다음은?

몰입형 헤드셋에 많은 투자가 이뤄지는 동시에 기본 컴퓨팅 장치를 대체하기보다 이를 보완할 새로운 메타버스 중심의 하드웨어를 생산하려는 노력이 끊임없이 이어지고 있다. 일각에서는 AR과 VR 장치가 언젠가 컴퓨팅 장치를 대체할 것으로 전망하기도 한다.

흔히 게이머는 가상 세계에서 아바타에게 일어나는 일을 시뮬레이션하기 위해 물리적 반응(즉 '햅틱' 반응, 힘과 진동과 움직임 등을 적용해 촉각을 구현하는 기술―옮긴이)을 제공할 수 있는 스마트 장갑과 바디 슈트를 착용하는 모습을 상상하기 쉽다. 오늘날 그러한 장치가 다수 존재하지만, 가격이 비싸고 기능적으로 한계가 있어 보통은 산업용으로만 사용된다. 특히 그러한 웨어러블(착용 가능한) 장치는 작은 에어 포켓을 부풀리는 전기 활성 작동기와 모터로 구성된 네트워크를 사용해서 장치 소유자에게 압력을 가하거나 움직임을 제한한다.

햅틱 진동 기술은 닌텐도가 1997년 닌텐도 64 전용 럼블 팩을 출시한 이후로 크게 발전해 왔다. 예를 들어, 오늘날 콘솔 컨트롤러 트리거는 상황별 저항 반응을 더해 프로그래밍될 수 있다. 엽총, 저격총, 석궁은 모두 똑같이 '당기더라도' 플레이어에게 전달되는 **느낌**은 다를 것이다. 플레이어는 석궁의 저항력을 견뎌내기 위해 애를 쓰고 실제로는 존재하지도 않는 가상의 활시위가 손끝에 전달하는 진동을 감지할 수도 있다.

또 다른 햅틱 인터페이스 장치는 마이크로 전자기계 시스템(MEMS) 그리드에서 초음파(즉, 인간이 들을 수 있는 가청 범위를 넘어서는 기계적 에너지 파동)를 발산하여 장치 앞에 떠다니는 공기 중에 소위 '힘의 영역(역장)'을 생성한다. 구멍이 뚫린 소형 주석 상자처럼 생긴 이 장치가 생성한 역장은 일반적으로 높이와 너비가 15센티미터 또는 20센티미터 미만이지만, 이 미묘한 차이가 놀라운 결과를 불러일으킨다. 실험 대상자들은 테디 베어 인형 모양부터 볼링공, 모래성이 부서지는 모양에 이르기까지 모든 형태를 감지할 수 있다고 한다. 많은 신체 부위 중에서도 손가락 끝에 말초신경이 많이 몰려 있다는 점이 감지하는 데 도움을 주었다. 결정적으로 MEMS 장치는 사용자의 상호작용을 감지해, 소리에 민감한 테디 베어가 공기 중에 사용자의 손짓에 반응하게 하거나, 사용자의 손이 닿은 모래성이 무너지게 할 수도 있다.

장갑과 바디 슈트는 단순히 반응을 전달하는 데 그치지 않고 사용자의 모션 데이터를 캡처하고, 착용자의 몸과 몸짓을 가상 환경에서 실시간으로 재현하는 데 사용될 수 있다. 이러한 정보는 추적 카메라를 사용해서 포착할 수도 있다. 하지만 추적 카메라는 탁 트인 시야가 필요하고 사용자와 상대적으로 근접해야 하며, 한 명 이상을 매우 상세하게 추적해야 할 땐 어려움을 겪을 수 있다. 예를 들어, 가족 단위의 많은 사용자가 '메타버스 방'에 들어가면 추적 카메라가 여러 대 필요하므로 손목이나 발목에 여러 스마트 웨어러블을 추가로 착용해야 할 수 있다.

손목/발목 밴드는 투박해 보일 수 있지만(팔찌나 발찌가 어떻게 모든 손가락을 관찰하는 고화질 카메라를 대체할 수 있겠는가?), 현재 기술 수준도 훌륭한 편이다. 예를 들어, 스마트 워치(시계)인 애플 워치에 장착된 센서는 사용자가 주먹을 쥐거나 펴는 행동과 한두 손가락을 엄지손가락에 붙였다 떼는 행동을 구분할 수 있으며, 이러한 움직임을 사용해서 애플 워치를 비롯해 여러 장치와 상호작용할 수 있다. 게다가 워치를 착용한 사람은 주먹을 쥐는 동작을 사용해서 워치 화면에 커서를 놓은 다음 손의 방향을 움직여 커서를 이동할 수 있다. 관련 소프트웨어인 애플의 어시스티브터치는 전기 심장 모니터, 자이로스코프(평형 상태 측정 기구―옮긴이), 가속도계를 포함해 상당히 보편적인 센서를 사용해 작동한다.

다른 방식은 더 폭넓은 기능을 보장한다. 2014년 페이스북이 오큘러스 VR 인수 이후로 가장 높은 금액에 인수한 기업은 컨트롤랩스다. 컨트롤랩스는 골격근의 전기적 활성을 기록하는(근전도 검사로 불리는 기술) 완장형 장치를 생산하는 신경 인터페이스 신생 기업이다. 컨트롤랩스의 장치는 손목에서 15센티미터 이상 떨어져 있고 손가락에서는 더 멀리 떨어져 있지만, 컨트롤랩스의 소프트웨어를 사용하면 가상 세계 내에서 미세한 제스처를 재현할 수 있다. 예컨대, 손가락을 들어 숫자를 세고, 무언가를 가리키거나, '이리 오라'고 손짓하고, 여러 손가락으로 꼬집는 행동까지 가능하다. 무엇보다 컨트롤랩스의 근전도 신호는 인간의 신체를 재현하는 것을 넘어 다양하게 활용될 수 있다. 예컨대, 컨트롤랩스의 유명한 데모 버전에서는 사용자(이 경우에는 직원)가 자신의 손가락을 게 모양의 로봇에 매핑한 후 주먹을 구부리고 손가락을 움직여 로봇이 앞으로, 뒤로, 옆으로 걷게 만드는 작업이 가능하다.

페이스북은 자체 스마트 워치 제품군을 계획하고 있으며, 애플과 다르게 스마트 워치를 스마트폰에 의존하는 보조 장치로 바라보지 않는다. 페이스북의 워치는 자체 무선 데이터 플랜(요금제)이 제공되며 카메라 두 대를 포함한다. 두 카메라는 모두 분리할 수 있고 배낭이나 모자 등 타사 제품들과 통합될 수 있도록 설계되었다. 한편 구글은 2021년 초에 스마트 웨어러블 기업인 핏빗을 20억 달러 이상을 주고 인수했는데, 이는 구글이 진행한 기업 인수 중 다섯 번째로 큰 규모에 해당한다.

기술이 발전하면서 웨어러블 장치는 크기가 줄어들고 성능이 향상되어 점차 옷에 통합될 것이다. 이러한 발전은 사용자와 메타버스 간 상호작용을 개선하고 사용자가 더 많은 장소에서 메타버스와 상호작용할 수 있도록 도와줄 것이다. 어딜 가든 컨트롤러를 항상 휴대하는 것은 그다지 실용적이지 않다. 일상에서 착용하는 안경에 기술을 접목하는 것이 AR의 주요 목표라면, 섬스틱(게임 컨트롤러에 포함된 작은 조이스틱으로, 엄지손가락으로 작동시킬 수 있다―옮긴이)이나 스마트폰을 꺼내 사용하는 것만으로는 진정한 목적을 달성하지 못한다.

일각에서는 컴퓨팅의 미래가 AR 글래스나 워치, 기타 웨어러블 장치가 아니라 더 작은 것에 있다고 말한다. 2014년, 구글은 불운으로 끝난 구글 글래스를 출시한 지 1년 만에 당뇨병 환자의 혈당 수치 모니터링을 지원하기 위한 첫 번째 구글 콘택트 렌즈 프로젝트를 발표했다. 두 개의 소프트 렌즈로 구성된 이 '장치'에는 무선 칩과 머리카락보다 얇은 무선 안테나가 들어가며, 그 사이에 포도당 센서도 포함된다. 기본 렌즈와 착용자의 눈 사이에는 아주 작은 구멍이 있어 눈물의 혈당 수치를 측정하는 센서에 닿을 수 있다. 무선 안테나는 착용자의 스마트폰에서 전력을 끌어다 쓰는데, 이는 초당 최소 한 번의 판독을 지원하도록 설계되었다. 구글은 혈당 수치가 급등하거나 하락할 때 실시간으로 사용자에게 경고할 수 있는 작은 LED 조명을 추가할 계획이었다.

구글은 당뇨병 스마트 렌즈 프로그램을 시작한 지 4년 만에 중단했는데, 중단한 이유가 그동안 의료계 연구원들이 지적한 대로 "눈물 내 포도당과 혈당 농도 간 상관관계를 측정할 때 일관성이 불충분"한 문제 때문이라고 밝혔다. 그럼에도 구글의 특허 출원 기록을 살펴보면 주요 서구권과 동아시아, 동남아시아의 기술 기업들이 스마트 렌즈 기술에 계속 투자하고 있음을 알 수 있다.

이러한 기술은 인터넷 연결이 여전히 불안정하고 컴퓨팅 자원이 부족한 세상에선 비현실적으로 보일 수 있지만, 1970년대부터 개발에 착수해 계속해서 많은 투자를 유치하고 있는 이른바 뇌-컴퓨터 간 인터페이스(BCI) 기술에 비하면 머지않아 달성할 수 있는 목표로 느껴진다. BCI로 알려진 많은 솔루션이 체내에 삽입하지 않는 비침습형noninvasive 기술이다. 영화 「엑스맨」의 프로페서 X가 쓸 법한 헬멧이나 착용자의 머리카락 아래에 숨겨진 유선 센서 그리드를 상상해 보자. 그 외 다른 BCI는 전극이 뇌 조직에 얼마나 가까이 배치되는지에 따라 체내에 부분적으로 삽입하거나 완전히 삽입하는 침습형invasive으로 나뉜다.

2015년 일론 머스크는 뉴럴링크를 설립했고 지금도 CEO로 재직 중이다. 그는 두께가 4~6마이크로미터(약 0.0009906밀리미터 또는 인간 머리카락 두께의 10분의 1)인 센서를 인간의 뇌에 이식할 수 있는 '재봉틀 같은' 장치를 개발하고 있다고 밝혔다. 2021년 4월, 뉴럴링크는 무선 뉴럴링크 칩을 뇌에 이식한 원숭이가 「퐁」이라는 비디오 게임을 하는 영상을 공개했다. 그로부터 불과 3개월 후, 페이스북은 더 이상 자체 BCI 프로그램에 투자하지 않겠다고 발표했다. 페이스북은 앞서 몇 년 동안 회사 안팎에서 진행되는 여러 프로젝트에 자금을 지원했는데, 여기에는 샌프란시스코 캘리포니아대학교에서 진행한 연구도 포함되었다. 이 실험에서는 헬멧을 통해 두개골에 빛을 쏜 후 여러 뇌세포의 혈액 산소 수준을 측정했다. 이 주제를 다룬 한 블로그 게시물은 "산소화를 측정하는 동안 머릿속에 떠올린 문장을 아예 해독하지 못할 수도 있지만, '홈(home)', '선택', '삭제' 등 소수의 명령어라도 인식할 수 있다면 그것은 오늘날 VR 시스템은 물론이고 미래의 AR 글래스와 상호작용하는 완전히 새로운 방법이 될 것"이라고 설명했다.[2] 또 다른 페이스북 BCI 실험에서는 사용자의 두개골 위에 전극 그물망을 덮어 사용자가 순전히 생각만으로 분당 약 15단어 속도로 글을 작성할 수 있도록 했다(일반적으로 인간은 그보다 2.5배 더 빠른 속도인 분당 39단어를 입력한다). 페이스북은 "머리에 장착하는 광학 [뇌-컴퓨터 간 인터페이스] 기술이 장기적으로 잠재력을 지닌다고 여전히 믿고 있지만, 단기적으로는 가까운 미래에 AR과 VR 시장 진입 가능성이 예상되는 다른 신경 인터페이스 방식에 집중할 예정"[3]이며 "머리에 장착하는 광학 사일런트 스피치 장치(사용자가 말없이 조용히 생각하면 장치가 사용자의 생각에서 비롯된 두뇌 신호를 감지하는 기술을 일컫는다—옮긴이)가 아직 갈 길이 멀고, 개발까지 예상보다 더 오래 걸릴 수도 있다"라고 밝혔다.[4] 페이스북이 언급한 "다른 신경 인터페이스 방식"은 컨트롤랩스일 가능성이 높지만, BCI의 "시장 진입"은 기술이 아닌 윤리 문제와 얽혀 있다. 당장 직면한 일과 관련된 생각뿐만 아니라 자신의 전반적인 생각을 읽어낼 수 있는 장치를 원하는 사람이 얼마나 될까? 게다가 그 장치가 영구적인 장치라면 어떨까?

장치 없이는 우리는 아무것도 인식할 수 없다

메타버스 전환의 일환으로 우리가 들고 다니거나 착용하고, 심지어 몸에 이식할 수도 있는 장치 외에도 우리 주변에는 전 세계로 널리 확산될 장치들이 있다.

2021년 구글은 다른 참여자와 같은 방에 있는 듯한 느낌을 받으며 화상 대화를 나눌 수 있도록 설계된 작은 공간을 공개했다. 이른바 프로젝트 스타라인이다. 기존 모니터나 화상회의 스테이션과 달리 스타라인 부스는 12개의 깊이 센서와 카메라(4개의 시점과 3개의 깊이 맵에서 7개의 영상 스트림을 생성)와 패브릭 기반의 다층적 라이트 필드 디스플레이, 4개의 공간 오디오 스피커로 가동된다. 이 기능은 평면적인 2D 영상이 아닌 입체적인 데이터를 사용해서 참여자의 모습을 캡처한 후 렌더링할 수 있다. 구글은 내부 실험에서 일반적인 화상 통화와 비교할 때 스타라인 사용자가 대화 상대방에게 15퍼센트 더 집중하고(시선 추적 데이터 기준), 훨씬 더 많은 비언어적 형태의 의사소통을 표현하며(예: 최대 40퍼센트 더 많이 손짓하고, 최대 25퍼센트 더 많이 고개를 끄덕이며, 최대 50퍼센트 더 많이 눈썹을 움직였다), 대화나 회의에서 나눈 세부 내용에 대해 질문을 받았을 때 30퍼센트 더 잘 기억해 낸다는 점을 발견했다.[5] 언제나 그렇듯이 비결은 소프트웨어다. 하지만 소프트웨어는 그 기술을 광범위하게 구현해 낼 하드웨어에 달려 있다.

유명 카메라 제조업체 라이카는 '초당 레이저 스캔 설정값'이 최대 36만 포인트에 달하는 사진 측량 카메라를 2만 달러에 판매하고 있다. 이 카메라는 쇼핑몰, 건물, 주택 전체를 일반 사람이 현장에서 바라보는 것보다 더 선명하고 자세하게 포착하도록 설계되었다. 한편 에픽게임즈의 퀵셀은 자체 개발한 카메라를 사용해서 픽셀 단위로 정밀한 삼각형 수십억 개로 구성된 '메가스캔' 환경을 생성한다. 앞서 7장에서 언급한 위성 이미지 서비스 업체인 플래닛 랩스는 매일 8개의 스펙트럼 대역에 걸쳐 거의 지구 전체를 스캔해 일일 단위로 고해상도 이미지뿐만 아니라 열, 바이오매스, 연무 등을 포함한 세부 정보를 포착한다. 이러한 이미지를 생성하기 위해 전 세계에서 두 번째로 큰 규모*인 150여 대의 인공위성을 운영하고 있으며, 그중 상당수는 무게가 5킬로그램 미만으로 크기는 $10 \times 10 \times 30$센티미터도 되지 않는다. 이러한 위성들이 보내는 모든 사진은 20~25제곱킬로미터 면적을 포함하고 47메가픽셀로 구성되는데, 이때 각 픽셀은 3×3미터를 나타낸다. 각 위성에서는 초당 약 1.5기가바이트

---

* 비교하자면, 중국이 보유한 위성은 500개 미만이고 러시아가 보유한 위성은 200개 미만이다. 그러나 두 국가의 위성들은 대체로 플래닛 랩스가 보유한 것보다 훨씬 크고 성능이 뛰어나다.

의 데이터가 평균 1000킬로미터 거리에서 전송된다. 플래닛 랩스의 공동 창업자이자 CEO인 윌 마셜Will Marshall은 위성들의 성능당 비용이 2011년 이후 1000배나 개선되었다고 말한다.[6] 기업들은 이러한 스캐닝 장치를 통해 보다 쉽고 저렴하게 물리적 공간을 그대로 재현한 고품질의 '거울 세계' 또는 '디지털 트윈'을 만들고, 현실 세계를 스캔해서 고품질의 판타지 세계를 합리적인 비용으로 구현해 낼 수 있다.

실시간 추적 카메라도 중요하다. 계산대 점원이 없고, 현금을 쓰지 않고, 자동 결제 시스템을 갖춘 식료품점인 아마존 고를 떠올려 보자. 아마존에서 운영하는 이 매장은 곳곳에 수많은 카메라를 배치해 모든 고객을 추적한다. 이를테면 고객의 얼굴을 스캔하고, 움직임을 추적하고, 보행을 분석하는 것이다. 고객은 원하는 제품을 집어 들고 원하지 않는 제품은 내려놓고, 매장을 나설 때 집어 든 제품에 대해서만 비용을 지불하면 된다. 미래에는 이러한 종류의 추적 시스템을 사용해서 실시간으로 사용자들을 디지털 트윈으로 복제할 것이다. 구글의 스타라인과 같은 기술을 사용하면 (아마도 해외에 소재한 '메타버스 콜센터') 직원들이 매장에 '존재'하는 동시에 고객을 돕기 위해 여러 화면을 넘나들 수 있다.

하이퍼 디테일 프로젝션(투사) 카메라도 가상 개체, 세계, 아바타를 현실 세계에 매우 사실적으로 옮겨놓는 데 한 부분을 담당할 것이다. 카메라가 굴곡지고 수직이 아닌 배경을 스캔하고 인식한 후 그에 따라 투사를 변경해서 시청자에게 왜곡되지 않은 이미지를 전달할 수 있는 다양한 센서야말로 투사의 핵심 기술이다.

기술자들이 오랫동안 상상해 온 사물인터넷의 미래는 다양한 센서와 무선 칩이 전기 콘센트만큼 아주 흔해져서 어디를 가든 유용하게 활용할 수 있게 되는 것이다. 카메라, 센서, 무선 칩이 장착된 드론이 하늘에 돌아다니고 AR 헤드셋이나 안경을 쓴 채 작업하는 사람들이 있는 건설 현장을 상상해 보자. 현장 운영자는 이러한 장비를 통해 현장에 쌓인 흙더미의 모래 총량과 기계로 모래를 옮기는 데 필요한 이동 횟수, 문제가 발생한 구역에서 가장 가까이에 있고 적절하게 문제를 해결할 수 있는 작업자, 문제를 해결하는 시점과 그것이 가져올 영향 등을 포함해 공사 현장에서 무슨 일이 일어나고 있는지 항상 인식하고 필요한 정보를 정확히 파악할 수 있다.

물론 이러한 경험에 메타버스나 가상 시뮬레이션이 꼭 필요한 것은 아니다. 하지만 인간은 3D 환경과 데이터 표시 방식을 훨씬 직관적으로 받아들인다. 작업 현장에 대한 정보를 디지털 태블릿으로 보는 것과, 그리고 현장에 있는 개체 위에 직접 투영된 정보를 보는 것의 차이를 생각해 보자. 특히 구글은 2014년에 스마트 센서 장치를 개발하고 운영하는 네스트 랩스를 32억 달러에 인수했는데, 이는 구글의 역대 인수 금액 중 두 번째로 큰 규모(구글이 3년 만에 매각한 모토로라를 제외하면 최대 규모)다. 구글은 그로부터 8개월 후에 스마트 카메라 제조업체인 드롭캠을 인수하는 데 5억 5500만 달러를 추가로 지출했고, 드롭캠은 이후 네스트 랩스로 흡수 합병되었다.

스마트폰이여, 영원하라?

머지않아 메타버스에 접속할 수 있게 해줄 멋지고 새로운 장치들을 상상하는 것만큼 흥미진진한 일도 없다. 하지만 적어도 2020년대까지는 메타버스 시대를 맞이할 장치 대부분이 우리가 이미 사용하는 장치일 것이다.

유니티 테크놀로지 CEO 존 리치티엘로를 포함한 전문가 대부분은 2030년에는 2억 5000만 개 미만의 VR과 AR 헤드셋이 사용될 것으로 예상한다.[7] 물론 이러한 장기적인 예측에 베팅하는 것은 위험하다. 첫 번째 아이폰은 2007년에 출시되었는데, 이는 최초의 블랙베리 스마트폰이 출시된 지 8년 만이며 미국에서 스마트폰 보급률이 5퍼센트 미만이었던 시점이었다. 그로부터 8년 후, 아이폰은 8억 대 이상 판매되었고 미국 시장 보급률을 거의 80퍼센트까지 끌어 올렸다. 2007년에는 2020년까지 전 세계 사람들의 3분의 2가 스마트폰을 갖게 될 것이라고 예상한 사람이 거의 없었다.

AR과 VR 장치는 아직 심각한 기술적, 재정적, 경험적 장애물을 마주하고 있고, 틈새시장을 공략해야 할 필요도 있다. 스마트폰의 급속한 성장 이면에는 몇 가지 사실이 있었다. 개인용 컴퓨터는 인류 역사상 가장 중요한 발명품으로 손꼽혔지만, 발명된 지 30여 년이 지났을 때 컴퓨터를 소유한 사람들은 전 세계적으로 6명 중 겨우 1명꼴에 불과했다. 운 좋게 컴퓨터를 소유한 사람들은 어땠을까? 컴퓨터가 너무 커서 쉽게 이동할 수조차 없었다. AR과 VR 장치는 최초의 개인용 컴퓨팅 장치도, 최초의 휴대용 장치도 아니며, 세 번째 또는 네 번째 개인용 장치가 되기 위해 경쟁을 벌이고 있다. 그리고 아마도 오랜 기간 영향력이 가장 약한 장치로 남게 될 것이다.

AR과 VR이 어쩌면 오늘날 우리가 사용하는 대부분의 장치를 대체할지도 모른다. 그렇지만 그 시기가 가까운 미래는 아닐 것이다. 2030년까지 사용되는 VR과 AR 헤드셋(매우 다른 두 가지 장치 유형)의 수가 10억 대를 넘어선다면, 앞서 언급한 예측의 4배에 달하는 수치지만 여전히 스마트폰 사용자로 치면 6명 중 1명꼴에도 미치지 못한다. 그래도 괜찮다. 2022년 현재 기준, 매일 수억 명의 사람이 빠르게 발전하고 있는 스마트폰과 태블릿을 통해 실시간으로 렌더링된 가상 세계에서 시간을 보내고 있다.

앞서 지속적으로 개선되고 있는 스마트폰 CPU와 GPU 성능에 대해 살펴본 바 있다. 이는 메타버스와 관련된 가장 중요한 발전일 수 있지만, 그렇다고 강조할 만한 유일한 특징은 아니다. 2017년부터 새로 출시된 아이폰 모델에는 사용자의 얼굴에서 3만 개의 포인트를 추적하고 인식하는 적외선 센서가 장착되었다.

이 기능은 얼굴 기반 인증 시스템인 페이스 ID에 가장 일반적으로 사용되지만, 앱 개발자가 사용자의 얼굴을 실시간으로 아바타나 가상 증강으로 재현할 수도 있다. 애플의 애니모지, 스냅의 AR 렌즈, 에픽게임즈의 언리얼 기반인 라이브 링크 페이스 앱이 대표적인 예다. 앞으로 수년 동안 가상 세계를 운영하는 많은 기업이 이 기능을 사용해 플레이어가 하드웨어에 추가로 비용을 지불하지 않고도 실시간으로 자신의 얼굴 표정을 가상 세계 내 아바타에 매핑할 수 있도록 만들 것이다.

애플은 스마트폰과 태블릿에 라이다 스캐너를 도입하는 데 앞장
서 왔다.* 결과적으로 대부분의 엔지니어링 전문가조차도 더 이상
2~3만 달러에 달하는 라이다 전용 카메라를 구매할 필요가 없다고
판단하고 있으며, 이제 미국 스마트폰 사용자의 거의 절반이 집, 사
무실, 마당, 그리고 그 안에 속한 모든 개체를 가상화해 공유할 수
있다. 이러한 혁신은 메타포트(앞서 7장에서 논한 바 있다)와 같은 기
업들을 탈바꿈하게 했다. 현재 메타포트는 연간 스캔하는 횟수의
수천 배에 달하는 이미지를 폭넓게 생산하고 있다.

렌즈 세 개를 장착한 아이폰의 고해상도 카메라는 사진과 유니버
설 신 디스크립션 교환 프레임워크에 저장된 애셋을 활용해서 그래
픽 충실도가 높은 가상 개체와 모델을 만들 수 있도록 해준다. 이렇
게 만들어진 개체는 다른 가상 환경으로 옮겨져 인공 상품의 그래
픽 충실도를 높이고 비용을 줄이거나 예술, 디자인, 기타 AR 경험
을 위해 실제 환경에 투영될 수 있다.

한편 오큘러스 VR은 아이폰의 고해상도, 다각도 카메라를 사용
해 혼합 현실 경험을 만들어낸다. 예를 들어, 오큘러스 사용자는 아
이폰을 몇 미터 뒤에 놓고 「비트 세이버」**를 플레이하면서 VR 헤드
셋을 통해 VR 환경 내부에 있는 자기 자신을 3인칭 시점에서 바라

---

*　라이다는 레이저(광선)가 물체에 닿았다가 반사되어 수신기로 되돌아오는 데 걸리는 시간
　을 측정해 물체의 거리와 모양을 파악한다. 이는 레이더 스캐너가 전파를 사용하는 방식과
　유사하다.
**　「비트 세이버」는 「기타 히어로」와 비슷하지만, 실제 키보드 버튼을 누르는 것이 아니라 가상
　의 라이트세이버(광선검)로 가상의 버튼을 눌러 건반을 치는 것으로 진행된다.

볼 수 있다.

최근 새로 출시되는 스마트폰에는 초당 최대 10억 개의 레이더 펄스를 발산하는 새로운 초광대역(UWB) 칩과 반환된 정보를 처리하는 수신기가 포함되어 있다. 이제 스마트폰으로 집과 사무실의 광범위한 레이더 지도를 생성할 수 있고, 이러한 지도(또는 구글의 거리 또는 건물 지도 등 기타 지도) 내에서 사용자의 현재 위치는 물론이고 다른 사용자나 장치와 떨어져 있는 거리 등을 정확히 파악할 수 있다. GPS와 달리 UWB는 거리 오차가 몇 센티미터에 불과할 정도로 정확하다. 집 대문은 외부에서 접근할 때 자동으로 열리도록 설정할지라도, 실내에서 신발장을 정리할 땐 대문이 열리지 않아야 한다. 실시간 레이더 지도를 사용하면 VR 헤드셋을 벗지 않고도 집 안 구석구석을 탐색할 수 있다. 잠재적인 장애물이 나타나면 VR 장치가 위험을 알려주거나 헤드셋 내부에서 해당 장애물을 렌더링해 사용자가 피할 수 있도록 도와준다.

이 모든 작업이 일반적인 소비자용 하드웨어를 통해 가능하다는 점은 놀라운 일이다. 일상생활에서 이러한 기능이 많은 역할을 담당하게 되었다는 점에서 애플 아이폰의 평균 판매 가격이 2007년 약 450달러에서 2021년 750달러 이상으로 인상된 이유를 짐작할 수 있다. 다시 말해, 소비자들은 무어의 법칙 중 비용 측면을 근거로 초창기 아이폰 모델들의 기능을 더 낮은 가격으로 공급할 것을 애플에 요구하지 않았다. 게다가 무어의 법칙 중 성능 측면을 근거로 이전 연도에 출시된 아이폰을 개선하는 동시에 가격을 유지할 것을 요구하지도 않았다. 대신 소비자들은 더 많은 기능을 원한다. 아이폰으로 수행할 수 있는 거의 모든 기능을 원하는 것이다.

다가오는 미래에는 스마트폰이 사용자의 '에지 컴퓨터' 또는 '에지 서버'의 역할을 담당해 우리 주변 세계에 연결성과 연산력을 제공할 것이라고 생각하는 사람들이 있다. 이러한 형태의 모델은 이미 존재한다. 예를 들어, 오늘날 판매되는 대부분의 애플 워치는 무선통신망 칩이 없는 대신 블루투스를 통해 사용자의 아이폰에 연결된다. 이와 같은 방식에는 몇 가지 제약이 있다. 애플 워치가 연결된 아이폰에서 너무 멀리 떨어지면 전화 걸기, 착용자의 에어팟으로 음악 재생하기, 새 앱 다운로드하기, 워치에 아직 저장되지 않은 메시지 검색하기 등 여러 작업을 수행할 수 없게 된다. 하지만 애플 워치는 아이폰보다 저렴하고, 가볍고, 배터리 사용량이 적다는 장점이 있다. 이 모든 건 훨씬 강력하고 성능당 비용이 높은 아이폰이 대부분의 작업을 수행한 덕분이다.

마찬가지로 아이폰은 복잡한 시리 쿼리를 애플 서버에 전송해 처리한다. 100~500달러를 추가로 내고 하드 드라이브 용량이 큰 아이폰을 구매하기보다 클라우드에 많은 양의 사진을 전송해 보관하는 사용자가 많다. 앞서 나는 VR 헤드셋이 주류 기술로 채택되려면 오늘날 시중에서 팔리는 최고 사양 장치가 제공하는 화면 해상도의 최소 2배 수준이 되어야 하고, 33~50퍼센트 더 높은 프레임 속도(초당 픽셀 수의 2.5배 이상을 생산)에 도달해야 한다고 여기는 사람이 많다고 언급한 바 있다. 게다가 비용을 절감하고, 장치의 두께를 축소하고, 열을 최소화하는 노력도 병행되어야 한다. 이러한 기술은 아직 하나의 장치에서 구현되지 못하고 있지만, 오큘러스 링크를 통해 충분한 전원이 공급되는 PC에 오큘러스 퀘스트 2(OQ2)를 연결하면 프레임 속도가 안정적으로 상승하는 동시에 렌더링 기능도 향상될 수 있다. 2022년 1월, 소니는 한쪽 눈당 2000×2040픽셀의 해상도(OQ2보다 약 10퍼센트 높음)와 90~120헤르츠 재생률(OQ2는 72~120헤르츠), 110도 시야(OQ2는 90도), 시선 추적 기능(OQ2는 없음)을 내세운 플레이스테이션 VR2 플랫폼을 발표했다. 하지만 플레이스테이션 VR2를 사용하려면 오큘러스 퀘스트 2보다 비싼 플레이스테이션 5 콘솔을 보유하고 이 콘솔에 플레이스테이션 VR2를 물리적으로 연결해야 하며, 플레이스테이션 VR2 헤드셋을 별도로 구매해야 한다.

컴퓨팅 자원이 부족하다는 점, 그러한 조건을 갖추는 데 큰 비용이 들어간다는 점, 그리고 장치 자체에 물리적으로 큰 변화를 주기 어렵다는 점 등을 고려하면 다른 여러 장치에 투자하는 것보다 그냥 단일 장치의 기능에 집중하는 것이 합리적이다. 손목이나 얼굴에 착용하는 컴퓨터는 주머니에 넣는 컴퓨터와 경쟁할 수 없다. 이 논리는 단순한 연산력 차이를 넘어 널리 적용된다. 만일 페이스북이 소비자의 팔다리에 컨트롤랩스 밴드를 채우고 싶어 한다면 어떨까? 더 작고 저렴하며 에너지 집약적인 블루투스 칩을 사용하면 스마트폰에 데이터를 전송해 관리할 수 있는데 굳이 자체 무선통신망 또는 와이파이 네트워크 칩을 각 밴드에 장착할 필요가 있을까? 개인 데이터는 가장 중요한 고려 사항이 될 수 있다. 아마도 우리는 데이터가 수집되고 보관되거나 여러 장치의 광범위한 네트워크로 전송되는 것을 원하지 않을 것이다. 대신 대부분은 각 장치에서 가장 신뢰할 수 있는 장치(그리고 신뢰할 수 있는 개인의 저장 장치)로 개인 데이터가 전송되고, 그러한 장치에서 우리의 온라인 기록과 정보, 권한 중 일부분에 접근할 수 있는 다른 특정 장치들을 선정해 관리하길 선호할 것이다.

현실 세계와 가상 세계를 잇는 게이트웨이

메타버스를 지원하는 데 필요할 것으로 예상되는 많은 장치는 세 가지 카테고리로 구분할 수 있다. 첫 번째는 '1차 컴퓨팅 장치'다. 대부분의 소비자에게 이것은 스마트폰일 테지만, 미래의 어느 시점에 접어들면 AR 또는 몰입형 VR이 될 수 있다. 두 번째는 PC 또는 플레이스테이션 같은 '2차' 또는 '컴퓨팅 보조 장치'로, AR과 VR 헤드셋이 될 수 있다. 이러한 장치들은 1차 장치에 의존하거나 의존하지 않을 수도 있고, 1차 장치로 보완될 수도 있지만, 기본 장치만큼 자주 사용되지 않으며 보통 특정 목적을 달성하기 위해 사용된다. 마지막으로 스마트 워치나 추적 카메라와 같은 3차 장치가 있는데, 이것들은 메타버스 경험을 풍부하게 확장하지만 직접 작동시키는 경우는 거의 없다.

장치가 속한 카테고리와 하위 카테고리는 메타버스의 참여 시간과 총수익을 증가시키고 제조업체에는 새로운 비즈니스 분야를 창출할 기회를 제공한다. 하지만 이러한 장치에 투자할 경우, 상당수가 주류로 성공하기까지 수년이 소요된다. 이로 미루어 볼 때 막대한 금액이 투자되는 데는 보다 광범위한 이유가 있다.

　메타버스는 대체로 무형의 경험이며 가상 세계, 데이터, 지원 시스템으로 구성된 지속적인 네트워크로 볼 수 있다. 하지만 물리적 장치는 이러한 경험을 이용하고 생성하기 위한 수단, 즉 게이트웨이나 다름없다. 장치 없이는 우리가 인식하고, 듣고, 냄새를 맡고, 만지고, 볼 수 있는 숲이라는 존재도 없다. 이러한 사실은 장치 제조업체와 운영업체에 상당한 소프트 파워와 하드 파워를 제공한다. 제조업체와 운영업체는 어떤 GPU와 CPU를 사용하고, 어떤 무선 칩셋과 표준을 배치하고, 어떤 센서를 포함할지 등을 결정할 것이다. 이러한 중간 기술은 메타버스 경험에 커다란 영향을 끼치지만, 개발자나 최종 사용자와 직접 접촉하는 경우는 거의 없다. 대신 중간 기술은 운영체제를 통해 접속되며, 운영체제는 개발자가 해당 성능을 사용하는 시점과 방식, 이유, 그리고 사용자에게 제공할 수 있는 경험의 종류, 해당 장치의 제조업체에 대한 수수료 지급 여부와 금액 등을 결정한다.

　다시 말해, 하드웨어는 단순히 메타버스를 현실에 구현하는 전달 장치가 아니다. 앞으로 하드웨어 개발 기술은 메타버스라는 가상세계가 작동하는 방식과, 그 안에서 벌어질 경제 활동의 범위를 규정할 것이다. 기업들이 하드웨어라는 밑 빠진 독에 막대한 돈을 쏟아붓는 이유는 앞으로 펼쳐질 엄청난 규모의 메타버스 경제에서 가장 확실한 주도권을 선점하기 위함이다. 가상의 세계와 현실의 세계를 이을 물리적 장치의 중요성은 점점 더 커질 것이고, 한 장치에 연결되는 다른 장치가 많아질수록 해당 장치를 만드는 제조업체는 더

큰 지배력을 누리게 된다

하지만 이것이 전부가 아니다. 실제 돈이 거래되는 메타버스 비즈니스 생태계에서 하드웨어를 매개로 한 이러한 지배력의 의미를 보다 본질적으로 이해하려면, 바로 '결제 방식'에 대해 깊이 팔고들어야 한다.

10장

결제 채널

우리가 알던 소비의 종말

메타버스는 인류의 여가, 노동, 그리고 더 넓게는 실존을 위한 평행 세계로 그려진다. 따라서 메타버스의 성공이 부분적으로 메타버스 내 경제의 성장 여부에 달려 있다는 것은 그리 놀라운 일이 아니다. 하지만 우리는 이러한 조건으로 생각하는 데 익숙하지 않다. 공상과 학소설이 메타버스를 예측하긴 했지만, 소설 속에서는 일반적으로 가상 세계의 내부 경제를 잠시 언급하는 데 그친다. 가상 경제는 낯설고 위압적이며 혼란스러운 미래처럼 들릴 수 있지만, 실제로는 그렇지 않다. 메타버스 경제는 몇 가지 중요한 예외를 제외하고 현실 세계의 경제에서 나타나는 패턴을 그대로 따를 것이다. 대부분의 전문가는 현실 세계의 번영하는 경제를 이루는 여러 가지 속성에 동의하고 있다. 대표적인 속성으로는 치열한 경쟁, 수익성 있는 다수의 비즈니스 분야, '규칙'과 '공정'에 대한 신뢰, 일관된 소비자의 권리와 지출, 파괴와 대체가 일어나는 일정한 주기 등을 들 수 있다.

우리는 세계 최대 경제 국가인 미국에서 이러한 속성을 확인할 수 있다. 미국은 단일 정부나 기업이 아닌 수백만 개의 다양한 기업이 일궈낸 국가다. 거대 기업들과 빅테크 기업들이 이끄는 지금 시대에도 중소기업 3000만 곳 이상이 미국 노동 인구의 절반 이상을 고용하고 미국 GDP의 절반을 책임지고 있다(둘 다 군사비와 국방비를 제외한 수치다). 아마존은 수천억 달러에 이르는 매출을 올리지만, 정작 아마존에서 판매하는 제품 대부분은 다른 기업에서 만든 것이다. 애플의 아이폰은 인류 역사상 가장 의미 있는 제품으로 손꼽힌다. 애플은 온갖 부품을 훌륭하게 조립해 아이폰을 완성하는데, 매년 직접 설계하는 부품의 수를 늘리고 있다. 하지만 아직도 부품 대부분은 경쟁업체에서 조달된다. 많은 경쟁업체가 부품 가격을 놓고 애플과 끊임없이 줄다리기를 벌이지만, 애플 덕분에 회사를 유지하고 있는 것도 사실이다. 소비자는 대체로 애플이 아닌 다른 기업에서 만든 콘텐츠와 앱, 데이터 등을 이용하기 위해 아이폰이라는 놀라운 장치를 구매한 후 새로운 버전으로 자주 업그레이드한다.

애플은 미국 경제의 역동성을 그대로 보여주는 대표적인 사례다. 애플은 1970년대와 1980년대에 등장한 PC 시대의 초창기를 이끈 선두 주자였지만, 마이크로소프트의 생태계가 성장하고 인터넷 서비스가 보급되면서 1990년대 내내 어려움을 겪었다. 하지만 2001년 아이팟, 2003년 아이튠즈, 2007년 아이폰, 2008년 앱스토어를 연달아 내놓은 애플은 세계에서 가장 가치 있는 기업으로 우뚝 섰다. 이러한 변화는 또 다른 결과를 초래했다. 마이크로소프트는 아이팟을 관리하거나 아이튠즈를 실행하는 데 사용되는 컴퓨터의 95퍼센트가 자사의 운영체제에서 가동되고 있었으므로, 윈도 모바일과 준 zune(2006년 마이크로소프트가 아이팟에 대항해 출시한 MP3 플레이어 —옮

시가총액 기준 상위 10위 상장 기업

(국유기업 제외, 단위: 1조 달러)

	2002년 3월 31일			2022년 1월 1일	
1	제너럴 일렉트릭	$0.372	1	애플	$2.913
2	마이크로소프트	$0.326	2	마이크로소프트	$2.525
3	엑손 모빌	$0.300	3	알파벳(구글)	$1.922
4	월마트	$0.273	4	아마존	$1.691
5	시티그룹	$0.255	5	테슬라	$1.061
6	화이자	$0.249	6	메타(페이스북)	$0.936
7	인텔	$0.204	7	엔비디아	$0.733
8	BP	$0.201	8	버크셔 해서웨이	$0.669
9	존슨앤드존슨	$0.198	9	TSMC	$0.623
10	로열 더치 쉘	$0.190	10	텐센트	$0.560

출처: '글로벌 500' 인터넷 아카이브 웨이백 머신(web.archive.org/web/20080828204144/http://specials.ft.com/spdocs/FT3BNS7BW0D.pdf), 시가총액 기준 상위 기업(companiesmarketcap.com)

긴이)을 밀어줄 수단으로 잠재적 경쟁업체인 애플의 성장을 가로막을 수 있었다. 마찬가지로 AOL, 에이티엔티, 컴캐스트 등 인터넷 서비스 제공업체들도 자사 시스템을 통해 전송되는 콘텐츠 유형과 방식, 사용료 등을 통제하기 위해 데이터 전송 방식을 놓고 지배력을 발휘할 수 있었다는 점도 쉽게 짐작해 볼 수 있다.

미국 경제를 뒷받침하는 정교한 법률 시스템은 모든 생산과 투자, 구매와 판매, 노동자와 수행 업무, 채무 등을 총망라한다. 미국의 법률 시스템은 불완전하고 사용하기에 비용이 많이 들며 매우 더디지만, 이러한 시스템의 존재는 모든 시장 참여자에게 계약이 이행될 것이며 모든 당사자에게 이익이 되는 '자유 시장 경쟁'과 '공정성' 사이에서 합의점을 찾을 수 있다는 믿음을 심어준다. 애플을 비롯해 구글, 페이스북 등 PC 시대에 탄생한 인터넷 대기업들이 거둔 성공은 미국 정부와 마이크로소프트사 간의 소송 사건과 밀접한 관련이 있다. 이 유명한 소송에서 마이크로소프트는 API를 제어해 자체 운영체제를 불법으로 독점하고, 소프트웨어를 강제로 묶어 판매하고, 라이선스 계약을 제한하고, 기타 기술적 제약을 가했다는 혐의를 받았다. 또 다른 쟁점으로는 판권 소유자로부터 저작물의 사본을 구매한 자가 해당 사본을 자유롭게 처분하는 것을 허용하는 '최초 판매 원칙first sale doctrine'이 있다. 이 원칙을 근거로 비디오 대여점 블록버스터는 VHS 테이프를 25달러에 구매한 후 해당 영상물을 제작한 할리우드 스튜디오에 저작권료를 지불할 필요 없이 소비자에게 무한정으로 대여할 수 있었다. 이와 마찬가지로 이 책을 읽는 독자에게는 이 책을 판매할 권리, 또는 갈기갈기 찢은 후 (저작권이 있는 디자인이 프린트된) 아무 티셔츠에 그 종잇조각을 붙여 꿰맬 수 있는 권리가 있다.

지금까지 우리는 대대적으로 번성하고 완전하게 실현된 메타버스를 달성하는 데 필요한 많은 혁신과 관습, 장치 등을 살펴보았다. 하지만 아직 다루지 않은 가장 중요한 요소가 하나 남아 있다. 바로 '결제 채널'이다.

대부분의 결제 채널은 대체로 디지털 시대보다 앞서 형성되기 때문에 '기술'로 여겨지지 않을 때가 많다. 사실 결제 채널이야말로 디지털 생태계를 구현하는 대표적 요소라고 볼 수 있다. 복잡한 일련의 시스템과 표준이 광범위한 네트워크에 걸쳐 활용되고 경제 활동에서 거래되는 수조 달러를 지원하는데, 이러한 결제 과정은 주로 자동화 방식으로 이뤄진다. 일반적으로 결제 채널은 구축하기 어렵고 대체하기는 더더욱 어려워 수익성이 높은 분야다. 비자, 마스터카드, 알리페이는 구글, 애플, 페이스북, 아마존, 마이크로소프트 같은 빅테크 기업, 그리고 수조 달러의 예금을 보유하고 매일 수조 달러 이상에 달하는 금융 상품의 이체를 관리하는 JP모건 체이스, 뱅크오브아메리카 같은 대형 금융 그룹과 더불어 세계에서 가장 가치 있는 20대 상장 기업에 이름을 올리고 있다.

당연히 메타버스에서 주된 '결제 채널'로 자리 잡기 위한 각축전이 이미 치열하게 벌어지고 있다. 게다가 이 싸움은 틀림없이 메타버스의 핵심 영역을 차지하기 위한 전쟁이며, 잠재적으로 가장 큰 장애물로 작용할 것이다. 이번 장에서는 메타버스 결제 채널을 분석하기 위해 먼저 현대 시대의 주요 결제 채널을 간단히 살펴보고, 현대 게임 산업에서 결제의 역할과 그것이 모바일 컴퓨팅 시대의 결제 채널에 어떤 영향을 미쳤는지 설명할 것이다. 그다음에는 새로운 기술을 제어하고 경쟁을 억제하는 데 모바일 결제 채널이 어떻게 사용되고 있는지 논하고, 메타버스에 집중하는 많은 창업자와 투자자, 분석가가 블록체인과 암호화폐를 최초의 '디지털 네이티브' 결제 채널이자 현재 가상 경제의 골칫거리를 해결할 솔루션으로 인식하는 이유에 대해 언급하고자 한다.

결제 방식은 곧 그 사회의 진화 수준을 보여준다

지난 100년에 걸쳐 새로운 통신 기술이 개발되고, 1인당 일일 거래 건수가 증가하고, 대부분의 구매가 실제 현금이 아닌 형태로 이뤄지면서 다양한 결제 채널이 속속 생겨났다. 2010년부터 2021년까지 미국에서 이뤄진 금융거래 중 현금이 차지하는 비중은 40퍼센트 이상에서 약 20퍼센트로 떨어졌다.

미국에서 가장 널리 사용되는 결제 채널로는 페드와이어(연방 준비제도 전자 결제 시스템), CHIPS(정산소 은행 간 전자 지급 시스템), ACH(자동 교환 결제), 신용카드, 페이팔, 그리고 벤모를 포함한 P2P 결제 서비스 등을 들 수 있다. 이러한 결제 채널들은 수수료 체계와 네트워크 규모, 속도, 안정성, 유연성과 관련해 저마다 다른 요건과 장단점을 지니고 있다. 후에 블록체인과 암호화폐에 대해 논할 때 이에 대해 다시 언급할 것이므로, 결제 채널의 종류와 관련 세부 사항을 기억할 필요가 있다.

먼저 전통적인 결제 채널인 전신wires부터 살펴보자. 1910년대 중반, 미국 연방준비은행은 전자적 방법으로 자금을 이체하기 시작했고, 마침내 준비은행 12곳과 연방준비제도 이사회, 미국 재무부를 아우르는 자체 통신 시스템을 구축했다. 초창기 시스템은 전신기와 모스부호를 사용했지만, 1970년대에 이르러 페드와이어는 텔렉스로 전환하기 시작했고, 이후 컴퓨터 운영과 자체 디지털 네트워크로 진화했다. 전신은 오직 은행끼리만(따라서 은행을 반드시 통해야 한다) 사용할 수 있으므로, 송금인과 수취인 모두 은행 계좌를 보유해야 한다. 비슷한 이유로, 공휴일이 아닌 평일 업무 시간에만 송금할 수 있다. 송금인이 정기 송금을 설정할 수 있지만(예: 매주 화요일 5000달러 송금), '송금 요청' 같은 개념은 없다. 따라서 정기적인 청구서나 기타 송장을 자동으로 결제하는 데 전신을 사용할 수 없다. 전신으로 송금한 금액은 되돌릴 수 없다. 반환이 가능하더라도 다른 제약이 있으므로 전신을 자주 사용하는 것은 그다지 권장되지 않는다. 예를 들어, 상당한 금액이 수수료로 부과되는 경우가 많다. 송금인은 25~45달러, 수취인에게는 15달러가 부과되며, 미국 달러가 아닌 송금, 송금 실패, 송금 확인(항상 가능한 것은 아니다) 등의 서비스에 대해서도 각각 수수료가 부과된다. 페드와이어가 은행에 부과하는 수수료는 거래당 35~90센트 수준으로 매우 낮다. 수수료는 대체로 고정되어 있어 소액 송금을 위한 전신은 실용성이 떨어진다. 하지만 고액 송금(개인은 최대 10만 달러를 송금할 수 있다)의 경우 전신이 가장 저렴한 수단이다.

1970년대 주요 미국 은행들은 송금 비용을 조금이나마 줄이기 위해 페드와이어(그리고 페드와이어의 고객사)에 대항하는 CHIPS를 설립했다. 특히 이러한 시도는 송금인의 전신을 즉시 수취해 사용할 수 있는 페드와이어의 '실시간 총액 결제'에서 벗어난다는 것을 의미했다. 반대로, 각 은행은 다른 은행으로 출금되는 CHIPS 전신을 보유하고 있다가 그날 영업이 끝날 무렵에 수취 은행별로 전신을 분류, 취합한 후 해당 은행에서 입금되는 모든 CHIPS 전신과 상호 상계 처리한다. 간단히 말해, CHIPS는 A 은행이 B 은행에 하루에 수백만 건을 송금하고 B 은행 역시 A 은행에 하루 수백만 건을 송금하는 것이 아니라, 영업이 끝날 때까지 기다렸다가 차액을 한 번만 송금하는 것이다. 이 시스템을 사용하면 송금인과 수취인 모두 전신 송금되는 자금에 (최대 23시간 59분 59초 동안) 접근할 수 없으며 은행만이 접근할 수 있다. 은행은 하루 동안 예치된 자금의 상당 부분에 대해 이자 수익을 챙긴다. 당연히 은행은 전신 송금에 기본적으로 CHIPS를 사용한다. 지역 간 시차와 자금 세탁 방지, 기타 정부 규제 등으로 인해 국제 송금은 일반적으로 2~3일이 소요된다.

전신 송금은 수취인으로부터 방대한 정보를 요구하므로 보통 가장 복잡하고 시간이 많이 소요되는 송금 방식이다. 전신 송금은 확인이 불가하거나 지연되고, 거래를 되돌릴 수도 없기 때문에 실수를 바로잡으려면 훨씬 많은 시간이 소요된다. 하지만 전신 송금은 여전히 가장 안전한 송금 방식으로 간주된다. CHIPS는 회원 은행 47곳으로만 제한되고 중개 기관이 없는 반면, 페드와이어는 미국 연방준비제도 이사회가 유일한 중개 기관이기 때문이다. 2021년 미국 페드와이어는 2억 500만 건의 거래(평균 약 500만 달러)를 통해 992조 달러를 송금했지만, CHIPS는 약 2억 5000만 건의 거래(평균 300만 달러)를 통해 700조 달러 이상을 청산했다.

ACH는 지급 처리를 위한 전자식 자금 이체 네트워크다. 최초의 ACH는 1960년대 후반 영국에서 처음 등장했다. 전신과 마찬가지로 ACH 지급은 영업시간에만 이뤄지며 송금인과 수취인 모두 은행 계좌를 보유해야 한다. 일반적으로 은행 계좌는 ACH 네트워크의 일부여야 하며 대부분의 경우 ACH 지급은 지리적인 제약에 직면한다. 예를 들어, 캐나다 은행 계좌는 보통 미국 은행 계좌로

ACH 송금을 할 수 있지만, 베트남, 러시아 또는 브라질에 ACH 송금을 하는 것은 불가능하거나 적어도 여러 중개 기관을 거쳐야 해서 비용이 증가하게 된다. ACH 지급과 관련된 수수료는 주된 차이점으로 간주된다. 대부분의 은행에서는 고객에게 ACH 기반 송금 서비스를 무료로 제공하거나 수수료로 최대 5달러를 부과한다. 기업이 공급업체 또는 직원들에게 ACH를 통해 송금할 때는 수수료로 거래당 1퍼센트 미만의 금액을 부담한다. 전신과 달리 ACH 지급은 되돌릴 수 있으며 미래 수취인의 지급 요청을 허용한다. 이러한 기능에 저렴한 비용까지 더해지면서 ACH 결제 채널은 공급업체와 직원들에게 대금을 지급하고 전기, 전화, 보험, 기타 청구서에 대한 '자동 결제'를 설정하는 데 흔히 사용되는 방식으로 자리 잡았다. 2021년 미국에서 ACH로 처리된 금액은 약 70조 달러로, 총 200억 건 이상의 거래(거래당 평균 금액 약 2500달러)가 이뤄졌다.[1]

ACH의 주된 단점은 속도가 느리다는 점이다. 일반적으로 은행은 마감 시간에 다른 은행(즉 모든 ACH)에 보내야 할 모든 송금 내역을 집계해 페드와이어, CHIPS 또는 다른 유사한 방법을 통해 한 번에 송금하는데, 이때까지도 ACH 지급은 '청산'되지 않은 상태이므로(몇몇 은행은 하루에 몇 개의 ACH 배치를 수행한다) 결국 거래를 처리하는 데 약 1~3일이 소요된다. 이처럼 송금이 지연되면 결과적으로 1~2.5일 동안 송금인과 수취인 모두 자금에 손댈 수 없게 되므로 여러 문제가 발생할 수 있다. 예를 들어, ACH는 거래 성공 여부를 확인해 주지 않고, 오류가 발생한 경우에만 당사자에게 알려준다. 따라서 오류를 해결하는 데 꼬박 며칠이 걸린다. 수취 은행은 다음 날까지 송금 실패에 대해 통보받지 못하며 그날 말까지 내역서도 처리되지 않는다. 송금인은 다음 날에야 내역을 통보받게 되고, 그 시점을 시작으로 다시 3일에 걸쳐 송금이 처리된다.

임시 신용카드 시스템은 19세기 후반부터 존재했지만, 오늘날의 '신용카드' 개념은 1950년대 이후에나 등장했다. 실제 카드를 단말기에 '긁거나' '터치'(또는 온라인으로 신용카드 정보를 입력)하면, 신용카드 단말기나 원격 서버가 계정 정보를 파악해 디지털 방식으로 카드 가맹점의 은행으로 전송한다. 은행이 고객의 신용카드 업체에 정보를 제출하면 신용카드 업체가 거래를 승인하거나 거부한다. 이러한 과정은 1~3일이 소요되는데, 물론 소비자는 이를 인지하지 못한다. 보통 가맹점은 거래 금액의 1.5~3.5퍼센트를 수수료로 지불한다. 카드 수수료는 ACH 지급보다 훨씬 비싸지만, 신용카드를 사용하면 개인의 상세한 은행 계좌 정보를 교환하지 않고도 몇 초 만에 거래를 성사시킬 수 있다. 심지어 구매자는 은행 계좌가 없어도 된다.

소비자는 신용카드를 대체로 무료로 사용할 수 있지만, 연체가 발생하거나 이자를 내야 하면 거래 금액 외에 연간 20퍼센트 이상을 더 지불해야 할 수도 있다(ACH를 통해 청구 금액을 지불할 가능성이 높다). 신용카드 업체가 벌어들인 수익의 3분의 1은 보험사처럼 가맹점과 카드 소유자를 대상으로 하는 서비스와 자체 네트워크에서 생성된 데이터를 판매하는 데서 나온다. 신용카드 결제는 취소될 수 있다는 점에서 ACH와 비슷하고 전신과 구별된다. 하지만 결제 취소는 거래 후 몇 시간 또는 며칠 이내에만 가능하며 취소가 완료되기까지 며칠이 걸릴 수 있고 종종 분쟁이 발생하기도 한다(분쟁은 훨썬 늦게 제기될 수도 있다). 신용카드는 전신과 마찬가지로 전 세계 거의 모든 시장에서 사용할 수 있다. 신용카드 결제는 전신과 ACH와 달리 거의 모든 가맹점에서 지원되며, 언제든지 매일 거래가 이뤄질 수 있다. 신용카드를 소지한 사람이라면 누구나 알겠지만, 카드 결제는 일반적으로 가장 안전성이 떨어지는 결제 방식이며 관련 사기도 종종 발생한다. 2021년 미국에서 신용카드를 통해 지불된 금액은 약 6조 달러로 추정되며, 500억 건 이상의 거래에서 평균 90달러가 지불되었다.

마지막으로 페이팔과 벤모 같은 디지털 결제 네트워크(P2P 네트워크)가 있다. 페이팔이나 벤모 계정을 개설할 때 은행 계좌가 필요하진 않지만, ACH 지급(은행 계좌), 신용카드 결제, 또는 다른 사용자의 송금을 통해 계정에 자금을 충전해야 한다. 계정에 자금이 입금되면 결제 플랫폼은 모든 계정에서 사용하는 중앙 집중식 은행의 역할을 수행한다. 예컨대, 사용자 간 이체는 사실상 플랫폼 자체가 보유한 자금을 다시 옮기는 작업에 불과하다. 결과적으로 요일이나 시간에 상관없이 언제든지 지급이 즉시 이뤄질 수 있다. 이러한 플랫폼은 일반적으로 사용자가 친구와 가족에게 돈을 보낼 때 수수료를 부과하지 않는다. 하지만 기업에 지불할 땐 보통 2~4퍼센트의 수수료가 부과된다. 사용자가 플랫폼에 예치한 자금을 당일 은행 계좌로 이체하고 싶다면 보통 이체 금액의 1퍼센트(최대 10달러)를 수수료로 내야 하며, 그러지 않으려면 2~3일을 기다려야 한다(그동안 플랫폼은 해당 자금에 대한 이자 수익을 챙긴다). 일반적으로 이러한 네트워크는 지리적으로 제한되어 있으며(예: 벤모는 미국에서만 이용할 수 있다) 네트워크 외부에서 P2P 결제를 지원하지 않는다(즉 페이팔 사용자는 벤모 지갑으로 자금을 이체할 수 없으므로, 자금을 이체하려면 여러 중개 계정이나 채널을 거쳐 우회해야 한다). 2021년에 페이팔, 벤모, 그리고 스퀘어의 캐시앱에서 처리된 금액은 전 세계적으로 약 2조 달러에 달하며, 총 300억 건 이상의 거래가 이뤄졌고, 거래당 평균 금액은 약 65달러로 추정된다.

요컨대, 미국 내 다양한 결제 채널은 보안, 수수료, 속도 면에서 저마다 다른 양상을 띤다. 완벽한 결제 채널은 없다. 하지만 각 채널이 지닌 기술적 속성보다 더 중요한 사실은, 모든 채널이 분야별로, 또 개별적으로 서로 경쟁하고 있다는 점이다. 미국에는 여러 전신 채널과 신용카드 네트워크, 디지털 결제 처리업체와 플랫폼이 있다. 이들은 각자 장단점을 기반으로 경쟁을 벌이고 있으며, 단일 카테고리 내에서도 수수료 구조가 다양하다. 예를 들어, 신용카드 사업자인 아메리칸 익스프레스(아멕스)는 비자보다 훨씬 높은 수수료를 부과하지만, 소비자에게 더 유리한 포인트와 혜택을 제공하고 가맹점에는 고소득 고객을 안겨준다. 만일 사용자가 신용카드를 원하지 않거나 가맹점이 아멕스 카드를 거부할 경우, 각 당사자는 여러 가지 대안을 선택할 수 있다. 예를 들면, 2~3일 동안 특정 디지털 결제 네트워크에 돈을 빌려주는 대가로 이체 서비스를 무료로 이용할 수도 있다.

표준이 된 수수료 30퍼센트

우리는 가상 세계가 '현실 세계'보다 '더 나은' 결제 채널을 확보할 것이라고 막연히 가정할지도 모른다. 가상 세계의 경제는 주로 가상으로만 존재하고 순전히 디지털(낮은 한계비용) 거래를 통해 구매되는 상품을 다룬다. 이러한 상품 대부분은 각각 5~100달러 정도로 거래된다. 가상 경제의 규모 역시 크다. 2021년 소비자들은 디지털 전용 비디오게임(물리적 디스크와 반대된다)에 500억 달러 이상을 지출했으며 게임 내 상품, 의상, 추가 수명 등을 구매하는 데 약 1000억 달러를 추가로 지출했다. 참고로 코로나19 팬데믹 직전인 2019년에 사람들은 영화관에 400억 달러, 음반에 300억 달러를 소비했다. 게다가 가상 세계의 'GDP'는 빠르게 성장하고 있다. 이를테면 현재 인플레이션 조정 GDP는 2005년 이후 5배나 증가했다. 이론적으로 이러한 성장은 결제 시장에서 창의성, 혁신, 경쟁을 의미해야 맞지만, 실제로는 정반대 현상이 나타나고 있다. 오늘날 가상 경제의 결제 채널은 현실 세계의 결제 채널보다 오히려 더 비싸고 번거로운 데다 변화하는 속도가 느리고 경쟁력도 떨어진다. 왜 그럴까? 플레이스테이션의 지갑, 애플의 애플 페이 또는 인앱in-app(앱 안에서 이뤄진다는 의미로 쓰이는 표현이다—옮긴이) 결제 서비스 등 흔히 가상 결제 채널로 여겨지는 수단들이 사실은 '현실 세계'의 다양한 결제 채널을 모아놓고 다양한 서비스를 강제로 묶어 제공하는 것에 불과하기 때문이다.

1983년 아케이드 제조업체인 남코는 팩맨과 같은 게임을 닌텐도 엔터테인먼트 시스템(NES) 버전으로 출시하자고 닌텐도에 제안했다. 당시 NES는 플랫폼으로 전환할 계획이 없었고, 닌텐도에서 만든 게임만 플레이할 수 있었다. 결국 남코는 NES 플레이용으로 출시되는 모든 게임에 대해 수수료로 10퍼센트를 닌텐도에 지불하고 (닌텐도는 모든 게임에 대해 각각 승인할 권한을 보유했다), 남코의 게임 카트리지를 닌텐도에서 제조하는 비용으로 20퍼센트를 추가로 지불하기로 합의했다. 이렇게 정해진 수수료 30퍼센트는 결국 업계 표준으로 자리 잡았고 아타리, 세가, 플레이스테이션에도 그대로 적용되었다.[2]

그로부터 40년이 흐른 지금, 팩맨을 플레이하는 사람은 거의 없고, 값비싼 카트리지는 게임 제작자가 생산하는 저렴한 디지털 디스크로 대체되었다. 이전보다 대역폭을 훨씬 저렴하게 사용할 수 있게 되면서 디지털 다운로드 방식이 널리 보급되었다(비용은 인터넷 요금과 콘솔 하드 드라이브 구매로 대체되어 소비자가 대부분 부담한다). 하지만 수수료 30퍼센트라는 표준은 지금까지도 계속 이어져 추가 수명, 디지털 백팩, 프리미엄 패스, 구독, 업데이트 등 다양한 게임 내 구매 형태로 확장되었다(이 수수료에는 페이팔이나 비자 같은 기본 결제 채널에서 부과하는 2~3퍼센트 포인트도 포함된다).

콘솔 플랫폼은 단순히 수익을 벌어들이는 것을 넘어서서 또 다른 타당한 이유를 들어 수수료를 부과한다. 핵심은 게임 개발자가 수수료를 통해 스스로 돈을 벌 수 있는 환경을 조성한다는 점이다. 예를 들어, 일반적으로 소니와 마이크로소프트가 각각 플레이스테이션과 엑스박스 콘솔을 제조 단가보다도 낮은 가격에 판매한 덕분에 소비자는 강력한 GPU와 CPU, 그리고 게임을 플레이하는 데 필한 관련 하드웨어와 부품을 저렴하게 이용할 수 있다. 콘솔에서 발생하는 단위당 손실 외에도 콘솔 설계를 위한 연구 개발 투자와 구매를 유도하는 마케팅 비용이 이후에 추가로 발생한다. 이러한 플랫폼들은 독점 콘텐츠(즉 마이크로소프트와 소니의 자사 게임 개발 스튜디오)를 출시해 사용자가 몇 년 뒤로 미루지 않고 곧바로 구매하도록 유도한다. 새로 출시된 콘솔은 보통 새롭거나 더 나은 기능을 탑재하므로 빨리 보급될수록 개발자와 플레이어 모두에게 이득이다.

콘솔 플랫폼은 개발자가 특정 콘솔에서 게임을 실행하는 데 필요한 여러 가지 자체 도구와 API를 개발하고 유지 관리하며, 엑스박스 라이브, 닌텐도 스위치 온라인, 플레이스테이션 네트워크 같은 온라인 멀티플레이어 네트워크와 서비스를 운영한다. 이러한 투자는 게임 제작자를 지원하는 동시에 플랫폼이 비용을 회수하고 수익을 올릴 수 있도록 이끈다. 따라서 수수료가 30퍼센트로 유지되는 것이다.

30퍼센트 수수료를 두고 게임 플랫폼에서는 제 나름의 근거를 댈 것이다. 하지만 그 수수료는 시장에서 정해진 것도 아니고, 플랫폼에서 온전히 챙길 수 있는 것도 아니다. 소비자는 제조 단가를 밑도는 가격에 콘솔을 구매하는 수밖에 없다. 소프트웨어 가격이 30퍼센트 더 저렴하지만 장치 가격은 더 비싼 콘솔을 구매하고 싶어도 선택지조차 없는 것이다. 콘솔 플랫폼들은 개발자를 유치해야 하면서도 개발자를 확보하기 위해 서로 경쟁을 벌이진 않는다. 대부분의 게임 제작사는 최대한 많은 플레이어를 확보하기 위해 최대한 많은 플랫폼에 게임을 출시한다. 따라서 주요 콘솔 플랫폼들 입장에서는 개발자에게 더 나은 조건을 제시한다고 해서 이득을 볼 것이 없다. 예컨대, 엑스박스가 수수료를 15퍼센트로 인하하면 게임배급사는 엑스박스에서 판매하는 모든 게임에 대해 각각 21퍼센트더 많은 수익을 올릴 수 있다. 하지만 엑스박스에서 플레이스테이션이나 닌텐도 스위치에 해당 게임을 출시하지 않아야 한다는 조건을 내세운다면 전체 매출의 최대 80퍼센트를 놓칠 수도 있다. 마이크로소프트로서는 추가 고객을 확보할 수 있을 것이다. 하지만 배급사가 엑스박스에서만 출시한 대가로 날려버린 매출을 온전히 보전해 주려면 고객 수를 400퍼센트 더 끌어 올려야 하는데, 이는 쉽지 않은 일이다. 마이크로소프트의 이러한 전략을 플레이스테이션이나 닌텐도가 똑같이 따라 한다면 세 플랫폼 모두 작은 이익을 탐하려다 오히려 소프트웨어 수익의 절반을 잃게 되는 좋지 못한 결과를 얻을 수도 있다.

수수료 30퍼센트를 인하하는 전략을 비판하는 사람들은 콘솔의자체 도구와 API, 서비스를 내세운다. 하지만 그것들은 대체로 개발자에게 도움이 되기보다는 추가 비용을 떠안기거나, 가치 창출을 제한한다. 고객과 개발자를 유지하려는 용도로 쓰일 때도 있는데, 이는 오히려 고객과 개발자에게 손해일 수 있다. 이러한 현실은API 집합, 멀티플레이어 서비스, 권한 등 세 가지 영역에서 명확하게 드러난다.

특정 장치에서 게임을 실행하려면 GPU, 마이크 등 해당 장치에맞는 여러 구성 요소와 호환하는 방법을 알아야 한다. 이러한 통신을 지원하기 위해 콘솔, 스마트폰, PC 운영체제는 무엇보다도 'API

집합'을 포함하는 '소프트웨어 개발 키트(SDK)'를 생성한다. 이론적으로 개발자는 이러한 구성 요소와 호환하기 위해 자체 '드라이버'를 개발하거나 무료 오픈소스 대안을 사용할 수 있다. 오픈GL은 동일한 코드베이스에서 최대한 많은 GPU와 연결하는 데 사용되는 또 다른 API 집합이다. 그러나 개발자는 콘솔과 애플 아이폰에서 플랫폼 운영자가 만든 API만 사용할 수 있다. 예컨대, 에픽게임즈의 「포트나이트」는 엑스박스의 GPU에 연결하기 위해 마이크로소프트의 다이렉트X API 집합을 사용해야 한다. 「포트나이트」의 플레이스테이션 버전은 플레이스테이션의 GNMX를 사용해야 하고, 애플 iOS에는 메탈이 필요하며, 닌텐도 스위치에는 엔비디아의 NVM이 필요하다.

각 플랫폼은 고유한 API가 자체 운영체제와 하드웨어에 가장 적합하므로 개발자가 이를 사용해서 더 나은 소프트웨어를 만들 수 있고, 이는 사용자의 만족도를 높이는 결과로 이어진다고 주장한다. 이와 같은 주장은 대체로 사실이다. 그런데 오늘날 대부분의 대중적인 가상 세계는 가능한 한 많은 플랫폼에서 실행되도록 만들어졌고 특정 플랫폼에 최적화되어 있지 않다. 게다가 컴퓨팅 연산력을 최대치로 활용하는 게임은 거의 없다. API 집합에서 변형이 나타나고 오픈 API 같은 대안이 부족하다는 점은, 개발자가 모든 API 집합과 호환되도록 설계된 유니티와 언리얼 같은 교차 플랫폼 게임 엔진을 사용하는 이유이기도 하다. 어떤 개발자들은 유니티 또는 에픽게임즈와 수익의 일부를 나눠 갖기보다 오픈GL을 사용해서 성능 최적화를 어느 정도 내려놓고 예산에 맞추는 방안을 선호하기도 한다.

멀티플레이어 문제는 조금 다르다. 2000년대 중반, 마이크로소프트의 엑스박스 라이브는 커뮤니케이션, 매치메이킹, 서버 등 온라인 게임과 관련된 거의 모든 '작업'을 관리했다. 이러한 작업은 까다롭고 비용도 많이 들었지만, 게이머의 참여도와 만족도를 크게 끌어올린다는 점에서 개발자에게도 이득이었다. 하지만 그로부터 20년이 흐른 지금, 이러한 관리 비용의 대부분은 게임 제작사가 부담하고 있다. 이러한 변화는 온라인 서비스의 중요성이 커지고 교차 플레이를 지원하는 방식으로 전환이 이뤄지면서 나타났다. 대부분의 개발자는 이제 콘텐츠 업데이트, 대회, 게임 내 통계 분석, 사용자 계정 등 자체 게임의 '실시간 운영' 업무를 직접 관리하고 싶어 한다. 엑스박스가 플레이스테이션이나 닌텐도 스위치 등에 통합된 게임의 서비스를 실시간으로 관리하는 것은 이치에 맞지도 않는다. 하지만 게임 개발자는 여전히 게임 플랫폼에 수수료 30퍼센트를 빠짐없이 지불하고 게임 플랫폼의 온라인 계정 시스템을 통해 작업해야 한다. 예를 들어, 기술적인 문제가 발생해 엑스박스 라이브 네트워크가 오프라인 상태로 전환되면 플레이어는 온라인으로「콜 오브 듀티: 모던 워페어」에 접속해 플레이할 수 없게 된다. 물론 플레이어들은 이미 마이크로소프트에 엑스박스 라이브 구독료를 매월 지불하고 있지만, 정작 엑스박스 라이브의 존재감을 높이고 서버 요금을 가장 많이 지불하는 게임 개발자는 구독료에서 단 한 푼도 챙기지 못한다.

일각에서는 플랫폼 서비스의 진정한 목표가 개발자와 플레이어를 더 멀어지게 만들고, 두 집단을 하드웨어 기반 플랫폼에 묶어놓으며, 플랫폼 수수료 30퍼센트를 정당화하는 것이라고 비판한다. 플레이어가 플레이스테이션 스토어에서 「피파 2017」을 디지털 방식으로 구매하면 해당 게임은 플레이스테이션과 영구히 묶이게 된다. 다시 말해, 플레이스테이션은 이미 60달러에 게임을 판매하면서 수수료로 약 20달러를 벌었지만, 플레이어가 엑스박스에서 게임을 플레이하려면 또다시 60달러를 추가로 지출해야 한다. 개발자가 해당 플레이어에게 게임을 무료로 제공하고 싶어도 이를 허용할 방법이 없는 것이다. 사용자가 소니와 같은 콘솔 제조업체에 많은 돈을 지불할수록 콘솔 판매에서 발생한 소니의 손실을 메꿔주고 다른 콘솔로 갈아타는 비용은 더 비싸지는 셈이다.

플랫폼은 게임 관련 콘텐츠에도 유사한 방식을 적용한다. 플레이어가 플레이스테이션에서 「바이오쇼크」를 플레이하고 최종 승리를 거둔 뒤 엑스박스로 옮겨갈 경우, 해당 게임을 다시 구매해야 할 뿐만 아니라 처음부터 다시 시작해 최종 레벨까지 도달해야 한다. 플레이스테이션이 「바이오쇼크」 플레이어에게 보상으로 트로피(예: 다른 플레이어들보다 빠르게 게임에서 우승한 상위 1퍼센트 플레이어에게 수여하는 상)를 수여할 경우, 이 트로피는 플레이스테이션에 영구히 보관된다. 앞서 8장에서 논했듯이, 소니는 10여 년간 교차 플랫폼 게임을 막기 위해 온라인 플레이를 통제했다. 이것은 개발자와 플레이어 모두에게 도움이 되지 않았고, (이론상으로는) 엑스박스 고객을 확보하기 어렵게 만들어 소니가 플레이스테이션 고객을 유지하는 데 도움이 되었다.

콘솔 게임의 결제 채널은 현실 세계처럼 분리되어 있지 않다. 플레이어와 개발자 모두 신용카드, ACH, 전신 또는 디지털 결제 네트워크를 직접 사용하는 것이 금지되어 있고, 플랫폼에서 제공하는 과금 솔루션에는 권한, 데이터 저장, 멀티플레이어, API 등 다양한 항목이 포함되어 있다. 시세가 얼마인지, 개발자나 사용자에게 필요한 서비스가 무엇인지는 중요하지 않다. 배급사에서 출시한 게임이 오프라인 전용이거나 특정 플랫폼의 온라인 멀티플레이어 서비스를 필요로 하지 않는 경우에는 할인이 제공되지 않는다. 게임을 플레이스테이션에서 디지털 방식으로 구매하지 않고 게임스톱에서 실물로 구매했는지도 중요하지 않다(게임 배급사는 게임스톱에 약간의 거래 수수료를 지불할 것이다). 어쨌든 수수료는 수수료다. 이러한 현실을 가장 잘 보여주는 예는 하드웨어가 아예 없는 플랫폼으로, 닌텐도와 소니, 마이크로소프트를 넘어서는 영향력을 입증했다.

스팀 vs. 에픽게임즈

2003년, 게임 개발업체인 밸브는 사실상 게임 업계의 아이튠즈로 볼수 있는 PC 전용 애플리케이션인 스팀을 출시했다. 당시 대부분의 PC 하드 드라이브는 한 번에 게임 몇 개만 저장할 수 있었다. 시중에서 적당한 가격대로 팔리는 저장소의 용량보다 일반적인 게임 파일 용량이 더 빠르게 증가하면서 저장 문제는 더욱 심각해졌다. 게임을 찾아 다운로드하고, 다른 게임을 설치할 공간을 확보하기 위해 삭제하고, 나중에 이전 게임을 플레이하고 싶어지면 다시 찾아 설치하고, 새로운 PC로 옮기는 과정은 모두 쉽지 않은 일이었다. 사용자는 여러 개의 권한 증명과 신용카드 영수증, 웹 주소 등을 관리해야 했다. 게다가 밸브에서 자체 개발한 「카운터 스트라이크」를 비롯해 많은 온라인 멀티플레이어 게임이 업데이트와 패치가 자주 적용되는 '서비스형 게임' 모델로 이동하고 있었다. 이를 통해 게임을 새로운 기능과 무기, 모드, 장식이 있는 버전으로 '새로 고침'할 수 있었지만, 플레이어가 꾸준히 게임을 업데이트해야 했다는 점에서 적잖은 불만이 터져 나왔다. 고된 하루를 끝마치고 집에 돌아와 「카운터 스트라이크」를 플레이하려는데 업데이트를 다운로드하고 설치하는 데만 꼬박 한 시간을 기다려야 하는 플레이어의 심정을 상상해 보자.

스팀은 게임 설치 프로그램 파일을 연동시키고 중앙에서 관리하는 '게임 런처'를 만들어 이러한 문제를 해결했으며, 게임에 대한 사용자의 권리를 관리하는 동시에 플레이어가 PC에 설치한 게임을 자동으로 다운로드하고 업데이트했다. 스팀은 이러한 서비스를 대가로 스팀 시스템을 통해 판매되는 모든 게임 매출의 30퍼센트를 수수료로 챙긴다. 이는 콘솔 게임 플랫폼의 수수료와 같은 수준이다.

밸브는 점차 스팀에 더 많은 서비스를 추가해 이른바 스팀웍스를 출범했다. 예를 들어, 밸브는 스팀 계정 시스템을 사용해 친구들과 팀원들이 모여 있는 '소셜 네트워크'를 만들었다. 이 네트워크에는 모든 게임이 접속할 수 있었다. 플레이어는 더 이상 새로운 게임을 구매할 때마다 친구를 검색해 추가하거나 팀을 다시 짤 필요가 없었다. 한편 개발자는 스팀웍스의 매치메이킹 기능을 통해 스팀의 플레이어 네트워크를 활용해 조화롭고 공정한 온라인 멀티플레이어 경험을 만들 수 있었다. 플레이어들은 스팀 보이스를 사용해 실시간으로 대화할 수 있었다. 이 서비스는 개발자에게 추가 비용 없이 제공되었다. 스팀은 다른 콘솔 플랫폼들과 달리 온라인 네트워크나 서비스에 접속하는 플레이어들에게 사용료를 부과하지 않았다. 이후 밸브는 게임스톱이나 아마존에서 구매한 「콜 오브 듀티」의 실물 패키지와 같이 스팀에서 판매되지 않는 게임들도 스팀웍스를 사용할 수 있도록 해 더욱 광범위하고 충분히 통합된 온라인 게임 서비스 네트워크를 구축했다. 이론상으로 스팀웍스는 개발자들에게 무료로 제공되었지만, 각 게임은 이후 이뤄지는 모든 게임 내 거래에서 스팀의 결제 서비스만을 사용해야 했다. 결과적으로 개발자는 스팀에서 발생하는 수익의 30퍼센트를 계속해서 스팀웍스에 수수료로 지불하는 셈이 되었다.

스팀은 PC 게임 역사상 가장 중요한 혁신으로 평가된다. 사용 방법이 훨씬 복잡하고 진입 비용이 많이 들어도 스팀의 PC 전용 네트워크 부문이 콘솔 게임만큼 시장에서 많은 점유율을 유지하는 결정적인 이유이기도 하다(적당한 게임용 PC는 1000달러가 넘어가고, 최신 콘솔의 사양을 충족하려면 2000달러 이상은 써야 한다). 하지만 스팀이 세상에 나온 지 거의 20년이 흐르자, 게임 배포와 권한 관리, 온라인 서비스에서 두드러진 스팀의 기술혁신은 대부분 상품화되었다. 이제 사용자와 배급사 모두 스팀을 건너뛰기도 한다. 예를 들어, 많은 PC 게이머가 이제 오디오 채팅을 할 때 스팀 대신 디스코드를 사용한다. 교차 플랫폼 게임이 인기를 얻으면서 스팀이 아닌 게임 제작사가 게임에서 직접 트로피를 수여하고 플레이 기록을 관리하기 시작했다.

PC는 콘솔과 달리 개방형 생태계지만, 밸브의 플랫폼과 경쟁하거나 파괴를 일으킨 기업은 아직 없다. 플레이어는 원하는 모든 소프트웨어 스토어를 다운로드할 수 있고, 배급사로부터 직접 게임을 구매할 수도 있다. 게임 배급사는 스팀에 해당 게임을 공급하지 않고도 계속해서 고객에게 다가갈 수 있다. 하지만 스팀이 차지하는 영향력과 중심적 위치는 여전히 지속되고 있다.

2011년 대형 게임 업체인 일렉트로닉 아츠(EA)는 자체 스토어인 EA 오리진을 출범했다. EA 오리진에서는 PC 버전 게임을 독점적으로 판매해 유통 수수료를 30퍼센트에서 3퍼센트 이하로 인하할 수 있었다. 그로부터 8년 후, EA는 돌연 스팀으로 돌아가겠다고 발표했다. 「워크래프트」와 「콜 오브 듀티」 같은 히트작을 만들어낸 게임 제작사 액티비전 블리자드는 20년 동안 스팀을 떠나기 위해 애를 썼지만, 「콜 오브 듀티: 워존」과 같은 무료 게임을 제외하고 다른 대부분의 게임을 계속해서 스팀을 통해 판매하고 있다. 세계 최대 규모의 전자 상거래 플랫폼이자 중국 이외 지역에서 최대 비디오게임 라이브 스트리밍 서비스가 된 트위치의 모기업인 아마존은 무료 게임과 게임 내 아이템을 아마존 프라임 구독 서비스에 추가했지만, 여전히 PC 게임 시장에서 의미 있는 수준의 점유율을 확보하지 못하며 고군분투하고 있다. 이처럼 경쟁업체들의 과감한 도전이 이어졌지만, 밸브는 꿈쩍도 하지 않았다. 경쟁업체에 맞서 조금이라도 수수료를 인하하거나 정책을 변경하려는 시도조차 없었다.

스팀의 꾸준한 성공은 부분적으로 훌륭한 서비스와 다채로운 기능 세트에 기인한다. 스팀은 콘솔과 마찬가지로 배포, 결제, 온라인 서비스, 권한, 기타 정책을 효과적으로 결합해 제공함으로써 수익을 보존한다.

예를 들어, 스팀 스토어를 통해 구매하거나 스팀웍스를 통해 실행되는 모든 게임은 영원히 스팀을 사용해야 한다. 스팀이 플레이어와 개발자에게 서비스를 렌더링한 후 수십 년이 흘러도 스팀 플랫폼은 계속해서 수수료 수익을 얻을 것이다. 이를 우회할 유일한 방법은 게임 배급사가 스팀에서 완전히 철수하는 것인데, 그러면 사용자가 다른 채널을 통해 해당 게임을 다시 구매해야 한다. 스팀은 플레이어가 자사 플랫폼에서 획득한 업적을 외부로 내보내는 것을 허용하지 않으므로, 플레이어가 스팀을 떠나면 스팀웍스를 통해 지급된 모든 보상을 잃게 된다.

스팀은 경쟁 스토어가 더 낮은 유통 수수료를 제시할지라도 게임 배급사가 이를 악용해 스팀의 소비자가격을 낮추지 못하도록 '최혜국most favored nations(MFN)' 조항을 적용한다고 알려져 있다. 스팀에서 판매된 60달러짜리 게임을 상상해 보자. 스팀은 60달러 중 18달러(30퍼센트)를 챙기고 배급사에 42달러를 지급한다. 경쟁사가 수수료를 10퍼센트로 낮추면 배급사는 여전히 해당 게임을 60달러에 판매할 수 있으므로 이전보다 12달러 늘어난 총 54달러를 수익으로 벌어들일 수 있다. 하지만 사용자는 자신이 선호하는 스토어(그리고 다른 친구들이 사용하고 지난 수십 년 동안 구매한 게임과 보상이 모두 보관된 스토어)를 아무 이유 없이 떠나진 않는다. 경쟁 스토어는 수수료를 인하해 개발자와 소비자에게 혜택을 나눠주고 스팀의 성장을 막아야 할 것이다. 경쟁 스토어에서 게임을 50달러로 인하해 판매한다고 해보자. 배급사는 45달러(스팀보다 3달러를 더 챙길 수 있다)를 벌고 소비자는 10달러를 아낄 수 있다(이러한 가격 인하는 전체 구매량도 늘릴 수 있을 것이다). 안타깝게도 스팀의 MFN 조항은 이러한 시도를 원천적으로 차단했다. 게임 배급사가 경쟁업체의 스토어에서 가격을 인하하면 스팀에서도 동일한 조치를 취해야 한다. 스팀 스토어를 아예 떠나는 길을 택할 수도 있지만, 그러면 오히려 더 많은 고객을 잃고 다른 스토어에서 이윤을 메꾸지 못해 더 큰 손실을 보게될 것이다. 결정적으로 이 MFN 계약은 스팀과 같은 타사 애그리게이터뿐만 아니라 게임 배급사의 자체 스토어에도 적용되었다.

스팀과 경쟁하기 위해 상당한 노력을 기울인 기업 중에서도 가장 두드러진 기업은 에픽게임즈다. 2018년 에픽게임즈는 PC 게임 업계의 유통 수수료를 줄이기 위해 에픽게임즈 스토어(EGS)를 출시했다. 특히 개발자와 사용자를 유치하기 위해 스팀의 모든 이점을 그대로 제공하되 제약을 줄이고 더 나은 가격 조건을 제시했다.

EGS를 통해 구매한 게임은 플레이어가 EGS를 사용하지 않더라도 계속 플레이할 수 있다. 플레이어는 EGS 내에서 해당 게임 사본을 이용할 권리가 아닌, 실제 게임 사본을 소유하기 때문이다. 따라서 게임 제작사는 고객을 잃지 않고도 언제든지 스토어를 떠날 수 있고, 플레이어도 게임 내 저장된 자신의 데이터를 소유한다. 만약 플레이어가 EGS를 떠나 게임 배급사가 직접 운영하는 스토어나 다른 플랫폼으로 옮기고 싶다면 자신의 업적 보상과 플레이어 네트워크를 함께 가져갈 수 있다. EGS는 스토어 수수료로 12퍼센트를 제시했다(개발자가 이미 언리얼을 사용하고 있는 경우 수수료는 7퍼센트로 낮아진다. 개발자가 에픽게임즈의 엔진과 스토어를 사용하면, 여러 개별 상품이나 라이선스를 구매하고 사용하더라도 모두 합산해 수수료가 총 12퍼센트를 넘지 않도록 했다).

에픽게임즈는 역사상 가장 많은 연간 수익을 창출한 히트작 「포트나이트」를 활용해서 플레이어들을 자사 스토어로 끌어모았다. 업데이트를 통해 게임의 PC 사본이 에픽게임즈 스토어로 바뀌었고, 「포트나이트」는 스토어 안에서 실행할 수 있는 하나의 게임 타이틀이 되었다. 에픽게임즈는 「그랜드 테프트 오토 V」와 「문명 5」 등 인기 게임의 사본을 무료로 제공하고 아직 출시하지 않은 일련의 PC 게임들을 독점 공개하는 데 수억 달러를 투입했다. 하지만 스팀의 MFN 조항 때문에 비독점 타이틀에 대해서는 더 낮은 가격을 제시할 수 없었다.

에픽게임즈가 자체 스토어를 출범하기 불과 3일 전인 2018년 12월 3일, 스팀은 총매출 1000만 달러를 넘긴 게임에 수수료를 25퍼센트로, 5000만 달러를 넘긴 게임에 수수료를 20퍼센트로 인하하겠다는 계획을 발표했다. 에픽게임즈는 이처럼 밸브가 한 걸음 물러나면서 초기에 승리를 거머쥘 수 있었지만, 이러한 조치는 최대 규모의 게임 개발사(자체 스토어를 열거나 스팀에 게임 공급을 중단할 가능성이 가장 큰 소수의 글로벌 대기업)에 가장 유리하게 작용했다고 말했다. 커다란 이익을 내는 것은 고사하고, 시장에서 살아남기 위해 고군분투하는 수천 곳의 독립 개발업체 입장에서는 전혀 딴 세상 이야기다. 밸브는 스팀웍스를 개방하지 않기로 했지만, 수수료 인하 정책을 계기로 연간 수억 달러의 수익이 스팀에서 개발자들에게로 돌아갔다.

2020년 1월까지 에픽게임즈는 엄청난 돈을 쏟아부었지만, 스팀이나 콘솔 플랫폼에서 더 이상의 할인 정책을 끌어내지 못했다. 그러나 에픽게임즈의 CEO 팀 스위니는 EGS가 "동전 던지기"였다면서 트위터에 다음과 같이 썼다. "동전 앞면은 다른 스토어들이 반응하지 않는 것으로, 앞면이 나오면 EGS가 [시장점유율을 빼앗아] 승리하고 모든 개발자가 승리합니다. 뒷면은 경쟁 스토어가 EGS와 경쟁을 벌이는 것으로, 그렇게 되면 EGS는 장점이 희미해져 수익을 잃고 다른 스토어가 승리할 수도 있겠지만, 여전히 모든 개발자가 승리하는 결과를 얻게 됩니다."[3] 스위니의 전략이 궁극적으로 통할 수도 있지만, 2022년 2월 현재 밸브의 정책은 바뀔 조짐이 전혀 보이지 않는다. 한편 EGS는 막대한 누적 손실을 기록하고, 플레이어 유치와 관련해 지속 가능한 성공을 제한적으로 증명하는 데 그치고 있다.

에픽게임즈 공시에 따르면, 플랫폼 수익은 2019년 6억 8000만 달러[4]에서 2020년 7억 달러,[5] 2021년 8억 4000만 달러[6]로 증가했다. 하지만 지난 3년 동안 플랫폼 수익의 70퍼센트를 주도한「포트나이트」에서 매출의 64퍼센트가 발생했다. 2021년 기준으로 약 2억 명에 달하는 고유 사용자 중에 약 6000만 명이 12월에 활성 상태인 것으로 나타났다는 점에서, EGS는 확실히 인기가 있는 것으로 보인다(스팀의 월간 사용자는 약 1억 2000만~1억 5000만 명으로 추산된다). 하지만 플랫폼 수익에서 알 수 있듯이, 활성 플레이어 중 다수는 PC에서 오직 EGS를 통해서만 접속할 수 있는「포트나이트」를 플레이할 목적으로 EGS를 사용할 가능성이 높다.「포트나이트」를 사용하지 않는 나머지 많은 플레이어도 EGS가 제공하는 무료 게임을 플레이할 목적으로만 EGS를 사용할 것으로 예상된다. 2021년 한 해에만 에픽게임즈는 89개의 무료 타이틀을 출시했다. 이를 소매가격으로 환산하면 총 2120달러(또는 각각 24달러)어치에 달한다. 그해에만 7억 6500만 개가 넘는 게임 사본이 사용되었는데, 이를 명목 가치로 환산하면 180억 달러에 해당한다. 2020년 175억 달러, 2019년 40억 달러 매출에 비교하면 엄청난 수치임을 알 수 있다.[*]

EGS는 무료 게임을 제공해 확실히 많은 플레이어를 유치할 수 있었지만, 사용자로부터 그다지 많은 소비를 이끌어내지는 못했다(오히려 소비를 방해했다). 2021년 한 해 동안 사용자들은 「포트나이트」 이외의 콘텐츠에 평균 2~6달러를 지출했다(반면 90~300달러에 이르는 무료 게임을 받았다). 에픽게임즈에서 유출된 문서에 따르면, EGS는 2019년에 1억 8100만 달러, 2020년에 2억 7300만 달러의 손실을 기록했고, 2021년에는 1억 5000만~3억 3000만 달러의 손실을 기록할 것으로 예상된다. 하지만 빠르면 2027년에 손익분기점을 맞이할 것으로 전망된다.[7]

PC는 개방형 플랫폼이므로 어떤 스토어도 독점할 수 없다고 주장하는 사람들이 있을 것이다. 지배적인 온라인 게임 유통업체인 스팀은 확실히 윈도와 맥 운영체제를 실행하고 자체 스토어를 제공하는 마이크로소프트와 애플로부터 독립되어 있다. 동시에 수익성 있

---

[*] 에픽게임즈는 게임 배급사에 대폭 할인된 도매가격을 지불한다. 2021년에 지불한 금액은 약 5억 달러로 추산된다.

는 주요 스토어는 스팀 단 한 곳뿐이며 최대 규모의 공급업체들은 스팀에서 좀처럼 벗어나지 못하고 있다. 특히 수수료가 30퍼센트 또는 20퍼센트일지라도 이러한 구조를 건전한 시장이라고 생각하는 사람은 거의 없다. 늘 그래왔듯, 결제는 단순한 거래 처리뿐만이 아니라 사용자가 온라인 공간에서 만들어낸 존재와 저장 공간, 그곳에서 쌓은 우정과 추억은 물론이거니와 오래된 고객에 대해 개발자가 지니는 의무를 포괄해 하나로 묶어놓은 서비스이기 때문이다.

애플의 결제 지배력

「팩맨」 카트리지, 스팀 MFN 조항, 「콜 오브 듀티」 사본이 메타버스와 대체 어떤 관련이 있는지 의아할 수 있다. 게임 산업은 창의적인 디자인 원칙을 알리고 '차세대 인터넷'의 기초 기술을 구축하는 데 그치지 않고, 메타버스의 경제적 선례를 남기는 등 다양한 역할을 수행하고 있다.

2001년 스티브 잡스는 아이튠즈 뮤직 스토어를 통해 전 세계 대부분의 시장에 디지털 배포 방식을 도입했다. 그는 이 비즈니스 모델을 위해 닌텐도와 나머지 게임 산업이 주도하고 있는 30퍼센트 수수료 체계를 모방하기로 했다(다만 콘솔과 달리 아이팟 자체의 매출 총이익은 0퍼센트 미만이 아닌 50퍼센트 이상이었다). 7년 후, 이 30퍼센트 수수료 체계는 아이폰의 앱스토어로 고스란히 이어졌고, 구글은 애플을 따라 안드로이드 운영체제에 이를 그대로 적용했다.

잡스는 이 시점에 콘솔 플랫폼에서 사용되는 폐쇄형 소프트웨어 모델을 채택했는데, 이전에는 맥 노트북과 컴퓨터 또는 아이팟에서는 사용되지 않은 방식이었다.* iOS에서는 애플의 앱스토어에서만 모든 소프트웨어와 콘텐츠를 다운로드해야 했고, 플레이스테이션, 엑스박스, 닌텐도, 스팀과 마찬가지로 애플만이 배포 가능한 소프트웨어와 사용자에게 비용을 청구하는 방법을 결정할 수 있었다.

구글은 안드로이드에 대해 좀 더 관대한 방식을 취했다. 안드로이드는 사용자가 구글 플레이 스토어를 사용하지 않고도, 또 타사 앱스토어를 통하지 않고도 앱을 설치할 수 있도록 기술적으로 허용했다. 하지만 이를 위해서는 사용자가 계정 설정에 들어가 애플리케이션(예: 크롬, 페이스북 또는 모바일 에픽게임즈 스토어)별로 "알 수 없는 앱"을 설치할 수 있는 권한을 부여해야 했다. 안드로이드는 사용자에게 이 권한을 부여하면 "휴대전화와 개인 데이터가 공격에 더 취약"해질 수 있다고 경고하는 동시에 "그로 인해 발생할 수 있는 휴대전화 손상 또는 데이터 손실에 대한 책임은 전적으로 사용자 본인에게 있음"에 동의할 것을 요구했다. 사실 구글은 구글 플레이 스토어에서 배포한 앱을 사용할 때 발생하는 손상이나 데이터 손실에 대해서도 별다른 책임을 지지 않았다. 그럼에도 추가적인 단계와 경고 메시지가 뜨는 탓에 안드로이드에서는 개발자를 통해 직접 다

---

* 대부분의 아이팟 사용자는 아이튠즈에서 음악을 구매했지만, 다른 서비스에서 구매하거나 CD에서 업로드한 음원 파일, 심지어 냅스터 같은 서비스에서 불법 복제된 음원 파일을 불러올 수도 있었다. 기술적 지식이 있는 사용자는 아이튠즈를 사용하지 않고도 이러한 음원 파일을 아이팟에 다운로드할 수 있었다.

운로드하는 사람이 거의 없었다. 반면에 대부분의 PC 사용자는 거리낌 없이 개발자로부터 직접 소프트웨어를 다운로드한다. 예를 들면, 마이크로소프트 웹사이트인 Microsoft.com에서는 오피스를, 스포티파이 웹사이트인 Spotify.com에서는 스포티파이를 다운로드하는 것이다.

애플이 도입한 자체 모델, 그리고 구글이 다른 방식으로 도입한 자체 모델과 관련된 문제가 세계 시장에서 표면화되기까지 10년 이상이 걸렸다. 스트리밍 미디어 기업인 스포티파이와 라쿠텐은 애플이 경쟁을 배제하고 자체 소프트웨어 서비스(예: 애플 뮤직)에 혜택을 몰아주기 위해 수수료 정책을 악용한다는 문제를 제기했고, 2020년 6월에는 유럽연합이 애플을 고소했다. 그로부터 2개월 후, 에픽게임즈는 애플과 구글의 30퍼센트 수수료 정책과 통제가 반독점 규정 위반 행위이며 시장 경쟁을 위협한다는 혐의로 두 기업을 고소했다. 소송 일주일 전 스위니는 트위터에 "애플은 메타버스를 가로막고 있습니다"라고 썼다.

문제가 수면 위로 떠오르기까지 오랜 시간이 걸린 데에는 여러 원인이 있었다. 기본적으로 '신(新) 경제' 사업에 비용을 부과하고 구(舊) 경제 사업에는 수수료를 면제하는 애플의 스토어 정책이 미치는 영향이 각기 다르다는 점이 문제였다. 애플은 인앱 구매와 관련해 앱을 세 가지 카테고리로 광범위하게 구분했다. 첫 번째 카테고리는 아마존에서 도브 비누를 구매하거나 스타벅스 기프트 카드를 충전하는 것처럼 실제 물리적인 제품과 관련된 거래였다. 이러한 종류의 거래에 대해 애플은 수수료를 받지 않았고 이런 앱들이 페이팔이나 비자 등 타사의 결제 채널을 직접 불러와 거래를 완료하는 행위를 허용했다. 두 번째 카테고리는 소위 리더 앱으로, 비거래용 콘텐츠를 묶어 제공하거나(예: 넷플릭스, 뉴욕 타임스, 스포티파이 등 앱 내 모든 콘텐츠를 이용할 수 있는 구독 서비스) 사용자가 이전에 사용했던 콘텐츠를 이용할 수 있도록 허용하는 서비스(예: 이전에 아마존에서 구매한 영화를 아마존의 프라임 비디오 iOS 앱에서 스트리밍하는 경우)가 포함된다. 세 번째 카테고리는 사용자가 콘텐츠(예: 게임 또는 클라우드 드라이브)에 영향을 주거나 디지털 콘텐츠를 각각 거래(예: 아마존 프라임 비디오 앱에서 특정 영화를 대여하거나 구매하는 경우)할 수 있는 인터랙티브 앱이었다. 인터랙티브 앱은 인앱 결제를 제공할 수밖에 없었다.

이러한 인터랙티브 앱은 리더 앱처럼 온라인 브라우저 기반 결제 대안을 제공할 수 있었지만, 플레이어가 앱 자체 내에서 이러한 선택지를 알아차리기는 쉽지 않았다. 대안이 플레이어에게 알려지더라도 실제로는 드물게 사용되었다. 최근 애플의 인앱 결제를 지원하는 앱을 사용한 경험이 있다면 다시 떠올려보자. 혹시 앱 개발자가 온라인에 더 나은 가격을 제시하고 있지 않은지 확인해 본 적이 있는가? 사용자가 앱스토어에서 '구매' 버튼을 클릭하지 않는 대신 앱 자체 계정을 등록하고 결제 정보를 입력하는 수고로움을 감수하게 하려면 가격은 얼마나 더 저렴해져야 할까? 앱에서 10퍼센트나 15퍼센트 할인된 가격을 제시한다면 어떨까? 구매 가격대가 얼마나 높은 상품이어야 할까(게임에서 99센트짜리 추가 수명을 구매할 때 20퍼센트 할인을 받더라도 할인 금액이 적어 혜택이 크게 와닿지 않을 수도 있다)? 아마도 대부분의 경우 20퍼센트 할인을 제시하면 소비자의 마음이 움직였을 것이다. 하지만 개발자는 페이팔 또는 비자에서 청구하는 수수료를 충당해야 했기 때문에 사실상 7퍼센트만 '절약'할 수 있었다. 만일 어떤 게임이 넷플릭스나 스포티파이처럼 고객을 다른 곳으로 이동하게 할 수 있다면 개발자는 20퍼센트 또는 27퍼센트까지도 절약할 수 있다.

에픽게임즈가 애플에 제기한 소송과 관련된 다양한 이메일과 문서에 따르면, 여러 카테고리로 구분된 앱스토어의 결제 모델은 주로 애플이 영향력을 행사할 수 있다고 생각한 부분에서 비롯되었다. 하지만 이는 또한 애플이 가치를 창출할 수 있다고 생각한 부분과도 관련이 있었다. 물론 모바일 상거래는 한동안 전 세계 경제 성장에 중요한 역할을 했지만, 대부분은 오프라인 소매에서 재분배된 것이었다. 아이패드의 외형은 많은 사람에게 종이 신문보다 태블릿으로《뉴욕 타임스》를 읽는 것이 더 매력적이라고 느끼게는 만들었지만, 그렇다고 애플이 언론 산업을 활성화시킨 건 아니었다. 그러나 모바일 게임은 달랐다. 앱스토어가 처음 나왔을 때 게임 산업은 연간 500억 달러 이상을 벌어들이고 있었고, 그중 15억 달러가 모바일에서 발생했다. 2021년이 되자, 모바일은 1800억 달러 규모의 게임 산업에서 수익의 절반 이상을 창출했고, 2008년 이후 게임 산업이 이뤄낸 성장의 70퍼센트를 차지했다.

앱스토어 경제는 이러한 역동성을 잘 보여준다. 2020년에는 iOS 앱을 통해 약 7000억 달러가 지출되었다. 하지만 그중에 애플이 청구한 금액은 10퍼센트 미만이었다. 이 10퍼센트 중에서 거의 70퍼센트가 게임 구매였다. 다시 말해, 아이폰과 아이패드 앱 내부에서 지출된 100달러 중 7달러가 게임 구매에서 나왔고, 앱스토어에서 올린 매출 100달러 중 70달러는 게임 카테고리에서 나왔다. 많은 사람이 알고 있듯이, 아이폰과 아이패드의 주요 기능은 게임 플레이가 아니다. 게다가 애플이 게임 전용 온라인 플랫폼을 제공하지 않는 점을 고려하면 이는 무척이나 놀라운 수치다. 인앱 결제를 강제하는 것만으로도 애플은 게임 플랫폼 하나 없이도 큰 수고를 들이지 않고 엄청난 수익을 벌어들이고 있는 것이다. 에픽게임즈가 애플을 상대로 제기한 소송에서 담당 판사는 애플 CEO인 팀 쿡Tim Cook에게 다음과 같은 유명한 질문을 던졌다.

"애플은 웰스 파고나 뱅크오브아메리카에는 청구하지 않네요? 그런데 게이머들에게 비용을 청구해 웰스 파고에 보조금을 지원하고 있군요."[8]

앱스토어의 수익이 주로 규모가 작아도 빠르게 성장하는 세계 경제 부문에서 나왔기 때문에 앱스토어가 면밀히 조사할 가치가 있는 대기업 수준으로 성장하기까지는 시간이 걸렸다. 역설적이게도 애플조차 앱스토어가 그 정도로 성장할 것이라고는 미처 예상하지 못했던 것으로 보인다. 앱스토어가 출범한 지 두 달이 지났을 때, 잡스는《월스트리트 저널》과의 인터뷰에서 사업의 초창기 시절을 되돌아봤다.《월스트리트 저널》은 분석 보고서에서 "애플이 비즈니스에서 직접적으로 얻는 이익은 그다지 많지 않았다…… 잡스는 애플의 아이튠즈를 통해 판매한 음악 덕분에 아이팟이 인기를 얻었던 것처럼 애플리케이션이 아이폰과 무선 연결이 가능한 아이팟 터치 장치를 더 많이 팔리게 할 것이라고 장담하고 있다"라고 밝혔다. 이를 위해 잡스는 《월스트리트 저널》에 애플이 부과하는 수수료 30퍼센트는 신용카드 수수료와 기타 스토어 운영 비용을 충당하기 위한 것이라고 말했다. 그는 앱스토어의 규모가 "곧 5억 달러에 이를 것입니다…… 어쩌면 언젠가 10억 달러 규모의 커다란 시장이 될지도 모르죠"라고 전망했다. 앱스토어는 2년 차에 10억 달러를 돌파했고, 당시 애플은 이제 "손익분기점을 조금 넘어선" 상태라고 밝혔다.[9]

　2020년, 앱스토어는 전 세계 시장에서 최고의 비즈니스로 손꼽힌다. 매출이 730억 달러, 이윤은 70퍼센트로 추정되며, 만일 모회사인 애플(시가총액 기준 세계 최대 기업이자 달러 기준 가장 수익성이 높은 기업)에서 분사한다면 《포천》이 선정한 세계 15대 기업에 들어갈 수 있을 만큼 기업 규모가 이미 충분히 크다. 심지어 이것은 앱스토어가 자체 시스템을 통해 이뤄지는 거래(거래 금액 자체만 해도 전 세계 경제의 1퍼센트 미만에 해당한다) 중에서 10퍼센트 미만에 대해서만 수수료를 청구해 얻은 결과다. iOS가 '개방형 플랫폼'이었다면 이러한 수익은 부분적으로나마 경쟁으로 줄어들었을 것이다. 비자와 스퀘어는 더 낮은 인앱 수수료를 제시하고, 애플과 비슷하지만 더 저렴한 가격에 서비스를 제공하는 경쟁 앱스토어도 등장했을 것이다. 하지만 애플은 장치에 설치된 모든 소프트웨어를 제어하고, 게임 콘솔과 마찬가지로 플랫폼을 폐쇄형과 번들(영어로 '묶음'이라는 뜻이며 여러 제품을 묶어 하나의 패키지로 구성한 제품을 가리킨다—옮긴이) 형태로 유지하므로, iOS가 개방형 플랫폼이 되는 것은 불가능하다. 그리고 무엇보다 유일한 주요 경쟁사인 구글도 현재의 대결 구도에 만족하고 있다.

물론 이러한 문제는 메타버스에만 국한된 것이 아니다. 하지만 곤잘레스 로저스Gonzalez Rogers 판사가 애플의 게임 정책을 두고 전 세계가 게임처럼 흘러가고 있다며 눈살을 찌푸렸듯 수수료는 메타버스에 상당한 영향을 끼칠 것이다. 즉, 메타버스 역시 주요 플랫폼에서 운영하는 수수료 30퍼센트 모델에 억지로 끼워 맞춰지고 있다는 뜻이다.

스트리밍 서비스 기업인 넷플릭스를 예로 들어보자. 2018년 12월 넷플릭스는 iOS 앱에서 인앱 결제 기능을 제거하기로 결정했다. '리더 앱'으로서 회사는 이러한 결정을 내릴 권리가 있었고, 재무계획팀은 사용자에게 넷플릭스 웹사이트인 Netflix.com에 가입한 후 신용카드 정보를 수동으로 입력할 것을 요청하면 클릭 한 번으로 간편하게 결제되는 애플의 인앱 결제 방식에 비해 다소 번거로워 등록을 포기하는 소비자도 분명 있겠지만, 이렇게 놓치는 매출이 애플에 지급해야 할 수수료 30퍼센트보다 적어 비용 절감 효과가 있다고 판단했다.* 하지만 2021년 11월 넷플릭스는 구독 플랜에 모바

---

* 2016년 애플은 구독 2년 차(즉 구독 신청 후 13번째 달)에 도달한 고객에게 구독 앱의 수수료를 15퍼센트로 낮춰 주었다. 대부분의 경우 구독자를 영구적으로 유지하기를 바라기 때문에 이러한 수수료 인하가 매우 중요한 역할을 하고 소수의 고객에게만 수수료 30퍼센트가 적용될 것으로 보이지만, 실제로는 정반대다. 예를 들어, 넷플릭스의 월 이탈률은 약 3.5퍼센트이며 고객의 평균 구독 유지 기간은 28개월로, 수수료로 평균 21.5퍼센트가 애플에 지급된다. 바꿔 말하자면, 구독자의 65퍼센트만이 구독 2년 차에 접어든다는 것이다. 그런데 대부분의 구독 서비스가 넷플릭스 같지는 않다. 온라인 동영상 구독 업계의 평균 이탈률은 약 6퍼센트이며 유지 기간은 구독자당 평균 17개월로, 구독 2년 차에 도달하는 비율은 구독 100건 중 48건 미만이다.

일 게임을 추가해 앱을 '인터랙티브 앱'으로 전환했고, 어쩔 수 없이 애플의 자체 결제 서비스로 돌아가야 했다(그러지 않으면 iOS 전용 앱 제공을 완전히 중단해야 한다).

그렇다면 스위니의 소송 전 발언으로 돌아가 보자. 왜 애플의 30퍼센트 수수료 정책이 메타버스를 '가로막는' 걸까? 여기에는 세 가지 주된 이유가 있다. 첫째, 30퍼센트 수수료는 메타버스에 대한 투자를 억누르고 비즈니스 모델에 부정적인 영향을 준다. 둘째, 오늘날 메타버스를 개척하고 있는 통합 가상 세계 플랫폼들을 압박한다. 셋째, 수수료 수익을 지키려는 애플의 노력은 사실상 메타버스에 중점을 둔 기술의 상당수가 더 발전하는 것을 가로막고 있다.

높은 비용과 우회 수익

'현실 세계'에서 결제 처리 비용은 0퍼센트(현금)일 정도로 낮으며, 일반적으로 최대 2.5퍼센트(일반 신용카드 구매)이고 때로는 5퍼센트에 이른다(높은 최소 수수료가 적용된 저가 품목 거래의 경우). 이처럼 낮은 비용은 결제 채널(예: 전신 대 ACH)과 기업(예: 비자, 마스터카드, 아메리칸 익스프레스 등)들이 치열한 경쟁을 벌인 덕분이다.

하지만 '메타버스'에서는 모든 비용이 30퍼센트다. 사실 애플과 안드로이드는 결제 처리 서비스를 제공할 뿐만 아니라 앱스토어, 하드웨어, 운영체제, 라이브 서비스 제품군 등도 운영한다. 모든 기능은 강제로 묶여 제공되기 때문에 결과적으로 직접적인 경쟁에 노출되지 않는다. 마찬가지로 많은 결제 채널이 번들 형태로 제공된다. 예를 들어, 아메리칸 익스프레스는 소비자에게 신용, 결제 네트워크, 혜택, 보험 등 다양한 서비스를 제공하며, 가맹점은 수익성 있는 고객 유치와 사기 방지 서비스 등을 이용할 수 있다. 하지만 결제 채널은 개별적으로도 제공될 수 있고, 각종 서비스의 특성에 따라 경쟁을 벌이기도 한다. 스마트폰과 태블릿에서는 그러한 경쟁이 벌어지지 않는다. 모든 서비스가 안드로이드와 iOS라는 두 가지 버전으로만 묶여 제공된다. 그리고 두 시스템 모두 수수료를 인하할 만한 동기가 없다.

결제 채널이 번들로 제공된다고 해서 반드시 가격이 비싸거나 문제가 있는 것은 아니다. 하지만 그렇게 보이는 것만은 분명하다. 무담보 신용카드 대출의 평균 연간 금리는 14~18퍼센트인 반면 미국 내 대부분의 주에서는 금리를 25퍼센트로 제한하는 고리대금 금지법을 시행하고 있다. 전 세계에서 가장 비싼 고급 쇼핑몰들도 비즈니스 수익의 30퍼센트에 달하는 임대료를 매장에 부과하진 않으며, 세금을 가장 많이 부과하는 국가, 세금을 가장 많이 부과하는 주, 세금을 가장 많이 부과하는 도시에서도 세율이 30퍼센트까지 올라가진 않는다. 만약 30퍼센트를 부과하면 모든 소비자와 노동자, 기업이 그곳을 떠나고 결과적으로 모든 과세 기관이 고통을 겪을 것이다. 그러나 디지털 경제에서는 '국가'가 딱 두 곳뿐이며 둘 다 각자의 'GDP'에 만족하고 있다.

미국에서 일반적인 중소기업의 이윤은 10~15퍼센트다. 다시 말해, 애플과 구글은 새로운 디지털 비즈니스나 디지털 판매를 창출하는 행위를 통해 그것에 투자하고 위험을 감수한 사람들보다도 더 많은 이익을 얻는다. 이것이 모든 경제에 건전한 결과라고 주장하기는 어렵다. 다르게 생각하면, 이러한 플랫폼의 수수료를 30퍼센트에서 15퍼센트로 줄이면 독립 개발자의 수익이 2배 이상 늘어나고 그러한 수익의 대부분은 제품에 재투자될 것이다. 많은 사람이 아마도 지구상에서 가장 부유한 두 기업에 더 많은 돈을 쏟아붓기보다 이처럼 독립 개발자의 수익을 늘리는 편이 낫다고 여길 것이다.

현재 애플과 구글의 지배적인 위치는 그다지 바람직하지 않은 경제적 유인으로 이어진다. 이미 메타버스에서 가상 운동복 분야를 개척하고 있는 나이키가 좋은 예다. 나이키가 나이키 iOS 앱을 통해 실물 운동화를 판매하면 애플이 벌어들이는 수수료 수익은 0퍼센트다. 후에 나이키가 실물 운동화를 구매한 고객에게 가상의 운동화 사본에 대한 권리를 부여하기로 결정하면(예: '매장에서 에어 조던을 구매하고 「포트나이트」에서 에어 조던 한 켤레를 받기') 애플은 여전히 수수료를 챙기지 않을 것이다. 사용자가 현실 세계에서 이러한 가상 운동화를 '신는' 경우, 아이폰 또는 곧 출시될 애플 AR 헤드셋을 통해 해당 운동화가 렌더링되더라도 애플에는 여전히 수수료를 챙길 권한이 없다. 나이키의 실물 운동화에 애플의 iOS 장치에 연결되는 블루투스 또는 NFC 칩이 있어도 마찬가지다. 하지만 나이키가 사용자에게 독립된 가상 운동화나 가상 러닝 트랙 또는 가상 러닝 수업을 판매하려면 애플에 수수료로 30퍼센트를 지급해야 한다. 이론상으로 가상 운동화와 실물 운동화가 결합된 운동화 세트의 기본적인 가치 원천이 가상의 것으로 판단되면 애플에는 수수료를 챙길 권한이 생긴다. 결국 애플의 장치 기능과 구성 요소, 역량이 대체로 똑같은데도 상황에 따라 혼란스러울 정도로 대단히 다른 결과를 얻게 된다.

이번에는 나이키와 달리 액티비전을 중심으로 가상 세계에서 주로 활동하는 기업을 떠올려보자. 만일 「콜 오브 듀티: 모바일」 사용자가 자신의 캐릭터를 꾸미기 위해 2달러짜리 가상 운동화를 구매하면 애플은 60센트를 수수료로 챙긴다. 하지만 액티비전이 사용자에게 가상 운동화 한 켤레를 무료로 제공하는 대신 2달러 상당의 광고를 시청하라고 요청하면 애플은 0달러를 얻게 된다. 요컨대, 애플의 정책이 미치는 영향은 메타버스가 수익화되는 방식과 그 과정을 주도하는 주체를 결정지을 것이다. 애플의 30퍼센트 수수료와 에픽 게임즈가 주장하는 12퍼센트의 차이인 18퍼센트는 나이키에게 좋은 고려 사항이지만 반드시 감수해야 할 조건도 아니다. 나이키는 마음만 먹으면 기존의 실물 비즈니스를 활용해 수수료 자체를 완전히 건너뛸 수도 있다. 하지만 대부분의 신생 기업은 추가 이윤이 꼭 필요하고, 메타버스 이전의 전통적인 비즈니스 분야에 기댈 수도 없다.

이러한 문제는 앞으로 수년에 걸쳐 더욱 심각해질 것이다. 요즘은 고등학교 강사도 웹 브라우저를 통해 직접 동영상 기반 강의를 판매할 수 있다. 이때 강의를 iOS 앱으로 제공한다면 인앱 결제 기능을 넣지 않을 수도 있다. 동영상 위주의 앱은 '리더 앱'이기 때문이다. 하지만 만일 이 강사가 루브 골드버그 장치의 시뮬레이션 구성을 포함한 물리학 강의나 화려한 3D 몰입 기술을 넣은 자동차 엔진 수리를 주제로 한 교육과정과 같은 인터랙티브 경험을 추가하려 한다면, 이 앱은 '인터랙티브 앱'으로 분류되므로 인앱 결제를 지원해야 하는 의무가 생긴다. 강사가 제작하기에 더 까다롭고 비용이 많이 드는 강의에 투자했다는 이유만으로, 애플 또는 안드로이드에 수수료를 내야 하는 것이다.

애플은 몰입형 서비스가 추가로 불러올 이점이 수수료를 정당화할 것이라고 주장하지만, 계산은 그리 간단하지 않다. 예를 들어, 앱스토어 외부에서 100달러에 판매되는 비인터랙티브 교과서가 애플의 수수료를 감당하려면 앱스토어에서 143달러에 판매되어야 한다고 가정해 보자. 강사가 추가로 투자한 자금을 회수하고 위험을 보상하려면 가격을 훨씬 더 높게 책정해야 한다. 게다가 추가로 청구되는 금액에 대해서도 애플은 1달러당 30센트씩 가져간다. 새로운 강의의 가격이 200달러로 오르면 애플은 60달러를 챙기지만, 강사는 추가로 40달러를 버는 데 그치고 학생들은 추가로 100달러를 더 지불해야 한다. 3D로 개선된 강의 형태와 상관없이 학생의 교육 경험이 질적으로 2배나 개선될 가능성은 적다는 점에서, 이를 사회적으로 더 이로운 결과라고 보기는 어렵다.

로블록스가 손해를 면치 못하는 이유

결제 채널의 수수료 30퍼센트는 특히 가상 세계 플랫폼에서 심각한 문제로 떠오르고 있다.

「로블록스」에는 만족도가 높은 사용자와 재능 있는 제작자가 가득하다. 하지만 이들 중에 돈을 버는 제작자는 거의 없다. 로블록스 코퍼레이션은 2021년에 20억 달러에 달하는 매출을 올렸지만, 개발자(회사) 중에는 81곳만이 순이익 100만 달러 이상을 기록했고, 7곳만이 1000만 달러 이상을 벌었다. 개발자가 많이 벌수록 더 많은 투자가 이뤄지고 사용자를 위한 더 나은 상품이 나오고, 결과적으로 사용자의 지출을 더 많이 유도할 수 있다는 사실을 고려하면, 이처럼 적은 수익은 생태계 전반에도 좋지 않다.

안타깝게도 로블록스는 게임, 애셋, 아이템에 지출된 모든 금액의 25퍼센트만 개발자에게 지불하므로 개발자가 수익을 늘리는 것은 쉽지 않다. 로블록스에 비하면 애플의 70~85퍼센트 지급 비율이 관대해 보이지만, 사실은 그 반대다.

로블록스의 iOS 수익을 100달러라고 가정해 보자. 2021 회계연도 실적을 기준으로 30달러는 애플에 수수료로, 24달러는 「로블록스」의 핵심 인프라와 안전 비용으로, 16달러는 간접비로 지불된다. 그러면 로블록스가 플랫폼에 재투자할 수 있는 세전 매출 총이익으로는 총 30달러가 남는다. 재투자는 연구 개발(사용자와 개발자에게 더 나은 플랫폼을 제공), 사용자 확보(네트워크 효과, 각 플레이어의 가치, 개발자의 수익 증가), 개발자 지급(「로블록스」에서 더 나은 게임을 제작하도록 유도) 등 세 가지 카테고리에 걸쳐 진행된다. 세 카테고리에 각각 28달러, 5달러, 28달러(이는 개발자에게 제공되는 인센티브, 최소 보장 수익, 기타 약정에 따라 로블록스의 목표치인 25퍼센트를 초과하는 수치다), 또는 총 60달러가 할당된다. 결과적으로 현재 로블록스가 iOS에서 거둔 이윤은 약 −30퍼센트가 된다(로블록스의 혼합 이윤은 −26퍼센트로 조금 나은 수준이다. 이는 iOS와 안드로이드에서 플랫폼 총수익의 75~80퍼센트가 나오고, 나머지 수익은 주로 수수료를 떼지 않는 윈도 같은 플랫폼에서 나오기 때문이다).

요컨대, 로블록스는 디지털 세계를 풍요롭게 하고 수십만 명의 사람들을 새로운 디지털 제작자로 바꿔놓았지만 손해를 면치 못했다. 로블록스가 모바일 장치에서 100달러의 가치를 실현할 때마다 30달러의 손실이 발생하고, 개발자는 순수익으로 25달러(모든 개발 비용을 차감하기 전 금액)를 벌며, 애플은 아무런 위험을 감수하지 않은 채 순수익으로만 약 30달러를 챙긴다. 오늘날 로블록스가 개발자의 수익을 늘릴 유일한 방법은 손실을 더 감수하거나 연구 개발을 중단하는 것이며, 이는 장기적으로 로블록스와 개발자 모두에게 피해를 줄 수 있다.

간접 비용이나 판촉, 마케팅 비용이 수익만큼 빠르게 증가하지 않을 가능성이 크기 때문에 로블록스의 이윤은 시간이 지나면서 점차 개선될 것이다. 하지만 이 두 가지 비용은 몇 퍼센트 포인트에 불과해 로블록스가 기록하고 있는 상당한 손실을 충당하거나 개발자 수익 지분을 조금 증가시키기에 충분하지 않다. 연구 개발은 기업 규모와 관련해 이윤을 개선하는 역할을 일부 수행할 테지만, 빠르게 성장하는 기업은 연구 개발 영업 레버리지를 통해 수익성을 달성해서는 안 된다(고정 비용에 따라 매출액보다 영업이익 변동폭이 더 확대되는 현상을 영업 레버리지 효과라고 한다. 저비용 구조에서는 매출과 고객 수가 늘어날 경우 영업 레버리지 효과가 발생한다. 여기서 저자는 로블록스가 연구 개발비를 줄여 영업이익을 높이는 전략을 취해서는 안 된다고 지적한다―옮긴이). 로블록스의 비용 카테고리에서 가장 큰 비중을 차지하는 인프라와 안전 비용이 줄어들 가능성은 낮다. 주로 사용량(수익 창출을 견인한다)에 따라 결정되는 데다 로블록스의 연구 개발은 시간당 운영 비용이 더 많이 들어가는 경험(예: 높은 동시성 또는 더 많은 클라우드 데이터 스트리밍이 필요한 가상 세계)을 생산할 가능성이 높기 때문이다. 두 번째로 큰 비중을 차지하는 (그리고 마지막으로 남은) 비용은 로블록스가 통제할 수 없는 스토어 수수료다.

애플 입장에서 로블록스의 제한된 이윤(이러한 제약이 로블록스 개발자 수익에 미치는 영향)은 앱스토어 시스템의 버그가 아니라 기능이다. 애플은 통합 가상 세계 플랫폼인 IVWP으로 구성된 단일 메타버스가 아닌, 애플의 앱스토어를 통해 상호 연결된 다양한 가상 세계에서 애플의 표준과 서비스가 사용되길 바라고 있다. 애플은 IVWP의 현금 흐름을 빼앗아 개발자에게 더 많은 현금 흐름을 제공함으로써 원하는 형태의 메타버스가 구현되도록 유도할 수 있다.

앞서 살펴본 인터랙티브 강의를 만들려는 강사의 사례로 돌아가보자. 이 강사는 애플에 수수료 30퍼센트를 지불해야 하므로 손익분기점을 맞추려면 강의 가격을 43퍼센트 이상 인상해야 한다. 하지만 로블록스로 전환할 경우, 로블록스와 애플이 적용하는 수수료 총 75.5퍼센트를 감당해야 하므로 가격을 400퍼센트 인상해야 한다. 로블록스는 유니티나 언리얼보다 사용하기 훨씬 쉽고 강사 대신 많은 추가 비용(예: 서버 비용)을 부담하며 고객 확보에도 도움을 준다. 그러나 가격 차이가 매우 크기 때문에 대부분의 개발자는 유니티나 언리얼로 독립형 앱을 만들어 출시하거나 교육에 특화된 IVWP에 강의를 번들로 제공하려 할 것이다. 개발자가 어느 방향을 택하든 앱스토어가 검색과 청구 서비스를 제공한다는 점에서 애플은 가상 소프트웨어를 유통하는 주요 업체로 남을 수밖에 없다.

파괴적인 기술을 가로막다

애플과 구글의 정책은 가상 세계 플랫폼뿐만 아니라 인터넷 전반의 성장 잠재력을 제한한다. 많은 사람에게 월드 와이드 웹은 가장 좋은 '최초의 메타버스'로 인식된다. 월드 와이드 웹은 이 책에서 정리한 메타버스의 정의를 기준으로 볼 때 몇 가지 요소가 부족하지만, 대규모로 확장되고 상호 운용 가능한 웹사이트로 이루어진 네트워크이며, 모두 공통 표준에서 실행되고 거의 모든 장치에서 사용할 수 있으며, 모든 운영체제와 웹 브라우저에서 실행된다. 따라서 메타버스 커뮤니티의 많은 사람이 웹과 웹 브라우저가 모든 메타버스 개발의 중심이 되어야 한다고 믿고 있다. 렌더링을 위한 오픈XR과 웹XR, 실행 가능한 프로그램을 위한 웹어셈블리, 영속적인 가상 공간을 위한 티볼리 클라우드, 브라우저 내부에 '현대적인 3D 그래픽과 연산 능력'을 제공하기 위한 웹GPU 등을 포함해 여러 개방형 표준이 이미 추진되고 있다.

애플은 웹사이트와 웹 앱, 즉 '오픈 웹'에 대한 접근을 허용하고 있으므로 폐쇄형 플랫폼이 아니라는 주장을 종종 펼쳐왔다. 따라서 엄밀히 말해 개발자는 애플의 수수료나 정책에 동의하지 않는다면 iOS 사용자를 불러 모을 앱을 별도로 제작할 필요가 없다. 애플은 대부분의 개발자가 이러한 대안이 있음에도 앱을 제작하고, 이는 애플의 번들 서비스가 경쟁을 저해한다기보다 웹 전체를 능가하는 우세한 위치에 있음을 단적으로 보여준다고 주장한다.

하지만 애플의 주장은 설득력이 없다. 이 책의 앞부분에서 강조했던 페이스북의 뒤늦은 모바일 전환 사례를 다시 떠올려보자. 마크 저커버그는 한때 이 선택을 페이스북의 '가장 큰 실수'라고 일컫기도 했다. 실제로 4년 동안 페이스북의 iOS 앱은 HTML을 실행하는 '신 클라이언트'였다. 즉 앱 자체에 코드가 거의 없었고 단순히 다양한 페이스북 웹페이지를 불러오는 게 거의 전부였다. 네이티브 코드를 바탕으로 "완전히 새로 구축한" 앱으로 전환한 지 한 달 만에 페이스북 사용자들이 읽는 뉴스피드 게시물의 양은 2배로 늘어났다.

앱이 특정 장치에 최적화된 언어로 작성되면 프로그래밍은 해당 장치의 프로세서와 구성 요소 등에 맞게 설정된다. 결과적으로 이러한 네이티브 앱은 더욱 최적화되어 효율적이고 일관된 성능을 보인다. 웹페이지와 웹 앱은 네이티브 드라이버에 직접 접근할 수 없다. 대신 일종의 '번역기'와 좀 더 일반적인(종종 방대해서 다루기 어려운) 코드를 사용해서 장치의 구성 요소와 연결해야 한다. 이는 비효율성, 하위 최적화, 안정성이 떨어지는 성능(예: 충돌) 등 네이티브 애플리케이션과는 정반대의 결과를 불러온다.

하지만 소비자가 페이스북부터 《뉴욕 타임스》, 넷플릭스 등에 이르기까지 네이티브 앱을 선호하는 만큼, 이제 네이티브 앱은 실시간으로 풍부하게 렌더링되는 2D와 3D 환경에서 빠져서는 안 될 요건이다. 이러한 경험은 사진을 렌더링하거나, 텍스트 기사를 불러오거나, 동영상 파일을 재생하는 것보다 훨씬 컴퓨팅 집약적인 작업이다. 웹 기반 경험만으로는 「로블록스」, 「포트나이트」, 「젤다의 전설」과 같은 화려한 게임플레이를 제작할 수 없다. 애플은 바로 이러한 요건에 기대어 게임 카테고리에 엄격한 인앱 결제 정책을 적용할 수 있었다.

게다가 웹은 하나의 애플리케이션인 웹 브라우저를 통해 접속해야 한다. 애플은 앱스토어에 대한 지배력을 활용해 자체 iOS 장치에서 경쟁 브라우저가 사용되는 것을 방지한다. 만약 아이폰 또는 아이패드에서 크롬을 자주 사용한다면 이것은 놀라운 사실일지도 모른다. 하지만 애플 전문가 존 그루버_{John Gruber}의 설명에 따르면, "구글의 자체 브라우저 UI에 [애플 사파리] 웹킷의 iOS 시스템 버전을 휘감은 것"이나 다름없고, iOS 크롬 앱은 "크롬 렌더링이나 자바스크립트 엔진을 사용할 수 없다". 사용자가 iOS에서 크롬이라고 생각하는 것은 단순히 애플 사파리 브라우저의 변형이며, 구글 계정 시스템에 로그인할 수 있는 브라우저다.[*10]

사파리는 모든 iOS 브라우저의 기본이 되기 때문에 브라우저에 대한 애플의 기술적 결정은 명목상 '오픈 웹'이 개발자와 사용자에

---

* 애플은 일반적으로 타사 브라우저가 iOS 사파리보다 오래되고 속도가 느리며 성능이 떨어지는 웹킷 버전을 사용할 것을 강제한다.

게 제공할 수 있는 기능의 범위를 규정한다. 일각에서는 애플이 지위를 이용해 수수료를 뗄 수 있는 네이티브 앱으로 개발자와 사용자를 유도한다고 비판한다.

웹GL 도입에 대한 사파리의 미온적인 자세가 좋은 예다. 웹GL은 로컬 프로세서를 사용해 더욱 복잡한 브라우저 기반 2D와 3D 렌더링이 가능하도록 설계된 자바스크립트 API로, 브라우저에 '앱 같은' 게임을 제공하진 않지만 성능을 향상시키는 동시에 개발 과정을 단순화한다.

하지만 애플의 모바일 브라우저는 일반적으로 웹GL의 전반적인 기능 세트 중 일부만 지원하는데, 때로는 처음 출시되고 나서 몇 년이 지난 후에야 지원하기도 한다. 웹GL 2.0은 출시된 지 18개월 후에 맥 사파리에 도입되었지만, 모바일 사파리에는 4년이 지나고 나서야 도입되었다.* 사실상 애플의 iOS 정책은 웹 기반 게임이 갖는 한계로 인해 발생하는 틈새를 좁혀 더 많은 개발자와 사용자를 앱 스토어로 유도하고, 이를 통해 월드 와이드 웹처럼 HTML을 기반으로 구축된 상호 운용 가능한 '메타버스'의 출현을 가로막고 있다.

이러한 가설을 뒷받침하는 증거는 애플이 실시간 렌더링의 또 다른 방법인 클라우드에 대처하는 방식에서 찾을 수 있다. 앞서 6장에서 이 기술에 대해 자세히 설명한 바 있다. 클라우드 게임 스트리

---

* 현재 애플이 웹GL 2.0을 지원한다는 점은 요점에서 다소 벗어나 있다. 개발자는 특정 표준이 애플에서 지원되길 바라며 무작정 몇 년을 기다릴 수도, 그것에 회사의 명운을 걸 수도 없다.

밍에는 일반적으로 로컬 장치(콘솔 또는 태블릿 등)에서 관리하는 '작업'의 대부분을 원격 데이터 센터로 옮기는 과정이 포함된다. 그렇게 되면 사용자는 소비자용 소형 전자장치의 적당한 사양을 훌쩍 넘어서는 컴퓨팅 자원을 이용할 수 있게 된다.

하지만 이러한 변화는 소비자 장치와 관련 소프트웨어를 주로 판매하는 비즈니스 모델을 가진 기업에는 그리 바람직하지 않다. 왜 그럴까? 이러한 장치는 데이터 연결이 가능한 터치스크린보다 조금 나은 수준에서 동영상 파일을 단순히 재생하는 데 그치는 경우가 많다. 2018년형 아이폰과 2022년형 아이폰 모두 「콜 오브 듀티」(장치에서 실행되는 애플리케이션 중에서 아마도 가장 복잡한 게임일 것이다)를 플레이하는 데 문제가 없다면 왜 장치를 변경하는 데 1500달러나 소비할까? 더 이상 대용량 게임을 다운로드할 필요가 없다면 굳이 대용량 하드 드라이브가 장착된 아이폰을 비싼 가격(더 높은 이윤)에 구매해야 할 이유가 있을까?

클라우드 게임은 모바일 앱 개발자와 애플의 관계를 위협하는 존재다. 예를 들어, 오늘 아이폰 게임 하나를 출시하려면 개발자가 애플 앱스토어에서 게임을 배포하고 애플의 자체 API 컬렉션인 메탈을 사용해야 한다. 하지만 클라우드 스트리밍 게임을 출시할 경우, 페이스북부터 구글, 뉴욕 타임스 또는 스포티파이에 이르기까지 거의 모든 애플리케이션을 통해 배포할 수 있다. 게다가 개발자는 웹GL이나 개발자가 직접 작성한 API 집합 등 원하는 API 집합을 선택하고, 선호하는 GPU와 운영체제를 사용할 수 있으며, 작동하는 모든 애플 장치에 계속 연결할 수 있다.

애플은 수년 동안 모든 형태의 클라우드 게임 애플리케이션을 원천적으로 차단했다. 구글의 스테이디어와 마이크로소프트의 엑스박스는 게임들을 불러오지 않는 애플리케이션 형태로만 기술적으로 허용되었다. 사실상 두 애플리케이션은 가상의 서비스를 소개하는 진열대나 다름없었다. 말하자면, 클릭할 수 없는 섬네일만 가득한 넷플릭스를 상상하면 된다.

클라우드 게임 스트림은 동영상 스트림이고 사파리 브라우저는 동영상 스트리밍을 지원하기 때문에 클라우드 게임은 여전히 iOS 장치에서 기술적으로 구현할 수 있다(애플에서는 애플리케이션이 사용자에게 이 사실을 알리는 행위를 금지했다). 하지만 사파리는 사파리 브라우저에 수많은 경험적 제약을 가해 클라우드와 웹GL 기반 게임 개발자가 브라우저 기반 게임에 만족하지 못하게 했다. 예를 들어, 웹 앱은 백그라운드 데이터 동기화를 수행하거나, 블루투스 장치에 자동으로 연결하거나, 게임 초대 같은 푸시 알림을 전송할 수조차 없었다. 이러한 제약은《뉴욕 타임스》또는 스포티파이 같은 애플리케이션에는 실질적으로 문제가 되지 않지만, 인터랙티브 애플리케이션에는 치명적인 악영향을 끼쳤다.

원래 애플은 사용자를 보호하기 위해 클라우드 게임을 금지했다고 주장했다. 애플이 모든 게임과 업데이트를 검토하고 승인할 수 없으므로, 부적절한 콘텐츠와 개인 정보 침해 또는 기준 미달의 품질로 인해 사용자가 피해를 볼 수 있다는 논리였다. 하지만 이러한 주장은 다른 앱 카테고리 정책과는 일치하지 않았다. 넷플릭스와 유튜브는 애플에서 검토하지 않은 수천 개, 수십억 개의 동영상을 사용자에게 무더기로 제공한다. 애플의 앱스토어 정책은 개발자에게 완전한 중재가 아닌 단순히 강력한 조치와 정책을 요구할 뿐이었다.

일각에서는 이러한 사실에 근거해 애플의 정책이 자사의 하드웨어와 게임 판매 비즈니스를 보호하려는 의도로 확립된 것이라고 반박했다. 이러한 관점에서 볼 때, 음악 스트리밍의 부상은 애플에 경종을 울렸다. 2012년 아이튠즈는 미국에서 디지털 음악 수익 시장의 거의 70퍼센트를 차지했고 총이익률이 30퍼센트에 육박했다. 오늘날 스트리밍 음악 시장에서 애플 뮤직의 점유율은 3분의 1도 채되지 않으며 총이익률은 마이너스를 기록한 것으로 알려져 있다. 시장의 선두 주자인 스포티파이는 아이튠즈를 통해 판매하지도 않는다. 시장점유율 3위인 아마존 뮤직 언리미티드는 거의 프라임 고객 전용으로 운영되며 애플에는 아무 수익도 안겨주지 않는다.

2020년 여름, 애플은 마침내 구글 스테이디어와 마이크로소프트의 엑스클라우드 같은 서비스가 앱으로서 iOS에서 제공될 수 있도록 정책을 수정했다. 하지만 이 새로운 정책은 복잡하고 소비자에게 불리한 것으로 널리 알려져 있다. 한 가지 놀라운 예를 들자면, 클라우드 게임 서비스는 먼저 모든 단일 게임(그리고 향후 업데이트)을 앱스토어에 제출해 검토를 거친 후 앱스토어에서 해당 게임을 별도의 항목으로 유지해야 한다.

이러한 정책 요건에는 몇 가지 의미가 담겨 있다. 첫째, 애플은 이러한 서비스의 콘텐츠 출시 일정을 효과적으로 통제할 수 있다. 둘째, 애플은 일방적으로 모든 타이틀을 거부할 수 있다(이는 애플로부터 라이선스가 부여된 후에만 발생하며 해당 서비스 업체는 애플의 요건을 충족하기 위해 게임을 직접 수정하지도 못한다). 셋째, 스트리밍 서비스의 앱과 앱스토어에 걸쳐 사용자 리뷰가 파편화될 것이다. 넷째, 이러한 게임 배포 서비스의 개발자는 경쟁 게임 배포 서비스인 앱스토어와 관계를 형성해야 한다.

애플의 정책에 따르면, 스테이디어 구독자는 스테이디어 앱을 통해 스테이디어 게임을 플레이할 수 없다(여기서 앱은 일종의 카탈로그로만 남게 된다). 대신 사용자는 플레이하고 싶은 모든 개별 게임에 대해 전용 스테이디어 앱을 다운로드해야 한다. 비유하자면, 「하우스 오브 카드」 넷플릭스 앱, 「오렌지 이즈 더 뉴 블랙」 넷플릭스 앱, 「브리저튼」 넷플릭스 앱을 각각 다운로드하는 것과 같으며, 이때 넷플릭스 자체 앱은 스트리밍 동영상 서비스가 아니라 권한을 관리하는 카탈로그와 디렉토리의 역할만을 수행한다. 마이크로소프트와 애플이 주고받은 이메일의 유출본에 따르면, 각각의 앱은 용량이 150메가바이트에 달하며 기본 클라우드 스트리밍 기술이 업데이트될 때마다 새로 업데이트해야 한다.

스테이디어가 게임 구독료를 사용자에게 청구하고 구독할 수 있는 콘텐츠를 선별해 콘텐츠 전달 기능을 강화하더라도, 애플은 (앱스토어를 통해) 클라우드 게임을 배포하고 iOS 고객은 (스테이디어 앱이 아닌) iOS 홈 화면을 통해 타이틀에 접속할 것이다. 애플의 정책은 필연적으로 소비자에게 혼란을 야기한다. 예를 들어, 게임이 여러 서비스에서 제공되는 경우 앱스토어에는 여러 타이틀이 표시될 것이다. 예를 들면 다음과 같다.

- 「사이버펑크 2077」(스테이디어)

- 「사이버펑크 2077」(엑스박스)

- 「사이버펑크 2077」(플레이스테이션 나우)

한 서비스에서 어떤 타이틀을 제거할 때마다(예: 스테이디어가 「사이버펑크 2077」을 제거한 경우) 사용자의 장치에는 빈 앱만 남게 된다.

애플은 모든 게임 스트리밍 서비스가 앱스토어를 통해 판매되어야 한다고 주장하면서도 넷플릭스와 스포티파이 같은 앱에 포함된 미디어 번들과는 다른 방식으로 취급했다. 예컨대, 넷플릭스와 스포티파이 등은 앱스토어에서 자사 앱을 배포하지만, 아이튠즈 청구 방식을 제공할 수 없거나 제공하지 않기로 결정할 수 있었다. 결국 애플은 모든 구독 기반 게임이 앱스토어를 통해 개별 구매 형태로 제공되어야 한다고 밝혔다. 이것은 음악, 동영상, 오디오, 책과 관련된 애플의 정책과도 다르다. 이 정책에 따라, 넷플릭스는 다른 구독 기반 게임과 다르게 「기묘한 이야기」를 아이튠즈에서 개별적으로 구매하거나 대여할 수 있게 할 필요가 없다.

마이크로소프트와 페이스북(자체 클라우드 게임 스트리밍 서비스를 개발 중이다)은 개정된 애플의 정책을 공개적으로 비판했다. 마이크로소프트는 애플이 개정안을 발표한 당일에 "이것은 고객에게 여전히 바람직하지 못한 경험으로 남을 것입니다"라고 지적했다.

"게이머는 클라우드에서 [스트리밍되는] 개별 게임을 플레이하기 위해 100여 개의 앱을 억지로 다운로드하기보다 영화나 노래와 마찬가지로 하

나의 앱에서 선별된 카탈로그 중 게임 하나를 선택해 바로 이동하길 원할
겁니다."

페이스북의 비디오게임 부문 대표는 《더 버지》와의 인터뷰에서
"저희의 의견도 다른 사람들과 다르지 않습니다. 웹 앱은 현재 iOS
에서 클라우드 게임을 스트리밍할 수 있는 유일한 방법입니다. 많
은 사람이 지적했듯이, 앱스토어에서 클라우드 게임을 '허용'한다
는 애플의 정책은 사실 많은 것을 허용하지 않습니다. 애플의 요건
을 맞추려면 각 클라우드 게임이 자체 페이지를 갖추고 애플의 검
토를 거쳐 검색 목록에 떠야 하는데, 이것은 클라우드 게임의 목적
에 어긋납니다. 이와 같은 장벽에 가로막힌 플레이어는 새로운 게
임을 발견하지 못하고, 여러 장치를 교차하며 플레이하지도 못하는
것은 물론, 네이티브 iOS 앱에서 고품질 게임에 즉시 접속하지도 못
하게 됩니다. 가장 비싼 최신 장치를 사용하지 않는 플레이어도 예
외는 아닙니다."

애플이 새로운 결제 채널의 탄생을 두려워 하는 이유

애플이 인터랙티브 경험에 가하는 온갖 제약 중에서도 가장 엄격하
게 통제하는 것은 새로운 결제 채널이다.

애플이 NFC 칩을 통제하는 방식을 들여다보자. 근거리 무선통신
을 의미하는 NFC는 두 개의 전자장치가 가까운 거리에서 무선으

로 정보를 공유할 수 있도록 하는 프로토콜이다. 애플은 모든 iOS 애플리케이션과 브라우저 기반 경험에서 애플 페이를 제외하고는 NFC 모바일 결제를 금지하고 있다. 애플 페이만이 '탭앤고(교통 카드를 찍듯이 단순히 터치하면 전자 결제가 되는 방식─옮긴이)' 결제를 제공할 수 있다. 탭앤고 결제는 완료하는 데 1초도 채 걸리지 않으며 사용자가 애플리케이션이나 하위 메뉴로 이동하기는커녕 휴대전화를 열 필요조차 없다. 한편 비자는 사용자에게 결제 의사를 정확히 요청해야 결제가 진행되며, 이때 소매점은 실물 카드나 바코드가 가상으로 복제된 형태의 이미지를 스캔해야 한다.

애플은 고객과 고객의 데이터를 보호할 의도로 자사의 정책을 수립했다고 주장한다. 하지만 비자, 스퀘어 또는 아마존이 사용자를 위험에 빠뜨릴 것이라는 증거는 없다. 애플의 주장대로라면 애플은 규제를 받는 은행 기관에만 NFC 접근 권한을 제공하는 정책을 도입하거나, NFC 구매에 100달러 한도, 심지어는 5달러 한도처럼 추가적으로 보안 요건을 적용할 수 있었다. 하지만 현재 애플은 타사 개발자가 다른 용도로 NFC 칩을 사용할 수 있도록 허용하고 있는데, 이는 커피 한 잔이나 청바지를 구매하는 것보다도 훨씬 위험할 것이다. 예를 들어, 메리어트와 포드는 NFC 기술을 사용해서 호텔 객실 문과 자동차 문을 열 수 있는 서비스를 제공한다. 우리는 이것이 애플이 호텔이나 자동차 산업에서 사업을 벌이지 않는다는 사실과 관련이 없지 않다는 합리적인 결론을 도출해 볼 수 있다. 한편 애플 페이가 고객의 비자 또는 마스터카드를 사용해 실제 거래를 처리할지라도 모든 애플 페이 거래 금액의 약 0.15퍼센트는 애플의 수수료로 돌아간다.

애플 페이 문제는 그다지 심각해 보이지 않을 수 있다. 하지만 9장에서 논했듯이, 스마트폰은 더 이상 단순한 휴대전화가 아니라 주변에 있는 많은 장치를 작동시킬 슈퍼컴퓨터가 되는 미래로 나아가고 있다. 스마트폰은 가상 세계와 실물 세계를 잇는 통행권의 역할을 할 가능성이 크다. 오늘날 대부분의 온라인 소프트웨어를 이용하는 데 애플 아이클라우드 ID가 사용되며, 애플은 미국 내 여러 주에서 인가를 받아 디지털 신분증을 관리할 수 있게 되었다. 은행 서류를 작성하거나 비행기를 탈 때 사용할 수 있는 운전 면허증 등 여러 가지 신분증의 디지털 버전을 관리할 권한이 애플에 주어진 것이다. 이러한 신분 증명 정보가 정확히 어떻게 사용되고 어떤 개발자에게 어떤 조건으로 제공되는지에 대한 정보는 메타버스의 본질과 도래 시점을 파악하는 데 도움이 될 수 있다.

또 다른 사례연구로는 블록체인과 암호화폐를 대하는 애플의 태도를 들 수 있다. 다음 장에서 나는 이러한 기술이 어떻게 작동하는지, 메타버스에 어떤 가치를 제공할 수 있는지, 그리고 블록체인 신봉자에게 애플의 정책이 왜 골칫거리인지에 대해 자세히 설명할 것이다. 먼저 블록체인과 암호화폐가 어떻게 앱스토어 정책 그리고 플랫폼 인센티브와 충돌하는지 빠르게 짚어보고자 한다. 예를 들어, 애플이나 주요 콘솔 플랫폼은 암호화폐 채굴이나 탈중앙화 데이터 처리에 사용되는 애플리케이션을 허용하지 않고 있다. 애플은 명시적으로 이러한 앱들이 "배터리를 빠르게 소모하고, 과도한 열을 발생시키며, 장치 자원에 불필요한 부담을 준다"[11]는 생각을 밝혀왔고 이에 근거해 해당 앱의 설치를 금지했다. 사용자들은 배터리가 너무 빨리 소모되는지 판단하거나, 장치 상태를 관리하거나, 장치 자원을 적절히 사용할 방안을 결정하는 권한이 애플이나 소니가 아닌 사용자 본인에게 있다고 주장할 것이다. 그럼에도 결과적으로 이러한 장치는 모두 블록체인 경제에 참여할 수 없으며, 컴퓨팅 자원이 필요한 사람들에게 (탈중앙화 컴퓨팅을 통해) 유휴 연산력을 제공하지도 않는다.

　이러한 플랫폼(에픽게임즈 스토어 제외)에서는 암호화폐를 결제 수단으로 받거나 암호화폐 기반 가상 상품(즉 대체 불가능한 토큰, NFT)을 사용하는 게임을 허용하지 않는다. 이것은 블록체인에 컴퓨팅 자원을 공급하는 데 사용되는 에너지에 반발하는 행위로 그려지곤 하지만, 엄밀히 따지면 그러한 주장은 일관성이 떨어진다. 소니가 소유한 음반사는 NFT 신생 기업에 투자하고 자체적으로 NFT를 만들었으며, 마이크로소프트의 애저는 블록체인 인증 서비스를 제공하고 마이크로소프트의 기업 벤처 부문은 수많은 신생 기업에 투자했다. 애플의 CEO 팀 쿡은 암호화폐를 소유하고 있으며 NFT를 "흥미롭게" 바라보고 있다고 인정했다. 이러한 플랫폼이 블록체인 게임을 거부하는 이유는 단순히 플랫폼의 수익 모델과 맞지 않기 때문일 가능성이 크다. 사용자가 「콜 오브 듀티: 모바일」을 암호화폐 지갑에 연결할 수 있게 되면 앱스토어를 통해 결제하지 않고도 은행 계좌를 직접 게임과 연결하는 것과 유사한 효과를 볼 수 있다. 한편 NFT를 허용하는 것은 영화관에서 고객이 상영관에 식료품을 반입할 수 있도록 허용하는 것과 같다. 여전히 영화관 매점에서 M&M 초콜릿을 구매하는 사람들도 있겠지만, 그러지 않는 사람이 대다수일 것이다. 게다가 수천만 또는 수백만 달러에 달하는 NFT를 구매하거나 판매할 때 플랫폼이 30퍼센트의 수수료를 떼는 것을 정당화할 방법을 찾기도 매우 어려운 일이다. 플랫폼이 수수료 30퍼센트를 적용하면 거래를 거듭할수록 NFT의 전반적인 가치를 집어삼킬 것이 뻔하기 때문이다.

앱스토어 게임 수익을 보존하면서도 암호화폐를 지원하려는 애플의 태도는 더 많은 혼란을 불러일으켰다. 예컨대, 애플은 사용자가 '로빈후드' 또는 '인터랙티브 브로커' 같은 증권 거래 애플리케이션에서 암호화폐를 사고파는 것을 허용했으면서도 NFT를 구매하는 것만은 금지했다. 두 거래가 기술적으로 차이가 없다는 사실을 감안하면 애플의 구분 기준은 이상하지 않을 수 없다. 암호화폐와 NFT의 유일한 차이점을 꼽자면, 비트코인은 '대체 가능한' 암호 기반 토큰이므로 또 다른 비트코인과 대체할 수 있지만, 예술 작품의 NFT는 대체 불가능한 토큰을 구매하는 것이므로 다른 토큰으로 대체할 수 없다. 대체 불가능한 토큰에 대한 권리가 대체 가능한 토큰으로 분할되면 상황은 더욱 혼란스러워진다(예술 작품의 지분을 판매하는 경우를 떠올려보자). 이러한 '지분'은 아이폰 앱을 통해 사고팔 수 있다. 그럼에도 애플의 모호한 정책은 개발자와 고객 모두에게 유리하지 않다. 이는 클라우드 게임 스트리밍 앱이 직면한 상황과 유사하다. 오픈시를 비롯한 NFT 마켓플레이스의 iOS 앱은 카탈로그 역할만 할 수 있다. 이를테면 사용자는 자신이 소유한 NFT와 다른 사람이 판매하는 NFT를 확인할 수는 있지만, 직접 구매하거나 거래하려면 웹 브라우저로 이동해야 한다. 마찬가지로 아이폰에서 실행할 수 있는 블록체인 기반 게임은 웹 브라우저를 사용하는 게임밖에 없다. 2020년과 2021년에 큰 인기를 얻은 블록체인 게임 대부분이 수집(가상 스포츠 카드, 디지털 예술 등)에 초점을 맞추거나 단순한 2D 그래픽과 턴제 기반 플레이(예: 1990년대 히트작인「포켓몬」을 재해석한「엑시 인피니티」)에 국한된 이유가 바로 여기에 있다. 제약에 가로막혀 할 수 있는 게 그리 많지 않기 때문이다.

모바일 결제만으로 5000억 달러를 벌어들인 메신저 앱

가상 결제 채널 문제의 핵심은 충돌이다. 메타버스 개념은 '차세대 플랫폼'이 하드웨어나 운영체제에 근거하지 않는다고 가정한다. 메타버스는 특정 장치나 시스템에 상관없이 존재하고 작동하는 가상 시뮬레이션으로 이루어진 영속적인 네트워크다. 어떤 사용자 한 명의 아이폰에서 실행되는 뉴욕 타임스 앱, 그리고 실시간 운영되는 《뉴욕 타임스》 세계에 접속하는 데 사용되는 아이폰 사이에는 차이점이 있다. 오늘날 이러한 차이와 전환을 보여주는 증거는 여러 곳에서 찾을 수 있다.「포트나이트」,「로블록스」,「마인크래프트」등 매우 대중적인 가상 세계는 가능한 한 많은 장치와 운영체제에서 실행될 수 있도록 설계되었으며, 장치별로 가볍게 최적화되어 있다.

물론 하드웨어가 없으면 메타버스에 접속할 수 없다. 모든 하드웨어 업체가 수조 달러 규모로 성장할 수 있는 이 기회의 땅에서 (가능하면 유일한) 지급 결제 대행 사업자가 되기 위해 경쟁에 뛰어들고 있다. 이 싸움에서 승리하기 위해 자사의 하드웨어를 다양한 API와 SDK, 앱스토어, 결제 솔루션, ID, 권한 관리와 억지로 묶어 번들로 제공하는데, 이러한 과정은 스토어 수수료를 높이고, 경쟁을 가로 막고, 개인 사용자와 개발자의 권리를 해친다. 우리는 하드웨어 업체들이 웹GL, 브라우저 기반 알림, 클라우드 게임, NFC, 블록체인을 차단하는 행위에서 이러한 사실을 확인할 수 있다. 이들은 매번 회사 정책이 정당하다고 주장하지만, 스마트폰 플랫폼이 2개뿐이고 각 플랫폼의 스택이 매우 광범위하게 번들로 제공되는 상황에서 정책의 타당성을 시장 차원에서 검증하는 것은 불가능하다. 각국의 규제 기관에서는 개별 서비스 상품에 더 많은 경쟁을 도입하려 했지만 결국 실패했다. 2021년 8월 한국에서는 앱스토어 운영업체가 자체 결제 시스템을 요구하는 행위가 독점에 해당하고 소비자와 개발자에게 피해를 준다는 이유로 이를 금지하는 법안이 통과되었다. 3개월 후, 법 개정이 시행되기 전에 구글은 대체 결제 서비스를 사용하기로 선택한 앱이 자사의 앱스토어를 사용할 경우 새로운 수수료가 적용될 것이라고 발표했다. 새로운 수수료는 얼마일까? 이전보다 4퍼센트 저렴해졌지만 비자, 마스터카드 또는 페이팔에서 청구하는 수수료를 빼면 이전에 냈던 비용과 거의 같은 수준이 된다. 따라서 다른 결제 채널을 사용하기로 선택한 개발자는 1퍼센트 미만의 비용 절감 효과를 볼 수 있는데, 이윤이 너무 적어서 시스템을 바꾸는 것은 무의미했고 소비자가격을 인하할 수도 없었다. 2021년 12월, 네덜란드 규제 당국은 데이팅 앱이 타사 결제 서비스를 사용할 수 있도록 하라고 애플에 명령했다(데이팅 앱 시장의 선두 주자인 매치그룹이 네덜란드 소비자 및 시장 당국에 불만을 제기하면서 카테고리별 요건이 수면 위로 떠올랐다). 이에 따라 애플은 네덜란드에서 스토어 정책을 개정해 개발자가 대체 결제 수단을 지원하는 네덜란드 전용 버전의 앱을 배포(유지 관리 포함)할 수 있도록 했다. 하지만 이 새로운 버전은 애플의 자체 결제 솔루션을 사용할 수 없었고, 이전 수수료 30퍼센트에서 3퍼센트를 차감한 27퍼센트가 새롭게 적용되었다. 네덜란드 전용 앱은 "앱스토어의 비공개 보안 결제 시스템을 지원"하지 않는다는 면책조항을 표시해야 했다.[12] 다양한 규제 기관과 임원, 분석가는 애플이 선택한 문구가 사용자를 "불안하게" 하려는 의도로 작성된 것이며[13] 개발자가 이 시스템에서 일어나는 모든 거래를 자세히 설명하는 보고서를 매월 애플에 전송해야만 45일 이내에 지불해야 할 수수료 내역을 비로소 받아볼 수 있다고 주장했다.

하드웨어의 중요성과 영향력은 특히 페이스북이 자체적으로 AR과 VR 장치를 구축하고 무선 칩과 카메라를 장착한 뇌-기계 간 인터페이스와 스마트 워치 등 색다른 프로젝트에 투자하는 데 전념하는 이유를 설명해 준다. 빅테크 기업 중에서 유일하게 대표적인 장치나 운영체제가 없는 페이스북은 다른 대형 경쟁업체들의 플랫폼에서 비즈니스를 운영하는 것이 얼마나 큰 걸림돌인지 잘 알고 있다. 페이스북의 클라우드 게임 서비스는 주요 모바일과 콘솔 플랫폼에서 효과적으로 차단되었다. 페이스북은 사용자에게 무언가를 판매할 때마다 경쟁업체에 지불하는 수수료만큼의 순수익을 거둔다. 한편 페이스북의 통합 가상 세계 플랫폼인 「호라이즌 월드」는 개발자에게 iOS 또는 안드로이드보다 더 큰 수익을 제공할 수 없다는 근본적인 제약을 받고 있다. 가장 뼈아픈 사례로는 최초의 아이폰이 출시된 후 14년이 지난 2021년에 애플이 '앱 추적 투명성(ATT)'을 변경한 것을 들 수 있다. ATT는 단순하게 생각하면 앱 개발자가 주요 사용자와 장치 데이터에 접근하기 위해 사용자로부터 명시적으로 '사전 동의opt-in'를 받고 수집하는 데이터와 근거를 정확히 설명해야 하는 요건을 의미한다(사전 동의 문구 대부분은 애플이 작성했으며, 모든 변경 사항에 대해 승인할 권한도 애플의 앱스토어 팀에 있다). 애플은 사용자의 이익을 위해 ATT를 바꿨다고 주장했는데, 2021년 12월 기준 사용자의 75~80퍼센트가 사전 동의 메시지를 거부한 것으로 알려졌다.[14]

일각에서는 이러한 움직임이 광고에 집중하는 경쟁업체들을 가로막고 애플의 자체 광고 비즈니스를 구축하며, 광고 효율성을 줄여 더 많은 개발자가 인앱 결제(애플은 15~30퍼센트를 수수료로 챙긴다)를 중심으로 하는 비즈니스 모델을 세우도록 유도하고 있다고 해석했다. 2022년 2월, 마크 저커버그는 애플의 정책이 개정되면서 올해 매출이 100억 달러(페이스북이 자사 메타버스에 투자한 금액과 엇비슷하다) 정도 감소할 것이라고 말했다. 일부 보고서에 따르면, ATT가 적용되기 전에 애플의 광고 비즈니스는 전체 iOS 앱 설치의 17퍼센트를 담당했지만, 그로부터 6개월이 지난 후에는 거의 60퍼센트에 달하는 시장점유율을 기록했다.

페이스북은 이 문제를 해결하기 위해 자체적으로 저비용, 고성능,

경량 장치를 구축하는 것 이상의 일을 수행해야 한다. 이러한 장치들은 아이폰이나 안드로이드 장치의 컴퓨팅 또는 네트워킹 칩을 활용하는 애플, 구글과 다르게 독립적으로 실행되어야 한다. 결과적으로 페이스북의 장치는 오늘날 스마트폰 대기업들이 생산하는 장치보다 더 비싸고 기술적으로 제한적이며 더 무거울 가능성이 크다. 아마도 이러한 이유로 마크 저커버그는 "우리 시대의 가장 어려운 기술적 도전은 슈퍼컴퓨터를 평범하게 생긴 안경 틀에 맞춰 집어넣는 일"이라고 말했던 것이다. 페이스북의 경쟁업체들은 이미 이 슈퍼컴퓨터의 기능 대부분을 작은 주머니 크기의 장치에 집어넣는 데 성공했다.

비슷한 이유로, 새로운 컴퓨팅 장치는 디지털 시대에 나타나는 가장 일반적인 파괴 패턴이지만 반대로 헛된 희망이 될 수도 있다. 독립형 장치인 휴대전화가 생산되자 마이크로소프트 윈도가 휘두르던 패권이 무너져 내렸다. 하지만 휴대전화가 AR과 VR 헤드셋, 스마트 렌즈, 심지어 뇌-기계 간 인터페이스까지 관리한다면 새롭게 왕좌에 올라설 장치는 없을 것이다.

이번 장에서는 디지털 시대의 '비즈니스 비용'을 결정하는 데 다양한 결제 채널이 어떤 역할을 수행하는지와 메타버스의 기술적, 상업적, 경쟁적 발전에 어떤 영향을 미치는지 살펴보았다. 하지만 이러한 결제 채널들이 얼마나 능동적으로 경제를 바꿀 수 있는지에 대해서는 직접적으로 다루지 않았다.

중국의 사례는 우리에게 다양한 방향으로 생각할 가능성을 선사한다. 텐센트의 메신저 앱 위챗이 2011년에 처음 출시되었을 때 중국은 주로 현금을 쓰는 사회였다. 그러나 몇 년 사이에 위챗은 중국을 디지털 결제와 서비스의 시대로 이끌었다. 이것은 위챗만의 기회와 선택이 이루어낸 결과물로, 사실상 서구권에서는 불가능했을 것이다. 예를 들어, 위챗을 사용하면 주요 게임 콘솔과 스마트폰 앱 스토어에서 금지하는 중개 신용카드 또는 디지털 결제 네트워크가 없어도 은행 계좌에 직접 연결할 수 있었다. 중개 기관이 필요 없고 텐센트가 소셜 메시징 네트워크를 구축하길 원했기 때문에 위챗은 P2P 이체에 0~0.1퍼센트, 가맹점 결제에 1퍼센트 미만의 매우 낮은 거래 수수료를 부과했으며, 실시간 전달 수수료나 결제 확인 수수료는 없었다. 이와 같은 결제 기능은 공통 표준(QR 코드)을 기반으로 메신저 앱 내부에 구축되어 스마트폰만 있으면 누구나 쉽게 받아들이고 사용할 수 있었다. 위챗이 거둔 성공은 텐센트가 국내 비디오게임 산업을 구축하는 데도 도움이 되었다. 위챗이 없었다면 텐센트는 중국의 낮은 신용카드 보급률에 가로막혔을 것이다.

서구권에서 이러한 시스템은 보통 하드웨어 지급 결제 대행 서비스 업체들에 의해 좌우되었을 것이다. 하지만 텐센트는 중국에서 매우 빠르게 성장하면서 강력한 영향력을 확보하게 되었고, 심지어 위챗보다 2년 앞서 중국에서 아이폰을 출시한 애플조차도 위챗이 자체 앱에서 앱스토어를 운영하고 인앱 결제를 직접 처리하는 것을 허용해야 했다. 2021년 위챗이 처리한 지급 결제 금액은 약 5000억 달러에 달했으며, 각 거래 금액은 평균 몇 달러에 불과했다.

메타버스가 출현하려면 서구권의 개발자와 제작자가 지급 결제 대행 서비스 업체를 우회할 방법을 찾아야 할 것이다. 이러한 현실

을 고려하면 사람들이 왜 이토록 블록체인에 열광하는지를 이해할
수 있다.

11장

블록체인
자본주의의 미래가 담긴 공식

오늘날 메타버스가 실현되려면 블록체인이 구조적으로 필요하다고 보는 사람들도 있지만, 그러한 주장이 터무니없다고 생각하는 사람들도 있다.

블록체인을 메타버스와 연관 짓기 전에 블록체인 기술 자체를 둘러싼 혼란이 많이 남아 있으므로, 먼저 블록체인의 정의를 살펴보도록 하자. 간단히 말해, 블록체인은 '검증인validator'으로 구성된 탈중앙화 네트워크에 의해 관리되는 데이터베이스다. 오늘날 대부분의 데이터베이스가 중앙 집중식으로 관리된다. 정보를 추적하는 단일 기업에서 관리하는 디지털 창고digital warehouse에 기록이 보관된다. 예를 들어, JP모건 체이스는 고객의 예금 계좌에 예치된 금액을 추적하는 데이터베이스와 해당 잔액이 축적된 방식을 검증하는 상세한 이전 거래 기록을 관리한다. 물론 JP모건은 이러한 기록의 백업본을 많이 보유하고 있으며(고객도 마찬가지일 것이다) 실제로 다양한 데이터베이스로 구성된 네트워크를 운영하지만, 문제는 JP모건이라는 기업 한 곳이 이러한 디지털 기록을 관리하고 보유한다는 점이다.

이러한 중앙 집중식 모델은 은행 장부뿐만 아니라 거의 모든 디지털 정보와 가상 정보에 사용된다.

중앙 집중식 데이터베이스와 달리 블록체인 기록은 단일 위치에 보관되지 않으며, 한 군데 또는 식별 가능한 개인이나 기업으로 구성된 한 집단에 의해 관리되지도 않는다. 대신 블록체인 '원장_{ledger}'은 전 세계에 있는 자율적인 컴퓨터 네트워크에 걸쳐 합의를 통해 유지된다. 네트워크에 참여하는 컴퓨터들은 사실상 경쟁을 벌이며 개별 거래(블록체인에서 트랜잭션은 쪼갤 수 없는 업무 처리의 최소 단위를 의미하며, 이 책에서는 일관성을 위해 금융기관에서 사용하는 용어인 '거래'로 칭한다―옮긴이)에서 발생하는 암호 방정식을 풀어 원장의 유효성을 검증하고 있다. 이러한 모델의 한 가지 이점은 상대적으로 투명하다는 점이다. 네트워크가 커질수록(더욱 탈중앙화될수록) 데이터를 덮어쓰거나 데이터에 이의를 제기하기가 어려워진다. JP모건이나 은행에서 일하는 직원 한 명이 아니라 탈중앙화 네트워크에 속한 대다수가 합의해야 하기 때문이다.

탈중앙화에도 단점은 있다. 예를 들어, 너무 많은 컴퓨터가 동일한 '작업'을 수행하기 때문에 표준 데이터베이스를 사용하는 것보다 본질적으로 더 많은 비용과 에너지를 소비해야 한다. 마찬가지로, 네트워크에서 먼저 합의를 거쳐야 하므로 많은 블록체인 거래가 완료되기까지 수십 초 또는 더 오랜 시간이 소요된다. 물론 네트워크가 분산될수록 일반적으로 합의 문제는 까다로워진다.

위와 같은 문제로 인해 대부분의 블록체인 기반 경험은 '온체인'(모든 거래 정보가 블록에 포함되고 기록되는 방식―옮긴이)이 아닌 기존 데이터베이스에 가능한 한 많은 '데이터'를 저장한다. 이것은 JP 모건이 탈중앙화 서버에 계정 잔액 정보를 보관하지만, 계정 로그 인과 은행 계좌 정보는 중앙 데이터베이스에 저장하는 것과 같다. 일각에서는 모든 것이 완전히 탈중앙화되지 않으면 사실상 완전히 중앙화된 것이나 다름없다고 지적한다. 위와 같은 사례의 경우, 고 객이 계좌에 예치한 자금은 여전히 JP모건에 의해 효과적으로 통제 되고 검증된다.

탈중앙화 데이터베이스는 효율성이 떨어지고 속도가 느리고 여 전히 중앙 집중식 데이터베이스에 의존한다는 점에서 오히려 기술 적으로 뒷걸음쳤다고 주장하는 사람들도 있다. 데이터가 완전히 탈 중앙화될지라도 장점은 제한적일 수 있다. JP모건과 중앙 집중식 데이터베이스가 고객의 계좌 잔액을 잘못 기재하거나 빼앗아 갈 수 있다고 걱정하는 사람은 거의 없다. 신원을 알 수 없는 검증인 집단 만이 우리의 자산을 보호한다고 생각하면 틀림없이 더 겁이 날 것 이다. 예를 들어, 나이키가 가상 운동화 소유 여부를 소유자에게 알 려주고, 해당 운동화가 다른 온라인 수집가에게 판매되었다는 기록 을 관리하고 추적한다면 어떨까? 과연 나이키가 이 거래를 기록한 주체라는 점을 문제 삼고 기록에 이의를 제기하거나 운동화의 가치 를 깎아내릴 수 있는 사람이 있을까?

그렇다면 왜 탈중앙화 데이터베이스 또는 서버 아키텍처가 차세 대 기술로 여겨지는 것일까? 일단 NFT와 암호화폐, 기록 도용을 둘 러싼 두려움은 제처두자. 핵심은 블록체인이 **프로그래밍 가능한** 결제 채널이라는 점이다. 이를 근거로 탈중앙화 데이터베이스를 최초의 디지털 네이티브 결제 채널로 인식하는 반면 페이팔, 벤모, 위챗 등 여러 업체에 대해서는 기존 방식보다 조금 더 나은 기술에 불과하다고 평가하는 사람이 많다.

암호화폐는 도박에 불과하지만 블록체인은 기술이다

최초의 주류 블록체인인 비트코인은 2009년에 탄생했다. 비트코인 블록체인은 오로지 자체 암호화폐인 비트코인을 운영하는 데 집중한다(영어로 표기할 때 '비트코인 블록체인'의 비트코인은 대문자로, 암호화폐를 가리키는 '비트코인'은 소문자를 써서 구분한다). 비트코인 블록체인은 비트코인 거래를 처리하는 처리인processor에게 보상하기 위해 비트코인을 발행하도록 프로그래밍 되어 있다(이를 '가스' 수수료라고 부르며 일반적으로 사용자가 거래를 제출할 때 가스를 지불한다).

물론 거래를 처리하기 위해 누군가에게 또는 많은 사람에게 비용을 지불하는 것은 전혀 새로운 일이 아니다. 하지만 이 경우에는 작업과 지불이 통합되어 자동으로 이루어지며, 처리인이 이에 대한 보상을 받지 않으면 거래가 발생할 수 없다. 블록체인이 '신용이 필요 없는' 수단으로 불리는 이유가 바로 여기에 있다. 검증인은 지불 여부와 방법, 시기 또는 지불 조건이 변경될 가능성에 대해 궁금해할 필요가 없다. 이러한 정보는 결제 채널에 투명하게 반영되어 있다. 숨은 수수료가 더해지거나 갑작스럽게 정책이 변경될 위험도 없다. 이와 관련해 사용자는 불필요한 데이터가 개별 네트워크 운영자에 의해 공유되거나 보관될 가능성 또는 오용될 위험에 대해 걱정할 필요가 없다. 이는 중앙 집중식 데이터베이스에 정보가 저장된 신용카드를 사용하는 것과 대조적이다. 중앙 데이터베이스에 저장된 정보는 외부 공격을 받아 해킹당하거나 내부 직원이 부적절하게 접근할 수 있기 때문이다. 블록체인은 '허가'도 필요 없다. 예를 들어, 비트코인은 초대나 승인을 받지 않아도 누구나 네트워크 검증인이 될 수 있으며, 누구나 비트코인을 수락하고, 구매하고, 사용할 수 있다.

이러한 속성은 자체적으로 지속 가능한 시스템을 만든다. 이 시스템을 통해 블록체인은 비용을 줄이고 보안을 개선하는 동시에 용량까지 늘릴 수 있다. 거래 수수료가 달러 가치 또는 용량 면에서 증가하면서 더 많은 검증인이 네트워크에 합류해 경쟁을 벌이고 가격을 낮춘다. 이는 차례로 블록체인의 탈중앙화를 촉진해 원장을 조작해 합의에 도달하려는 시도를 더욱 어렵게 만든다(어떤 부정한 후보자가 선거 조작을 시도하는 상황을 상상해 보자. 투표함 3개보다는 300개를 조작하는 것이 훨씬 어려운 일일 것이다).

블록체인 지지자들은 신용과 허가가 필요 없는 블록체인 모델이 자체적으로 결제 네트워크를 운영함으로써 얻는 '수익'과 '이익'이 시장에 의해 결정된다는 점을 시사한다고 강조한다. 이것은 수십 년간 소수의 대형 기관이 통제해 온 전통적인 금융 서비스 산업과 차별화된다. 금융 시장에는 경쟁업체가 그리 많지 않았기 때문에 수수료를 인하할 동기가 딱히 없었다. 예를 들어, 페이팔의 수수료에 대항하는 유일한 경쟁 요소는 벤모 또는 스퀘어의 캐시앱에서 부과하는 수수료다. 반면 비트코인의 수수료는 거래 수수료를 놓고 경쟁을 벌이는 참여자들에 의해 내려간다.

비트코인이 등장한 지 얼마 되지 않았을 때(창시자는 익명으로만 알려져 있다) 초기 사용자인 비탈릭 부테린Vitalik Buterin과 개빈 우드Gavin Wood는 새로운 블록체인인 이더리움을 개발하기 시작했다. 두 사람이 설명한 바에 따르면, 이더리움은 "탈중앙화 채굴 네트워크와 소프트웨어 개발 플랫폼이 하나로 합쳐진 형태"다.[1] 이더리움은 비트코인처럼 자체 암호화폐인 이더를 통해 이더리움 네트워크를 운영하는 사람들에게 보상을 지급한다. 하지만 부테린과 우드는 프로그래밍 언어(솔리디티)를 만들어 개발자가 신용과 허가가 필요 없는 애플리케이션(탈중앙화 앱을 '댑' 또는 '디앱'이라고 부른다)을 구축할 수 있도록 했다. 댑은 기여자에게 암호화폐와 비슷한 토큰을 자체적으로 발행해 지급할 수도 있다.

따라서 이더리움은 네트워크 운영자에게 자동으로 보상을 지급하도록 프로그래밍된 탈중앙화 네트워크다. 네트워크 운영자는 보상을 받기 위해 계약을 체결할 필요가 없다. 또한 지불에 대한 걱정도 하지 않아도 된다. 운영자들이 서로 보상을 놓고 벌이는 경쟁은 네트워크의 성능을 향상시켜 더 많은 사용을 유도한다. 이는 관리해야 할 거래를 더 많이 양산하는 결과로 이어진다. 이더리움을 사용하면 누구나 이더리움 네트워크상에서 자체 애플리케이션을 구축하고, 기여자에게 보상이 제공되도록 해당 애플리케이션을 프로그래밍할 수 있다. 만일 프로젝트가 성공하면 기초 네트워크를 운영하는 사람들에게도 가치를 제공하도록 프로그래밍할 수도 있다.

이 모든 작업이 단일 의사 결정권자나 관리 기관 없이 이뤄진다. 사실 탈중앙화 네트워크에서는 그러한 주체가 존재하지 않으며 존재할 수도 없다.

탈중앙화 거버넌스 방식이라고 해서 기본 프로그래밍이 수정되거나 개선되는 것을 막는 것은 아니다. 하지만 네트워크 커뮤니티가 이러한 변경 사항을 관리하므로 모든 수정 사항이 공동의 이익을 위한 것임이 증명되어야 한다.* 가령 개발자와 사용자는 '이더리움 사'가 이더리움 거래 수수료를 갑자기 인상하거나 새로운 수수료를 부과하고, 새로운 기술이나 표준을 거부하며, 가장 성공적인 댑과 맞붙기 위해 자회사 서비스를 출범할 가능성을 걱정할 필요가 없다. 신용과 허가가 필요 없는 이더리움의 프로그래밍은 실제로 개발자가 이더리움의 핵심 기능과 '경쟁'할 것을 권장하기도 한다.

이더리움을 비판하는 사람들은 주로 세 가지 문제를 지적한다. 이더리움의 처리 비용이 너무 비싸고, 처리 시간이 너무 오래 걸리며, 프로그래밍 언어가 너무 어렵다는 것이다. 일부 기업가들은 이러한 문제점을 하나씩 또는 전부 해결하기 위해 솔라나와 아발란체 등 경쟁 블록체인을 구축했다. 또 다른 기업가들은 이더리움(레이어 1) 위에 이른바 '레이어 2' 블록체인을 구축했다. 레이어 2 블록체인은 '미니 블록체인'으로서 효과적으로 작동하며, 자체 프로그래밍 로

---

* 증명이 늘 기계적으로 이루어지는 것은 아니다. 블록체인은 토큰 보유자에게 광범위한 거버넌스 권한을 부여(또는 제한)하도록 프로그래밍할 수 있으며, 해당 블록체인을 만든 개발자는 초기에 토큰 배포를 통제한다. 하지만 일반적으로 기업이 소유하는 '프라이빗 블록체인'과 달리 대부분의 주요 '퍼블릭 블록체인'은 탈중앙화되어 커뮤니티에서 운영한다.

직과 네트워크를 사용해 거래를 관리한다. 몇몇 '레이어 2 확장 솔루션'은 거래를 개별이 아닌 일괄로 처리한다. 이는 당연히 지불이나 이체를 지연시키지만, (하루 중 특정 시간에 무선전화 서비스 공급업체에 사용료를 지불해야 할 필요가 없듯) 실시간 처리가 항상 필요한 것은 아니다. 그 외 다른 '확장 솔루션'은 네트워크 전체가 아닌 일부만 폴링(한 프로그램이나 장치에서 다른 프로그램이나 장치의 상태를 지속적으로 확인해 일정 조건을 만족하는 시점에 데이터를 주고받거나 처리하는 방식—옮긴이)해 거래 유효성 검사 과정을 단순화한다. 또 다른 기술은 검증인이 기본 암호 방정식을 풀었다는 것을 증명하지 않고도 거래를 제안할 수 있게 하면서도 이 제안이 정직하지 않다는 것을 입증한 다른 검증인에게는 포상금을 제공해 검사 과정의 정직성을 유지한다. 이때 포상금은 대부분 부정을 저지른 검증인이 지불한다. 이 두 가지 접근 방식은 네트워크의 보안 수준을 낮추지만, 소액 구매에서는 적절한 절충안이라고 생각하는 사람이 많다. 커피와 자동차 구매의 차이를 떠올려보자. 스타벅스는 신용카드의 청구서 발송 주소를 요구하지 않지만 혼다 대리점은 신용카드 청구서 발송 주소와 더불어 신용 확인과 정부에서 발급한 신분증을 요구하는 데는 이유가 있다. 한편 '사이드체인(블록체인의 메인체인에 붙어 작동하는 하위체인으로, 메인체인에서 처리하는 거래 작업의 일부를 지원하며 별개의 블록체인을 연결하는 역할을 하기도 한다—옮긴이)'은 필요에 따라 토큰을 이더리움 안팎으로 옮길 수 있게 해 잠긴 금고가 아닌 작은 금전 등록기와 같은 역할을 한다.

일각에서는 레이어 2가 패치워크 솔루션이며, 개발자와 사용자는 더 높은 성능을 발휘하는 레이어 1에서 작업하는 편이 더 나을 것이라고 주장한다. 그들의 주장이 맞을 수도 있다. 하지만 개발자가 레이어 1을 사용해 자체 블록체인을 신속하게 개시한 다음 레이어 2 블록체인을 사용하거나 구축해 사용자와 개발자, 네트워크 운영자로부터 해당 레이어 1의 연결을 해제할 수 있다는 점이 중요하다. 레이어 1 프로그래밍에 신용과 허가가 필요 없다는 점은 경쟁을 벌이는 레이어 1이 그 안에서 '브리지', 즉 다리 역할을 할 수 있음을 의미하므로, 개발자와 사용자는 토큰을 또 다른 블록체인으로 영구적으로 옮길 수 있게 된다.

안드로이드의 발자취

애플과 iOS 플랫폼의 정책은 신용과 허가가 필요 없는 블록체인과 명백한 대조를 이룬다. 하지만 iOS는 '개방형 플랫폼'이나 커뮤니티 중심의 플랫폼으로 묘사된 적이 한 번도 없다는 점에서 블록체인과 비교하는 것이 적절하지 않다. 대신 안드로이드와 비교하는 편이 더 나을 것이다.

구글은 2005년에 안드로이드 OS를 '최소 5000만 달러'에 인수한 후 플랫폼 발전에 중대한 역할을 했다. 2007년 구글은 업계의 우려를 불식시키기 위해 오픈소스 리눅스 OS 커널을 기반으로 '오픈소스 모바일 운영체제'를 총괄하고 '오픈소스 기술 및 표준'을 우선시하는 동맹인 오픈 핸드셋 얼라이언스(OHA)를 설립했다. 출범 당시 통신 대기업인 차이나 모바일과 티-모바일, 소프트웨어 개발업체인 뉘앙스 커뮤니케이션즈와 이베이, 부품 제조업체인 브로드컴과 엔비디아, 전자기기 제조업체인 LG, HTC, 소니, 모토로라, 삼성 등을 포함한 34곳이 OHA에 회원사로 가입했다. OHA에 가입하려면 안드로이드를 '포크'('오픈소스' 소프트웨어의 사본을 기반으로 독립적으로 개발을 시작하는 행위)한 단체를 지원하지 않겠다고 동의해야 했다. 그리고 그 단체의 범위에는, 포크를 하지 않았더라도 사실상 포크를 실행한 단체(파이어 TV와 태블릿을 구동하는 아마존의 파이어 OS는 안드로이드 포크에 해당한다)도 포함되었다.

2008년에 출시된 최초의 안드로이드와 2012년형 운영체제는 세계에서 가장 인기 있는 운영체제가 되었다. OHA와 안드로이드의 '개방형' 철학은 그다지 성공적이진 않았다. 2010년 구글은 자체적으로 '넥서스' 안드로이드 장치 시리즈를 구축하기 시작했다. 구글은 이것이 "업계에 가능성을 보여주는 등대" 역할을 하는 "기준 장치"가 될 것이라는 입장을 취했다.[2] 그로부터 불과 1년 후, 구글은 안드로이드 장치를 제조하는 대기업인 모토로라를 인수했다. 2012년 구글은 자사의 주요 서비스(지도, 결제, 알림, 구글 플레이 스토어 등)를 자사의 운영체제 외부로 옮겨 소프트웨어 계층인 '구글 플레이 서비스'에 배치하기 시작했다. 안드로이드 라이선스 사용자가 이 제품군을 이용하려면 구글의 자체 '인증' 정책을 준수해야 한다. 게다가 구글은 인증되지 않은 장치에서 안드로이드 브랜드를 사용하는 것을 허용하지 않는다.

많은 분석가가 안드로이드의 점진적인 폐쇄 조치가 운영체제에서 삼성이 거둔 성공에 대응하기 위한 것이라고 추측했다. 2012년에 한국의 대기업 삼성은 안드로이드 기반 스마트폰 시장의 거의 40퍼센트(대부분의 고급형 스마트폰)를 차지했는데, 이는 세계에서 두 번째로 큰 제조업체인 화웨이가 기록한 판매량의 7배가 넘는 수치다. 삼성은 안드로이드의 '틀'을 점점 적극적으로 변경하기 시작했다. 이를테면 자체 인터페이스(터치위즈)를 생산하고 마케팅했으며, 자체 앱 시리즈를 삼성 모바일 장치에 미리 설치해 놓았다. 이러한 앱 상당수는 구글의 서비스와 경쟁을 벌였다. 삼성은 자체 모바일 앱스토어도 장치에 추가했다. 안드로이드 제조업체로서 삼성이 이뤄낸 성공은 틀림없이 투자와 관련이 있지만, 삼성의 접근 방식은 '포크'와 다르지 않다. 그럼에도 사실상 삼성의 터치위즈 OS는 개발자와 사용자를 연결하는 구글의 중개 역할을 방해하겠다고 위협하지 않는 동시에 진정한 '기준 장치'로서의 역할을 수행하고 있다.

메타버스의 미래를 이해하려면 그동안 안드로이드가 걸어온 길을 되짚어 보는 것이 중요하다. 메타버스는 오늘날 정보를 통제하는 애플과 구글 같은 기업들을 파괴할 기회를 제공하지만, 결국 로블록스 코퍼레이션이나 에픽게임즈 같은 새로운 기업들이 그 자리를 대신할 것이라는 우려의 목소리도 있다. 예를 들어, 텐센트의 위챗은 현실 세계에서 일어나는 거래에 대해 낮은 수수료를 적용하지만, 텐센트는 디지털 결제와 비디오게임에 대한 통제력을 발휘해 모든 앱에서 일어나는 다운로드와 가상 아이템에 대해 40~55퍼센트 수수료를 부과했다. 이는 애플의 수수료를 크게 웃도는 수준으로, 텐센트는 애플의 영향력을 극복할 수 있었다. 블록체인 원장의 항목은 조작이나 위반이 불가능하다고 간주되듯, 많은 사람이 블록체인 자체도 그러하다고 생각한다.

댑

주요 블록체인과 다르게 댑은 대체로 부분적으로만 분산되어 있다. 댑을 개발한 팀은 댑의 토큰 중 상당량을 보유하려는 경향이 있고(본질적으로 댑이 성공할 것이라는 믿음을 갖고 있으므로 토큰을 계속 보유할 동기가 있다), 댑을 원하는 대로 변경할 능력도 있다. 하지만 댑의 성공은 개발자, 네트워크 기여자, 사용자, 때로는 자본 공급자 등을 끌어들이는 능력에 달려 있다. 이를 위해서는 외부 단체와 초기 사용자에게 적어도 토큰 일부를 판매하거나 수여해야 한다. 많은 댑이 커뮤니티의 지원을 계속 받기 위해 신용이 필요 없는 블록체인의 특성과 일치하도록 명시적으로 프로그래밍되는 이른바 '점진적 탈중앙화progressive decentralization'에 전념한다.

이것은 전통적인 스타트업 방식처럼 보일 수 있다. 대부분의 애플리케이션과 플랫폼은 특히 출시 시점에 개발자와 사용자를 만족시켜야 한다. 그리고 시간이 지나면서 제작자(창업자와 직원)의 주식 지분은 희석된다. 아마도 기업 공개를 통해 앱의 거버넌스를 '탈중앙화'하면 누구나 허가 없이도 주주가 될 수 있을 것이다. 하지만 바로 이 부분에서 블록체인은 미묘하게 다를 수 있으므로 세심한 주의가 필요하다.

애플리케이션은 더 큰 성공을 거둘수록 더 많이 통제하려는 경향을 보인다. 구글의 안드로이드와 애플의 iOS가 이러한 행보를 보였다. 많은 기술자가 이와 같은 현상을 영리를 추구하는 기술 비즈니스에서 나타나는 자연스러운 성장 곡선으로 간주한다. 애플리케이션은 사용자, 개발자, 데이터, 수익 등을 축적하면서 커지는 영향력을 발휘해 개발자와 사용자를 적극적으로 붙잡아놓는다. 이것이 인스타그램에서 계정을 내보내 다른 애플리케이션에서 해당 계정을 다시 생성하기가 어려운 이유다. 많은 애플리케이션이 확장하거나 경쟁에 직면할 때 API를 폐쇄하는 결정을 내리는 이유이기도 하다.

예를 들어, 페이스북은 오래전부터 틴더 사용자가 페이스북 계정을 틴더 프로필로 사용할 수 있도록 허용했다. 물론 틴더로서는 사용자가 틴더 고유의 계정을 갖길 바랐을 테지만, 틴더는 평생 사용할 만한 서비스를 사용자에게 제공할 의도로 만들어진 앱이 아니었기에 사용자가 초기에 간편하게 등록하고 사용하는 것이 특히 더 중요했다. 틴더는 사용자가 수년에 걸쳐 저장한 클라우드 저장소를 뒤적이는 대신 '가장 잘 나온' 페이스북 사진을 신속하게 앱에 가져와 쓸 수 있도록 허용함으로써 이점을 얻었다. 페이스북은 사용자가 소셜 그래프를 틴더에 연결해 잠재적인 매칭 상대자와 겹치는 친구가 있는지, 있다면 누구인지 확인할 수 있도록 했다. 일부 사용자들은 안전상의 이유로 신원과 배경을 조사할 수 있는 사람과 매칭되는 것을 선호했다. 반대로 데이트에서 상대에게 편견 없이 진정한 '첫인상'을 남기기 위해 공통된 친구가 없는 사람들만 '오른쪽으로 밀어' 선택한 사용자들도 있었다(데이팅 앱 화면에 뜬 상대방의 사진을 오른쪽으로 밀면 상대에게 호감을 표현할 수 있다─옮긴이). 많은 틴더(그리고 범블) 사용자가 이러한 소셜 그래프 기능을 즐겨 사용했지만, 페이스북은 2018년에 이 기능을 종료했다. 얼마 지나지 않아 페이스북은 고유한 소셜 그래프와 네트워크를 기반으로 하는 자체 데이팅 서비스 앱을 출시한다고 발표했다.[*]

대부분의 블록체인은 구조적으로 이러한 경로를 따르지 못하도록 설계되었다. 어떻게 그것이 가능할까? 블록체인은 댑 개발자에게 가치 있는 토큰을 효과적으로 유지하고, 사용자는 블록체인상의 기록을 통해 본인의 데이터, ID, 지갑, 자산(예: 이미지)을 관리한다. 단순히 말하자면, 완전한 블록체인 기반 인스타그램의 경우 직접 사용자의 사진을 저장하거나 계정을 운영하거나 '좋아요' 또는 친구 연결을 관리하지 않으며[**] 이러한 데이터가 사용되는 방식을 제어하지도, 지시하지도 못한다. 사실 경쟁업체의 서비스가 출시 즉시 동일한 데이터를 활용해 시장의 선두 주자를 압박할 수도 있다. 이러한 블록체인 모델은 애플리케이션이 상품화되었음을 의미하지 않는다. 실제 인스타그램은 부분적으로 우수한 성능과 기술적 구성

---

[*]   페이스북은 지금도 틴더 사용자가 페이스북 계정으로 틴더에 등록하고 로그인한 후 페이스북 프로필 사진을 틴더 프로필에 넣을 수 있게 허용하고 있다. 비록 사용자의 소셜 그래프에 대한 접근은 차단했지만, 프로필 사진 기능을 유지하는 것은 합리적이다. 페이스북은 사용자가 페이스북에 업로드한 사진의 용도를 변경하는 것을 막을 수 없다. 사진은 저장하기 쉽고('마우스 우클릭 후 다른 이름으로 저장'), 사용자가 '좋아요 수'를 근거로 가장 잘 나온 사진을 선택하는 데도 도움이 되기 때문이다. 게다가 페이스북 사용자들이 틴더를 사용하게 되면 페이스북은 그만큼 많은 정보를 얻게 된다는 이점이 있다. 적어도 페이스북이 소셜 그래프를 여전히 사용하는 자체 데이팅 서비스를 해당 사용자에게 추천할 수 있기 때문이다.

[**]   간단히 말해, 해당 데이터는 필요할 때만 서비스에 '노출'된다.

을 앞세워 경쟁업체를 압도했다. 하지만 일반적으로 사용자의 계정, 소셜 그래프, 데이터에 대한 소유권은 주된 가치 저장 수단으로 인식된다.* 블록체인 지지자들은 이러한 소유권의 대부분을 애플리케이션(또는 댑) 외부에 보관함으로써 기존 개발자들의 방식을 파괴할 수 있다고 믿는다.

　지금까지 블록체인의 운영과 기능, 철학을 간단히 파악해 보았다. 하지만 블록체인 기술은 성능 면에서 여전히 현대의 기대치에 훨씬 미치지 못하고 있다(오늘날 블록체인 기반 인스타그램은 거의 모든 것을 블록체인 외부의 오프체인에 저장하며, 모든 사진을 불러오는 데 1~2초 정도가 소요된다). 무엇보다도 지난 역사를 살펴보면 기존의 관습을 파괴했을지는 모르나 장래성이나 잠재력 면에서 뒤떨어진 기술을 종종 발견할 수 있다. 블록체인은 그러한 전례를 따르지 않고 더 발전할 수 있을까?

NFT

블록체인이 달성할 수 있는 미래를 가늠할 가장 훌륭한 지표는 이미

블록체인이 달성한 성과를 보면 알 수 있다. 2021년 블록체인의 총거래 가치는 16조 달러를 돌파했으며, 이는 디지털 결제 대기업인 페이팔, 벤모, 쇼피파이, 스트라이프의 거래액을 합친 것보다 5배 이상 많은 금액이다. 그해 4분기에 이더리움은 세계 최대 결제 네트워크이자 시가총액 기준 12위 기업인 비자보다도 더 많은 거래액을 처리했다.

중앙 당국, 관리 기관, 또는 본부조차 없이 독립된 (때로는 익명의) 기여자들을 통해 이 모든 것을 달성할 수 있었다는 점은 정말 놀랍다. 게다가 이러한 지불은 (벤모나 페이팔처럼 P2P 결제 채널과 같이 엄격하게 통제되는 네트워크에 국한되지 않고) 수십여 개의 다양한 지갑에서 이뤄졌으며, 자동 교환 결제(ACH)나 전신과는 다르게 언제든지 신청이 가능했고, (ACH와 다르게) 몇 초에서 몇 분 만에 처리가 완료되었다. 송금인과 수취인 모두 (추가 비용 없이) 거래의 성공 또는 실패 여부를 확인할 수 있었다. 또한 사용자는 거래를 진행할 때 은행 계좌가 필요하지 않았으며, 어떤 기업도 특정 블록체인, 블록체인 처리인 또는 지갑 제공업체와 장기 계약을 맺거나 협상할 필요가 없었다. 후술하겠지만, 블록체인 지갑은 자동 대변credit과 차변debit, 역분개reversal 기입 등에 맞춰 프로그래밍될 수도 있다.

이러한 거래량의 대부분은 결제가 아닌 암호화폐에 대한 투자와 거래를 반영한 결과지만, 동시에 암호 기반 개발에 따른 영향도 있었다. 가장 간단히 생산할 수 있는 상품은 NFT 컬렉션이다. 개발자와 개인 사용자가 '발행minting'이라는 과정을 거쳐 블록체인에 아이템(예: 이미지)의 소유권 정보를 저장하고 나면 해당 이미지에 대한 권리는 모든 암호화폐 거래와 유사하게 관리된다. NFT의 특징은 다른 토큰으로 완전히 대체할 수 있는 비트코인이나 미국 달러와 다르게 고유한 '대체 불가능한 토큰'에 대한 권리를 다룬다는 점이다.

블록체인 지지자들은 이러한 구조가 구매자에게 진정한 의미의 '소유권'을 제공하기 때문에 가상 상품의 가치를 높인다고 믿는다. "소유는 법의 10분의 9"라는 격언을 떠올려보자.[3] 중앙 집중식 서버 모델에서 사용자는 가상 상품에 대한 진정한 소유권을 가질 수 없다. 대신 다른 사람의 재산(즉 서버)에 보관된 상품을 이용할 권한만 디지털 기록을 통해 부여된다. 사용자가 해당 서버에서 자신의 하드 드라이브로 데이터를 옮기는 것만으로는 충분하지 않다. 왜 그럴까? 나머지 다른 세계에서도 해당 데이터를 인정하고 그것의 용도에 동의해야 하기 때문이다. 블록체인은 이러한 작업을 수행할 수 있도록 설계되어 있다.

소유의 개념은 또 다른 주요 재산권인 자유롭게 재판매할 권리에 의해 강화된다. 신용과 허가가 필요 없는 블록체인의 특성에 따르면, 사용자가 특정 게임에서 NFT를 구매할 때 게임 제작자는 해당 NFT의 판매를 언제든지 막을 수 없다. (거래 내역은 공개 장부에 기록되지만) 판매 정보는 제작자에게 직접적으로 알려지지 않는다. 이러한 이유로 개발자가 블록체인 기반 자산을 가상 세계에 '고정'해 두는 것은 불가능하다. 만일 게임 A가 NFT를 판매하는 경우, 소유자가 원한다면 게임 B, C, D 등은 해당 NFT를 통합할 수 있다. 블록체인 소유권 데이터는 허가가 필요 없으며 소유자가 토큰을 통제한다. 토큰 구조는 이 가상 상품을 복제한 버전이 발행되더라도 원본이 확실하게 구분되어 '원본'으로 남는다는 것을 의미한다. 작가의 서명과 날짜가 적혀 있는, 세상에 하나뿐인 그림처럼 말이다.

2021년 내내 약 450억 달러가 다양한 분야의 NFT에 소비되었다.[4] 2020~2021년도와 2021~2022년도 NBA 시즌의 멋진 순간들을 수집 가능한 트레이딩 카드로 전환한 대퍼랩스의 NBA 탑숏, 라바랩스의 크립토펑크(알고리즘 방식으로 생성된 24×24 픽셀 크기의 2D 아바타 1만 개 시리즈는 주로 프로필 사진으로 사용된다), 수집, 육성, 거래, 전투가 가능한 일종의 블록체인 기반 포켓몬 엑시, 「제드런」의 가상 카지노 경마상에서 사용되는 3D 경주마 등이 대표적인 예다. 또 다른 프로필 사진 NFT 시리즈인 지루한 원숭이는 지루한 원숭이들의 요트 클럽 회원 카드 형태로 활용되기도 한다.

450억 달러는 가상의 눈조차 휘둥그레질 정도로 막대한 금액이지만, 2021년 전통적인 데이터베이스에서 관리하는 비디오게임 콘텐츠에 지출된 1000억 달러와 정확히 어떻게 비교할 수 있을지는 명확하지 않다. 누군가 크립토펑크를 100달러에 구매한 후 200달러에 판매하면 총 300달러가 '소비'되었지만 순지출 기준으로는 100달러가 소비되었을 뿐이다. 반대로 **전통적인** 가상 상품 구매는 거의 모두가 단방향으로 이뤄진다. 즉, 상품을 재판매하거나 거래할 수 없는 것이다. 모든 달러 지출은 '순지출' 기준이다. 이는 2022년에 전통적인 게임 자산에는 1000억 달러가 추가로 지출될 수 있지만, NFT 지출은 2배로 증가할지라도 100억 달러 정도만 점진적으로 지출될 수 있음을 의미한다. 그렇다면 NFT가 게임 산업 수익의 절반을 창출했다는 주장은 10배나 과장된 것으로 보인다. 아마도 전통적인 가상 자산에 대한 연간 지출과 NFT의 시장 가치를 비교해 보는 편이 더 정확할 것이다. 2021년 말, 최대 규모의 NFT 컬렉션 100개의 시가총액 하한은 약 200억 달러로 추정되며, 이는 거래량의 절반에 달하지만 여전히 전통적인 게임 시장 규모의 4분의 1에 불과하다. 하지만 '시가총액 하한'은 특정 컬렉션에 포함된 모든 NFT가 해당 컬렉션에서 가장 저렴하게 가격이 책정된 NFT의 가격대로 판매될 것이라고 가정한다. 이러한 종류의 분석은 시장 가치가 아닌 다양한 컬렉션의 발전을 비교할 수 있는 유용한 방법이다.

일각에서는 NFT의 가치 대부분이 「포트나이트」의 스킨처럼 활용도가 아닌 잠재 이익에 기반한 투기에서 비롯된 것이라고 지적한다. 이렇게 보면 어떤 비교도 불가능하다. 2021년 전 세계 예술 시장에 501억 달러(구매 및 거래 금액)에 달하는 자금이 몰려들었는데, 작품 구매가 투기적 가치에서 비롯되었음에도 활용도가 부족하다는 점을 문제 삼는 사람은 거의 없다. 예술 작품은 NFT에 근접하므로, NFT 시장 규모를 가늠하는 데도 유익한 기준이 될 수 있다. 또한 NFT가 재판매될 수 있는 이유는 NFT에 더 많은 가치를 부여하는 사용자가 있다고 믿는 블록체인 지지자들이 있기 때문이다. NFT는 다른 플레이어나 게임에 대여할 수도 있다. NFT 소유자는 자신의 NFT가 사용되거나 수익을 창출할 때 프로그래밍된 '임대료'를 받거나 '수익'을 얻는다.

NFT 소비를 비디오게임 아이템 및 콘텐츠 소비와 비교해야 할지, 비교한다면 어떻게 해야 할지는 제쳐두고, 두 분야의 성장률은 완전히 다른 양상을 보인다. 두 분야의 예측 가능한 성장 잠재력도 마찬가지다. 2020년 NFT 소비는 약 3억 5000만~5억 달러에 달했고, 이는 2019년 NFT 소비의 5배가 넘는 금액이었다. 2021년에는 2020년 소비 금액의 90배 이상을 기록했다. 이와 대조적으로, 전통적인 가상 아이템 판매는 연평균 약 15퍼센트씩 증가했다. 대부분의 비디오게임이 아직 NFT를 지원하지 않는다는 점에서 오늘날 NFT의 활용성은 심각하게 제한되고 있다. 주요 콘솔 플랫폼이나 모바일 앱스토어가 블록체인 기반 게임의 인앱 구매를 지원하지 않기 때문에 NFT 타이틀을 사용하는 게임 대부분은 웹 브라우저 전용 게임으로 제한되어 결과적으로 기초적인 수준의 그래픽과 게임 플레이에 머물고 있다. 가장 큰 성공을 거둔 NFT 경험들이 적극적인 '플레이'가 아닌 수집에 기반을 둔 이유가 바로 여기에 있다. 이는 많은 인기를 끌고 있는 게임과 게임 프랜차이즈, 미디어 프랜차이즈, 브랜드 또는 기업의 대부분이 NFT를 발행하지 않는 이유이기도 하다. 같은 이유로, 수십억 명의 게이머가 매년 인앱 구매를 하는 반면 겨우 수백만 명의 사용자가 NFT를 구매한 것으로 추정된다. NFT의 기능이 향상되고 브랜드와 참여자가 늘어나면 NFT의 가치도 당연히 덩달아 증가할 것이므로 NFT는 성장 여력이 많이 남아 있다고 확신한다.

NFT의 가장 중요한 장점은 상호 운용성을 실현하는 데서 비롯된다. 블록체인 커뮤니티 구성원들은 종종 블록체인 NFT가 본질적으로 상호 운용이 가능하다고 말하지만, 이는 사실이 아니다. 가상 상품을 사용하려면 관련 데이터에 대한 접근 권한과 그것을 이해할 코드가 모두 필요하다고 앞서 언급한 바 있다. 대부분의 블록체인 경험과 게임에는 그러한 코드가 없다. 사실 오늘날 대부분의 NFT는 가상 상품에 대한 권리를 블록체인에 포함시키지만, 가상 상품의 데이터는 여전히 중앙 집중식 서버에 저장된다. 따라서 해당 정보가 저장된 중앙 서버의 허가를 받지 않는 한, NFT 소유자는 해당 상품의 데이터를 다른 경험으로 내보낼 수 없다. 비슷한 이유로 대부분의 블록체인 기반 경험은 NFT를 발행할지라도 진정한 탈중앙화 경험으로 볼 수 없다. 예를 들어, 개발자는 이러한 NFT에 대한 권한을 철회할 수는 없지만, 그것을 사용하는 코드를 변경하거나 사용자의 게임 내 계정을 삭제할 수는 있기 때문이다.

'탈중앙화' 자산이 '중앙화'의 종속성을 갖는다는 사실은 두 가지 주요 결론에 도달한다. 첫째, NFT는 쓸모가 없다. 사기나 투기, 오해가 NFT의 가치를 떠받치고 있다. 이러한 해석은 2021년에 자주 등장했으며 앞으로도 수년 동안 대체로 사실로 여겨질 것이다. 둘째, 이 기술의 숨은 잠재력은 엄청나며 블록체인 기반 게임과 제품의 활용도, 접근이 확대되면 비로소 가치가 실현될 것이다.

두 번째 결론은 메타버스에 필요한 블록체인의 중요성을 지적한다. 예를 들어, 블록체인은 단순히 가상 상품에 대한 공통적이고 독립적인 등록 체계를 확립하는 데 그치지 않고, 가상 상품의 상호 운용성을 가로막는 가장 큰 장애물인 수익 유실 문제에 잠재적인 기술적 해결책을 제시한다.

많은 플레이어가 자신의 자산과 권한을 여러 게임에 걸쳐 이동하고 싶어 한다. 하지만 많은 게임 개발자가 자사 게임 내에서만 사용되는 플레이어 상품을 판매해 수익의 대부분을 창출한다. 플레이어가 '다른 게임에서 구매하고 이 게임에서 사용'할 수 있는 능력은 게임 개발자의 비즈니스 모델을 저해한다. 플레이어가 가상 상품을 너무 많이 축적해 더 이상 구매의 필요성을 느끼지 못할지도 모른다. 플레이어가 게임 A에서 모든 스킨을 구매한 후 게임 B에서 주로 사용하며 플레이할 경우, 대부분의 비용과 수익이 발생하는 곳과 활동하는 곳이 일치하지 않는 왜곡 현상이 나타날 수 있다. 게임의 초기 개발 비용이나 운영 비용을 회수할 필요가 없어 게임 내에서 판매되는 상품의 가격을 크게 낮춰 판매하는 가상 상품 판매자가 출현할 가능성도 있다.

아이템 개방형 경제가 자체적으로 보전할 수 있는 수준을 뛰어넘을 정도로 훨씬 더 많은 가치를 창출할 것을 우려해 개방을 주저하는 개발자가 많다. 가령 개발자 A는 A라는 게임에서만 사용할 수 있는 스킨 A를 생산했는데 게임 A가 사양길에 들어섰다고 하자. 이제 스킨 A는 개발자 B가 오래전 개발한 타이틀에서 인기 있는 (그리고 가치 있는) 아이템이 되었다. 이 경우 개발자 A는 사실상 자사를 압도한 경쟁업체 B를 위해 콘텐츠를 만든 셈이 된다! 아니면 개발자 A의 창작물이 상징적이고 매우 가치가 높아져 개발자 A가 평생 챙길 몫보다도 플레이어 A가 훨씬 더 많은 수익을 가져갈 수 있게 된 것일 수도 있다. (설상가상으로 개발자 A는 초기 판매 이후 추가 수입을 영영 얻지 못할 수도 있다.)

물론 거래는 경제에 전반적으로 매우 긍정적인 영향을 끼칠지라도 패자를 수반하는 복잡한 과정이다. 그러나 상호 운용성은 (현실 세계의 사례와 마찬가지로) 세금과 관세가 혼합된 형태로 부분적으로 촉진될 수 있다. 예를 들어, 대부분의 NFT는 거래나 재판매가 이뤄질 때 원본 제작자에게 자동으로 약간의 수수료를 지불하도록 프로그래밍되어 있다. '외국산' 상품을 수입하거나 사용할 때도 유사한 지불 시스템을 구축할 수 있다. 일각에서는 상품 가치가 서서히 하락해 재구매를 유도할 수 있도록 '사용'에 대해 묵시적인 '비용'을 얹어 가상 상품의 품질 하락을 프로그래밍하는 방안을 제안하기도 한다. 그렇지만 블록체인 프로그래밍만으로는 수익 유실을 막을 수 없다. 수익을 보전하려면 이러한 시스템과 유인이 '완벽'하게 설계되어 있어야 하지만, 그동안 우리가 경험한 세계화는 이것이 불가능하다는 것을 잘 보여준다. 그럼에도 신용과 허가가 필요 없는 블록체인이 자동 보상 모델을 통해 좀 더 상호 운용이 가능한 가상 세계를 만들어낼 수 있다고 믿는 사람이 많다.

블록체인에서 즐기는 게임

NFT를 향한 장기적인 믿음과 상관없이 블록체인 기반 가상 세계와 커뮤니티에는 더 흥미로운 측면이 있다. 앞서 언급했듯이, 댑은 네트워크와 사용자에게 자체 암호화폐와 같은 토큰을 발행할 수 있다. 비트코인과 이더리움의 거래 처리 방식과 마찬가지로, 이러한 토큰은 컴퓨팅 자원을 위해 발행될 필요가 없다. 기여 시간, 신규 사용자 확보(고객 확보), 데이터 입력, IP 권리, 자본(돈), 대역폭, 바람직한 행동(커뮤니티 점수 등), 중재 지원 등에 대해 토큰이 수여될 수 있다. 이러한 토큰은 거버넌스 권한과 함께 제공될 수 있으며, 물론 그 가치가 기본 프로젝트와 나란히 평가될 수 있다. 모든 사용자(즉 플레이어)가 종종 이 토큰을 구매해 좋아하는 게임이 금전적으로 성공을 거둘 수 있도록 지원하는 것도 가능하다.

개발자들은 이러한 모델을 사용하면 투자 자금 조달의 필요성을 줄이고 커뮤니티와 돈독한 관계를 형성하며 참여도를 크게 높일 수 있다고 생각한다. 「포트나이트」를 플레이하거나 인스타그램을 즐겨 사용하는 사용자가 해당 플랫폼에서 수익을 얻거나 관리를 도울 수 있다면 당연히 플랫폼에 투자하고 더 많이 사용할 것이다. 수백만 명의 사람이 「팜빌」에서 수십억 시간을 들여 논밭을 갈고 농작물을 파종했지만, 그렇다고 「팜빌」에서 소득을 올리거나 소유권을 얻거나 자신만의 농장을 얻을 수 있는 건 아니었다. 항상 그렇듯이 블록체인이 이러한 종류의 경험을 하는 데 기술적으로 필요한 요건은 아니지만, 많은 사람이 신용과 허가, 갈등이 필요 없는 블록체인의 구조가 이러한 경험을 더욱 발전시킬 것이며 무엇보다 지속 가능성을 입증할 것이라고 믿고 있다. 지속 가능성은 애플리케이션의 소유권을 보장하고 사용자 참여도를 높이며 블록체인이 애플리케이션에서 사용자의 신뢰를 저버리는 행위를 막는 대신 신뢰를 얻도록 강제하는 방식에 기인한다.

댑과 사용자를 연결하는 블록체인 역학을 엿볼 수 있는 좋은 사례로는 유니스왑과 스시스왑 사이에 벌어진 경쟁을 들 수 있다. 유니스왑은 대규모로 채택된 초창기의 이더리움 댑 중 하나로, 중앙 집중식 거래소를 통해 사용자가 한 토큰을 또 다른 토큰으로 교환할 수 있는 자동화 시장 조성자$_{market maker}$ 모델을 개척했다. 대체로 유니스왑의 오픈 코드는 경쟁업체인 스시스왑에 의해 복제된 후 포크되었다. 스시스왑은 사용자에게 선택받기 위해 토큰을 발행했다. 사용자는 스시스왑을 사용함으로써 유니스왑과 똑같은 기능을 누리는 동시에 실질적으로 스시스왑의 지분을 받을 수 있었다. 결국 유니스왑은 이에 대응하기 위해 이전 사용자 전원에게 자체 토큰을 소급 보상해야 했다. 이처럼 사용자에게 유리한 '군비 확장 경쟁'은 흔히 일어난다. 댑에는 기능이 더 나은 버전이 출현하는 것을 가로막는 장벽이 거의 없다. 구체적으로 말하자면, 댑이 아닌 블록체인이 디지털 시대에 일반적으로 가치 있게 여겨지는 데이터(고객의 신원, 데이터, 디지털 소유물 등)의 상당 부분을 유지하고 있기 때문이다.

블록체인은 댑과 계정 서비스를 운영하는 것 외에도 컴퓨팅 관련 게임 인프라를 지원하는 데 사용될 수 있다. 6장에서는 메타버스를 실현하려면 특정 시점에 대부분 사용되지 않는 수십억 개의 CPU와 GPU를 활용해야 한다는 오랜 믿음과 더 많은 컴퓨팅 자원을 향한 끝없는 수요에 대해 자세히 살펴보았다. 여러 블록체인 기반 신생 기업도 이와 같은 방향을 추구하며 성공을 거두고 있다. 한 예로, 오토이는 이더리움 기반 RNDR 네트워크와 토큰을 구축해 GPU 성능이 추가로 필요한 사람들이 아마존이나 구글 같은 값비싼 클라우드 제공업체가 아닌 RNDR 네트워크에 연결된 유휴 컴퓨터로 작업을 전송할 수 있도록 했다. 당사자 간에 이뤄지는 모든 협상과 계약은 RNDR의 프로토콜에 의해 몇 초 이내에 처리되고, 양측 모두 수행 중인 작업의 정체나 세부 사항은 알지 못한다. 모든 거래는

RNDR 암호화폐 토큰으로 진행된다.

또 다른 예는 《뉴욕 타임스》가 "암호화폐로 구동되는 '사물인터넷' 장치를 위한 탈중앙화 무선 네트워크"라고 묘사한 헬륨이다.[5] 헬륨은 집 안 인터넷 연결을 안전하게 재공유rebroadcast 할 수 있는 500달러짜리 핫스팟 장치를 통해 작동한다. 헬륨의 속도는 기존 가정용 와이파이 장치보다 최대 200배 빠르다. 이 인터넷 서비스는 페이스북을 확인하려는 일반 소비자부터 신용카드 거래를 처리하는 주차 미터기 등 기반 시설에 이르기까지 누구나 사용할 수 있다. 운송회사 라임은 핵심 고객으로서 헬륨을 사용해 10만 대 이상의 자전거, 스쿠터, 모페드(모터 달린 자전거 - 옮긴이), 자동차를 추적한다. 그중 다수는 정기적으로 모바일 네트워크 '데드존(통신 전파를 수신하지 못하는 구간 또는 지역—옮긴이)'에 직면한다.[6] 헬륨 핫스팟 운영에 참여하는 사람들은 사용량에 비례해 헬륨의 HNT 토큰으로 보상을 받는다. 2022년 3월 5일 현재, 헬륨의 네트워크는 165개국 약 5만여 개 도시에 분산된 62만 5000여 개의 핫스팟으로 이뤄져 있으며, 이는 전년도의 2만 5000개보다 큰 폭으로 증가한 수치다.[7] 헬륨 토큰의 총 가치는 50억 달러가 넘는다.[8] 헬륨은 2013년에 설립되었지만 전통적인(즉 보상이 없는) P2P 모델에서 암호화폐를 통해 기여자에게 직접적으로 보상을 제공하는 모델로 전환하기 전까지 보급률을 높이기 위해 많은 노력을 기울여야 했다. 헬륨의 장기적인 성공 가능성과 잠재력은 여전히 불확실하다. 대부분의 인터넷 서비스 제공업체(ISP)는 고객이 인터넷 연결을 공유하는 것을 금지하고 있는데, 일반적으로 연결이 재판매되지 않고 총 데이터 사용량이 낮기 때문에 이러한 서비스 규정 위반을 딱히 문제 삼지는 않았다. 하지만 ISP가 헬륨이나 다른 유사한 시스템의 사용자들이 규정을 위반하는 것을 계속 눈감아줄 것이라는 보장은 없다. 그럼에도 헬륨은 탈중앙화 지불 모델의 잠재력을 다시 한번 상기시키며 현재 ISP와 직접 거래를 진행하고 있다.

2021년 호황을 맞이한 암호화폐 게임의 규모와 다양성은 상대적으로 초기 단계에서 이미 플레이어당 막대한 수익을 달성하면서 급격한 개발을 불러왔다. 전 세계를 선도하는 게임 투자자인 내 지인에 따르면, 이미 세계적으로 유명한 스튜디오를 운영하는 사람들을 제외하고 그녀가 아는 뛰어난 게임 개발자들은 거의 모두 블록체인에서 게임을 구축하는 작업에 열중하고 있다. 블록체인 기반 게임과 게임 플랫폼 업계는 총 40억 달러[9] 이상의 벤처 투자를 받았다 (블록체인 기업과 프로젝트 등이 조달한 벤처 자금은 총 300억 달러에 달한다. 일각에서는 벤처 자금 1000~2000억 달러가 추가로 조달되거나 배정된 것으로 추정한다).[10]

블록체인 산업에 인재, 투자, 실험이 유입되면 더 많은 사용자가 암호화폐 지갑을 설정하고, 블록체인 게임을 하고, NFT를 구매하는 선순환이 빠르게 일어나게 되어 다른 모든 블록체인 제품의 가치와 활용도가 높아지고 더 많은 개발자와 사용자를 끌어모은다. 궁극적으로 이것은 소수의 교환 가능한 암호화폐가 무수히 다양한 게임의 경제를 작동시키는 데 사용되는 미래로 우리를 이끌 것이다. 미래에는 마인코인, V-벅스, 로벅스를 포함해 자체적으로 발행된 수많은 화폐가 지출이 파편화된 경제 형태를 대체하고, 모든 가상 상품이 부분적으로나마 상호 운용될 수 있도록 설계될 것이다.

액티비전 블리자드, 유비소프트, 일렉트로닉 아츠 등 블록체인 이전 시대에 커다란 성공을 거둔 게임 개발업체들도 충분히 구조적 관점에서 블록체인 기술이 금전적으로 거부하기 어려우며 경쟁에 빠질 수 없는 요소라는 점을 인지하게 될 것이다. 이러한 업체들이 밸브와 에픽게임즈와 같은 플랫폼 경쟁업체가 아닌 게임 커뮤니티가 소유한 시스템에 자사의 플랫폼 경제와 계정 시스템을 개방한다는 사실을 인지하면 전환은 수월하게 이뤄질 수 있다.

탈중앙화 자율 조직

'프로그래밍이 가능한' 디지털 네이티브 결제 채널이 갖는 가장 파괴적인 측면은 새로운 프로젝트에 대한 자금 조달을 수월하게 하고 더욱 독립적인 협업을 가능하게 한다는 점이다. 이는 지금까지 논한 내용과 구조적으로 다르지 않지만, 보다 넓은 맥락에서 이해하는 것이 중요하다.

먼저 자판기를 살펴보자. 사실 최초의 자판기는 수천 년 전(기원전 50년경)에 처음 등장했다. 이 자판기에 동전을 넣으면 성수를 받을 수 있었다. 1800년대 후반까지 이러한 기계는 소비자가 물과 같은 단일 품목뿐만 아니라 껌, 담배, 우표 등 다양한 품목을 구매할 수 있도록 지원했다. 상품의 유통을 관리하거나 결제를 확인하고 승인하는 가게 주인이나 변호사가 아예 없었지만, 자판기 시스템은 "이런 조건일 땐 이런 행동을 하라[if this, then this]"라는 고정된 규칙에 따라 잘 작동했다. 모든 사람이 이 시스템을 신뢰했다.

블록체인은 가상의 자판기에 비유할 수 있다. 그저 일반 자판기보다 훨씬 똑똑해졌을 뿐이다. 예를 들어, 여러 기여자를 추적하고 각각 다르게 평가할 수 있다. 누군가가 현실 세계 속 자판기에서 초코바 하나를 구매하려는 상황을 상상해 보자. 75센트밖에 없었지만 1달러짜리 초코바를 사고 싶어 행인에게 25센트를 빌려달라고 했다. 어쩌면 이 행인은 초코바의 절반을 받는 대가로 돈을 빌려주기로 합의할지도 모른다. 빌려준 금액의 비율대로라면 초코바의 4분의 1을 요구해야 할 테지만 실제로는 그러지 않을 수도 있다. '블록체인 자판기'를 사용하면 두 명의 공동 협력자가 이러한 합의를 놓고 이른바 '스마트 계약'을 작성할 수 있으며, 자판기는 각각 지불을 수락한 후 자동으로 (그리고 정확하게) 각 협력자에게 합의한 대로 초코바를 나눠 적정량(이 경우에는 절반씩)을 제공할 것이다. 동시에 블록체인 자판기는 초코바 판매에 대한 책임이 있는 모든 당사자에게도 자동으로 지불을 했을 것이다. 이를테면 기계를 채운 사람에게 5센트, 기계 소유자에게 7센트, 제조업체에 2센트 등을 지불하는 식이다.

스마트 계약은 단 몇 분이면 작성할 수 있으며 거의 모든 목적에 맞게 활용할 수 있다. 계약 규모가 작고 일시적이거나, 거대하고 영속적일 수도 있다. 많은 독립 작가와 언론인이 스마트 계약을 사용해서 연구, 조사, 저술을 위한 기금을 마련한다. 이는 미래 수입을 앞당기는, 일종의 선금 역할을 하지만 기업이 아닌 커뮤니티에서 조달된다. 작업을 완료하면 작업물은 블록체인에 발행되어 판매되거나, 암호화폐에 기반한 유료 서비스로 제공되어 수익금이 후원자에게 다시 공유되기도 한다. 저자들이 모여 토큰을 발행해 새로운 연재 잡지를 만들 기금을 마련한 후 토큰 보유자에게만 잡지를 독점적으로 제공하는 경우도 있다. 어떤 작가들은 스마트 계약을 사용해 도움을 주거나 영감을 준 사람들에게 사례금을 자동으로 지급하기도 한다. 이러한 스마트 계약은 모두 신용카드 번호, 입금 ACH 세부 정보, 청구서 등을 요구하지 않으며 심지어 많은 시간이 소요되지도 않는다.

일각에서는 스마트 계약이 메타버스 시대에 유한 책임 법인(LLC) 또는 501(c)(3)(비영리 조직)이 될 것이라고 전망한다. 스마트 계약은 참가자가 문서에 서명하고, 신용과 지불을 확인하거나 은행 계좌 접근 권한을 할당하고, 변호사를 고용하거나, 다른 참여자의 신원을 알아야 할 필요가 전혀 없으며 작성 후 즉시 자금을 조달할 수 있다. 게다가 소유권 할당, 법규에 따른 개표, 지불 분배 등을 포함해 조직에 필요한 행정 업무의 상당 부분을 '신용 없이' 관리할 수 있다. 일반적으로 이러한 조직을 '탈중앙화 자율 조직Decentralized Autonomous Organization' 또는 '다오(DAO)'라고 부른다.

사실 가장 값비싼 NFT의 상당수는 개인이 아니라 익명의 암호화폐 사용자 수십 명(어떤 경우에는 수천 명)으로 구성된 다오가 구매한 것이다. 그들은 혼자였다면 그렇게 비싼 NFT를 절대 구매하지 못했을 것이다. 이러한 사용자 집단은 다오에서 발행한 토큰을 사용해 NFT가 판매되는 시기와 최저 가격을 결정하는 동시에 지출을 관리할 수 있다. 가장 주목할 만한 다오로는 2021년 11월 11일에 설립된 컨스티튜션 다오를 들 수 있다. 이들은 13개만 남아 있는 미국 헌법 초판 중 하나를 11월 18일 소더비스가 진행할 경매에서 낙찰받기 위해 설립되었다. 단기간에 실행한 계획인 데다가 '전통적인' 은행 계좌가 없었지만, 컨스티튜션 다오는 소더비스가 경매 낙찰금으로 추정한 1500만~2000만 달러를 크게 웃도는 4700만 달러 이상을 모금할 수 있었다. 비록 낙찰에 실패하고 비공개 입찰자였던 억만장자 헤지펀드 매니저 켄 그리핀Ken Griffin에게 초판을 내주고 말았지만, 《블룸버그》는 이 도전에 대해 "다오의 위력을 보여줬다…… [다오에는] 사람들이 물건을 구매하고, 회사를 설립하고, 자원을 공유하고, 비영리단체를 운영하는 방식을 바꿀 수 있는 잠재력이 있다"라고 평가했다.[11]

　동시에 컨스티튜션 다오는 이더리움 블록체인이 안고 있는 많은 문제를 조명했다. 예를 들어, 약 100~120만 달러가 다오를 위한 자금 조달 거래를 처리하는 데 소비되었다. 이는 기여금의 2.1퍼센트를 차지한다(전통적인 결제 채널로 치면 평균 범위 이내다). 기여금의 중간값은 217달러로 추정되며 거의 50달러가 '가스'로 지출되었다. 게다가 이더리움 블록체인은 거래를 취소하거나 환불할 때 수수료를 '면제'할 수도 없다. 결과적으로 경매 낙찰에 실패하자 대부분의 기여자가 기부금을 회수해 갔고, 사실상 수수료가 2배나 들었다. 기부금 회수 비용이 기부 금액을 넘어서는 경우도 있어 많은 기부금이 아직도 다오에 남아 있다. (이러한 문제는 대체로 엉성한 스마트 계약 코딩에 기인하며 특히 다른 블록체인이나 레이어 2 솔루션이 사용되었다면 충분히 피할 수도 있었다.)

　'전통적인 금융'에 속하는 커뮤니티가 미국 헌법 초판 낙찰을 위해 뭉친 '탈중앙화 금융' 커뮤니티를 능가할 수는 있지만, 이미 대형 금융거래가 일어나는 세계에서도 다오를 사용해 투자를 진행하고 있다. 그중 한 예는 '뛰어난 여성 또는 제3의 성을 지닌 창업자가 이끄는 암호화폐 신생 기업'에 벤처 투자를 하는 코모레비 컬렉티브가 있으며, 이 다오의 회원 중에는 유명 벤처 자본가, 기술 임원, 언론인, 인권 활동가가 포함되어 있다. 2021년 말, 아웃도어 애호가 약 5000명이 다오를 사용해서 와이오밍주 옐로스톤 국립공원 근처의 16만 제곱미터 부지를 구입했다. '시티 다오'는 대부분 디스코드를 통해 조직되며 공식 리더(이더리움의 공동 창시자인 비탈릭 부테린이 회원이다)가 없고 모든 주요 결정은 투표를 통해 이루어지며 회원은 언제든지 멤버십 토큰을 판매할 수 있다. 시티 다오의 실질적인 대표인 한 회원은 《파이낸셜 타임스》에 와이오밍주에서 다오 구조를 수용한 것을 두고 "디지털 자산과 암호화폐, 물리적 세계를 근본적인 연결하는 계기가 될 것"이라고 말했다.[12] 와이오밍주는 1977년에 유한 책임 법인(LLC) 관련 법안을 통과시키며 미국에서 최초로 LLC를 승인했고, 그로부터 19년이 지난 후에야 미국 전역에 LLC가 도입되었다.

　프렌즈 위드 베네핏(FWB)은 토큰을 사용해 비공개 디스코드 채널과 이벤트, 정보 등에 접근할 수 있는 사실상 다오 기반 멤버십 클럽이다. 일각에서는 입장권을 원하는 사용자에게 토큰을 구매하도록 요구함으로써 FWB가 수 세기 전부터 존재해 왔던 상류층 클럽의 '회비' 모델을 그대로 적용했을 뿐이며, 이제서야 '암호화폐'의 인기로 주목을 받게 되었을 뿐이라고 주장한다. 하지만 이러한 견해는 FWB 토큰 설계의 잠재력을 간과한 것이다. 구성원들은 '연회비'를 지불하지 않는 대신 입장권을 얻기 위해 정해진 양의 FWB 토큰을 구매해야 하고 구성원 자격을 유지하려면 토큰을 계속 보유해야 한다. 결과적으로 모든 구성원은 FWB의 일부 소유자가 되며 토큰을 판매함으로써 언제든지 클럽을 탈퇴할 수 있다. 이러한 토큰은 클럽이 더 큰 성공을 거두거나 더 많은 가치를 얻게 되면 높이 평가되기 때문에 모든 구성원은 자신의 시간과 아이디어, 자원을 클럽에 투자할 유인이 생긴다. 가격이 상승하면 스팸 메일을 발송하는 스패머들이 FWB에 가입하는 것이 더욱 어려워진다. 한편 일반적인 상황에서는 온라인 소셜 플랫폼이 인기를 얻으면 부정적이고 선동적인 글을 게재하는 소위 트롤들을 끌어들여 공격받을 뿐이다. 가격 상승은 클럽이 구성원에게 계속해서 자격을 인정받으려면 더욱 열심히 일해야 함을 의미한다. 1000달러어치의 코인을 구매해 한 클럽에 가입했는데 토큰의 가치가 4배로 껑충 뛴다면 클럽은 이 구성원을 붙잡아두기 위해 더 많은 일을 해야 한다. 구성원이 떠나면 토큰을 매각하므로 나머지 토큰의 시장 가치를 떨어뜨리기 때문이다. 많은 소셜 다오는 스마트 계약을 사용해서 개인 기여자 또는 집단에 합류할 여력은 없어도 구성원들이 가치 있다고 간주하는 사람들에게 토큰을 발행한다.

나운스 다오는 사실상 FWB와 크립토펑크를 새롭게 혼합한 것이다. 매일 하나의 새로운 나운(픽셀화된 귀여운 아바타의 NFT)이 경매에 나오고, 순수익금 전액은 나운스 NFT의 가치를 높일 목적으로 설립된 나운스 다오 기금에 축적된다. 구체적으로 이 기금은 어떤 역할을 할까? 나운스 다오 기금은 NFT 소유자가 작성하고 투표한 제안에 자금을 지원한다는 점에서, 사실상 끊임없이 성장하는 이사회에 의해 관리되는 일종의 투자 펀드로 꾸준히 성장하고 있다.

소셜 다오와 토큰을 대규모 온라인 소셜 네트워크에서 특정 대상을 상대로 일어나는 괴롭힘과 유해성을 해결할 방법으로 바라보는 시각도 있다. 예를 들어, 트위터 사용자가 잘못된 행동을 신고하면 가치 있는 트위터 토큰을 받을 수 있고 이전에 신고된 트윗을 검토하면 더 많은 토큰을 벌어들일 수 있으며, 규칙을 위반하면 토큰을 잃게 되는 모델을 상상해 보자. 동시에 슈퍼 사용자와 인플루언서는 사례금에 의존하거나 광고주 대신 프로모션 트윗을 게시해 수익을 창출하기보다 이벤트를 개최해 토큰을 받을 수 있다. 2021년 말까지 킥스타터, 레딧, 디스코드는 모두 블록체인 기반 토큰 모델로 전환할 계획을 공개적으로 밝혔다.

블록체인에도 최소한의 신용은 필요하다

미래 블록체인 혁명이 맞닥뜨리는 장애물은 여전히 많다. 특히 블록체인은 아직도 비용이 너무 많이 들고 속도도 느리다. 이러한 이유로 대부분의 '블록체인 게임'과 '블록체인 경험'은 지금도 주로 비블록체인 데이터베이스에서 실행되고 있다. 결국 진정한 탈중앙화라고는 볼 수 없다.

대규모로 실시간 렌더링되는 3D 가상 세계의 컴퓨팅 요건과 초저지연에 대한 필요성을 감안할 때, 전문가들은 '메타버스'는 고사하고 그러한 경험을 완전히 탈중앙화시킬 수 있는지에 대해서부터 논쟁을 벌인다. 다시 말해, 컴퓨팅 자원이 부족하고 빛의 속도에 다다르는 것이 이미 어려운 과제라면, 동일한 '작업'을 수없이 수행하고 글로벌 네트워크가 정답에 도달해 합의할 때까지 마냥 기다리는 것이 과연 합리적인 방법일까? 그리고 우리가 이것을 해낼 수 있다고 하더라도 에너지를 사용하면 지구온난화가 심해지지 않을까?

지나치게 경솔하게 들릴 수도 있지만, 이미 이러한 의문과 관련해 다양한 의견이 나오고 있다.

주요 기술적 문제가 시간이 지나면 해결될 것이라고 믿는 사람이 많다. 예를 들어, 이더리움은 네트워크 참여자가 더 적은 작업(그리고 결정적으로 덜 중복된 작업)을 수행할 수 있도록 유효성 검사 과정을 계속해서 점검하고 있으며, 이미 비트코인 블록체인에 소모되는 거래당 에너지의 10분의 1 미만을 사용한다. 레이어 2와 사이드체인도 확산되어 이더리움의 많은 단점을 해결하고 있다. 한편 솔라나와 같은 새로운 레이어 1은 프로그래밍 유연성과 일치하지만 훨씬 더 나은 성능을 제공한다. 솔라나 재단은 한 번의 거래에 사용되는 에너지가 두 번의 구글 검색에 소모되는 에너지 양과 비슷하다고 말한다.

대부분의 국가와 미국 주에서는 다오와 스마트 계약을 법적으로 인정하지 않는다. 이러한 경향은 점차 바뀌기 시작했지만, 법적으로 인정받는 것만이 완전한 해결책은 아니다. "블록체인은 거짓말을 하지 않는다" 또는 "블록체인은 거짓말을 할 수 없다"라는 말이 있다. 이것은 사실일 수도 있지만, 사용자는 블록체인에 거짓말을 할 수 있다. 이를테면 작곡가는 곡의 저작권을 토큰화해 스마트 계약이 모든 지불을 실행하도록 만들 수 있다. 하지만 이 저작권료를 '온체인'에서 받지 못할 수도 있다. 그 대신 음반사는 작곡가의 중앙 집중식 데이터베이스로 전신을 보낼 수 있으며, 작곡가는 적정 금액을 적정 지갑에 넣어야 한다. 그리고 많은 NFT가 기본 저작물에 대한 권리를 소유하지 않은 사람들에 의해 발행된다. 다시 말해, 블록체인이라고 해서 모든 것에 신용이 필요 없는 것은 아니다. 계약을 체결한다고 해서 모든 잘못된 행동이 해결되지는 않는 것처럼 말이다.

앱스토어 문제도 남아 있다. 애플과 구글이 블록체인 게임이나 거래를 허용하지 않는다면 무슨 소용이 있을까? 블록체인 극우선주의자들은 블록체인 경제의 총체적인 힘이 게임 제작자와 게임 관행뿐만 아니라 세계에서 가장 강력한 기업들까지 변화하도록 이끌 것이라 믿고 있다.

돈을 잃지 않는 데 최적화된 시스템

메타버스의 맥락과 사회 전반에서 블록체인의 중요성을 바라보는 시선은 다섯 가지로 구분할 수 있다. 첫째, 블록체인은 사기와 일시적인 유행이 떠받치고 있는 비경제적인 기술이며, 그것이 지닌 장점이 아닌 단기적인 투기 수요로 인해 주목받고 있을 뿐이다.

둘째, 블록체인은 다른 대부분의 대체 데이터베이스, 계약, 컴퓨팅 구조에 비해 열등하지만 그럼에도 사용자와 개발자 권리, 가상 세계에서의 상호 운용성, 오픈소스 소프트웨어를 지원하는 기여자에 대한 보상을 중심으로 문화적인 변화를 일으킬 수 있다. 이미 피할 수 없는 변화가 일어나고 있지만, 블록체인은 이러한 변화를 더욱 빠르고 민주적으로 도입할 것이다.

셋째, 블록체인은 데이터 저장, 컴퓨팅, 결제, 유한 책임 법인, 비영리 조직 등을 위한 지배적인 수단이 되진 않더라도 많은 경험과 애플리케이션, 비즈니스 모델의 핵심이 될 것이다. 엔비디아의 젠슨 황은 "블록체인은 오랫동안 우리와 함께할 것이며 근본적으로 새로운 형태의 컴퓨팅이 될 것"[13]이라고 평가했다. 글로벌 결제 대기업 비자는 자사의 랜딩 페이지에 "암호화폐는 놀라운 수준으로 투자를 불러 모으고 널리 도입되고 있으며 기업, 정부, 소비자에게 가능성의 세계를 열어주고 있습니다"라고 선언하며 암호화폐 결제 부서를 출범했다.[14]

앞서 8장에서는 어떤 가상 세계가 또 다른 가상 세계와 고유한 자산을 '공유'하려 할 때 발생하는 여러 가지 문제를 살펴보았다. 에픽게임즈의 「포트나이트」에서 구매한 아바타를 액티비전의 「콜 오브 듀티」에서 사용하는 경우를 떠올려보자. 그렇다면 사용하지 않는 아이템은 어디에 저장될까? 에픽의 서버나 액티비전의 서버, 아니면 두 군데에 모두 보관해야 할까? 아니면 제3의 장소에 보관해야 할까? 스토어는 어떻게 보상을 받게 될까? 아이템이 변경되거나 판매되면 변경 사항을 수행하고 기록할 수 있는 권한은 어디에서 관리해야 할까? 이러한 솔루션이 수십억까지는 아니더라도 수백여 개의 서로 다른 가상 세계로 어떻게 확장될 수 있을까? 이러한 문제들을 부분적으로 해결할 수 있는 독립적인 시스템을 제공하는 것이 블록체인의 목적이라고 생각하는 사람들은 대체로 블록체인이 여전히 가상 문화와 상업, 권리에 혁명을 일으킬 기술이라고 믿는다.

넷째, 블록체인은 미래를 위한 핵심 기술일 뿐만 아니라 오늘날 플랫폼 패러다임을 파괴하는 열쇠가 될 것이다. 폐쇄형 플랫폼이 주로 승리하는 이유를 다시 떠올려보자. 무료로 제공되어 커뮤니티에서 운영되는 오픈소스 기술은 수십 년 동안 이용할 수 있었고 개발자와 사용자에게 더 공정하고 번영하는 미래를 제시했지만, 유료로 제공되는 민간의 폐쇄형 대체 기술에 밀려나곤 했다. 이는 대체 기술을 운영하는 기업들이 경쟁 서비스와 도구, 엔지니어, 고객 확보(예: 제조 원가 이하로 하드웨어를 판매), 독점 콘텐츠 등에 막대한 투자를 할 여력이 있기 때문이다. 이러한 투자는 차례로 사용자를 끌어모으고 개발자에게 유리한 시장을 조성하거나, 개발자를 유치해 사용자를 추가로 끌어모으고, 다시 추가로 개발자를 끌어들인다. 시간이 지나면서 이러한 기업은 개발자 및 사용자와 더불어 계속 성장하는 수익원을 관리하고 통제권을 활용해 개발자와 사용자의 이탈을 막는 동시에 경쟁업체를 방해한다.

블록체인은 이러한 역학을 어떻게 바꿀 수 있을까? 블록체인은 자산부터 인프라, 시간에 이르기까지 중요하고 다양한 자원을 가장 강력한 민간 기업과 경쟁할 수 있는 규모로 쉽게 끌어모을 수 있는 메커니즘을 제공한다. 말하자면, 수조 달러에 달하는 성장 기회를 추구하는 수조 달러 규모의 거대 기업과 맞서 경쟁할 수 있는 유일한 방법은 수십억 명의 사람이 수조 달러를 더 기부하는 것이다. 블록체인은 대부분의 오픈소스 프로젝트와 마찬가지로 이타주의와 공감에 의존하기보다 기본적으로 블록체인의 성공이나 지속적인 운영에 기여한 사람들을 보상하는 경제 모델이다.

게다가 블록체인 기반 경험은 적어도 지금까지 개발자에게 폐쇄형 게임 플랫폼보다 훨씬 더 많은 수익을 약속해 왔다. 블록체인 플랫폼과 기업을 이끄는 리더들이 사용자와 개발자에게 미치는 영향력은 훨씬 제한적이다. 사용자의 신원, 데이터, 결제, 콘텐츠, 서비스 등을 억지로 묶어 전통적인 데이터베이스와 시스템을 구축해 통제하는 기존 플랫폼이나 기업과는 다르다. 앤드리슨 호로비츠의 암호화폐 전문 벤처 자본가인 크리스 딕슨Chris Dixon은 웹 2.0의 지배력이 구글의 비공식 모토로 유명한 문구인 "사악해지지 말자(Don't be evil)"에 해당한다면, (블록체인 기반) 웹3는 "사악해질 수 없다"라고 주장한다.

하지만 모든 데이터가 '온체인'에 있을 가능성은 낮다. 즉, 일부 경험이 완전히 '탈중앙화'되어 사실상 중앙화되거나 특정 당사자에 의해 적어도 강력하게 통제될 것이다. 통제는 데이터 소유권뿐만 아니라 독점 코드와 지적 재산권(IP)에서도 비롯된다. 대체로 오픈소스로 제공되는 유니스왑의 코드를 복사하기는 비교적 쉽지만, 블록체인 기반 「콜 오브 듀티」를 실행하는 코드를 복사할 수 있다고 해서 개발자에게 그러한 권리가 있다는 의미는 아니다. 디즈니의 한 블록체인 게임이 사용자에게 디즈니 기반 NFT에 대한 무기한 권한을 제공할 수는 있지만, 그렇다고 해서 다른 개발자가 디즈니의 IP로 디즈니 게임을 만들 수 있는 것은 아니다. 즉, 어떤 아이가 욕조에서 다스베이더 액션 피규어와 미키 마우스 피규어를 가지고 놀면서 이야기를 지어낼 수는 있지만, 장난감 회사인 해즈브로는 이러한 피규어들을 구매한 후 디즈니랜드 보드게임을 판매하는 데 사용할 수 없다. 이탈을 막는 '잠금' 효과의 또 다른 형태는 습관이다. 빙이 제공하는 검색 결과는 구글의 검색 결과보다 더 정확할 수 있지만(그리고 광고가 덜 포함되어 있을 수 있다), 이를 사용하려는 사람은 많지 않다. 설사 빙이 더 나을지라도 사용자의 행동을 바꾸도록 설득하거나 구글의 검색엔진과 브라우저가 만들어내는 시너지를 극복하려면 얼마나 더 좋아져야 할까? 딕슨은 다소 과장해서 지적했지만, 위 사례는 기본 플랫폼(예: 이더리움)이 스스로 구축하거나 보호하는 방식이 아니라 독립 개발자와 제작자가 권한을 확립하는 방법을 보여준다. 일반적으로 사회는 독립 개발자와 제작자보다는 플랫폼의 권리가 경제적 건전성을 확보하는 데 더 중요하다고 여긴다.

블록체인에 대한 다섯 번째 관점은 블록체인이 본질적으로 메타버스에 필요한 요건임을 시사한다. 적어도 이 메타버스는 우리의 원대한 상상을 충족시키고 우리가 실제로 살고 싶어 하는 세상을 보여준다. 2017년에 팀 스위니는 "블록체인이 실제로 프로그램을 실행하고, 데이터를 저장하고, 거래 이행을 검증하기 위한 일반적인 메커니즘이라는 사실을 우리는 깨닫게 될 것"이라고 말했다. "블록체인은 컴퓨팅에 존재하는 모든 것의 상위 집합입니다. 궁극적으로 우리가 사용하는 데스크톱 컴퓨터보다 10억 배는 더 빠르게 실행되는 분산 컴퓨터로 바라보게 될 것입니다. 모든 사람의 컴퓨터가 결합된 것이기 때문이죠."[15] 연속적으로 실시간 렌더링되는 화려한 세계의 시뮬레이션을 만들고 싶다면, 전 세계 컴퓨팅 자원과 저장소, 네트워킹 인프라의 전체 공급을 활용하는 방법을 알아낼 필요가 있다(이것에는 블록체인 기술이 필요하지 않다).

대중이 메타버스와 NFT에 열광적으로 반응하기 직전이었던 2021년 1월, 스위니는 트위터에 다음과 같이 썼다.

"오픈 메타버스를 위한 블록체인 기반 토대, 이것은 장기적으로 개방형 프레임워크를 달성하기 위해 나아가야 할 방향입니다. 궁극적으로 모든 사람이 진입 장벽 없이 자신의 실재성을 직접 관리할 수 있게 될 겁니다."

그는 뒤이어 작성한 트윗에 "① 최첨단 기술은 실시간 3D 시뮬레이션에서 1억 명의 동시 사용자를 수용하는 데 필요한 60헤르츠 거래 매개와는 거리가 멉니다." 그리고 "② 이것을 암호화폐 투자를 지지하는 글로 받아들이지 마십시오. 암호화폐는 제멋대로 움직이며 투기 수요가 있어 매우 혼란스러운 시장입니다…… 그러나 기술은 성공을 거두고 있죠"라며 두 가지 주의 사항을 덧붙였다.[16]

2021년 9월, 스위니는 블록체인의 잠재력을 낙관적으로 평가하면서도 블록체인이 잘못 사용되는 것에 낙담한 듯한 태도를 보이며 다음과 같이 말했다. "[에픽게임즈는] NFT를 건드리지 않고 있습니다. 현재 NFT 업계에는 전반적으로 매우 복잡한 사기와 흥미로운 탈중앙화 기술이 얽혀 있기 때문입니다."[17] 그로부터 한 달 후에 스팀은 블록체인 기술을 사용하는 게임을 금지했고, 이에 스위니는 상반된 입장을 밝혔다. "에픽게임즈 스토어는 블록체인 기술을 사용한 게임을 환영합니다. 단, 관련 법률을 준수하고 약관을 공개하고 적정 단체에 의해 연령 등급이 지정된 게임이어야 합니다. 에픽게임즈는 게임에서 암호화폐를 사용하지 않지만, 기술과 금융 분야의 혁신을 반기고 있습니다."[18]

스위니의 비판은 블록체인 애호가들이 종종 간과하기 쉬운 문제를 조명한다. 그들은 일반적으로 부를 잃을 가능성보다는 부를 보호하기 위한 수단으로만 탈중앙화를 바라보는 경향이 있다. 암호화폐 공간에는 중개 기관, 규제 감독 또는 신원 확인이 없어 저작권 위반과 자금 세탁, 절도, 거짓이 만연한다. 많은 사용자가 NFT, 블록체인 게임과 관련해 정확히 무엇을 구매하고 있는지, 어떻게 사용할 수 있는지, 미래에 그것이 어떻게 될지에 대해 여전히 혼란스러워하면서도 NFT와 블록체인 게임을 지지하고 있다(상당수는 가격이 오르기만 하면 신경 쓰지 않는다).

블록체인이 얼마나 과대 선전으로 남을지, 아니면 (잠재적) 현실을 반영할지는 여전히 불확실하다. 이는 메타버스의 현재 상태와 다르지 않다. 하지만 컴퓨팅 시대가 주는 핵심 교훈 중 하나는 개발자와 사용자에게 가장 적합한 플랫폼이 결국 승리한다는 점이다. 블록체인은 아직 갈 길이 멀지만, 메타버스 경제가 성장하면 블록체인의 불역성과 투명성이 개발자와 사용자 집단의 이익을 최우선으로 보장하는 데 가장 적절한 방법이 될 것이라는 기대도 있다.

파트 3

혁명이 지나간 뒤

단 1퍼센트에게만 허락된 미래

12장

모바일의 종말

2부에서는 내가 정의한 메타버스의 전체적인 비전을 실현하는 데 필요한 요건을 살펴보았다. 3부의 첫 번째 장에서는 '메타버스가 언제 도래할 것인가?'라는 필연적인 의문을 다루고 다양한 산업 분야에서 메타버스가 어떤 모습으로 나타날지 예측해 볼 것이다.

인터넷에 '준승계국'을 건설하는 데 연간 수백억 달러를 쏟아붓는 대기업들조차 메타버스의 출현 시기에 대해 엇갈린 의견을 내놓는다. 마이크로소프트의 CEO 사티아 나델라는 메타버스가 '이미 현재' 존재한다고 말했으며, 마이크로소프트의 창업자인 빌 게이츠는 "향후 2~3년 안에 대부분의 가상 회의가 2D 카메라 이미지 그리드에서 메타버스로 이동할 것으로 예상"한다고 밝혔다.[1] 페이스북의 CEO 마크 저커버그는 "향후 5년에서 10년 사이에 [메타버스의] 상당 부분이 주류로 편입될 것"[2]이라고 말했고, 오큘러스 VR의 전(前) CTO이자 현재 자문인 존 카맥은 메타버스가 더 늦게 등장할 것으로 내다보았다. 에픽게임즈의 CEO 팀 스위니와 엔비디아의 CEO 젠슨 황은 구체적인 시기를 언급하지 않았지만, 메타버스가 향후 수십 년에 걸쳐 등장할 것으로 전망했다. 구글의 CEO 선다 피차이는 몰입형 컴퓨팅이 '미래'라고 말했다. 텐센트의 게임 사업 대부분을 담당하고 2021년 5월에 '초디지털 현실' 비전을 대중에 발표한 텐센트 수석 부사장 스티븐 마Steven Ma는 신중한 태도를 보였다. "메타버스의 전성기가 언젠가 도래할 테지만[,] 그날이 오늘은 아닙니다…… 오늘날 기술은 불과 몇 년 만에 비약적으로 발전했지만, 여전히 원시적이고 실험적인 단계에 머물러 있습니다."[3]

인터넷과 컴퓨팅의 미래를 예측하려면 얽히고설킨 과거를 돌아보는 것이 도움이 된다. 자, 질문을 던져보자. 모바일 인터넷 시대는 언제 시작되었을까? 최초의 휴대전화가 출시된 시점을 역사적인 날로 생각하는 사람이 있을 것이다. 최초의 디지털 무선 네트워크인 2G의 상업용 보급 시점을 떠올리는 사람도 있을 것이다. 아마도 모바일 인터넷 시대의 시발점은 1999년에 도입된 무선 애플리케이션 프로토콜(WAP)로 볼 수 있다. WAP은 WAP 브라우저와 거의 모든 '일반 피처폰'에서 대부분의 웹사이트(다소 원시적인 버전)에 접속할 수 있는 기능을 제공했다. 어쩌면 모바일 인터넷 시대는 블랙베리 6000, 7000, 8000 시리즈와 함께 시작되었는지도 모른다. 적어도 그중 하나는 이동통신 무선 데이터용으로 설계된 최초의 주류 모바일 장치였다. 하지만 대부분의 사람들은 WAP와 최초의 블랙베리가 출시된 지 거의 10년이 흐르고, 2G가 도입된 지 거의 20년이 흐르고, 최초의 휴대전화 통화가 이뤄진 지 34년이 흐른 후에야 출시된 아이폰에서 답을 찾을 수 있다고 말할 것이다. 그 후 아이폰은 모바일 인터넷 시대의 시각디자인 원칙과 경제, 비즈니스 관행의 상당 부분을 규정해 왔다.

그러나 한 번에 모든 변화가 일어나는 순간은 없었다. 특정 기술이 만들어지고 검증을 거쳐 보급되는 시점은 식별할 수 있지만, 시대가 열리거나 막을 내리는 정확한 시점을 파악하기는 어렵다. 전환은 다양한 변화가 수렴되는 현상이 반복적으로 일어나는 과정이기 때문이다.

전력이 보급된 과정, 즉 전기화 과정을 사례로 살펴보자. 우리는 전력이 19세기 후반에 처음 등장해 20세기 중반에 이르러 널리 도입되고 사용되었다는 사실에 초점을 맞추지만, 수 세기에 걸쳐 전력을 이해하고 포착하고 전송하기 위해 이뤄진 수많은 노력은 건너뛰기 일쑤다. 전기화는 성장이 꾸준히 이어진 어느 한 기간이나 어떤 제품이 채택된 과정을 가리키지 않는다. 대신 전기화는 기술, 산업, 공정과 관련된 전환의 물결이 두 갈래로 나뉘어 이루어졌다.

첫 번째 물결은 1881년 토머스 에디슨Thomas Edison이 맨해튼과 런던에 발전소를 세우면서 시작되었다. 에디슨은 전기를 신속하게 상업화했지만(불과 2년 전, 최초의 백열전구를 만들었다), 정작 이 자원을 찾는 수요는 적었다. 그의 첫 발전소가 건립된 지 25년이 흘렀을 때, 미국 내 기계 가동력의 약 5~10퍼센트만이 전력으로 충당되었다(전력의 3분의 2는 그리드가 아닌 지역 발전소에서 생성되었다). 그 후 돌연 두 번째 물결이 밀려오기 시작했다. 1910년과 1920년 사이에 기계 가동력에서 전기가 차지하는 비중은 50퍼센트 이상으로 5배나 증가했고(독립된 전기 공급 회사들이 전력의 거의 3분의 2를 공급했다), 1929년에 이르자 이 비중은 78퍼센트로 상승했다.[4]

첫 번째 물결과 두 번째 물결의 차이는 전기를 사용하는 미국 산업의 비중이 아니라 전력이 활용되는 범위와 그것을 중심으로 이뤄진 설계에 있다.[5]

공장에서 처음으로 전력을 도입했을 때는 일반적으로 조명에 사용했고, 현장에서 직접 전력을 생산하는 데 소비되는 자원(보통 증기)을 대체했다. 공장 소유주는 공장 전체에 전력을 전달하고 작동하게 할 오래된 설비를 재검토하거나 교체하지 않았고, 오히려 느릿느릿 움직이는 톱니바퀴 망을 계속해서 사용했다. 이러한 톱니바퀴 망은 어수선하고 시끄럽고 위험한 데다, 개량하거나 변경하기 어려웠고, '모두 켜짐' 또는 '모두 꺼짐' 상태였으며(따라서 운영 발전소 한 곳이나 전체 공장을 가동하는 데 동일한 양의 전력이 필요했고, 수없이 많은 '단일 장애 지점'에 시달렸다), 전문적인 작업을 지원하는 데도 어려움을 겪었다.

하지만 결국 새로운 기술과 지식이 생겨나면서 소유주는 톱니바퀴를 전선으로 교체하는 일부터 봉제, 재단, 압축, 용접 같은 기능에 맞춘 전용 전동 모터를 장착한 개별 발전소를 설치하는 일에 이르기까지 공장에서 전기를 사용할 수 있도록 처음부터 끝까지 공장을 다시 설계할 동기와 역량을 모두 갖추게 되었다.

전력으로 얻게 되는 장점은 다양했다. 이제 같은 공장에서도 훨씬 더 넓은 공간과 더 밝은 조명, 더 나은 공기를 확보하고 생명을 덜 위협하는 장비를 갖출 수 있었다. 게다가 각 발전소는 개별적으로 전력을 공급할 수 있었고(안전성을 높이는 동시에 비용과 가동 중단 시간을 줄였다), 전기 소켓 렌치처럼 보다 전문적인 장비를 사용할 수 있었다.

공장 소유주는 거대한 장비가 아닌 생산 공정의 논리를 중심으로 생산 영역을 설정하고, 이러한 영역을 정기적으로 재구성할 수도 있었다. 이 두 가지 변화는 훨씬 더 많은 산업이 조립 라인(1700년대 후반에 처음 등장했다)을 배치할 수 있음을 의미했으며, 이미 그러한 설비를 갖춘 산업에서는 조립 라인을 더욱 효율적으로 확장할 수 있었다. 1913년 헨리 포드Henry Ford는 최초로 움직이는 조립 라인을 도입했다. 그는 전기와 컨베이어 벨트를 사용해 자동차 한 대당 생산 시간을 12.5시간에서 93분으로 줄이는 동시에 전력 사용량도 줄일 수 있었다. 역사가 데이비드 나이David Nye에 따르면, 포드의 유명한 하이랜드 파크 공장은 "전기 조명과 전력을 어디서든 사용할 수 있어야 한다는 가정하에 건설되었다".**6**

몇몇 공장에서 이러한 전환에 나서자 시장 전체가 따라나설 수밖에 없었고, 결국 전력 기반 인프라와 장비, 공정에 더 많은 투자가 이뤄졌으며 혁신이 촉진되었다. 포드는 최초의 조립 라인을 가동한 지 1년 만에 전체 자동차 업계의 생산량을 모두 합친 것보다도 많은 자동차를 생산하게 되었다. 1000만 번째 자동차를 생산할 즈음에는 도로를 달리는 모든 자동차의 절반 이상이 포드가 생산한 제품일 정도였다.

산업용 전기가 도입되면서 나타난 '두 번째 물결'은 토머스 에디슨의 핵심 업적을 바탕으로 어느 한 선지자가 점진적으로 발전시킨 기술에만 기대어 일어난 변화가 아니었다. 단순히 산업 발전소 수가 늘어나면서 얻게 된 결과도 아니었다. 그보다는 전력 관리, 제조

하드웨어, 생산 이론 등을 아우르는 상호 연결된 혁신의 임계치를 나타냈다. 이러한 혁신이 일어나기 위해서는 공장 관리자의 현명한 선택과 장소 또는 도시가 필요했다. 그리고 인재와 공정이 모든 혁신을 좌우했다. 종합하면, 이러한 혁신이 '광란의 20년대'로 알려진 경제 호황을 만들어냈다. 이 시기는 연평균 노동 및 자본 생산성이 지난 100년간 유례가 없었을 정도로 최대폭의 상승을 보였으며, 2차 산업혁명을 이끌어냈다.

2008년형 아이폰 12?

전기화는 모바일의 부상을 더 잘 이해하는 데 도움이 될 수 있다. 터치스크린, 앱스토어, 고속 데이터, 인스턴트 메신저 등 현재 '모바일 인터넷'이라고 여겨지는 모든 요소를 통합하거나 정제한 후 하나의 제품에 집어넣어 만든 것이 바로 아이폰이다. 우리가 한 손으로 들고 만지고 매일 사용하는 아이폰은 모바일 시대를 연 시발점처럼 **느껴진 다**. 하지만 모바일 인터넷을 만들고 주도한 것은 아이폰만이 아니다.

2008년에 두 번째 아이폰이 출시된 후에야 플랫폼이 본격화되기 시작했고, 장치 세대별로 매출이 거의 300퍼센트 증가했다. 이 기록은 약 11개 모델이 출시되었을 때까지 이어졌다. 두 번째 아이폰은 3G와 앱스토어를 포함한 첫 아이폰으로, 덕분에 사용자는 모바일 웹 사용이 가능해지고 무선 네트워크와 스마트폰을 유용하게 쓸 수 있게 되었다.

3G나 앱스토어 모두 애플만의 혁신은 아니었다. 아이폰은 국제
연합의 국제통신연합과 무선 산업의 GSM 협회 등이 주도하는 표
준 기술로 연결하는 인피니온 칩을 통해 3G 네트워크에 접속했다.
그 후 에이티엔티와 같은 무선 공급업체는 크라운 캐슬, 아메리칸
타워와 같은 무선 전신탑 기업에서 지은 무선 전신탑에 이러한 표
준을 설치했다.

아이폰에는 수백만 명의 개발자가 구축한 '이를 위한 앱'이 있었
다. 이러한 앱들은 KDE부터 자바, HTML, 유니티에 이르기까지
외부 업체(일부는 주요 영역에서 애플과 경쟁하는 업체였다)에서 확립하
고 유지 관리하는 다양한 표준을 기반으로 구축되었다. 주요 은행
에서 구축한 디지털 결제 시스템과 채널 덕분에 앱스토어 내 결제
방식은 문제없이 작동했다. 아이폰은 삼성 CPU(ARM에서 차례로 허
가를 받았다)부터 ST마이크로일렉트로닉스의 가속도계, 코닝의 고릴
라 글래스, 그리고 브로드컴과 울프슨, 내셔널 세미컨덕터를 포함한
여러 기업의 각종 부품에 이르기까지 수많은 기술에 의존했다. 이
처럼 다양한 제품과 노력이 모여 아이폰이 탄생할 수 있었고, 이 모
든 것이 아이폰의 성장 경로를 형성했다.

이는 2020년에 애플이 첫 5G 장치로 출시한 아이폰 12에서 확인
할 수 있다. 스티브 잡스의 천재성을 막론하고 두 번째 아이폰이 출
시된 2008년에는 애플에서 아이폰 12를 출시하는 데 쓸 수 있는 돈
이 없었다. 설령 애플이 5G 네트워크 칩을 고안할 수 있었을지라도
당시에는 사용할 수 있는 5G 네트워크도, 이러한 네트워크와 통신
하는 데 사용할 만한 5G 무선 표준도, 5G의 저지연이나 대역폭을

유리하게 활용할 수 있는 앱도 없었다. 가령 애플이 (ARM보다 10년 이상 앞선) 2008년에 ARM과 비슷한 GPU를 자체적으로 생산할 수 있었다고 한들 정작 (앱스토어 수익의 70퍼센트를 창출하는) 게임 개발자들이 이처럼 강력한 성능을 활용하는 데 필요한 게임 엔진 기술을 갖추지 못했을 것이다.

아이폰 12와 같은 스펙의 스마트폰은 만들려면 생태계 전반에 걸쳐 혁신과 투자가 이뤄져야 했다. 수익성 좋은 애플의 iOS 플랫폼이 핵심 동인이 되어 이러한 발전을 이끌었지만, 대부분은 애플의 영역에서 벗어나 있었다. 버라이즌의 4G 네트워크와 아메리칸 타워사의 무선 전신탑 구축과 같은 각종 비즈니스 사례는 스포티파이, 넷플릭스, 스냅챗 등 각종 앱에 필요한 빠르고 안정적인 무선 연결을 원하는 소비자와 기업의 수요에 달려 있었다. 그들이 없었다면 4G의 '킬러 앱(새로운 기술이 보급되는 데 결정적인 계기로 작용하는 애플리케이션—옮긴이)'은…… 약간 더 빨라진 이메일밖에는 없었을 것이다. 한편 GPU는 그래픽이 화려한 게임에서 활용되도록 성능이 발전했고, 카메라는 인스타그램과 같은 사진 공유 서비스에 쓰기 적합한 수준으로 발전했다. 더 좋은 하드웨어는 더 많은 업무를 수행할 수 있도록 지원했고, 덕분에 관련 기업들이 더욱 성장하고 많은 수익을 창출할 수 있었다. 이는 더 나은 제품과 앱, 서비스가 출시되도록 이끌었다.

앞서 9장에서는 단순히 기술 역량이 진화했다기보다 소비자 습관이 변화하면서 어떻게 하드웨어와 소프트웨어가 발전할 수 있었는지 살펴보았다. 애플은 아이폰을 출시한 지 10년이 지났을 때, 마침내 물리적인 홈 버튼을 제거했다. 이제 장치 소유자가 홈 화면으로 돌아가 화면 하단에서 터치 기반 스와이프를 통해 멀티태스킹 기능으로 여러 개의 작업을 관리할 수 있는 수준에 이르렀다고 확신했기 때문이다. 이 새로운 디자인은 더 정교한 센서와 컴퓨팅 구성 요소가 자리할 공간을 아이폰 내부에 마련하고, 애플(그리고 애플의 개발자들)이 더 복잡한 소프트웨어 기반 상호작용 모델을 도입하는 데 도움이 되었다. 많은 동영상 앱에서 사용자가 영상을 일시 중지하거나 불필요한 버튼으로 화면을 어지럽힐 필요 없이 간단하게 볼륨을 높이거나 낮출 수 있도록 제스처(예: 두 손가락으로 화면을 위로 또는 아래로 드래그) 기능을 도입하기 시작했다.

14명 중 13명은 여전히 현실에만 머물러 있다

전기화와 모바일을 고려하면 메타버스가 하루아침에 도래하는 일은 없을 것이라고 자신 있게 말할 수 있다. '메타버스 이전'과 '메타버스 이후' 시기를 명확하게 구분할 수는 없을 것이다. 그저 삶의 방식이 지금과 달랐던 역사의 한 시점을 되돌아볼 수만 있을 뿐이다. 이미 메타버스로 한계점을 넘어섰다고 주장하는 경영자들이 있지만, 그들의 주장은 시기상조로 느껴진다. 오늘날 일상적으로 가상 세계에 참여하는 사람은 겨우 14명 중 1명꼴이다. 이러한 가상 세계는 거의 전적으로 게임에서 발견되며, 의미 있는 상호 연결이 극히 드물거나 없는 편이고, 사회 전반에 미치는 영향도 미미하다.

하지만 **무언가** 벌어지고 있는 것만은 분명하다. 저커버그, 스위니, 황 등 메타버스가 아직 먼 미래의 일이라고 생각하는 경영자들조차도 지금이 공개적으로 (가상) 현실을 만드는 데 전념해야 할 때라고 믿는 데는 이유가 있다. 스위니는 다음과 같이 밝혔다. "[에픽게임즈는] 아주 오랫동안 메타버스를 향한 열망을 품고 있었습니다. 먼저 300개의 다각형으로 만들어진 낯선 사람들과 실시간 3D 공간에서 문자로 대화를 나누는 것부터 시작했죠. 하지만 최근 들어서야 여러 작업 조각의 임계치가 빠르게 결합되기 시작했습니다."

이러한 작업 조각에는 고해상도 터치 디스플레이가 탑재된 모바일 컴퓨터가 저렴한 가격대로 널리 보급된 일이 포함된다. 이제 전 세계 12세 이상 인구의 3분의 2가 이러한 모바일 컴퓨터에 손쉽게 접근할 수 있다. 게다가 이러한 장치에는 복잡한 실시간 렌더링 환경을 지원할 수 있는 CPU와 GPU가 장착되어 있다. 수십 명의 동시 사용자가 한곳에 모여 각자 자신의 아바타를 조종하고 다양한 작업을 수행할 수 있다. 이 기능은 4G 모바일 칩셋과 무선 네트워크에 의해 더욱 강화되었고, 덕분에 사용자는 언제 어디서든 이러한 환경에 접속할 수 있게 되었다. 한편 프로그래밍이 가능한 블록체인이 등장하면서 지구상의 모든 사람과 컴퓨터의 결합된 능력 및 자원을 활용해 메타버스뿐만 아니라 건전한 탈중앙화 메타버스를 구축할 수 있다는 희망과 메커니즘도 생겨났다.

또 다른 작업 조각은 '교차 플랫폼 게임'이다. 교차 플랫폼에서는 사용자들이 저마다 다른 운영체제를 사용할지라도 함께 플레이할 수 있고(이른바 '교차 플레이'), 플랫폼을 넘나들며 가상 상품과 화폐를 구매하고 소비하며(교차 구매), 플랫폼 간 저장 데이터와 게임 기록을 전달할 수 있다(교차 진행). 사실 이러한 경험은 거의 20년에 걸쳐 기술적으로 가능했지만, 2018년에 이르러서야 주요 게임 플랫폼(특히 플레이스테이션)에서 겨우 가능해졌다.

교차 플랫폼은 세 가지 면에서 꼭 필요했다. 첫째, 클라우드에 존재하는 가상의 지속적인 시뮬레이션이라는 개념 자체가 장치별 제한 사항과 상충된다. 현재 사용하고 있는 운영체제가 '메타버스'에서 눈으로 확인하거나 직접 수행할 수 있는 작업을 변경하고 메타버스 방문 자체를 완전히 차단하기까지 한다면, 실존을 위한 '메타버스'는 물론 평행 세계도 존재할 수 없다. 장치에서 실행되는 소프트웨어만이 여러 가상현실 중 하나를 들여다볼 수 있게 해준다. 둘째, 모든 장치를 사용하고 다른 사용자와 상호작용할 수 있는 능력은 사용자의 참여도를 끌어올렸다. 만일 아이폰과 PC에서 각각 다른 계정을 사용하는 탓에 장치별로 각기 다른 친구들과 소통하고 각기 다른 사진을 갖고 있다면, 그리고 같은 장치를 가진 사용자끼리만 메시지를 주고받을 수 있다면 과연 페이스북을 많이 사용할 수 있을까? 디지털 시대가 네트워크 효과와 메트칼프의 법칙으로 설명된다면, 교차 플랫폼 플레이의 활성화는 포크된 네트워크를 결합함으로써 여러 가상 세계를 단숨에 더 가치 있게 만든다. 셋째, 이처럼 늘어난 참여도는 가상 세계를 구축하는 기업들에 불균형적으로 영향을 미쳤다. 예를 들어, 「로블록스」에서 게임, 아바타 또는 아이템을 만드는 데 드는 비용은 거의 모두 선불이며 고정되어 있다. 결과적으로 플레이어 지출이 늘어나면 독립 개발자의 수익이 급증하므로 개발자는 더 다양하고 좋은 게임과 아바타, 아이템에 재투자할 수 있다.

문화적 변화도 관찰할 수 있다. 「포트나이트」는 2017년 출시 이후 2021년 말까지 약 200억 달러의 수익을 창출했는데, 수익 대부분은 디지털 아바타, 백팩, 댄스(이른바 '이모트') 판매에서 발생했다. 「포트나이트」 덕분에 에픽게임즈는 세계에서 가장 큰 패션 판매업체 중 한 곳이 되었고, 돌체앤가바나, 프라다, 발렌시아가 등 대형 패션 브랜드들의 매출을 몇 배로 넘어섰으며, 동시에 '슈팅' 게임이 더 이상 '게임'에 그치지 않는다는 사실을 보여주었다. 한편 2021년 내내 NFT가 화제를 불러모으면서 순수한 가상 개체의 가치가 수백만 달러 이상이 될 수 있다는 생각이 보편적으로 자리 잡기 시작했다.

이와 관련해 우리는 가상 세계에서 보내는 시간에 대한 부정적인 인식이 개선되는 과정과 코로나19가 이러한 현상을 가속화한 방식을 고려해야 한다. 지난 수십 년 동안 '게이머'들은 '가짜' 아바타를 만들고 디지털 세계에서 여가 시간을 보내왔다. 「카운터 스트라이크」에서 테러리스트를 죽이기보다 「세컨드 라이프」에서 방을 디자인하는 등 일반적인 게임과 다른 독특한 목표를 추구하기도 했다. 사회에서는 대체로 그러한 노력을 이상하거나 비경제적이고 반사회적인(때로는 그보다 더 나쁜) 행위로 여겼다. 어떤 사람들은 가상 세계를 성인 남성이 지하실에 틀어박혀 홀로 장난감 기차 세트를 만드는 놀이의 현대판이나 다름없다며 깎아내렸다. 1990년대부터 종종 일어났던 가상 결혼식과 장례식은 대부분의 사람에게 터무니없는 일로 여겨졌다. 심금을 울리는 사연이라기보다 다소 기막힌 농담에 가까웠다.

2020년과 2021년 코로나19 봉쇄 조치가 다양한 형태로 시행되면서 사람들이 집에서 보내는 시간이 늘어났고, 이를 계기로 가상 세계에 대한 우리의 인식도 그 어느 때보다 빠르게 바뀔 수 있었다. 이전에는 회의적이었을 수백만 명의 사람이 이제「모여봐요 동물의 숲」,「포트나이트」,「로블록스」등 가상 세계와 활동에 참여하고 즐기면서 그곳에서 할 일을 찾고, 한때 현실 세계에서 계획했던 이벤트에 참석하거나, 실내에서 아이들과 시간을 보내려 한다. 이러한 경험은 사회 전반에 퍼진 가상 생활에 대한 부정적 인식을 줄이는 데 도움이 될 뿐만 아니라 메타버스에 참여하는 사람들의 연령대를 더 높게 확대할 수도 있다.[*]

2년 연속으로 이어진 코로나19는 가상 세계에 지대한 영향을 끼쳤다. 가장 단순한 수준에서 보면, 가상 세계의 개발자는 더 많은 수익을 창출했고, 이는 다시 더 많은 투자와 더 나은 제품을 불러모으

---

[*] 온라인 마트에서도 이와 유사한 현상을 발견할 수 있다. 수백만 명의 소비자가 온라인 식료품점 서비스에 대해 이미 몇 년 동안이나 알고 있었지만 막상 시도하진 않았었다. 온라인에서 옷이나 화장지는 정기적으로 주문할지라도 식료품 구매는 망설이는 사람들이 많았다. 이들은 다른 사람이 자신을 대신해 식료품을 고른다면 손상되거나 상한 제품 또는 품질이 매우 떨어지는 제품이 배달될 것이며, 따라서 온라인으로 식료품을 구매하는 것은 단순히 '잘못된' 선택이라고 믿었다. 그렇다고 주저하는 소비자들의 인식을 바꾸기 위해 마트 차원에서 적극적으로 마케팅이나 홍보 활동을 하지도 않았다. 그러나 코로나19 대유행으로 많은 소비자가 처음으로 식료품 배달 서비스를 이용하게 되면서 온라인으로 식료품을 구매하는 것이 괜찮은 방법이며 주문 과정이 쉽지 않아도 꽤 편리하다는 사실을 깨닫게 되었다. 일부 소비자는 다시 마트를 방문해서 직접 구매하는 방식으로 되돌아갈 테지만, 모든 소비자가 그러지는 않을 것이다. 또한 모든 소비자가 항상 한 가지 방식만을 고집하지도 않을 것이다.

고 더 많은 사용자를 유치하고 사용량을 끌어 올려 더 많은 수익을 얻는 등 선순환을 일으켰다. 그러나 가상 세계에 찍힌 부정적 낙인이 제거되고 13~34세 미혼 남성이 아니어도 누구나 게임을 즐길 수 있다는 인식이 퍼지면서 전 세계 최대 규모의 브랜드들이 가상 공간으로 몰려들기 시작했다. 이러한 움직임은 가상 세계를 더욱 합법적이고 다양한 공간으로 변모시켰다. 2021년 말, 자동차 대기업(포드), 피트니스 브랜드(나이키), 비영리단체(국경 없는 기자회), 음악가(저스틴 비버Justin Bieber), 스포츠 스타(네이마르 주니오르), 경매업체(크리스티스), 패션 명품 브랜드(루이비통), 프랜차이즈(마블) 등은 모두 메타버스를 성장 전략의 중심까지는 아니더라도 비즈니스의 핵심 부분으로 삼았다.

차세대 성장 동력

'메타버스 수익' 또는 '메타버스 채택'이 급증하게 만들 수 있는 차세대 '핵심 조각'은 무엇일까? 한 가지 가능성은 애플과 구글 같은 기업들을 대상으로 규제 조치가 가해지면서 운영체제, 소프트웨어 스토어, 결제 솔루션, 관련 서비스가 강제로 분리되어 각 영역에서 개별적인 경쟁이 벌어질 가능성이다. 또 다른 가능성은 아이폰과 마찬가지로 수억 명의 소비자와 수천 명의 개발자에게 장치 범주를 개방하는 AR 또는 VR 헤드셋이 출시되는 것이다. 그 외에도 블록체인 기반 탈중앙화 컴퓨팅, 저지연 클라우드 컴퓨팅, 그리고 3D 개체용으로 널리 채택된 공통 표준 확립 등 여러 가능성이 있다. 시간이 지나면 결국 진실이 밝혀지겠지만, 가까운 미래에는 세 가지 주요 동력을 기대해 볼 수 있다.

첫 번째 동력은 메타버스에 필요한 각각의 기반 기술이 매년 향상되고 있다는 점이다. 인터넷 서비스는 더 널리 보급되고 있으며, 속도는 더 빨라지고 지연 시간은 더 짧아지고 있다. 컴퓨팅 연산력 역시 개선되었으며 더욱 저렴한 가격에 광범위하게 보급되고 있다. 게임 엔진과 통합 가상 세계 플랫폼은 사용이 더욱 쉬워지고 구축 비용이 저렴해졌으며 기능도 향상되었다. 표준화와 상호 운용성을 달성하기 위한 긴 과정이 진행되고, 부분적으로는 통합 가상 세계 플랫폼의 성공과 암호화폐 흐름뿐만 아니라 경제적 유인이 이를 주도하고 있다. 결제 역시 규제 조치와 소송, 블록체인 등과 뒤섞이며 천천히 개방되고 있다. 스위니가 언급한 "작업 조각의 임계치"는 정적인 것이 아니라 지속적으로 '하나로 결합되는' 것임을 기억하자.

두 번째 동력은 지속적으로 이어지는 세대교체다. 이 책의 초반에서 나는 「로블록스」의 부상과 '아이패드 네이티브' 세대의 관련성에 대해 논했다. 이 세대는 터치와 선택에 따라 전 세계가 상호작용하는 미래를 기대하며 성장했고, 이제 스스로 소비할 수 능력을 갖추었다. 기성세대는 젊은 층의 행동과 선호도가 이전 세대와 얼마나 다른지 알 수 있다. 물론 이것은 전혀 새로운 일이 아니다. 세대별 정체성에 따라 독자들은 엽서를 보내며, 방과 후에 매일 전화기를 붙잡고 시간을 보내고, 인스턴트 메신저 앱을 사용하거나, 온라인 소셜 네트워크에 사진을 올리며 성장했을 것이다. 흐름은 명확하다. X세대보다는 Y세대가, Y세대보다는 Z세대가, 또 Z세대보다는 알파 세대(2010년 이후에 태어나 어릴 때부터 최신 기술을 경험한 세대—옮긴이)가 게임을 더 많이 즐겨 한다. 미국 어린이의 75퍼센트 이상이 「로블록스」라는 플랫폼 한곳에 모여 게임을 한다. 즉, 요즘 태어난 사람들은 모두 게이머다. 이는 전 세계적으로 매년 1억 4000만 명의 새로운 게이머가 탄생한다는 것을 의미한다.

세 번째 동력은 첫 번째와 두 번째 동력이 결합된 결과다. 궁극적으로 우리는 메타버스를 경험의 형태로 맞이하게 될 것이다. 스마트폰, GPU, 4G 기술이 마법처럼 하루아침에 역동적이고 실시간으로 렌더링되는 가상 세계를 만들어낸 것은 아니다. 개발자의 능력과 상상력이 필요했다. '아이패드 네이티브' 세대가 나이를 먹어갈수록 점차 많은 사람이 가상 세계의 소비자 또는 아마추어 애호가에서 독립적인 전문 개발자와 비즈니스 리더로 성장할 것이다.

13장

기하급수적 비즈니스

그렇다면 개발자는 가까운 미래에 무엇을 만들 수 있을까? 이 책에서는 '2030년의 메타버스'를 설명하거나 메타버스가 도래한 후 사회 전체가 어떤 양상을 보일지에 대해 개인적인 견해를 밝히는 것을 자제했다. 이러한 광범위한 예측은 자칫 현재와 2030년 사이에 나타나는 순환 고리를 간과할 수 있다. 물론, 2023년이나 2024년에 예상치 못한 기술이 탄생해 새로운 제작물에 영감을 주거나 새로운 사용자 행동을 유도하거나 해당 기술을 사용하는 새로운 사례를 증명해 낼 수도 있다. 그것이 다른 혁신과 변화를 불러오거나, 아무도 상상하지 못한 새로운 애플리케이션 등을 만들 수도 있다. 하지만 단기적으로 적어도 예측 가능한 방식으로 메타버스에 의해 전환될 수 있는 몇 가지 영역이 있다. 수십억까지는 아닐지라도 수백만 명의 사용자와 수백만 달러가 메타버스에서 발생하는 새로운 경험에 몰려들 것이다. 따라서 모든 주의 사항을 염두에 두고 이러한 전환이 앞으로 어떤 양상으로 전개될지 들여다 보자.

교육

전환이 곧 닥칠 대표적인 부문은 교육일 것이다. 교육은 사회와 경제 전반에서 매우 중요하며, 교육 자원은 매우 희소하고 극도로 불평등하게 분배된다. 이것은 이른바 '보멀의 비용 병Baumol's cost disease'을 보여주는 대표적인 예다. 보멀의 비용 병은 "노동생산성이 큰 폭으로 증가한 직군의 급여 인상에 반응해 노동생산성이 전혀 증가하지 않았거나 소폭 증가한 직군에서도 급여 인상이 나타나는 현상"을 말한다.[1]

이것은 교사를 비판하려는 것이 아니다. 오히려 지난 수십 년 동안 새로운 디지털 기술이 많이 개발되고 발전이 이어지면서 대부분 직업의 생산성이 경제적으로 훨씬 증가했다는 사실을 반영한 것이다. 예를 들어, 회계사는 마이크로소프트 오피스 같은 소프트웨어와 컴퓨터 데이터베이스를 사용해 훨씬 효율적으로 업무를 처리할 수 있게 되었다. 오늘날 회계사는 1950년대 회계사보다 단위 시간당 더 많은 '업무'를 수행하거나 같은 시간에 더 많은 고객을 관리할 수 있다. 관리와 보안 서비스도 마찬가지다. 이를테면 더 강력한 전동 청소 도구를 사용하거나 디지털카메라, 센서, 통신 장치의 네트워크 등을 통해 시설을 효과적으로 모니터링할 수 있다. 의료는 여전히 노동을 중심으로 작동하는 부문이지만 진단, 치료, 생명 유지 기술의 발전은 인구 고령화로 비롯되는 많은 비용을 상쇄하는 데 도움이 되었다.

교육의 생산성은 다른 모든 부문에 비해 소폭 증가했다. 2022년 현재 교사가 교육의 질을 해치지 않으면서 최대한 가르칠 수 있는 학생 수는 대체로 수십 년 전보다 적어졌고, 짧은 시간에 가르치는 방법(즉 더 빨리 가르치는 방법)도 찾지 못했다. 하지만 교사 급여는 교사가 되지 않았다면 회계사(또는 소프트웨어 엔지니어나 게임 디자이너 등) 같은 다른 직업을 택했을 사람에게 지급될 만한 급여 수준과 경쟁해야 하며 경제 성장에 따른 생활 물가 상승에 맞춰 나란히 상승해야 한다. 그리고 교육은 교사의 노동시간을 넘어 학교 규모, 시설과 공급의 질 등 물리적인 자원 면에서 대단히 자원 집약적인 부문이다. 실제로 이러한 자원과 관련된 비용은 새롭고 더 값비싼 기술(예: 고해상도 카메라와 프로젝터, 아이패드 등)이 적용되면서 부분적으로 증가했다.

교육의 생산성 증가가 상대적으로 부족하다는 점은 상대적인 비용 증가로 입증된다. 미국 노동통계국은 2020년 1월 평균 재화 비용 수준이 1980년 1월 대비 260퍼센트 이상 증가한 반면 대학 등록금은 1200퍼센트 증가한 것으로 추정했다.[2] 두 번째로 생산성 증가가 부족한 의료 및 서비스 부문에서는 비용이 600퍼센트 증가했다.

서구권에서 교육은 생산성 증가 면에서 한참 뒤처진 상태지만, 기술 전문가들은 교육이 대부분의 산업 벤치마크를 넘어설 것으로 기대하고 있다. 그들은 고등학교와 대학, 그리고 특히 직업학교는 완전히 새롭게 재구성되고 원격 학습으로 대체될 것이라고 가정했다. 많은 학생이 교실이 아닌 주문형 동영상, 실시간 스트리밍 수업, AI 기반 객관식 문제를 접하며 원격으로 학습할 것이다. 하지만 코로나19가 일깨워준 커다란 교훈이 하나 있다면, 그것은 '줌스쿨'이 끔찍하다는 점이었다. 화면을 통한 비대면 학습에는 많은 어려움이 있지만, 대체로 얻는 것(또는 금전적인 절약)보다 잃는 게 더 많은 것으로 보인다.

원격 학습의 가장 명백한 단점은 '실재감'이다. 학생들은 교실이라는 교육 환경에 있을 때 주도적인 행동을 보이며 깊이 몰입한다. 이는 카메라를 통해 만질 수 없는 학교 환경을 들여다보는 것과는 차원이 다르다. 실재감이 중요한 이유는 문제의 핵심에서 벗어나 있지만, 교육학 연구에 따르면 학생들을 동영상으로 제한하지 않고 현장 학습에 보내고, 집에서 녹화 방송을 듣기보다 등교를 시키고, 되도록 자주 '체험' 학습을 권장하는 편이 확실히 유익했다. 실재감을 상실한다는 것은 교사와 눈을 맞추며 세심한 관리를 받고, 친구들과 협동하며 함께 배우고, 직접 만지며 체험하고, 주사기로 유압 로봇을 만들고, 분젠 버너(화학 실험용 버너)를 사용하고, 개구리와 아기 돼지 또는 야생 고양이를 해부하는 등 다양한 능력을 쌓고 직접 경험해 볼 기회를 놓치는 것과 같다.

가정 교육이나 원격 교육이 대면 교육을 완전히 대체하는 미래는 상상하기 어렵다. 하지만 체적형 디스플레이(3차원 공간에 직접 영상을 띄우는 기술―옮긴이), VR과 AR 헤드셋, 햅틱, 시선 추적 카메라처럼 주로 메타버스에 초점을 맞춘 신기술이 등장하면서 교육 방식의 격차를 서서히 좁히고 있다.

실시간 렌더링되는 3D 기술은 교육자가 학생들을 데리고 어디로든 이동할 수 있게 도와주며, 머지않아 등장할 화려한 가상 시뮬레이션은 학습 과정을 크게 향상시킬 수 있다. 처음에는 교실 내 VR 기술이 고대 로마를 '방문'할 수 있는 기회 정도로만 여겨졌다면(그래서 로마 '방문'은 VR 헤드셋을 띄울 '킬러 앱'으로 기대를 모았지만, 막상 공개되자 따분한 앱으로 평가받았다), 이제 학생들은 직접 '한 학기에 로마를 건설'하고 수로를 만들어 작동 방식을 익힐 수 있다. 지난 수십 년 동안 학생들은 깃털과 망치를 떨어뜨리는 교사의 시연을 지켜보고, 아폴로 15호 사령관 데이비드 스콧David Scott이 달에서 같은 행위를 하는 동영상 테이프를 보며 중력에 대해 배웠다(정답을 알려주자면, 달에서 깃털과 망치는 같은 속도로 떨어진다). 이러한 시연을 굳이 중단할 필요는 없지만, 가상 전용으로 정교하게 만든 루브 골드버그 장치를 활용해 수업을 보충할 수 있다. 예를 들어, 학생들은 지구와 같은 중력이 있는 환경과 화성, 심지어 베네치아 상층부 대기에서 산성비가 내리는 환경에서도 실험을 해볼 수 있다. 식초와 베이킹소다를 사용해 화산 폭발을 일으키기보다 가상의 화산 속에 들어가 마그마를 휘저어 보고 마그마가 하늘 높이 분출하는 모습을 지켜볼 수도 있다.

다시 말해, 어린이 만화 「신기한 스쿨버스」에서 상상한 모든 일이 가상 공간에서 더 큰 규모로 가능해질 것이다. 실제 교실에서 진행되는 물리적인 경험과 달리, 이러한 수업은 전 세계 어디서든 필요할 때 제공될 수 있다. 신체적 또는 사회적 장애가 있는 학생들에게도 보다 간편하게 맞춤형 수업을 제공할 수 있다. 전문 강사들의 라이브 강의와 움직임, 소리를 포착해 녹음한 프레젠테이션이 수업에 포함될 것이다. 이러한 경험에는 한계비용이 없으므로(즉 교사가 가르치는 데 추가로 시간을 들이지 않고, 수업을 몇 번이나 다시 실행하더라도 공급이 고갈되지 않는다), 교실 학습으로 발생하는 비용보다 훨씬 저렴한 가격이 책정될 수 있다. 부모의 재산 규모나 지역 교육청의 재정 지원 여부에 상관없이 모든 학생이 해부 수업을 경험할 수도 있다. 이 학생들은 굳이 학교에 다닐 필요조차 없을 것이다(원한다면 가상 공간에서 생물체의 다양한 기관계를 해부하지 않고 내부에 들어가 둘러볼 수도 있다).

결정적으로 헌신적인 교사가 가상 수업에 참여해 내용을 보완하는 것도 가능해질 것이다. 가상 환경에서 재현된 '진짜' 제인 구달Jane Goodall이 학생들에게 탄자니아의 곰베 스트림 국립공원을 안내하는 모습을 상상해 보자. 학생들의 '담임' 교사도 이 수업에 참여하면 맞춤형 경험으로 만들 수 있다. 이러한 경험에 드는 비용은 실제 현장 학습(탄자니아 여행)에 드는 비용보다 훨씬 저렴할 것이며, 학생들은 실제 여행보다도 다양한 경험을 할 수 있다.

하지만 다양한 수업 방식이 가능하다고 해서 VR과 가상 세계를 포함한 교육이 그리 쉽게 실현되진 않을 것이다. 교육학은 하나의 인문학이며 학습은 측정하기 어렵다. 하지만 가상 경험이 접근성을 높이고 관련 비용을 줄여 학습을 향상시킬 가능성은 그리 어렵지 않게 상상해 볼 수 있다. 대면 교육과 원격 교육 사이의 격차가 줄어들고, 사전에 제작한 수업과 실시간 강사를 위한 경쟁 시장이 등장하고, 훌륭한 교사와 강의에 대한 접근성이 기하급수적으로 늘어날 것이다.

주의 깊은 독자는 이러한 학습 경험이 메타버스를 저절로 만들거나 반드시 필요로 하진 않는다는 사실을 알아차렸을 것이다. 메타버스가 없어도 교육에 중점을 두고 실시간으로 렌더링되는 흥미진진한 3D 세계가 존재할 수 있다. 하지만 이러한 경험과 다른 모든 경험, 그리고 현실 세계 간의 상호 운용은 분명한 가치가 있다. 사용자가 자신의 아바타를 이러한 세계로 불러올 수 있다면 관련 메타버스 경험을 더 자주 이용할 가능성이 크다. 학습자의 교육 계정 이력을 '학교에서' 작성한 후 다른 공간에서도 그것을 읽고 확장할 수 있다면 학습자는 계속해서 학습을 이어갈 가능성이 크다. 학습자의 경험도 더욱 풍부하게 개인별로 맞춤화될 것이다.

라이프스타일 비즈니스

교육은 사회적 관심이 쏠린 여러 경험 중 하나로, 메타버스에 의해 전환될 것이다. 오늘날 수백만 명의 사람이 매일 디지털 서비스를 사용해 운동을 한다. 예를 들면, 펠로톤은 실시간 동영상과 주문형 동영상 기반 사이클링 수업을 제공하고 마치 게임처럼 순위표와 고득점 추적 기능까지 갖추었다. 룰루레몬의 자회사인 미러는 스마트 거울에 강사의 모습을 반투명으로 투사해 다양한 체력 단련 프로그램을 알려준다. 펠로톤은 「레인브레이크」처럼 실시간으로 렌더링되는 가상 게임으로 영역을 확장했다. 「레인브레이크」에서 플레이어는 자전거를 타고 핸들을 조종하며 환상적인 트랙을 가로지르거나 포인트를 획득하거나 장애물을 피한다. 이것은 머지않아 미래에 도래할 변화일 것이다. 어쩌면 우리는 아침에 페이스북 VR 헤드셋에서 펠로톤 애플리케이션을 열어 「로블록스」 아바타를 불러와 눈 덮인 「스타워즈」행성 호스를 가로지르며 자전거를 타고, 이 모든 활동을 친구들과 대화를 나누면서 즐길 수도 있을 것이다.

근전도 센서, 체적형 홀로그램 디스플레이, 몰입형 헤드셋, 투사 및 추적 카메라 등을 혼합하여 이전에는 불가능했던 지원과 자극, 시뮬레이션을 집합적으로 제공하여 마음챙김, 명상, 물리치료, 심리 치료에도 유사하게 변화를 일으킬 가능성이 크다.

데이팅 서비스는 메타버스의 영향력이 발휘될 수 있는 또 다른 흥미로운 분야다. 틴더가 출시되기 전까지 사람들은 온라인 데이팅 문제가 '해결'되었다고 믿었다. 사용자가 수십 개에서 수백 개의 객관식 퀴즈를 풀기만 하면 업체에서 신비로운 호환성 점수로 변환하여 어쩌면 잘 어울릴지도 모를 두 사람을 연결해 주었다. 하지만 이러한 믿음과 그 믿음을 기반으로 서비스를 운영하는 기업들은 틴더가 도입한 사진 기반 모델에 의해 파괴되었다. 틴더 사용자는 상대방의 사진을 보고 '오른쪽으로 스와이프' 또는 '왼쪽으로 스와이프' 한 후 공통 관심사가 있는지 확인했으며, 이러한 선택을 하는 데 평균적으로 3~7초밖에 걸리지 않았다.[3] 최근 몇 년 동안 데이팅 앱에는 가벼운 게임과 퀴즈, 음성 메모, 스포티파이와 애플 뮤직에서 즐겨 듣는 곡 리스트를 공유하는 기능 등 매칭된 사용자들을 위한 새로운 기능이 추가되었다. 미래의 데이팅 앱은 사람들이 서로 알아가는 데 도움이 되는 다양한 몰입형 가상 세계를 제공할 것이다. 예를 들어, 시뮬레이션된 현실('파리에서 즐기는 저녁 식사') 또는 환상적인 경험('달에서 즐기는…… 파리지앵 저녁 식사'), 모션 캡처된 아바타들의 라이브 공연*(멕시코 민속음악 장르인 마리아치, 런던 로열 발레단의 디지털 트윈 공연을 미국 애틀랜타에서 관람하는 모습을 상상해 보자) 등이 가능해질 수 있고, 이는 잠재적으로 1960년대부터 1980년대까지 방영된 「데이팅 게임」과 같은 고전 게임 프로그램 형식을 빌려와 새롭게 재창조하는 시도로 이어질 수 있다. 예컨대, 이러한 앱들이 타사의 가상 세계에 통합되면(결국 이것이 메타버스다), 매칭된 커플이 가상의 펠로톤 또는 명상 앱 헤드스페이스 기반 경험으로 쉽게 이동할 수도 있다.

엔터테인먼트

영화와 TV 프로그램 같은 '선형 미디어'의 미래가 VR과 AR이라는 말이 이제 심심치 않게 들린다. 소파에 앉아 「왕좌의 게임」이나 프로 농구팀 골든스테이트 워리어스와 클리블랜드 캐벌리어스의 경기를 30×60인치 평면 스크린으로 시청하기보다 이제 VR 헤드셋을 착용하고 시뮬레이션된 아이맥스 크기의 화면에서 프로그램을 시청하거나 친구들과 농구 코트 옆에 나란히 앉아 경기를 즐길 수 있다. 아니면 거실 TV처럼 보이게 하는 증강현실 안경을 쓰고 시청할 수도 있

---

* 닐 스티븐슨은 『스노 크래시』가 출간된 지 3년 만인 1995년에 펴낸 『다이아몬드 시대』에서 이러한 종류의 기술과 경험을 자세히 그려냈다. 그는 이러한 제품을 인터랙티브 북(상호작용 책) 또는 짧게 '랙티브'로 부르고, 책에 등장하는 행위자, 즉 인터랙티브 연기자를 '랙터'로 불렀다.

다. 물론 이때 영화와 TV 프로그램은 360도 몰입형으로 촬영된다. 영화 「택시 드라이버」의 주인공 트래비스 비클이 "나한테 말했어?" 라고 말하는 장면에서 관객은 가상으로 그의 앞이나 뒤에 서서 그를 지켜볼 수 있다.

이러한 미래 전망은 《뉴욕 타임스》를 비롯한 수많은 신문 매체가 인터넷에 의해 얼마나 많은 변화를 겪었는지 상기시켜 준다.[4] 1990년대에 어떤 사람들은 미래의 《뉴욕 타임스》가 매일 구독자의 프린터로 그날 발행한 신문의 PDF 파일을 전송하고 프린터는 구독자가 아침에 일어나기 전에 파일을 충실히 출력해 놓을 것이며, 신문사는 값비싼 인쇄기와 복잡한 배달 시스템이 더 이상 필요하지 않을 것이라고 생각했다. 어떤 이론가들은 PDF 파일에서 각 독자가 원하지 않는 섹션을 제외하면 종이와 잉크도 절약할 수 있다며 좀 더 대담한 전망을 내놓기도 했다. 수십 년 후 《뉴욕 타임스》는 비슷한 서비스를 제공하고 있지만, 실제로 사용하는 사람은 거의 없다. 이제 온라인 신문은 끊임없이 기사를 내보낸다. 사본을 출력하거나 섹션을 명확하게 구분하지 않는다. 구독자는 사실상 '앞면에서 뒷면으로' 신문을 넘길 수 없고, 대부분은 신문을 읽으며 하루를 시작하지도 않는다. 대신 애플 뉴스와 같은 애그리게이터 솔루션, 그리고 다양한 발행사의 게시글, 친구와 가족의 사진 등이 나란히 섞여 있는 소셜 미디어 뉴스피드를 통해 뉴스를 소비한다.

미래의 엔터테인먼트는 아마도 유사한 혼합 형태를 띨 것이다. 구전동화와 연재물, 소설, 라디오 프로그램이 수백 년째 명맥을 유지하고 있는 것처럼 '영화'와 'TV'도 사라지진 않을 것이며, 영화와 인터랙티브 경험(광범위하게 '게임'으로 간주된다)의 풍부한 상호 연결을 기대해 볼 수 있다. 언리얼과 유니티 같은 실시간 렌더링 엔진을 영화 제작에 사용하는 경우가 점차 늘어나면서 이러한 전환이 촉진되고 있다.

과거 「해리포터」 또는 「스타워즈」 같은 영화 시리즈에서는 비실시간non-real-time 렌더링 소프트웨어가 사용되었다. 제작 과정에서 밀리초 단위로 프레임을 생성할 필요가 없었기 때문에 이미지를 보다 사실적이고 상세하게 보이도록 만드는 데 더 많은 시간(1밀리초에서 며칠에 이르기까지)을 쏟는 것이 당연했다. 컴퓨터 그래픽 부서의 목표는 이미 알려진 이미지(즉 스토리보드의 이미지에 기반)를 가상으로 만들어내는 것이었다. 따라서 영화 제작자는 「어벤져스」의 독립된 촬영 세트장을 지원하기 위해 따로 '맨해튼을 건설'하거나 웨스트 빌리지의 거리를 조성할 필요가 없었다. 특히 '진짜 뉴욕'의 거리나 영화 속 외계인이 침공하고 인피니티 스톤이 등장할 때 일어날 수 있는 일을 시뮬레이션할 필요는 더더욱 없었다.

하지만 지난 5년 동안 할리우드에서는 실시간 렌더링 엔진(가장 일반적으로 유니티와 언리얼)을 촬영과 제작 과정에 점진적으로 통합했다. 2019년 개봉작 「라이온킹」은 순전히 CGI 기반 영화지만 '실사'처럼 보이도록 설계되었다. 존 파브로Jon Favreau 감독은 종종 VR 헤드셋을 착용한 채 유니티로 재현된 각 장면에 몰입했고, 그 덕분에 가상 세트장을 마치 전형적인 '실사' 영화 촬영인 것처럼 이해할 수 있었다. 그는 이러한 과정이 카메라를 배치하고 각도를 잡는 것부터 가상의 주인공을 따라 움직이는 방법, 환경의 조명과 채색에 이르기까지 모든 작업을 진행하는 데 도움이 되었다고 말했다. 최종 렌더링은 여전히 오토데스크에서 개발한 비실시간 애니메이션 소프트웨어인 마야에서 제작되었다.

파브로는「라이온킹」작업을 위해 고밀도 LED로 만든 벽과 천장을 이용해서 거대한 원형의 방(방 자체는 '볼륨'이라고 불린다)을 구성하는 '가상 제작' 단계를 확립하는 데 선구적인 역할을 했다. 이후 LED를 점등한 상태로 언리얼 기반 실시간 렌더링이 이뤄졌다. 이러한 혁신은 많은 이점을 제공했다. 볼륨 안에 있는 모든 사람이 헤드셋을 착용하지 않고도 파브로가 VR에서 수행한 작업을 경험할 수 있다는 장점이 가장 컸다. 이는 환경 내부에서도 '진짜 사람들'을 볼 수 있음을 의미했다. 모든 사람이 사전에 짜놓은「티몬과 품바」애니메이션을 시청하는 것과는 달랐다. 출연진은 볼륨의 LED에 영향을 받았다. 가상의 태양에서 쏟아지는 햇빛이 배우를 물들이고 정밀하게 그림자를 만들어낸다. '후반 제작' 작업에서 채색과 그림자를 따로 적용하거나 수정할 필요가 없는 것이다. 세트장에서 1년 내내 완벽한 일몰을 경험할 수 있고, 몇 년이 지난 후에도 단 몇 초 만에 똑같이 설정해 그대로 재현할 수 있다.

가상 제작을 선도하는 기업 중 한 곳은「스타워즈」제작자 조지 루카스가 설립한 시각 효과 회사인 인더스트리얼 라이트 앤드 매직(ILM)으로, 현재 디즈니의 자회사다. ILM은 영화나 TV 시리즈가 LED 볼륨용으로 설계되면 '현실 세계'와 '녹색 배경' 세트장을 혼합해 촬영할 때보다 30~50퍼센트 더 빠른 속도로 촬영할 수 있으며, 후반 작업 비용도 훨씬 낮출 것으로 추정했다. 한 예로, 파브로가 제작과 감독을 맡은 히트작이자 「스타워즈」 TV 시리즈인 「만달로리안」의 분당 비용은 일반적인 「스타워즈」 영화의 약 4분의 1 수준에 그쳤지만, 평론가와 시청자의 평점은 더 높았다. 이름 모를 얼음 세계, 사막 행성 네바로, 숲이 우거진 소간, 깊은 우주, 구역별 수십 개의 하위 집합 등 첫 번째 시즌에 등장하는 거의 모든 장소가 캘리포니아 맨해튼 비치의 가상 스테이지 한 곳에서 촬영되었다.

가상 제작은 메타버스와 유사한 엔진과 가상 세계를 사용하는 것 이외에 또 어떤 연관이 있을까? 가상 제작과 메타버스의 연결 고리는 '가상 야외 촬영지'에서 시작된다. 디즈니의 실제 스튜디오 내 야외 촬영지를 방문하면 오래된 「캡틴 아메리카」 의상으로 가득 찬 사물함과 무대, 데스 스타의 미니어처 모델, 그리고 「모던 패밀리」, 「뉴 걸」, 「내가 그녀를 만났을 때」에 나오던 거실도 당시 모습 그대로 볼 수 있다. 이제 디즈니 서버는 모든 3D 개체, 텍스처, 의상, 환경, 건물, 얼굴 스캔 등등 모든 것의 가상 버전으로 가득 차 있다. 이렇게 가상 개체를 만들어놓으면 속편을 더 수월하게 촬영할 수 있을 뿐 아니라 모든 파생 작업을 더 쉽게 처리할 수 있다. 펠로톤이 데스 스타 또는 어벤져스 캠퍼스(미국 디즈니 캘리포니아 어드벤처에 문을 연 테마파크 구역으로, 마블 세계관을 담아냈다—옮긴이)를 배경으로 하는 코스를 판매하려는 경우 디즈니가 만들어놓은 세계의 상당 부분을 빌려와(즉 라이선스 계약) 용도에 맞게 바꿀 수 있다. 틴더가 무스타파(「스타워즈」 시리즈에 등장하는 화산 행성—옮긴이)를 배경으로 가상 데이트 서비스를 제공하는 경우에도 똑같은 방식이 적용된다. 동영상 기반 아이카지노 대신 칸토 바이트(「스타워즈」 시리즈에 등장하는 사막 행성 칸토니카의 카지노 도시―옮긴이)에서 블랙잭을 즐기는 건 어떨까? 디즈니는 「포트나이트」에 「스타워즈」 통합 세계를 출시하기보다 이미 구축한 가상 환경을 활용해 「포트나이트 크리에이티브」에 자체적으로 작은 세계를 조성할 것이다.

이는 「스타워즈」의 영화 속 세계를 직접 경험할 수 있는 기회일 뿐만 아니라 스토리텔링 경험의 핵심 요소가 될 것이다. 매주 「만달로리안」 또는 「배트맨」 시리즈가 방영되면 팬들은 공식(또는 비공식) 이벤트에 참가하거나 추가 미션을 달성해 히어로와 함께 시간을 보낼 수 있다. 예를 들어, 수요일 밤 9시에 마블은 트위터에 "어벤져스를 도와주세요"라는 글과 함께 배우 로버트 다우니 주니어Robert Downey Jr.가 연기하는 토니 스타크(또는 토니 스타크를 닮았고 아바타를 잘 조종할 수 있는 사람)가 앞장서는 모습을 게시할 수 있다. 팬들은 영화나 프로그램에서만 봤던 장면을 생생하게 체험할 수 있는 기회를 가질 수도 있다. 2015년에 개봉한 「어벤져스: 에이지 오브 울트론」의 마지막 장면에는 지구 위에 떠 있는 어느 한 커다란 땅덩어리에서 히어로들이 사악한 로봇 군단에 맞서 싸우는 모습이 나온다. 2030년에는 플레이어에게도 같은 경험을 해볼 기회가 주어질 것이다.

스포츠 팬들에게도 비슷한 기회가 열릴 것이다. 팬들은 VR을 사용해 경기장 바로 앞자리에 앉는 것도 가능할 테지만, 그보다 현재 관람 중인 경기가 거의 동시에 캡처되어 '비디오게임'으로 재현될 가능성이 더 크다. NBA 2K27을 소유하고 있다면 불과 몇 분 전에 끝난 경기의 특정 시점으로 이동해 게임에서 승리할 방법을 찾거나 적어도 인기 선수가 넣지 못한 슛을 성공시키는 경험을 해볼 수도 있다. 현재 스포츠 팬덤은 경기 시청과 스포츠 비디오게임, 상상 속의 스포츠 경기 참가, 온라인 베팅, NFT 구매 등 다양한 경험으로 구분되어 있지만, 각각의 경험이 결합되어 또 다른 새로운 경험을 만들어낼 수도 있다.

베팅과 도박 시장도 변화를 겪을 것이다. 이미 수천만 명의 사람이 온라인 베팅 서비스 또는 줌 기반 카지노를 이용하거나,「그랜드 테프트 오토」에 나오는 '비 럭키: 로스 산토스'와 같은 게임 기반 카지노를 즐기고 있다. 미래에는 많은 사람이 메타버스 카지노로 이동해 실시간으로 모션 캡처된 딜러의 움직임과 음악 공연을 즐길 수 있을 것이다. 11장에서 언급된「제드런」을 다시 떠올려보자. 매주 수십만 달러가 가상의 경마에 베팅되는데, 경주에 참가하는 경주마의 상당수가 수백만 달러의 가치를 갖는다.「제드런」의 경제는 블록체인 기반 프로그래밍을 통해 유지되는데, 이는 경주가 조작되지 않으며 경주마 소유자에게는 가상 말을 번식시키면 '유전자'가 프로그래밍 방식으로 전달될 것이라는 믿음을 심어준다.

한편 좀 더 추상적인 수준에서 엔터테인먼트를 재창조하는 시도도 이뤄지고 있다. 젠비드 테크놀로지스는 2020년 12월부터 2021년 3월까지 페이스북 워치에서「라이벌 피크」라는 이름으로 '대규모 인터랙티브 라이브 이벤트(MILE)'를 열었다.「라이벌 피크」는「아메리칸 아이돌」,「빅 브라더」,「로스트」등 여러 TV 시리즈에서 착안해 만든 가상 콘텐츠다. AI 참가자 13명이 태평양 북서부에 위치한 한 외딴 지역에 갇혀버렸고, 13주 동안 24시간 내내 이들의 모습을 찍는 수십 대의 카메라를 통해 시청자는 이들이 서로 소통하고 생존 경쟁을 벌이고 다양한 미스터리를 푸는 모습을 지켜볼 수 있었다. 시청자가 특정 캐릭터를 직접 제어할 수는 없지만, 실시간으로 시뮬레이션에 영향을 줄 수는 있었다. 이를테면 영웅을 돕기 위해 퍼즐을 풀거나 악당에 맞서기 위해 장애물을 만들고, AI 캐릭터들의 선택에 비중을 달리하고, 어떤 캐릭터를 섬에서 내보낼지 투표하는 것이다. 「라이벌 피크」는 이미지나 독창성 면에서 아직 부족한 점이 있지만, 선형 스토리를 지원하지 않고 집학적으로 인터랙티브 스토리를 제작하는 실시간 인터랙티브 엔터테인먼트의 미래를 보여준다. 2022년 젠비드는 만화가 로버트 커크먼_{Robert Kirkman}과 그의 회사 스카이바운드 엔터테인먼트와 협업해 「더 워킹데드: 라스트 마일」을 출시했다. 시청자는 이 경험을 통해 처음으로 「워킹데드」에서 살아남을 캐릭터와 죽음을 맞이할 캐릭터를 결정하고, 경쟁 세력들이 서로 갈등으로 치닫거나 화해하도록 이끌 수도 있었다. 플레이어는 자신의 아바타를 꾸민 후 「워킹데드」 세계로 들어가 이야기에 스며들 수 있다. 다음에는 또 어떤 변화가 다가올까? 진짜 '헝거 게임'에 참여하고 싶은 사람은 거의 없을 것이다. 하지만 시각적 충실도가 높고 실시간으로 렌더링되는 「헝거 게임」에 좋아하는 배우와 스포츠 스타, 정치인 등이 등장한다면 재미있게 즐길 수 있을 것이다.

성관계와 성 노동

성 노동 산업의 변화는 할리우드가 경험한 변화보다 훨씬 극적일 것이며, 그 과정에서 포르노와 매춘의 경계는 더욱 모호해질 가능성이 크다. 2022년 현재, 성 노동자를 고용해 비공개 온라인 방송을 진행하면서 스마트 성인용품을 원격으로 제어하거나 반대로 성 노동자에게 그 제어권을 건넬 수 있다. 나아가 인터넷에 연결되는 햅틱 장치가 늘어나고, 실시간 렌더링, 몰입형 AR과 VR 헤드셋이 개선되면서, GPU의 동시성이 향상된다면 성적인 상호작용은 어떤 형태를 띠고 어떤 느낌을 선사할까? 기술 발전이 불러올 변화 중에는 상대적으로 쉽게 상상할 수 있는 요소도 있지만(예: 'VR에서 즐기는 섹스!'), 그렇지 않은 것도 있다. 앞서 9장에서 살펴본 컨트롤랩스의 완장형 장치를 떠올려보자. 이 장치는 근전도 검사를 활용해 손가락의 움직임을 정확하게 재현하거나, 움직이는 데 사용되는 근육의 움직임을 전혀 다른 움직임으로 매핑할 수 있다. 예를 들면, 거미의 다리를 제어하는 움직임과 연결하는 것이다. 그렇다면 초음파 역장을 통해 경험하는 성관계는 무엇일까? 다섯 명, 100명 또는 1만 명에 달하는 '동시 사용자'가 모여 실시간 렌더링되는 혼합 현실 경험을 구축한다고 가정해 보자. 만일 이 경험이 콘서트나 배틀로열 게임이 아닌 난교 파티 같은 형태를 띤다면 어떻게 될까?

물론 그러한 경험은 남용될 우려뿐만 아니라(자세한 내용은 후술할 것이다) 플랫폼의 영향력에 대해서도 의문을 제기할 것이다. 주요 모바일 또는 콘솔 컴퓨팅 플랫폼 중에서 성관계 또는 포르노 기반 애플리케이션을 지원하는 플랫폼은 현재 단 한 곳도 없다. 폰허브닷컴은 전 세계에서 가장 많이 찾는 상위 70~80개 웹사이트 중 하나이며, 차터베이트는 상위 50위 안에 들어가고, 온리팬스는 상위 500위권이지만 수익은 매치그룹(틴더, 매치닷컴, 힌지, 플랜티오브피시, 오케이큐피드 등의 모회사)을 넘어선다. 그러나 이들은 iOS 또는 안드로이드 앱스토어에 허용되지 않는다. 금지 사유는 다양하다. 스티브 잡스는 한 사용자에게 "애플은 아이폰에서 포르노를 차단할 도덕적 책임이 있다고 생각"한다는 뜻을 밝힌 적이 있다. 하지만 일각에서는 애플이 책임을 회피하고 성 노동에서 수수료를 떼는 행위에 쏟아질 따가운 시선에서 벗어나기 위해 의도적으로 이러한 정책을 만들었다고 지적한다. 포르노그래피는 하나의 산업으로서 여전히 번창하고 있지만, 앱스토어 정책으로 파생된 결과는 성 노동자에게 분명 불리하게 작용한다. 이 책에서 자주 언급했듯이, 애플리케이션은 사용량과 수익 창출 면에서 브라우저 기반 경험을 크게 앞지른다. 그렇지만 동영상과 사진은 모바일 웹 브라우저에서도 충분히 잘 작동하므로, 소비자는 브라우저를 사용해야 한다는 제약에 구애받지 않는다.

하지만 앞서 살펴보았듯이, 화려하게 렌더링되는 VR과 AR 경험을 모바일 웹 브라우저에서 구현하는 것은 본질적으로 불가능하다. 따라서 애플, 아마존, 구글, 플레이스테이션 등의 정책은 포르노 산업이 모바일 웹 시장에 진출하는 것을 효과적으로 차단한다고 볼 수 있다. 이러한 제한을 긍정적으로 바라보는 사람들도 있을 것이다. 반면 더 많은 수입을 올리고 더 나은 안전을 누릴 기회를 성 노동자에게서 박탈하고 있다고도 볼 수 있다.

패션과 광고

지난 60년 동안 광고주와 패션 기업들은 대체로 가상 세계를 외면했다. 오늘날 광고에서 발생하는 비디오게임의 수익은 5퍼센트 미만에 불과하다. 이와 대조적으로 TV, 오디오(음악, 토크 라디오, 팟캐스트 등), 뉴스 등 대부분의 주요 미디어 분야는 시청자가 아닌 광고주로부터 수익의 50퍼센트 이상을 창출한다. 그리고 매년 수억 명이 가상 세계에서 즐거운 시간을 보내지만 아디다스, 몽클레르, 발렌시아가, 구찌, 프라다와 같은 유명 브랜드들은 2021년에 접어들어서야 가상 공간의 가치에 주목하기 시작했다. 이제 패션 산업도 관점을 바꿔야 할 때다.

가상 공간에 광고를 올리는 것이 어려운 데는 몇 가지 이유가 있다. 첫째, 게임 산업은 처음 등장한 후 수십 년 동안 '오프라인'에 머물렀고, 각 타이틀을 제작하는 데 수년이 걸렸다. 결과적으로 게임 내 광고를 업데이트할 방법이 없었기 때문에 게임에 배치된 광고는 금세 시대에 뒤처질 수 있었다. 이는 신문과 잡지가 역사적으로 광고에 의존한 반면 일반적으로 책에는 저자의 다른 작품을 홍보하는 것 외에 별다른 광고를 넣지 않는 이유이기도 하다. 포드는 대체로 오래된 자동차의 '사양'을 선전하는 광고에 많은 비용을 지불하지 않을 것이다(아마도 포드는 그러한 인상을 심어주는 것이 바람직하지 못하다고 생각할 것이다). 이제 '온라인'을 통해 게임을 업데이트할 수 있으므로, 이러한 종류의 기술적 제한은 더 이상 존재하지 않지만 문화적 속성은 오랜 기간 지속된다. 게임 커뮤니티는 「캔디 크러쉬」같은 가벼운 모바일 게임을 제외하고 게임 내 광고에 익숙하지 않으며 저항도도 높다. TV, 인쇄 잡지, 신문, 라디오 등 언론 매체를 종종 어지럽히는 광고를 즐기는 사람은 거의 없다. 하지만 광고는 항상 경험의 일부였다.

아마도 더 중요한 문제는 실시간으로 렌더링되는 3D 가상 세계에서 광고의 정의와 범위, 그리고 광고의 가격 책정과 판매 방식을 결정하는 일일 것이다. 20세기 상당 기간에 걸쳐 대부분의 광고는 개별적으로 협상을 거친 후 게재되었다. 예컨대, 프록터 앤드 갬블 같은 기업의 직원은 방송사 CBS의 직원과 협상해 아이보리 비누 광고를 「왈가닥 루시」가 방영되는 오후 9시에 맞춰 두 번째 블록 광고에서 첫 번째 순서로 내보내도록 할 것이다. 오늘날 대부분의 디지털 광고는 프로그래밍 방식으로 이뤄진다. 예를 들어, 광고주는 원하는 광고 형태(배너 이미지, 소셜 미디어 게시물 협찬, 검색 결과 협찬 등)와 대상, 클릭당 지출 최대 금액 또는 설정 기간 등을 선택한다.

3D 렌더링 가상 세계에서 핵심 '광고 단위'를 찾는 것은 어려운 일이다. 맨해튼을 배경으로 한 플레이스테이션 4 게임 「마블 스파이더맨」과 교차 플랫폼 히트작 「포트나이트」를 포함한 많은 게임에는 게임 내 광고판이 있다. 하지만 구현 방식은 매우 다르다. 광고판 포스터 크기가 각양각색이라서 다양한 이미지가 필요할 수 있다(구글 애드 워즈는 화면 크기에 상관없이 작동한다). 플레이어는 다양한 속도로, 다양한 거리에서, 다양한 상황을 겪으며(한가롭게 걷거나 격렬한 총격전을 벌이면서) 광고 포스터를 지나갈 수 있다. 이러한 조건과 상황을 모두 고려하면 프로그래밍 방식으로 광고를 구매하는 것도,

게임 광고판의 가치를 평가하는 것도 쉽지 않은 일이다. 가상 세계에는 게임 내 자동차 라디오에서 흘러나오는 광고, 현실 세계 브랜드와 똑같은 가상의 청량음료 등 잠재적인 광고 단위가 수없이 많다. 그러나 이러한 광고 단위를 계획하고 가치를 측정하기는 더욱 어렵다. 개인 맞춤형 광고를 실시간으로 경험에 삽입하고 플레이어의 친구에게 광고를 노출하는 시점 등을 판단할 때도 복잡한 기술이 필요하다(다음에 개봉될 어벤져스 영화의 배너 광고가 플레이어 전원에게 노출되는 것은 어느 정도 이해할 수 있지만, 의료용 연고는 꼭 그렇게 되지 않을 수 있다).

증강현실 광고는 무수히 많은 가상 세계가 아니라 현실 세계에 바탕을 두고 있어 개념적으로 이해하기가 더 쉽다. 하지만 광고를 실행하는 일은 아마도 더 어려울 것이다. 원하지 않는 시점에 눈에 거슬리는 광고가 끊임없이 현실 세계에 덧씌워진다면 사용자는 헤드셋을 교체할 것이다. 이러한 광고 형태는 사고를 유발할 위험도 크다.

미국에서 광고 지출은 100여 년 동안 GDP의 0.9~1.1퍼센트를 차지했다(세계대전 시기는 예외다). 메타버스가 주요 경제 동력이 된다면 광고주는 메타버스에서 적합하게 광고를 게시할 방법을 찾아야 하고 광고 기술 업계는 메타버스의 무수한 가상 공간과 개체에 걸쳐 배치되는 프로그래밍 방식의 광고를 제공하며 적절하게 측정할 방법을 고안해야 할 것이다.

그러나 메타버스에서 특정 제품을 광고할 방법을 보다 근본적으로 재고해야 한다는 우려의 목소리도 있다.

2019년 나이키는 에어 조던 브랜드를 앞세워 몰입형「포트나이트 크리에이티브 모드」세계 '다운타운 드롭'을 구축했다. 이 세계에서 로켓 동력 운동화를 신은 플레이어는 환상적인 도시를 활보하며 묘기를 부리고 동전을 모으는데, 가장 많은 동전을 모은 플레이어가 승리한다. 플레이어는 이 '기간 한정 모드'를 통해 에어 조던 전용 아바타와 아이템을 구매하고 잠금 해제할 수 있지만 '다운타운 드롭'의 목표는 매체에 상관없이 플레이어가 브랜드를 느낄 수 있도록 나이키 에어 조던의 정신을 표현해 내는 것이었다. 2021년 9월, 팀 스위니는《워싱턴 포스트》에 다음과 같이 말했다. "메타버스에 존재감을 남기고 싶은 자동차 제조사들은 광고를 게재하지 않을 것입니다. 그들은 실시간으로 자사에서 만든 자동차를 플레이어가 운전할 수 있도록 [가상] 세계에 뿌릴 것입니다. 다양한 경험을 쌓은 콘텐츠 제작자와 협업해 여러 곳에서 자동차를 즐길 수 있도록 하고 자동차가 충분히 주목받도록 하는 셈이죠."[5]

운전 가능한 새로운 자동차 모델을 가상 세계에 배포하는 것은, 키워드 검색 결과에 시장 광고 카피를 삽입하고, 30초 또는 2분짜리 광고에서 매력적인 이야기를 전달하거나, 유튜버와 함께 '네이티브 광고(특정 플랫폼에 맞게 고유한 방식으로 제작된 광고—옮긴이)'를 제작하기보다 훨씬 까다로운 홍보 방식이다. 사용자가 전부터 즐겨 찾던 엔터테인먼트를 뒤로하고 대신 적극적으로 참여하고 사용할 만한 경험과 가상 제품을 새롭게 구축해야 한다. 오늘날 광고 대행사나 마케팅 부서에서는 그러한 경험을 구축하는 데 필요한 기본적인 기술조차 갖추고 있지 않다. 그럼에도 기업들은 메타버스에서 성공적인 광고를 게재해 얻을 수 있는 이익과 차별화의 필요성, 소비자 인터넷 시대가 주는 교훈에서 영감을 얻어 앞으로 수년 동안 중요한 실험을 진행할 것으로 보인다.

캐스퍼, 큅, 로, 와비 파커, 올버즈, 달러 쉐이브 클럽 같은 신생 브랜드는 소비자에게 직접 판매하는 전자 상거래 모델을 활용했을 뿐만 아니라 검색엔진 최적화, A/B 테스트, 추천 코드, 고유한 소셜 미디어 정체성 개발 등 색다른 마케팅 기법을 적용해 오래된 기존 기업들을 제치고 시장점유율을 확보했다. 하지만 2022년에 접어들면서 이러한 전략은 전혀 새로운 것이 아니다. 여전히 쓸모는 있을지라도 단조로우며 시장에서 경쟁하고 베팅하는 데 필요한 기본적인 판돈이나 다름없다. 이러한 기법들은 새로운 브랜드든 오래된 브랜드든 새로운 소비자를 확보하거나 시장에서 돋보이기에는 부족하다. 그러나 가상 세계는 대체로 정복되지 않은 영역으로 남아 있다.

같은 이유로 오늘날 패션 브랜드 역시 '메타버스에 진입'해야 한다. 인류의 문화가 점점 가상 세계로 이동함에 따라 개인은 자신의 정체성을 표현하고 과시할 새로운 방법을 모색할 것이다. 이는 지난 수년 동안 역사상 모든 게임을 통틀어 가장 많은 수익을 창출한 「포트나이트」를 통해 분명하게 입증되었다. 「포트나이트」의 주요 수입원은 화장품 아이템 판매다(앞서 언급했듯이 수익 규모는 다수의 상위 패션 브랜드를 뛰어넘는다). NFT에서도 비슷한 변화가 두드러진다. 가장 큰 성공을 거둔 NFT 컬렉션은 가상 상품이나 트레이딩 카드가 아니라 크립토펑크와 지루한 원숭이처럼 정체성과 커뮤니티를 지향하는 '프로필 이미지'다.

오늘날 브랜드들이 이러한 요구를 충족하지 못한다면 이를 대체할 새로운 브랜드들이 등장할 것이다. 메타버스는 루이비통과 발렌시아가 등 많은 기업의 실물 판매에도 압박을 가할 것이다. 가상 공간에서 더 많은 작업과 여가 활동을 하게 되면 적은 돈을 지출하고 실물 상품을 전보다 덜 구매할 것이다. 하지만 이를 위해 브랜드들은 실물 판매를 통해 디지털 브랜드의 가치를 촉진하고 강화하려 할 것이다. 예를 들어, 실제 브루클린 네츠 저지나 프라다 가방을 구매하는 소비자는 가상 또는 NFT 버전 사본에 대한 권리를 얻거나 해당 사본을 구매할 때 할인을 받을 수 있다. 오직 '진품'을 구매한 고객만 디지털 사본을 얻게 될 수도 있다. 반대로 디지털 구매가 실물 구매로 이어질 수도 있다. 결국 개인의 정체성은 완전히 온라인 또는 오프라인에 속하지 않고, 물리적 또는 형이상학적 형태를 띠지도 않게 된다. 그렇지만 정체성은 메타버스처럼 영속된다.

산업

4장에서는 컴퓨팅과 네트워킹에서 일어난 변화의 물결처럼 메타버스 역시 소비자의 여가로 시작해 산업과 기업으로 옮겨간 방식과 그러한 방향성이 나타나는 이유를 살펴보았다. 산업으로 확장하는 과정은 서서히 진행될 것이다. 시뮬레이션 충실도와 유연성에 필요한 기술 요건은 게임이나 영화보다 훨씬 수준이 높지만, 기술적 성공은 궁극적으로 레거시 소프트웨어 솔루션과 업무 처리에 익숙한 직원을 다시 훈련시키는 데 달려 있다. 대부분의 '메타버스 투자'는 모범 사례가 아닌 가설을 전제로 시작하므로, 투자가 제한되고 때로는 수익이 실망스럽게 느껴질 수도 있다. 그러나 결국에는 현재의 인터넷과 더불어 메타버스와 그 수익의 상당 부분이 일반적인 소비자의 시야에서 벗어난 색다른 방식으로 실현될 것이다.

예를 들어, 플로리다주 탬파의 워터 스트리트 재개발 사례를 떠올려보자. 22.6만 제곱미터 면적에 빌딩 20채를 포함해 수십억 달러 규모에 달하는 이 프로젝트의 일환으로 스트래티직 디벨롭먼트 파트너스(SDP)는 3D 프린터로 직경 5.18미터에 달하는 모듈식 축소 모델을 제작했고, 날씨, 교통, 인구밀도 등 도시 데이터 피드에 기반해 이 모델 위에 2500만 픽셀 이미지를 투사할 수 있는 5K 레이저 카메라 12대를 배치했다. 모든 작업은 터치스크린이나 VR 헤드셋을 통해 볼 수 있는 언리얼 기반 실시간 렌더링 시뮬레이션으로 실행되었다.

이러한 시뮬레이션이 갖는 이점은 말로 표현하기 어렵다. SDP도 이처럼 말로 표현하기 어려운 이유에서 먼저 물리적 모델과 3D 디지털 트윈을 구축할 필요성을 느꼈을 것이다. 하지만 SDP의 모델 덕분에 시 당국과 예비 임차인, 투자자, 건설 협력사 등 관련 당사자들은 고유한 방식으로 프로젝트를 이해하고 계획할 수 있었다. 현재의 탬파가 건설 과정을 거치면서, 또 향후 프로젝트가 완료되면서 어떤 영향을 받게 될지도 정확히 알 수 있었다. 5년간 진행될 이 건설 프로젝트가 지역 교통에 어떤 영향을 줄 것이며, 만일 프로젝트 기간이 6년으로 연장된다면 결과는 달라질까? 특정 건물을 공원으로 바꾸거나 건물 층수를 15층에서 11층으로 줄이면 어떻게 될까? 해당 지역 내 다른 건물과 공원 전망은 개발로 인한 빛 굴절이나 복사열에 연중 내내 또는 특정 시간대에 어떤 영향을 받게 될까? 건물들은 해당 지역 내 긴급 출동 시간을 어떻게 바꿔놓을까? 새로운 경찰서, 소방서 또는 구급대가 필요할까? 화재 대피용 비상계단은 건물의 어느 쪽에 설치해야 할까?

오늘날 이러한 시뮬레이션은 주로 건물이나 프로젝트를 설계하고 이해하는 데 사용되며, 궁극적으로 최종 건물과 입점 사업체들을 운영하는 데도 활용될 것이다. 예를 들어, 스타벅스에서는 어떤 종류의 고객이 언제 매장을 이용하는지 실시간으로 추적한 정보와 남은 재고량을 기반으로 매장 내부의 신호 체계(물리적, 디지털, 가상)를 선택하고 변경할 것이다. 스타벅스가 위치한 쇼핑몰은 대기 수와 대체 매장(또는 다른 스타벅스 매장)의 근접성을 기반으로 고객을 해당 매장으로 안내하거나 다른 매장으로 유도할 것이다. 이 쇼핑몰은 도시의 기본 인프라 시스템에 연결해 인공지능 기반 신호등 네트워크가 더 많은(더 나은) 정보를 기반으로 작동하고 비상사태가 발생했을 때 소방서와 경찰서를 비롯한 도시 내 다양한 서비스가 더 잘 대응할 수 있도록 지원할 수 있다.

이러한 사례들은 건축, 엔지니어링, 공사에 중점을 두고 있지만, 관련 아이디어를 다른 사례에도 쉽게 응용해 변경할 수 있다. 전 세계 다양한 형태의 군대는 수년 동안 3D 시뮬레이션 기술을 사용해왔으며, 앞서 9장에서 논했듯이 미 육군은 마이크로소프트의 홀로렌즈 헤드셋과 소프트웨어를 사용하기 위해 200억 달러가 넘는 대

규모 계약을 체결했다. 항공우주와 방위 산업에서도 디지털 트윈의 활용도는 (아마도 VR을 사용하는 군대보다 무시무시할 만큼) 분명하게 드러난다. 유망한 분야는 의료와 보건이다. 학생들이 3D 시뮬레이션을 사용해 인체를 탐색하듯 의사들도 관련 기술을 활용할 것이다. 2021년, 존스 홉킨스 병원의 신경외과 의사들은 사상 최초로 살아 있는 환자를 대상으로 AR 수술을 집도했다. 병원 내 척추융합 연구소 소장이자 이번 수술을 주도한 티모시 위덤Timothy Witham 박사는 "눈앞에 GPS 내비게이터가 있는 것과 같아서 환자의 CT 스캔을 보기 위해 별도의 화면을 쳐다볼 필요가 없습니다"라고 밝혔다.[6]

GPS에 빗댄 위덤 박사의 설명은 상업용 AR과 VR의 '최소 기능 제품minimum viable product(소비자의 피드백을 바탕으로 최소한의 기능을 구현한 제품—옮긴이)'과 소비자 여가용 제품 사이의 중요한 차이점을 짚어준다. 소비자 VR과 AR 헤드셋이 채택되려면 콘솔 비디오게임이나 스마트폰 메신저 앱과 같은 대체 상품이 제공하는 경험보다 더 매력적이거나 더 많은 기능을 갖추어야 한다. 혼합 현실 장치가 제공하는 몰입은 차별화되는 요소지만, 앞서 9장에서 논했듯이 여전히 많은 단점이 있다. 예를 들어, 「포트나이트」는 거의 모든 장치에서 플레이할 수 있으므로, 사용자는 모든 지인과 함께 플레이할 수 있다. 반면 「포퓰레이션: 원」은 기본적으로 VR 헤드셋 소유자로 플레이어가 제한된다. 「포트나이트」는 더 높은 시각적 충실도와 프레임 속도, 더 많은 동시 사용자를 지원하며 사용자는 구토 증상 없이 이 모든 기능을 경험할 수 있다. 많은 게이머에게 VR 게임은 아직 콘솔 게임, PC 게임 또는 스마트폰 기반 게임과 경쟁하기에 부족한 점이 많다. 하지만 AR을 활용하는 수술과 그렇지 않은 수술을 비교하는 것은 GPS 기술을 활용하는 운전과 그렇지 않은 운전을 비교하는 것과 같다. GPS를 사용하지 않아도 목적지에 도착할 수는 있지만, GPS가 최종 결과에 의미 있는 영향(예: 짧아진 운전 시간)을 미치는지에 따라 사용 여부가 결정될 것이다. 수술에 AR을 활용하면 성공률이 높아지고 회복 시간이 빨라지거나 비용이 낮아진다. 오늘날 AR과 VR 장치는 기술적 한계를 이유로 활용 범위가 제한되고 있지만, 수술 결과에 조금이라도 의미 있고 긍정적인 영향을 줄 수 있다면 장치 비용과 활용도는 정당화될 것이다.

14장

승자와 패자

메타버스가 컴퓨팅과 네트워킹으로 대표되는 모바일 및 클라우드 시대에 '준승계국'으로서 궁극적으로 대부분의 산업을 바꾸고 지구상의 거의 모든 사람에게 도달하려면 몇 가지 매우 광범위한 문제를 해결해야 할 것이다. 새로운 '메타버스 경제'의 가치는 무엇일까? 메타버스를 이끌어 갈 주체는 누구일까? 그리고 메타버스는 사회에 어떤 의미일까?

기업 경영진들은 아직 메타버스의 정확한 정의와 도래할 시점에 대해 공통된 목소리를 내지 못하고 있지만, 대부분은 메타버스의 가치가 수조 달러에 이를 것으로 예상한다. 엔비디아의 젠슨 황은 메타버스의 가치가 결국 물리적 세계의 가치를 '뛰어넘을' 것이라고 내다봤다.

메타버스 경제의 규모를 예측하려는 시도는 매우 까다롭지만 흥미로운 작업이다. 메타버스가 마침내 우리가 사는 '이 세상'까지 도래하더라도 그 가치에 대해서는 의견이 갈릴 가능성이 크다. 이미 모바일 인터넷 시대에 접어든 지 최소 15년이 흘렀고, 인터넷 시대는 거의 40년이 지났으며, 디지털 컴퓨팅 시대는 75년이 흘렀는데도 '모바일 경제', '인터넷 경제' 또는 '디지털 경제'의 가치에 대해서는 아직도 합의된 정설이 없다. 사실 그러한 가치를 제대로 평가하려는 시도도 드물다.* 대부분의 분석과 언론에서는 이처럼 느슨하게 정의된 부문들을 지원하는 기업들의 가치나 수익을 합산한 수치를 사용한다. 이러한 경제 부문을 측정할 때 난감한 문제는 그것이 진정한 '경제'가 아니라는 점이다. 오히려 '전통적인 경제'에 기대거나 깊이 얽혀 있는 기술들을 모아놓은 것으로, 미래의 경제를 평가하려는 시도는 측정하거나 관찰하는 과학이라기보다 배분하는 기술에 가깝다.

메타버스의 경제적 가치

지금 읽고 있는 이 책을 생각해 보자. 아마도 온라인에서 책을 구매한 독자가 많을 것이다. 이 책이 물리적으로 발행되어 물리적으로 유통되고 물리적으로 소비되어도 책을 구매하기 위해 지불한 돈은 '디지털 수익'으로 집계될까? 구매 금액의 **일부**가 디지털 수익으로 취급된다면, 그 금액은 얼마이고 그 이유는 무엇일까? 전자책의 경우, 이 수익 비율은 어떻게 달라질까? 비행기에 탑승하려는데 비행 중에

---

* 이러한 가치 평가가 낯설지 않게 느껴진다면, 이 책에서 몇 가지 추정치를 종종 언급했기 때문일 것이다.

딱히 할 일이 없음을 깨닫고 아이폰으로 이 책의 오디오 전용 디지털 사본을 다운로드한다면 수익 분할 비율이 달라질까? 페이스북 게시물을 통해 이 책에 대해 방금 알게 되었다면 어떨까? 책을 집필할 때 오프라인 워드 프로세서를 사용하지 않았고(또는 손으로 작성하지 않았고) 클라우드 기반 워드 프로세서를 사용했다면 문제가 달라질까?

인터넷 수익이나 모바일 수익 등 디지털 수익의 하위 집합을 떠올리면 상황은 훨씬 더 복잡해진다. 두 수익 형태는 모두 '메타버스 경제'에 가장 근접한 방법론적 비교 대상으로 볼 수 있다. 인터넷 기반 동영상 서비스인 넷플릭스는 모바일 수익이 있을까? 넷플릭스는 모바일 전용 가입자를 확보하고 있지만, 이러한 고객들로부터 얻는 수익을 '모바일 수익'으로 분리한다고 해서 종종 모바일 장치를 통해 넷플릭스를 시청하는 가입자와 모든 종류의 장치에서 서비스를 이용하기 위해 결제한 가입자를 제대로 구분할 수 있는 건 아니다. 사용자가 모바일 장치에서 소비한 시간에 따라 월 구독료를 '모바일 수익'으로 배분해야 할까? 그렇다면 거실에서 65인치 TV 화면으로 영화를 보는 것과 지하철에서 5×5인치 스마트폰 화면으로 영화를 보는 것에 동등한 가치를 부여한다는 뜻일까? 집에서만 사용하는 와이파이 전용 아이패드는 '모바일' 장치일까? 아마도 그럴 것이다. 그런데 왜 와이파이에 연결하는 스마트 TV은 모바일 장치로 취급되지 않는 걸까? 이러한 모바일 장치들이 주로 유선 케이블을 통해 비트를 전송할 때 '모바일' 광대역 수익이 발생한다고 말할 수 있을까? 인터넷이 없었다면 오늘날 구매한 대부분의 '디지털 장치'는 구매하지 않았을 것이라고 생각해도 될까? 테슬라가 배터리 수명과 충전 효율을 개선하기 위해 인터넷으로 자동차 소프트웨어를 업데이트한다면 이러한 가치는 정확히 어떻게 계산하거나 측정해야 할까?

이제 이러한 문제들의 몇 가지 전조 현상이 보이기 시작할 것이다. 실시간으로 렌더링되고 동시 사용자가 많은 3D 가상 세계에 참여하기 위해 오로지 GPU 하나만을 보고 3년 된 아이패드를 최신 아이패드 프로로 교체한 경우, 메타버스가 차지하는 비중은 얼마일까? 나이키가 운동화 상품에 NFT 또는 「포트나이트」 에디션을 묶어 판매한다면 메타버스 수익이 발생하는 걸까? 메타버스 수익이 발생한다면 얼마일까? 가상 상품이 비디오게임 아이템이 아닌 메타버스 구매로 여겨지는 상호 운용성 임계값이 있을까? 블록체인 경주마에 미국 달러를 베팅하는 것과 실제 경주마에 암호화폐를 베팅하는 것에 어떤 차이가 있을까? 빌 게이츠가 상상하는 대로, 마이크로소프트 팀즈에서 사용되는 화상 통화 대부분이 실시간 렌더링되는 3D 환경으로 전환된다면 구독료의 어느 정도가 '메타버스'에 할당되어야 할까? 어떤 건물이 디지털 트윈을 통해 운영되는 경우, 어느 정도의 비용이 인정되어야 할까? 광대역 인프라가 대용량 실시간 전송 방식으로 대체된다면 이는 '메타버스 투자'에 해당할까? 이러한 도약으로 얻게 될 이점과 사용하게 될 거의 모든 애플리케이션은 적어도 지금 당장은 메타버스와 거의 관련이 없다. 하지만 실시간으로 렌더링되는 가상 세계, 증강현실, 클라우드 게임 스트리밍 등 관련 기술이 필요한 몇 가지 경험은 저지연 네트워킹에 대한 투자를 주도하고 있다.

위에서 설명한 질문들은 생각하는 데 도움이 될 수 있지만, 정답은 없다. 아직 실존하지 않고 언제 시작할지도 정확히 알 수 없는 메타버스에 집중하는 기업들을 제대로 평가하기는 더더욱 어렵다. 이러한 한계를 고려할 때, '메타버스 경제'의 규모를 가늠할 수 있는 보다 실용적인 방법은 더 철학적으로 접근하는 것이다.

거의 80년간 세계 경제에서 디지털 경제가 차지하는 비중은 증가해 왔다. 현존하는 몇몇 추정치에 따르면, 세계 경제의 약 20퍼센트가 디지털이며 2021년 디지털 경제의 가치는 약 19조 달러에 이른다. 1990년대와 2000년대 초반에는 PC와 인터넷 서비스가 보급되면서 디지털 경제 성장을 이끌었다. 이후 20년 동안 전적으로는 아니지만 주로 모바일과 클라우드에서 성장세가 나타났다. 모바일과 클라우드라는 두 가지 물결은 새로운 사용 사례를 지원하는 동시에 더 많은 사람이 더 많은 장소에서 더 쉽게 디지털 비즈니스와 콘텐츠, 서비스를 더 자주 이용할 수 있게 되었음을 의미했다. 모바일과 클라우드는 이전에 일어난 모든 변화의 물결을 집어삼켰다. 대부분의 경우, '디지털 수익'은 새로운 개념이 아니다. 예를 들어, 데이팅 서비스 산업은 인터넷이 보급되기 전에는 무시해도 될 정도로 규모가 작았지만, 인터넷이 보급된 후에는 모바일을 통해 엄청난 규모로 성장했다. 음반 산업은 디지털 CD가 발명되면서 2배 이상 성장했지만, 인터넷 기반 전송 기술이 나오자 75퍼센트 하락했다.

메타버스도 대체로 비슷한 성장 곡선을 그릴 것이다. 메타버스는 세계 경제의 몇몇 부문(어쩌면 상업용 부동산)을 축소하는 한이 있더라도 전반적으로 세계 경제 성장에 도움이 될 것이며, 세계 경제에서 디지털의 비중이 늘어나고 마찬가지로 디지털에서 메타버스가 차지하는 비중도 늘어날 것이다.

이러한 가정을 허용하면 몇몇 모델을 세워볼 수 있다. 메타버스가 2032년까지 디지털 시장의 10퍼센트를 점유하며 같은 기간에 세계 경제에서 디지털이 차지하는 비중이 20퍼센트에서 25퍼센트로 증가하고 세계 경제가 평균 2.5퍼센트의 성장을 지속한다면, 10년 후 메타버스 경제의 가치는 연간 3조 6500억 달러에 달한다. 이 수치는 메타버스가 2022년 이후 디지털 경제 성장의 4분의 1을 차지하고 같은 기간에 실질 GDP 성장률의 거의 10퍼센트에 다다를 것임을 의미한다(나머지 성장률은 대부분 더 많은 자동차를 구매하고 더 많은 물을 소비하는 등 소비 습관의 전환과 인구 증가에서 비롯될 것이다). 메타버스가 디지털 경제의 15퍼센트를 점유하면 그 규모는 연간 5조 4500억 달러에 이르며, 이는 디지털 성장률의 3분의 1을 차지하고 세계 경제 성장의 13퍼센트에 해당할 것이다. 더 나아가 디지털 경제에서 메타버스의 비중이 20퍼센트에 이르면, 그 규모는 7조 2500억 달러에 달하고, 이는 디지털 성장률의 절반이자 세계 경제 성장의 6분의 1을 차지하게 된다. 한편 메타버스가 2032년 디지털 경제의 30퍼센트를 차지할 것이라는 전망도 있다.

투기성이 짙다는 평가도 있지만, 위 전망은 경제가 앞으로 어떻게 변화할지 정확히 설명해 준다. 메타버스를 개척하는 사람들은 젊은 층에 크게 영향을 미치고 '디지털' 또는 '실물' 경제를 주도하는 기업들보다 빠르게 성장하며 우리의 비즈니스 모델과 행동, 문화를 새롭게 정의할 것이다. 결과적으로 벤처 투자자와 주식시장 투자자는 나머지 시장보다 이러한 기업들을 더 높이 평가할 것이고, 결과적으로 이러한 기업들의 창업자와 임직원, 투자자들에게 수조 달러의 부를 안겨줄 것이다.

이들 기업 중 정말 가치 있는 소수만이 소비자, 기업, 정부를 연결하는 중요한 중개 역할을 맡아 수조 달러 규모로 성장할 것이다. 디지털 경제가 세계 경제의 20퍼센트를 차지한다는 표현에는 이상한 점이 있다. 이러한 결론은 방법론이 아무리 타당할지언정 나머지 80퍼센트가 대부분 디지털 방식으로 구동되거나 정보를 제공받는다는 사실을 간과한다. 이것은 5대 빅테크 기업이 매출을 뛰어넘어 훨씬 강력한 영향력을 지니고 있다고 인식되는 이유이기도 하다. 구글, 애플, 페이스북, 아마존, 마이크로소프트의 2021년 매출은 총 1조 4000억 달러로, 전체 디지털 지출의 10퍼센트 미만에 해당하고 전체 세계 경제의 1.6퍼센트를 차지했다. 그러나 이러한 기업들은 자사 재무상태표에 인식되지 않는 수입에 불균형적으로 영향을 미치고, 그중 상당 부분에 수수료를 떼며(예: 아마존의 데이터 센터 또는 구글의 광고 수입), 때로는 기술 표준과 비즈니스 모델까지 확립하고 있다.

빅테크 기업들은 어디까지 와 있을까

메타버스 시대를 이끌 기업은 어디일까? 우리는 지난 역사에서 이 질문에 대한 답을 찾을 수 있다.

기업들의 행보를 다섯 가지 범주로 나눠 살펴보자. 첫 번째는 신생 기업이다. 셀 수 없이 많은 신생 기업이 나타나고 새로운 제품과 서비스가 개발되어 궁극적으로 거의 모든 국가와 소비자, 산업에 영향을 끼치고 널리 보급되어 변화를 일으킬 것이다. 새로 진입하는 기업 중 일부는 기존 선두 기업들을 대체할 것이고, 기존 기업들은 사라지거나 무시해도 좋을 정도로 존재감이 미미해질 것이다. AOL, ICQ, 야후, 팜, 블록버스터가 바로 여기에 포함된다(두 번째 범주). 디지털 경제가 전반적으로 성장하는 덕분에 갈 곳을 잃은 대기업 중에 확장하는 기업도 있다. IBM과 마이크로소프트는 한 번도 컴퓨터 시장에서 낮은 점유율을 기록한 적이 없었지만, 과거 전성기 때보다 현재 기업 가치가 더 높아졌다. 다섯 번째 범주에 속하는 기업들은 대체와 파괴의 위협에서 벗어나 핵심 비즈니스를 성장시킬 것이다. 그렇다면 메타버스로 전환하는 데 성공한 기업의 사례에는 무엇이 있을까?

페이스북은 마이스페이스와 달리 모바일로 전환하는 데 성공했다. 하지만 페이스북의 중심축을 모바일로 이동하는 데 큰 영향을 끼친 인스타그램과 왓츠앱 인수와 유사한 건에 대해서는 이제 규제 기관이 제동을 걸고 나설 가능성이 크다. 자회사인 오큘러스 VR과 컨트롤 랩스가 메타버스 계획의 토대를 마련하긴 했지만, 페이스북 서비스가 실행되는 하드웨어 기반 플랫폼들이 전략적으로 확장을 차단하는 상황에 직면해 있다. 게다가 기업의 평판이 지금처럼 부정적이었던 때도 없었다. 그럼에도 페이스북을 평가절하해서는 안 될 것이다. 소셜 네트워킹 대기업인 페이스북은 월간 사용자가

30억 명, 일일 사용자가 20억 명에 달하며 온라인에서 가장 많이 사용되는 ID 시스템을 보유하고 있다. 메타버스 관련 프로젝트에 이미 연간 120억 달러를 지출하고 있고(연간 500억 달러 이상의 현금 흐름을 창출하며, 이는 매출 1000억 달러에 가까운 수준이다), 타사보다 수년 앞서 VR 하드웨어를 출시해 선두를 달리고 있으며, 여타 기업 경영진에 못지않게 메타버스의 미래를 굳게 믿는 창업주가 경영권을 쥐고 있다.

하지만 주요 기업에서 페이스북을 제외할 수 없듯, 투자와 신념만으로는 성공을 보장할 수 없다. 파괴는 선형적으로 일어나지 않으며 늘 되풀이되고 예측할 수 없는 과정이다. 앞서 살펴보았듯이, 메타버스를 둘러싼 혼란과 아직 극복하지 못한 문제가 많이 남아 있다. 핵심 기술은 언제쯤 개발될까? 그러한 기술은 어떻게 가장 잘 실현될까? 메타버스에 적합한 이상적인 수익 창출 모델은 무엇일까? 새로운 기술이 출현하면 어떤 새로운 사용 사례와 행동이 등장할까? 1990년대 마이크로소프트는 모바일과 인터넷의 시대가 올 것이라고 믿었고, 후에 구글과 애플, 페이스북, 아마존이 이뤄낸 결과물을 구축하는 데 필요한 제품과 기술, 자원을 다수 보유하고 있었다. 하지만 앱스토어와 스마트폰의 역할부터 일반 소비자가 느끼는 터치스크린의 중요성에 이르기까지 모든 면에서 마이크로소프트의 예측은 빗나갔다. 어마어마한 성공을 거둔 윈도 운영체제와 통합 마이크로소프트 익스체인지, 서버, 오피스 제품군 등을 유지해야 한다는 압박감에 시달리느라 시장의 변화를 제대로 읽어내지 못했다. 오늘날 마이크로소프트의 높은 가치는 마침내 자체 스택과 제품군에 대한 집착을 버리고 고객이 선호하는 제품을 지원하는 방향으로 전환해 얻어낸 성과다.

현재 세계에서 가장 인기 있는 운영체제(윈도가 아닌 안드로이드)와 브라우저(인터넷 익스플로러가 아닌 크롬), 온라인 서비스(핫메일 또는 윈도 라이브가 아닌 지메일)를 운영하는 구글은 여러 부문에서 마이크로소프트를 추월했다. 구글은 메타버스에서 어떤 역할을 할까? 구글의 사명은 "전 세계의 정보를 조직화해 보편적으로 접근할 수 있고 유용하게 만드는 것"이지만, 우리는 가상 세계에 존재하는 정보에 대해 사용은커녕 여전히 제대로 접근조차 할 수 없다. 구글은 가상 세계, 가상 세계 플랫폼, 가상 세계 엔진 또는 다른 유사한 자사 서비스도 없다. 특히 나이언틱은 원래 구글의 자회사였지만, 2015년에 분사되었다. 그로부터 2년 후 구글은 위성 영상 비즈니스를 플래닛 랩스에 매각했다. 2016년에는 2019년 말에 출범시킨 클라우드 게임 스트리밍 서비스 스테이디어를 구축하기 시작했다. 그해 초 구글은 '클라우드 네이티브' 콘텐츠 스튜디오인 스테이디어 게임 및 엔터테인먼트 부문도 발표했다. 2021년 초, 이 스튜디오는 문을 닫았다. 그 후 몇 달 동안 총괄 관리자를 비롯해 많은 스테이디어 고위 경영진이 구글 내 다른 부서로 이동하거나 완전히 구글을 떠났다.

이미 에픽게임즈, 유니티, 로블록스 코퍼레이션 등 새로운 파괴 기업이 등장하고 있다. 이러한 기업들의 가치와 수익, 운영 규모는 구글, 애플, 페이스북, 아마존, 마이크로소프트 등 5대 빅테크 기업에 비해 미미할지라도 플레이어 네트워크, 개발자 네트워크, 가상 세계, 그리고 메타버스를 진정으로 선도할 '가상 배관'을 갖추고 있다. 게다가 모든 기업이 메타버스가 미래라는 견해에 동의할지라도 신생 기업들의 역사, 문화, 기술은 현재 전 세계를 장악한 빅테크 기업들과 거의 공통점이 없을 정도로 참신하다. 지난 10년 반 동안 5대 빅테크 기업은 스트리밍 TV, 소셜 동영상, 실시간 동영상, 클라우드 기반 워드 프로세서, 데이터 센터를 포함해 다양한 분야에 투자하고 많은 관심을 기울여 왔다. 이러한 태도에는 아무런 문제가 없다. 다만 이들은 비디오게임에는 상대적으로 관심을 기울이지 않았고, 특히 '메타버스'에 최적화된 배틀로열, 어린이용 가상 놀이터, 게임 엔진에는 심드렁했다. 빅테크 기업들이 게임을 상대적으로 간과했다는 사실은 새로운 시대로 전환을 준비하고 예측하는 데 큰 어려움을 겪고 있음을 상징적으로 드러낸다.

2012년에 마크 저커버그가 10억 달러에 인수한 인스타그램은 얼마 지나지 않아 디지털 시대에 가장 훌륭한 인수 결정 중 하나로 평가되었다. 당시 인스타그램은 이미지 공유 서비스로서 월간 활성 사용자가 2500만 명, 직원은 12명에 불과했고 수익은 없었다. 10년 후, 인스타그램의 추정 가치는 5000억 달러를 넘어섰다. 그로부터 2년 후 페이스북이 200억 달러에 인수한 왓츠앱은 당시 7억 명의 사용자를 보유하고 있었는데, 인스타그램과 비슷한 관점에서 바라볼 수 있다. 지금은 두 건 모두 탁월한 인수였을 뿐만 아니라 규제 기관이 나서서 독점 금지를 근거로 차단했어야 하는 기업 인수로 널리 여겨진다.

저커버그의 탁월한 인수 결정은 높이 평가받고 있지만, 페이스북과 다른 경쟁업체들은 에픽게임즈, 유니티 또는 로블록스를 인수하지 않았다. 이러한 기업들의 가치는 지난 10년 동안 5대 빅테크 기업 대부분이 매주 벌어들인 수익보다도 적은 10억 달러대 초반에 그쳤다.* 왜 그랬을까? 당시 이들 기업의 역할과 잠재력은 너무도 불확실했다. 비디오게임 분야는 기껏해야 틈새시장으로, 아니면 최악의 경우 주변 시장으로 간주되었다. 닐 스티븐슨도 원래 비디오게임 분야를 메타버스로 향하는 유일한 진입로로 생각하지 않았다. 하지만 2011년 그는 비디오게임이 메타버스로 이끌 것이며 서구권의 거의 모든 기술 경영진이 「세컨드 라이프」나 「월드 오브 워크래프트」를 플레이하진 않아도 적어도 들어본 적은 있을 것이라고 말했다.

유출된 메모에 따르면 2015년 저커버그는 뛰어난 혜안으로 아직 유니콘 기업이 아니었던 유니티를 인수하는 건에 대해 이사회에 상정했다. 하지만 당시 저렴하게 입찰할 수 있는 기회였음에도 공식 입찰에 대한 보고는 이뤄지지 않았다. 유니티의 가치는 2020년이 되어서야 100억 달러 이상으로 성장했다. 페이스북은 2014년에 오큘러스 VR을 인수했지만, 오큘러스의 누적 사용자 수는 에픽게임즈, 유니티, 로블록스에서 24시간 동안 활동하는 사용자 수보다 적다. 그렇다고 오큘러스 인수가 잘못된 판단이었다는 의미는 아니다.

---

* 대부분의 주요 할리우드 기업들은 "넷플릭스를 거의 인수할 뻔했다"거나 "인스타그램을 인수할지 고민했다"며 떠벌리기 바빴다. 만일 어느 한 곳에서 에픽게임즈, 로블록스 또는 유니티를 인수했더라면, 지금쯤 해당 기업의 가치가 모회사를 넘어섰을 것이다.

아직 전환이 진행 중일 수 있기 때문이다. 하지만 페이스북의 기업 인수는 거기서 그치지 않았다(실제로 그 이후로 수십 건을 성사했다). 게다가 페이스북이 내세운 메타버스 전략의 핵심은 표면적으로 오큘러스도, VR과 AR도 아닌, 「로블록스」와 「포트나이트」 같은 「호라이즌 월드」 통합 가상 세계 플랫폼(유니티 기반)이다. 그리고 로블록스에는 페이스북의 미래를 진정으로 위협하는 소비자들이 있다. 그들은 소셜 네트워크에 참여하지 않는 것을 넘어 애초에 채택조차 하지 않은 사람들이다.

메타버스에서 페이스북이 가장 공격적으로 투자에 나서고 구글이 가장 열악한 위치에 있다면 아마존은 그 중간 격이라고 볼 수 있다. 아마존 웹 서비스(AWS)는 클라우드 인프라 시장의 거의 3분의 1을 차지하고 있으며, 이 책에서 논했듯이 메타버스는 전례 없는 규모로 많은 컴퓨팅 연산력과 데이터 저장소, 실시간 서비스를 요구할 것이다. 따라서 다른 클라우드 제공업체가 확장해 미래 성장의 상당 부분을 더 차지하게 되더라도 AWS에는 이득이다. 하지만 그동안 메타버스 전용 콘텐츠와 서비스를 구축하려는 아마존의 노력은 큰 성공으로 이어지지 못했다. 음악, 팟캐스트, 동영상, 패스트 패션, 디지털 비서 등 좀 더 전통적인 시장에 비하면 메타버스 시장을 선점하지 못한 게 분명하다. 다수의 보고서에 따르면, 아마존은 창업자 제프 베이조스의 목표인 "연산상으로 말도 안 되는 게임"을 만드는 데 초점을 맞춘 아마존 게임 스튜디오(AGS)에 매년 수억 달러를 투자했다. 하지만 이렇게 기획된 게임 대부분은 (개발 예산이 대부분의 히트작에 투입된 누적 예산을 초과하자) 출시되기도 전에 취소되었다. 2021년 9월에 출시된 「뉴 월드」는 초기에 많은 호평과 관심을 받았고(놀랍게도 이용 가능한 AWS 서버가 소진되었다), 월간 플레이어 수는 수백만 명으로 추정된다. 또 다른 사례는 2022년 2월 아마존 게임 스튜디오가 출시한 후 호평을 받은 「로스트 아크」다. 성공은 언제나 기분 좋은 일이지만, 「로스트 아크」는 AGS에서 만들지 않고 재판매한 게임이다. 이 게임은 스마일게이트 RPG에서 개발해 2019년 한국에서 출시한 게임으로, 아마존이 1년 후에 이 게임의 영어권 판권 계약을 체결했다. 앞으로 더 많은 히트작이 나올 것으로 보인다. 하지만 이는 아마존 뮤직과 아마존 프라임 비디오(그리고 85억 달러에 인수한 할리우드 스튜디오 MGM)에 연간 수십억 달러를 투입한 것과 분명한 대조를 이룬다. 몇몇 보고서에 따르면, 아마존은 연간 게임 스튜디오에 지출하는 금액보다 더 많은 금액을 「반지의 제왕」 TV 시리즈의 1개 시즌에 지출할 계획이다. 다른 비슷한 사례는 2020년 10월에 출시된 아마존의 클라우드 게임 스트리밍 서비스 루나에서 찾아볼 수 있다. 루나는 구글 스테이디어보다 시장점유율이 훨씬 적은 데다 구독자를 위한 무료 콘텐츠도 거의 없는 편이다(다른 아마존 콘텐츠 상품과 차별화된다). 루나가 출범한 지 4개월 후, 총괄 책임자는 유니티 엔진의 총괄 책임자로 자리를 옮겼다. 아마존은 실시간 동영상 게임 방송 시장의 선두 주자인 트위치의 강력한 영향력과 성공, 그리고 프라임 멤버십 프로그램까지 내세웠지만, 스팀에 견줄 만한 경쟁적인 지위를 구축하는 데 실패했다.

가장 주목할 만한 아마존의 게임 이니셔티브는 2015년에 시작되었다. 아마존은 당시 「파 크라이」 게임의 배급사인 크라이텍이 소유한 중간 규모의 독립 게임 엔진 크라이엔진의 사용권을 얻기 위해 5000만~7000만 달러를 지출했고, 이후 수년 동안 크라이엔진을 럼버야드로 변환하는 데 수억 달러를 투자했다. 럼버야드는 AWS에 최적화되어 있지만 언리얼과 유니티에 대항할 경쟁 엔진이 될 것으로 기대를 모았다. 하지만 이 엔진은 널리 채택되지 못했고, 2021년 초에 리눅스 재단에서 개발 부문을 인수해 '오픈 3D 엔진'으로 이름을 바꾸고 무료 오픈소스로 만들었다. 아마존은 AR 또는 VR 하드웨어에서 더 많은 성공을 거두었는지는 몰라도, 지금까지 실시간 렌더링, 게임 제작과 유통 면에서는 실망스러운 결과를 냈다.

앞서 9장과 10장에서 논했듯이, 애플은 메타버스 수혜 기업이 될 수밖에 없다. 규제 기관에서 애플의 많은 서비스를 분리할지라도 애플의 하드웨어, 운영체제, 앱 플랫폼은 가상 세계로 통하는 핵심 게이트웨이로 남을 것이며, 이는 수십억 달러에 이를 정도로 고수익을 창출하고 기술 표준과 비즈니스 모델에 대한 애플의 영향력을 확대할 것이다. 애플은 부분적으로 아이폰과 호환성이 높기 때문에 다른 업체보다 더 가볍고, 성능이 좋고, 사용하기 쉬운 AR과 VR 헤드셋과 다양한 웨어러블 장치를 출시할 수 있다. 하지만 애플은 「로블록스」처럼 많은 가상 세계 사용자와 개발자를 기업과 연결해 줄 수 있는 애플리케이션 범주인 통합 가상 세계 플랫폼(IVWP)을 자체적으로 개발하지 않는 것으로 알려졌다. 애플은 게임 전문성이 상당히 부족하고 소프트웨어나 네트워크가 아닌 하드웨어가 중심인 기업으로 인식되고 있다는 점을 감안할 때, 시장을 주도할 만한 IVWP를 구축할 가능성은 없을 것으로 보인다.

메타버스 시대에 가장 흥미로운 빅테크 기업은 모바일 시대로의 전환을 보여주는 주요 사례연구인 마이크로소프트일 것이다. 2001년에 첫 엑스박스가 출시된 후, 마이크로소프트의 투자자와 기업 경영진은 게임 부문이 꼭 필요한 사업인지, 아니면 혼란만 부추기게 될지 고민에 빠졌다. 사티아 나델라가 스티브 발머에 이어 CEO로 취임한 지 3개월이 지났을 때 창업자이자 회장인 빌 게이츠는 나델라가 엑스박스를 마이크로소프트에서 분할하기로 결정한다면 그의 뜻을 '절대적으로' 지지하겠다며 다음과 같이 밝혔다. "우리는 전반적인 게임 전략을 펼 것이므로 사람들이 생각하는 것처럼 뻔한 방향으로 흐르지 않을 것이다." 나델라가 처음으로 수십억 달러를 들여 인수한 기업은 「마인크래프트」였다. 지금은 이러한 선택이 당연해 보이지만 당시에는 이례적인 조치였다. 그는 이 게임을 엑스박스와 윈도 플랫폼 전용으로 만드는 것(또는 최적화)에 반대했다. 인수 이후 「마인크래프트」는 플레이어 수가 2500만 명에서 1억 5000만 명으로 500퍼센트 이상 성장했고, 실시간 렌더링된 3D 가상 세계 중에서도 전 세계에서 두 번째로 인기 있는 게임이 되었다.

이제 게임 경험은 관련 산업에서 핵심 영역으로 손꼽힌다. 마이크로소프트에서도 마찬가지다. 「마이크로소프트 플라이트 시뮬레이터」는 기술과 협업이 이뤄낸 경이로운 결과물이다. 엑스박스 게임 스튜디오가 게임을 개발하고 배급하긴 했지만, 빙 맵스와 협력해 구축했다. 그 외에도 무료로 사용할 수 있는 합작 온라인 지리 사이트인 오픈스트리트맵스의 데이터를 활용하고, 애저의 인공지능으로 데이터를 취합해 3D 이미지로 시각화하고, 실시간으로 날씨 정보를 제공하고, 클라우드 데이터 스트리밍을 지원했다. 엑스박스 부서는 자체 하드웨어 제품군, 세계에서 가장 인기 있는 클라우드 게임 스트리밍 서비스, 자사 게임 스튜디오, 소수의 자체 엔진도 보유하고 있다. 홀로렌즈는 애저 AI 부서에서 운영하는데 확실히 게임과 깊이 연관되어 있다. 2022년 1월, 마이크로소프트는 중국 이외 지역에서 가장 큰 독립 게임 배급사인 액티비전 블리자드를 750억 달러(5대 빅테크 기업 역사상 가장 큰 인수 규모)에 인수하기로 합의했다. 마이크로소프트는 이 소식을 발표하면서 "[액티비전 블리자드]는 모바일, PC, 콘솔, 클라우드 시장 전반에 걸쳐 마이크로소프트의 게임 사업을 빠르게 성장시키고 메타버스를 구축하는 데 필요한 기본 토대를 제공할 것"이라고 말했다.[1]

여러 면에서 나델라가 「마인크래프트」에 접근한 방식은 그가 마이크로소프트를 전반적으로 변화시킨 방식과 일맥상통한다. 마이크로소프트의 제품은 더 이상 자체 운영체제, 하드웨어, 기술 스택, 또는 서비스에 국한되어 설계되거나 작동하도록 최적화되지 않는다. 대신 특정 플랫폼에 구애받지 않고 가능한 한 많은 플랫폼을 지원한다. 이것이 마이크로소프트가 컴퓨팅 운영체제에 대한 패권을 잃은 후에도 성장을 지속할 수 있었던 비결이다. 디지털 세계는 마이크로소프트의 시장점유율이 줄어든 수준보다 더 큰 폭으로 성장했다. 마이크로소프트는 이와 같은 철학을 바탕으로 메타버스 시대에도 유리한 자리에 올라설 것이다.

1946년에 설립된 소니는 또 다른 흥미로운 대기업이다. 소니 인터랙티브 엔터테인먼트(SIE)는 수익 기준으로 세계 최대 게임 회사로, 자체 하드웨어와 게임은 물론 타사 게임 배급과 유통 등 다양한 비즈니스를 운영한다. SIE는 세계에서 두 번째로 큰 유료 게임 네트워크(플레이스테이션 네트워크)와 세 번째로 큰 클라우드 게임 스트리밍 구독 서비스(PS나우), 시각적 충실도가 높은 여러 게임 엔진도 운영한다. 「더 라스트 오브 어스」, 「갓 오브 워」, 「호라이즌 제로 던」 등 소니의 오리지널 게임 포트폴리오는 업계 역사상 가장 생생하고 창의적이라는 평가를 받고 있다. 플레이스테이션 5, 6, 8, 9세대 콘솔은 역대 가장 많이 팔린 콘솔이며, 2022년에는 PS VR2 플랫폼이 출시될 예정이다. 한편 소니 픽처스는 매출 기준으로 규모가 가장 큰 영화 스튜디오이자 전체적으로 가장 큰 독립 TV 및 영화 제작 스튜디오다. 소니의 반도체 부문은 시장점유율이 거의 50퍼센트에 육박할 정도로(애플이 가장 큰 고객이다) 이미지 센서 분야를 이끄는 세계 선두 주자이며 이미지웍스 부문은 최고의 시각 효과 및 컴퓨터 애니메이션 스튜디오로 손꼽힌다. 소니의 호크아이는 전 세계 수많은 프로 스포츠 리그에서 사용하는 컴퓨터 비전 시스템으로, 3D 시뮬레이션과 플레이백 기능을 통해 보조 수단으로서 판정을 지원한다(맨체스터 시티 축구단은 경기장과 선수, 경기를 보러 온 관중 등을 실시간 디지털 트윈으로 만드는 데 이 기술을 활용하고 있다). 소니 뮤직은 매출 기준으로 세계에서 두 번째로 큰 음반사이며(트래비스 스콧은 소니 뮤직 소속 아티스트다), 크런치롤과 퍼니메이션은 소니에 세계 최대 애니메이션 스드리밍 시비스를 제공한다. 보유한 자신과 창의적인 역량을 감안할 때 소니는 메타버스에서 엄청난 잠재력을 발휘할 것으로 기대된다. 하지만 극복해야 할 과제가 많이 남아 있다.

소니의 게임은 거의 언제나 플레이스테이션 전용이며, SIE는 모바일과 교차 플랫폼 또는 멀티플레이어 히트작 제작에서 제한적으로 성공을 거두었다. 소니는 게임 하드웨어와 콘텐츠에서 뛰어난 성과를 냈지만, 일반적으로 온라인 서비스에서는 뒤처진다는 평가를 받고 있으며, 컴퓨팅과 네트워킹 인프라 또는 가상 제작 시장에서 뚜렷한 존재감을 보여주지 못했다. 일본은 반도체 강국이지만, 이 분야에서만큼은 경쟁력을 갖춘 주요 기업을 배출하지 못하고 있다. 즉, 소니가 메타버스로 전환하려면 기존 5대 빅테크 기업의 서비스와 제품을 사용해야 할 가능성이 크다.*

2020년에 소니는 강력한 통합 가상 세계 플랫폼 「드림」을 출시했다. 소니는 「드림」에서 전문적으로 제작된 게임을 대거 배포했지만, 많은 사용자와 개발자를 유치하는 데 실패했다. 평론가들은 「드림」이 실패할 수밖에 없었으며 소니가 사용자 생성 콘텐츠(UGC) 플랫폼에 대한 경험이 부족했음을 단적으로 보여준다고 지적했다. 「드림」은 대부분의 IVWP와 다르게 무료로 플레이할 수 없었고, 가격

---

* 2019년 5월 소니는 여러 콘텐츠 스트리밍 서비스 중에서도 클라우드 게임을 위한 애저 데이터 센터를 이용하기 위해 마이크로소프트와 '전략적 파트너십'을 체결한다고 발표했다. 2020년 2월 엑스박스 대표는 "닌텐도와 소니를 대단히 존경하지만, 앞으로는 아마존과 구글을 주요 경쟁업체로 삼으려 합니다…… 닌텐도와 소니를 폄하하는 것은 아닙니다. 하지만 전통적인 게임 회사들은 다소 적합한 위치에 올라 있지 않기 때문이죠. 두 기업이 애저를 재현해 내는 노력을 기울일 수도 있겠지만, 엑스박스는 수년 동안 클라우드에 수백억 달러를 투자해 왔습니다." (세스 시젤Seth Schiesel, 「빅 테크가 2020년 게임 산업에 거액을 투자하는 이유」 《프로토콜》, 2020년 2월 5일, https://www.protocol.com/tech-gaming-amazon-face-book-microsoft.)

은 40달러였다. 개발자에게 매출에 대한 수수료를 떼지 않는 대신 플레이스테이션 콘솔 전용으로 제한했다. 반면 경쟁 IVWP들은 전 세계적으로 수십억 개의 장치에서 플레이할 수 있었다.*

소니는 5대 빅테크 기업에 비해 소수의 사용자에 도달하고, 소수의 엔지니어를 고용하고, 연간 연구 개발 예산을 몇 달 또는 몇 주만에 전부 써버린다. 수십 년 동안 소니는 많은 기회를 놓친 대표적인 기업 중 하나였다. 소니는 한때 휴대용 음악 재생 장치 워크맨을 통해 세계 시장을 주도했고 세계에서 두 번째로 큰 음반사를 소유했지만, 정작 디지털 음악에 혁명을 일으킨 기업은 애플이었다. 소비자 가전, 스마트폰, 게임 분야에서 뚜렷한 강점이 있었음에도 휴대전화 비즈니스에서 밀려났고, 연결 TV 장치 부문을 완전히 놓쳐버렸다. 보호해야 할 전통적인 TV 비즈니스가 없는 유일한 할리우드 대기업이었던 소니는 넷플릭스가 DVD에서 스트리밍 서비스로 중심축을 전환한 해에 마찬가지로 자체 스트리밍 서비스 크래클을 출시했지만 비즈니스 기회를 포착하는 데 실패했다. 소니가 메타버스에서 주도권을 잡으려면 상당한 혁신뿐만 아니라 매우 강력하게 통합된 기업들을 위협할 만큼 전례 없는 부서 간 협업을 꾀해야 한다. 동시에 소니는 플레이스테이션과 같이 긴밀하게 통합된 자체 생태계에서 벗어나 타사 플랫폼에도 연결해야 한다.

---

* 아마도 「드림」은 플레이스테이션 장치로 제한했기 때문에 기술적으로 강력한 플랫폼이 될 수 있었을 것이다. 모바일 장치는 분명히 「나소 성능이 떨어지는 컴퓨팅 장치이기 때문이다. 그러나 소니는 처음부터 IVWP를 자사의 고급 장치용으로 설계해 다른 플랫폼으로 확장하는 것을 더욱 어렵게 만들었다.

30여 년간 그래픽 기반 컴퓨팅 시대를 위해 특별히 설립된 기업이 있다. 바로 엔비디아다. 컴퓨팅을 향한 늘어나는 수요에 따라 인텔, AMD를 비롯해 주요 프로세서와 칩을 개발하는 기업들과 함께 엔비디아도 수혜를 볼 것이다. 아마존, 구글, 마이크로소프트의 데이터 센터뿐만 아니라 장치에 들어가는 고급 GPU와 CPU는 일반적으로 이러한 공급업체에서 제조한다. 하지만 엔비디아의 열망은 여기서 그치지 않는다. 예를 들어, 엔비디아의 지포스 나우 클라우드 게임 스트리밍 서비스는 세계에서 두 번째로 인기 있는 서비스로, 규모는 소니의 몇 배, 주문 금액은 아마존의 루나 또는 구글의 스테이디어의 수십 배에 달할 정도이며, 이는 시장 1위 기업인 마이크로소프트의 절반에 해당하는 수치다. 한편 옴니버스 플랫폼은 3D 표준을 개척해 서로 다른 엔진과 개체, 시뮬레이션의 상호 운용을 촉진하고 있으며 '디지털 트윈'과 현실 세계를 잇는 일종의 「로블록스」로 거듭나는 것을 목표로 삼고 있다. 아마도 엔비디아 브랜드가 찍힌 헤드셋을 착용하거나 엔비디아에서 배급하는 게임을 접하지는 못할 것이다. 하지만 적어도 2022년 현재 우리가 살고 있는 메타버스는 대체로 엔비디아에 의해 가동되는 것으로 보인다.

오늘날 주요 기업들이 다가오는 미래를 대비한 정도를 평가할 때 주의해야 할 점은 모든 기업이 항상 잘 대비하고 있는 것처럼 보인다는 것이다. 현금, 기술, 사용자, 엔지니어, 특허, 관계 등 필요한 요소를 갖추고 있기 때문이다. 하지만 이처럼 많은 이점이 오히려 부담으로 작용해 기업을 흔들 수도 있다. 시간이 지나면 이 책에서 언급조차 되지 않은 기업의 상당수가 메타버스를 주도할 것이라는 점이 분명해질 것이다. 규모가 너무 작아서 언급되지 않았거나 필자에게 알려지지 않았을 정도로 아직 존재감이 미미한 기업일 수도 있다. 아직 설립되기는커녕 구상되지도 않은 기업도 있을 것이다. 「로블록스」 네이티브 세대는 이제 막 성인이 되었다. 실리콘밸리가 아니라 이들이야말로 수천 명(또는 수만 명)의 동시 사용자를 끌어모으거나 블록체인 기반 IVWP를 보유한 게임을 최초로 만들어낼 가능성이 크다. 이렇게 탄생하는 기업들은 어쩌면 웹3 원칙에서 동기를 얻거나, 메타버스가 제공하는 1조 달러 규모의 비즈니스 기회를 포착하기 위해 대담해질 수도 있고, 세밀한 규제 조치로 인해 5대 빅테크 기업에 매각되지 못할 수도 있다. 이유가 무엇이든 간에 이러한 신생 기업들은 궁극적으로 5대 빅테크 기업 중 적어도 한 곳을 대체할 것이다.

신뢰가 점점 더 중요해지는 이유

어떤 기업이 지배권을 거머쥐든 실제로 소수의 수직적·수평적 통합 플랫폼이 메타버스에서 전체 사용 시간, 콘텐츠, 데이터, 매출의 상당 부분을 차지할 가능성이 크다. 그렇다고 해서 이러한 자원의 대부분을 차지한다는 의미는 아니지만(5대 빅테크 기업이 2021년 전체 디지털 매출의 10퍼센트 미만을 차지했다는 점을 상기하자), 메타버스의 경제와 사용자의 행동, 현실 세계의 경제와 시민을 집합적으로 형성하기에는 충분하다.

특히 소프트웨어 기반 비즈니스를 포함한 모든 비즈니스는 순환 고리에서 이득을 얻는다. 데이터가 많이 축적되면 더 나은 추천으로 이어지고, 사용자가 많아지면 체류 시간이 늘어나 더 많은 광고주를 확보할 수 있고, 매출이 증가하면 라이선스 지출도 늘어날 수 있으며, 투자 예산이 증가하면 더 많은 인재를 끌어들일 수 있다. 이 통상적인 원리는 블록체인 미래에도 변하지 않을 것이다. 1990년대에도 이미 수백만 개의 사이트가 있었지만, 야후나 AOL과 같은 소수의 웹사이트와 포털이 사람들을 끌어모았던 것과 같은 이유다. 습관은 그 자체로 경직되어 있기 때문에 '웹 2.0' 시대에 비해 사용자나 사용자의 데이터에 대해 블록체인 댑이 갖는 권한이 미미할지라도 벤처 자본가들은 댑의 가치를 수십억 달러로 평가하곤 한다.

그러나 메타버스를 둘러싼 진정한 전쟁은 주요 기업 간에 또는 이들 기업과 이를 대체하려는 신생 기업 간에 벌어지는 전쟁이 아니다. 그것은 '중앙화'와 '탈중앙화'의 싸움이다. 물론 어느 한쪽도 진정으로 '승리'할 수는 없기 때문에 이러한 틀은 불완전하다. 문제는 메타버스가 양측의 어디쯤에 자리하고 있는지, 시간이 흐르면서 어떤 이유로, 또 어떤 방향으로 메타버스의 위치가 바뀌는지 알아야 한다는 점이다. 애플은 2007년 폐쇄형 모바일 생태계를 출시함으로써 기존의 통념과 반대되는 방식에 회사의 명운을 걸었다. 애플의 성공은 의심할 여지 없이 더 크고 성숙한 디지털 경제, 특히 모바일 경제를 불러일으켰고, 역사상 가장 가치 있고 수익성 있는 기업과 제품을 탄생시켰다. 하지만 그로부터 15년 후, 미국 개인용 컴퓨터 시장에서 애플의 점유율이 2퍼센트 미만에서 3분의 2 이상으로 증가하면서(소프트웨어 판매 점유율은 4분의 3에 가깝다) 이제 애플의 지배력은 업계 전체의 혁신을 저해하는 수준에 이르렀다. 개발자와 소비자 입장에서 선택의 폭이 좁아졌기 때문이다. 애플의 CEO 팀 쿡은 에픽게임즈가 애플을 상대로 제기한 소송에서 개발자에게 대체 결제 솔루션으로 연결시킬 수 있는 링크를 앱 내부에 허용하는 것은 "본질적으로 애플의 지적재산권에 대한 총수익을 포기하는 것"과 같다고 증언했다.[2] 차세대 인터넷은 그와 같은 정책에 크게 제약을 받아서는 안 된다. 지금까지 큰 인기를 끌고 있는 '최초의 메타버스'인 「로블록스」는 애플이 iOS를 통제했던 것과 같은 이유로 콘텐츠, 유통, 결제, 계정 시스템, 가상 상품을 강제로 묶어 제공하는 등 가능한 한 많은 경험을 엄격하게 통제해 성장을 이어가고 있다.

우리는 이러한 사실을 염두에 두고 메타버스가 현실 세계와 마찬가지로 탈중앙화와 중앙화의 장점을 **두루** 이용해서 성장한다는 점을 인정해야 한다. 그리고 역시 현실 세계와 마찬가지로 탈중앙화와 중앙화 사이의 중간 지대는 고정되거나 쉽게 알아낼 수 있는 지점이 아니며 합의된 지점도 아니다. 하지만 대부분의 기업과 개발자, 사용자가 탈중앙화와 중앙화 중 하나에만 해당될 수 없다는 기본적인 원리를 받아들인다면 몇 가지 명백한 정책적 접근법은 찾을 수 있다.

예를 들어, 에픽게임즈가 개발자에게 허용하는 언리얼 라이선스는 라이선스 보유자에게 특정 언리얼 엔진 빌드에 대한 무기한 권리를 부여하는 방식으로 작성된다. 에픽게임즈는 버전 4.13, 특히

5.0 또는 6.0 같은 후속 빌드와 업데이트를 제공해 라이선스를 변경할 수 있는데, 이와 같은 권리를 양보하는 것은 금전적으로 비실용적이며 결과적으로 개발자에게 해로울 수도 있다. 하지만 이와 같은 정책 덕분에 개발자는 언리얼을 사용하기로 선택하더라도 에픽게임즈의 변덕과 요구, 통제에 영원히 좌지우지될 가능성(메타버스에는 요금을 통제하는 위원회나 항소법원이 없다)을 염려하지 않아도 된다. 언리얼 라이선스를 통해 개발자는 맞춤형 기능과 타사 통합을 거의 자유롭게 제어할 수 있다. 예컨대, 향후 에픽게임즈가 추가하는 업데이트 버전 4.13, 4.14, 5.0 등을 더 이상 다운로드해 사용하지 않고 자체적으로 구축할 수도 있다.

2021년에 에픽게임즈는 언리얼 라이선스에 또 다른 중요한 사항을 변경했다. 개발자가 미결제 금액을 지불하지 않거나 계약을 완전히 위반한 경우라도 해당 라이선스를 종료할 수 있는 권리를 포기했다. 대신 결제 이행을 강제하거나 지원을 중단하기 위해 법원의 금지 명령을 받아내려면 고객을 고소해야 한다. 이처럼 에픽게임즈가 어떤 조치를 취하기 위해서는 더 어렵고 느리고 비용이 많이 드는 과정을 거쳐야 하지만, 이러한 정책은 개발자와 신뢰를 쌓기 위해 고안된 것이다. 에픽게임즈는 이것이 전반적으로 좋은 비즈니스가 되길 바라고 있다. 집주인이 임차인에게 임대차 계약을 위반했거나 임대료를 하루 또는 최대 60일 밀렸다고 주장하면서 언제든지 임차인을 집에서 내쫓을 수 있다면 어떨까? 이는 임차인의 심리적 건강에 해로울 뿐만 아니라 임대 행위와 도시 생활 자체를 저해할 게 분명하다. 메타버스에서 임차인은 특별한 이유 없이 강제로 쫓겨나거나 영구적으로 접근이 금지될 수 있고 소유물도 영구적으로 박탈당할 수 있다. 기술 자유주의자는 아마도 블록체인을 통한 탈중앙화에서 답을 찾을 것이다. 상호 배타적이지 않은 또 다른 해결책은 '현실 세계'의 법체계를 확장해 무형의 실체성을 반영하는 것이다. 팀 스위니는 "상품을 구축"하거나 "상품을 유통"하고 "고객 관계"를 관리하는 기업을 막을 수 있는 "판사, 배심원, 집행자 역할을 하는 강력한 기업"으로부터 이익을 얻을 사람은 아무도 없다고 주장한다.

나는 메타버스가 '신뢰를 쌓기 위한 경쟁'을 불러오길 바라고 있다. 주요 플랫폼들은 개발자를 유치하기 위해 수십억 달러를 투자해서 플랫폼을 더 간편하고 저렴하고 빨라지게 해 수익성 있는 더 나은 가상 상품과 공간, 세계를 구축하고 있다. 하지만 이들은 단순히 배급사나 플랫폼에 그치는 것이 아니라 파트너가 될 자격이 있음을 정책을 통해 증명할 방법에 새롭게 관심을 보이고 있다. 이러한 접근은 언제나 훌륭한 비즈니스 전략으로 여겨졌지만, 메타버스 구축에 막대한 투자와 개발자의 신뢰가 필수적인 오늘날에는 가장 우선시되는 중심 전략으로 떠올랐다.

2021년 4월, 마이크로소프트는 PC 윈도 스토어에서 판매되는 게임에 대해 통상적인 수수료 30퍼센트(엑스박스에서 계속 유지되고 있다)가 아닌 12퍼센트만 부과할 것이며, 엑스박스 사용자는 엑스박스 라이브 서비스를 별도로 구독할 필요 없이 무료로 게임을 즐길 수 있다고 밝혔다. 그로부터 2개월 후, 이 정책은 비게임 앱에서 마이크로소프트의 결제 솔루션이 아닌 자체 결제 솔루션을 사용할 수 있도록 개정되었다. 덕분에 앱 개발자는 비자 또는 페이팔과 같은 기본 결제 채널에서 부과하는 수수료 2~3퍼센트만 지불하면 된다. 그해 9월, 엑스박스는 에지 브라우저가 '현대 웹 표준'으로 업데이트되어 사용자가 마이크로소프트 스토어나 라이브 서비스를 사용하지 않고도 구글의 스테이디어와 엔비디아의 지포스 나우 등 엑스박스의 경쟁업체가 소유한 클라우드 게임 스트리밍 서비스를 즐길 수 있을 것이라고 발표했다.

2022년 2월, 마이크로소프트는 윈도 운영체제를 위한 새로운 14개 정책 플랫폼과 "게임용으로 구축한 차세대 마켓플레이스"를 발표하면서 정책적으로 매우 의미심장한 변화를 꾀했다. 여기에는 타사 결제 솔루션과 앱스토어를 지원하고 해당 기능을 사용하기로 선택한 개발자에게 불이익을 주지 않겠다는 공약과 사용자가 이러한 대체 수단을 기본 옵션으로 설정할 수 있는 권리, 개발자가 최종 사용자와 직접 소통할 수 있는 권리가 포함되었다(심지어 사용자에게 마이크로소프트의 스토어나 서비스 제품군을 이용하지 않아야 더 나은 가격 조건이나 서비스를 받을 수 있다고 말하는 행위까지도 포함된다). 결정적으로 마이크로소프트는 엑스박스 하드웨어가 판매될 때 단위당 손실이 발생하더라도 마이크로소프트의 독점 스토어에서 판매되는 소프트웨어를 통해 누적 이익이 창출되도록 설계되었으므로, 이러한 모든 원칙이 "현재 엑스박스 콘솔 스토어와 도매점에 즉시 적용"되는 것은 아니라고 밝혔다. 그러나 마이크로소프트는 "엑스박스 콘솔 내 스토어에 대해서도 비즈니스 모델을 조정할 필요가 있음을 인지하고 있으며…… 나머지 원칙에 대한 격차를 점차 좁히기 위해

최선을 다할 것”이라고 말했다.³

2021년 10월, 마크 저커버그는 페이스북의 메타버스 전략을 공개하는 자리에서 “메타버스 경제를 극대화”하고 개발자를 지원할 필요성에 대해 분명하게 밝혔다. 그는 이를 위해 적어도 오늘날 다른 소프트웨어 플랫폼이 취하는 접근 방식을 참고하여 페이스북의 VR과 (곧 출시될) AR 장치가 갖는 힘과 이익을 줄이고 개발자에게 이득이 되는 일련의 정책 공약을 내놓았다. 예를 들어, 저커버그는 페이스북의 장치가 계속 제조 원가 이하로 판매될 것이며(콘솔과 유사하지만 스마트폰과는 다르다), 사용자가 개발자로부터 직접 또는 경쟁 앱스토어를 통해 앱을 다운로드하는 행위를 허용할 것이라고 말했다. 또한 오큘러스 장치를 사용할 때 더 이상 페이스북 계정을 요구하지 않을 것이며(2020년 8월에 새로운 정책으로 추가되었다), 자체 API 제품군을 만들지 않고 브라우저 기반 AR과 VR 앱을 위한 오픈소스 API 컬렉션인 웹XR과 설치된 AR과 VR 앱을 위한 오픈소스 API 컬렉션인 오픈XR을 계속 사용할 것이라고 발표했다. 앞서 10장에서 살펴보았듯이, 다른 컴퓨팅 플랫폼들은 거의 모두 화려한 브라우저 기반 렌더링을 차단하거나 자체 API 컬렉션 사용을 요구한다.

그 후 몇 주 동안 페이스북은 여러 API 활성화와 한때 지원했으나 몇 년 동안 차단했던 경쟁 플랫폼들과의 통합을 허용하기 시작했다. 가장 주목할 만한 사례는 트위터에 인스타그램 링크를 게시해 관련 인스타그램 사진이 트윗 내부에 표시되게 하는 기능이다. 인스타그램은 2010년 출시 이후 얼마 되지 않았을 때 이러한 API를 제공했지만, 2012년 페이스북에 인수된 지 8개월 만에 관련 API를 제거했었다.

마이크로소프트, 페이스북, 그 외 다른 '웹 2.0' 대기업들의 전략을 들여다보면 부정적으로 받아들이기 쉽다. 2020년 5월 마이크로소프트 사장 브래드 스미스Brad Smith는 오픈소스 소프트웨어와 관련해 회사가 "낡은 생각에 갇혀 있었다"라고 평가했고, 2022년 2월에는 미국 상원에서 통과된 법안을 공개적으로 지지했다. 이 법안은 애플과 구글에 자체 모바일 운영체제를 타사 앱스토어와 결제 서비스에 개방할 것을 요구하는 내용을 담고 있다(그는 "중요한" 이 법안이 "경쟁을 촉진하고, 공정과 혁신을 보장할 것"이라고 말했다).[4] 마이크로소프트가 애플과 구글처럼 모바일 분야에서 성공을 거두고 이들에게 밀려나지 않았다면, 또는 엑스박스가 콘솔 1위에 올라섰다면, 어쩌면 관점을 바꾸는 일은 없었을지도 모른다. 페이스북이 자체 운영체제를 가지고 있어 제약을 받는 일이 없었다면 사이드로딩(앱스토어 같은 승인된 소프트웨어 배포 채널을 통하지 않고 장치에 앱을 다운로드해 설치할 수 있도록 지원하는 행위―옮긴이)에 대해 느긋한 태도를 보일 수 있었을까? 페이스북이 너무 늦지 않게 인기 있는 게임 플랫폼을 구축할 수 있었다면 오픈XR과 웹XR에 진정으로 기대고 싶었을까?

'신용과 허가가 필요 없는' 블록체인 프로그래밍의 특성이 암시하듯, 웹3 움직임은 대체로 지난 20년 동안 디지털 앱, 플랫폼, 생태계에 쏟아진 불만에서 비롯된 것이다. 우리는 '웹 2.0' 시대에 구글 지도와 인스타그램처럼 훌륭한 서비스를 무료로 이용했고, 이러한 서비스를 기반으로 많은 직업과 비즈니스가 탄생했다. 하지만 이러한 교환이 공정하지 않다고 생각하는 사람들이 많다. 사용자는 '무료 서비스'를 이용한 대가로 이러한 서비스에 '무료 데이터'를 제공했고, 이렇게 수집된 데이터는 수천억에서 수조 달러 가치로 평가받는 기업들을 설립하는 데 사용되었다. 심지어 이러한 기업들은 사실상 데이터를 영구적으로 소유하므로 데이터를 생성한 사용자가 다른 곳에서 해당 데이터를 사용하기는 어렵다. 예를 들어, 아마존이 고객에게 제안하는 추천 상품은 수년에 걸쳐 축적된 검색과 구매 기록을 기반으로 생성된 결과이므로 그 영향력이 매우 강력하다. 하지만 결과적으로 월마트(또는 기타 '신생 기업')는 아마존과 동일한 상품의 재고를 확보해 더 낮은 가격을 제안하고 유사한 기술을 구현할 수 있을지라도 아마존 고객을 만족시키기가 더욱 어려워질 것이다. 따라서 사용자가 자신의 기록을 다른 경쟁 사이트로 내보낼 수 있도록 아마존이 관련 권리를 제공해야 한다고 주장하는 사람들도 많다. 인스타그램 사용자는 기술적으로 모든 사진을 다운로드 가능한 압축 파일로 내보낸 후 경쟁 서비스에 업로드할 수 있지만, 이러한 과정은 그리 쉽지 않으며 각 사진에 달린 '좋아요'와 댓글을 함께 가져갈 방법이 없다. 종합해 보면, '사용자의 데이터를 기반으로' 구축된 기업이 현실 세계를 극적으로 악화시켜 기업의 서비스를 사용하는 사람들의 심리적, 정서적 생활에 부정적인 영향을 미치고 있다고 믿게 된 사람이 많다. 저커버그가 회사명을 '메타'로 변경한다는 소식에 조롱 섞인 반응이 쏟아졌다. 페이스북 같은 기업이 우리 삶에 더 깊이 침투해야 하는 이유는 무엇일까? 빅테크 기업들은 깁슨, 스티븐슨, 클라인이 소설에 묘사한 디스토피아를 이미 너무 많이 만들어내진 않았는가?

'웹3'와 '메타버스'라는 용어가 함께 묶이는 것은 그리 놀라운 일이 아니다. 웹 2.0의 철학과 역사에 동의하지 않는다면, 영리를 추구하는 기술 거대 기업이 평행 세계를 운영할 때, 즉 가상 세계를 이루는 '원자'를 작성하고 실행하고 전송할 때 그러한 기업들에 부여될 힘을 생각하면 섬뜩할 것이다. 메타버스라는 용어와 많은 영감이 디스토피아적인 공상과학소설에서 비롯되었다는 이유만으로 메타버스를 디스토피아적인 요소로 바라보는 것은 잘못된 생각이지만, 이러한 가상의 우주(매트릭스, 메타버스, 오아시스)를 통제하는 주체들이 그것을 악용하는 경향을 보이는 데는 이유가 있다. 그들의 권력은 절대적이며 절대 권력은 부패한다. 스위니의 경고를 다시 떠올려보자. "하나의 기업이 중앙에서 메타버스의 통제권을 거머쥔다면 어떤 정부보다도 강력한 지상의 신이 될 것입니다."

바로 이것이 우리가 메타버스를 진지하게 다뤄야 하는 이유다. 우리는 이 메타버스를 적절히 통제할 수 있을까? 이제 메타버스가 우리 주변 세계에 영향을 미치는 방식을 둘러싼 정책에 대해 살펴보자.

15장

메타버스적 존재

디지털 시대는 우리 생활의 많은 부분을 개선했다. 지금처럼 많은 정보에 접근할 수 있는 권한이 주어지고 상당한 양의 정보를 무료로 이용할 수 있었던 때는 없었다. 그동안 소외되었던 집단과 개인들이 커다란 디지털 메가폰을 손에 들고 끊임없이 소통하며, 물리적으로 멀리 떨어져 있는 사람들이 서로를 더 가깝게 느낄 수 있게 됐다. 예술이 그토록 쉽게 발견되고, 그토록 많은 예술가가 자신의 작품으로 돈을 벌었던 때도 없었다.

TCP/IP가 확립된 지 수십 년이 지났지만, 우리 사회는 여전히 온라인 생활에서 수많은 도전 과제와 씨름하고 있다. 예컨대, 허위 정보와 조작, 급진주의, 괴롭힘과 학대, 제한된 데이터 권리, 열악한 데이터 보안, 알고리즘과 개인화에 따른 제약과 자극, 온라인 참여로 인한 전반적인 불행, 강제력이 없는 규제 속에서 급증한 플랫폼 권한 등이 바로 그것이다. 이러한 문제들은 대체로 시간이 지나면서 더욱 극심해졌다.

모바일 시대에 우리가 직면한 문제 중 대부분은 기술에 의한 것들이지만, 언제나 그 중심에는 인간과 사회의 문제가 있어 왔다. 더 많은 사람과 시간, 지출이 온라인으로 이동하면서 이러한 문제의 상당수가 역시 온라인으로 옮겨갔다. 수만 명의 콘텐츠 심사 전문가가 페이스북에서 활동하고 있다. 더 많은 심사 전문가를 고용해 플랫폼에서 벌어지는 괴롭힘, 허위 정보 등 여러 유해한 문제를 해결할 수만 있다면 마크 저커버그는 그 누구보다도 앞장서서 인력을 늘릴 것이다. 하지만 매일 수십억은 아닐지라도 적어도 수억 명에 달하는 사용자를 포함한 기술 산업은 '차세대 인터넷'을 향해 나아가고 있다. 「로블록스」에서 활동하는 수많은 개인 제작자를 떠올려 보자.

메타버스 개념은 우리의 삶, 노동, 여가, 시간, 소비, 부, 행복, 관계의 상당 부분이 점차 온라인으로 연결된다는 것을 의미한다. 사실 이것들은 페이스북 게시물이나 인스타그램 업로드처럼 단순히 온라인에 게시되거나 디지털 장치와 소프트웨어의 도움을 받는 것이 아니라 구글 검색 또는 아이메시지처럼 그 자체가 온라인에 **존재**할 것이다. 결과적으로 인터넷으로 얻는 이점이 더욱 증가할 테지만, 이 사실은 아직 해결되지 않은 커다란 사회-기술적 문제를 악화시킬 것이다. 이러한 문제들은 번갈아 가며 발생하기 때문에 지난 15년 동안 소셜 미디어와 모바일 인터넷으로 얻은 교훈을 단순히 다시 적용하기는 어렵다.

2010년대 중반, 흔히 ISIS로 칭하는 수니파 무장 조직 이라크 시리아 이슬람국은 소셜 미디어를 활용해 급진 이념을 선전하며 외국 국적자를 포섭하고 시리아로 훈련을 받으러 오게끔 설득한다. 이로 인해 많은 국가에서는 시민들이 이 무장 단체의 일원이 될 가능성을 우려해 여러 중동 국가 중에서도 시리아에 체류한 이력이 있는 사람들에게 '적색 경보'를 내렸다. 실시간으로 렌더링된 화려한 3D 가상 세계는 확실히 급진주의 활동을 더 수월하게 만들고 사람들에게 모국을 떠나지 않고도 적절한 훈련을 받을 기회를 제공할 것이다(원격 교육이 개선되는 것과 같은 이유다). 동시에 메타버스에서는 사람들의 디지털 활동을 추적해 정보를 수월하게 알아낼 수 있으므로, 아마도 더 많은 사람이 명단에 올라 정부의 감시를 받을 것이다.

앞으로도 허위 정보와 선거 조작은 계속해서 증가할 가능성이 크고, 난데없는 선전 문구, 부정적이고 선동적인 트윗, 잘못된 과학적 주장 등 오늘날 나타나는 복잡한 문제들이 더욱 진부하게 느껴질 것이다. 탈중앙화는 빅테크 기업들이 초래한 많은 문제에 해결책으로 제시되곤 한다. 하지만 동시에 중재가 더 어려워지고, 불평과 불만을 저지하기도 힘들어지며, 불법 자금 조달의 어려움을 오히려 덜어줄 것이다. 괴롭힘은 주로 텍스트, 사진, 동영상으로 제한될지라도 디지털 세계에서는 이미 수많은 사람의 인생을 짓밟고 해를 끼치는 것도 모자라 좀처럼 막을 수조차 없는 역병처럼 여겨진다. '메타버스 남용'을 최소화하기 위해 몇 가지 가설에 기초한 전략을 수립해 볼 수 있다. 예를 들어, 사용자는 주어진 공간에서 다른 사람들과 상호 작용하기 위해 다른 사용자에게 명시적으로 권한 등급을 부여해야 할 수 있고(예: 모션 캡처의 경우 햅틱을 통한 상호작용 기능 등), 플랫폼도 자동으로 특정 기능을 차단할 것이다('터치 금지 영역'). 하지만 분명히 새로운 형태의 괴롭힘이 나타날 것이다. 시각적 충실도가 높은 아바타, 딥페이크, 합성 음성 구축, 모션 캡처 등 새로운 가상 기술과 물리적 기술로 구동되는 메타버스에서 '리벤지 포르노'가 어떤 형태를 취할지 우려의 목소리가 나오는 건 당연하다.

데이터 권리와 사용에 관한 의문은 더욱 추상적이면서도 복잡하다. 개인 정보에 접근하는 민간 기업과 정부와 관련된 문제뿐만 아니라 사용자가 공유하는 내용을 이해하는지의 여부를 포함해 더욱 근본적인 문제도 발생한다. 사용자의 정보는 적절하게 평가되고 있을까? 플랫폼은 해당 사용자에게 정보를 다시 돌려주는 것과 관련해 어떤 의무를 져야 할까? 무료 서비스는 사용자에게 데이터 수집을 '매수'할 선택지를 제공해야 할까? 만일 그렇다면 그러한 선택지의 가치는 어떻게 평가해야 할까? 현재 이러한 질문에 맞는 완벽한 정답은 아직 없으며, 그러한 정답을 찾을 방법도 없다. 하지만 메타버스는 더 많은 데이터와 더 중요한 정보가 온라인에 배치된다는 것을 의미한다. 이는 수많은 제3자와 데이터를 공유하는 동시에 이들이 해당 데이터를 수정할 수 있도록 허용한다는 뜻도 된다. 이러한 새로운 프로세스는 누가, 어떻게 안전하게 관리할 수 있을까? 만일 실수, 실패, 손실, 위반이 발생할 경우 구제 수단은 무엇일까? 이때 어떤 주체가 가상 데이터를 소유해야 할까? 어떤 기업이 「로블록스」 내에서 이뤄지는 개발에 수백만 달러를 투자한다면 직접 구축한 것에 대한 권리를 갖게 될까? 다른 플랫폼으로 가져갈 권리는 없을까? 「로블록스」 내에서 토지나 상품을 구매한 사용자는 그러한 권리를 갖고 있을까? 그러한 권리를 가져야 할까?

메타버스는 노동과 노동시장의 본질을 재정의할 것이다. 현재 해외로 아웃소싱되는 직무는 대체로 기술 지원과 청구서 처리와 같이 비교적 단순한 업무이며 음성으로만 이뤄진다. 한편 긱 이코노미는 종종 대면으로 이뤄지지만, 역외 아웃소싱과 대체로 유사한 측면이 있다. 승차 공유, 청소, 개 산책 등이 대표적인 예다. 하지만 이러한 양상은 가상 세계, 체적형 디스플레이, 라이브 모션 캡처, 햅틱 센서 기술이 발전함에 따라 달라질 것이다. 카지노를 그대로 옮긴 가상의 디지털 트윈에서 근무하는 블랙잭 딜러가 굳이 라스베이거스 근처에 살 필요는 없다. 심지어 미국에 살지 않아도 된다. 세계 최고의 강사들(그리고 성 노동자들)은 프로그램 일정을 짜고 시간당 경험을 제공할 것이다. 소매점 직원은 수천 마일 떨어진 곳에서 고객에게 '전화'해 더 나은 서비스를 제공할 수도 있다. 매장을 돌아다니며 마냥 고객을 기다리기보다 도움이 필요한 고객에게 다가가 추적과 투사 카메라를 이용해 대체 사이즈나 맞춤형 서비스 등에 대해 상담할 수 있다.

그렇다면 고용권과 최저임금법은 메타버스에 어떤 의미가 있을까? 요가 홈 피트니스 플랫폼 미러 강사가 페루 리마에 살 수 있을까? 블랙잭 딜러는 인도 벵갈루루에 살 수 있을까? 만일 가능하다면 대면 노동 공급(그리고 대면 노동임금)에 어떤 영향을 미칠까? 이 것은 전혀 새로운 질문이 아니다. 하지만 메타버스가 세계 경제에서 수조 달러(또는 젠슨 황의 예상대로 절반 이상)를 차지하게 된다면 이러한 비대면 노동은 더욱 중요한 요소가 될 것이다. 가장 우울한 미래상은 불가능을 가능하게 하는 가상 놀이터인 메타버스가 '제1세계'의 기쁨을 위해 피땀 흘려 일하는 '제3세계' 노동자에게서 동력을 얻는다는 점이다.

가상 세계의 정체성에 대한 의문도 제기되고 있다. 현대사회가 문화적 전유cultural appropriation(주류 문화권의 구성원이 다른 비주류 문화권의 언어나 예술적 표현, 정체성 요소 등을 가져와 활용하는 현상―옮긴이), 의복과 헤어스타일의 윤리성에 대한 문제로 고심하는 동안, 우리는 아바타를 사용해 잠재적으로 더 진실된, 자신의 다른 모습을 드러내는 것과 그러한 모습을 충실하게 재현해야 할 필요성 사이에서 갈등하고 있다. 백인 남성의 아바타가 호주 원주민 여성의 아바타가 되는 것은 괜찮을까? 이 질문에 답할 때 아바타의 사실성이 문제가 될까? 아바타의 소재가 (가상의) 유기재인지, 아니면 금속인지에 따라 달라질까?

예를 들어, 최근 크립토펑크 NFT 컬렉션을 중심으로 온라인 정체성에 대한 의문이 제기되었다. 알고리즘 방식으로 생성된 24×24 픽셀 크기의 2D 아바타 '크립토펑크' 1만 개는 모두 이더리움 블록체인에 발행되며 일반적으로 다양한 소셜 네트워크에서 프로필 사진으로 사용된다. 가장 저렴한 크립토펑크 매물은 유색인종을 나타낸 그림일 가능성이 크다. 일각에서는 이러한 가격 격차가 인종차별을 명백하게 보여준다고 말한다. 한편 암호화폐 커뮤니티의 백인 구성원이 유색인종 크립토펑크를 사용하는 것이 적절하지 않다는 믿음이 가격에 이미 반영되었다고 주장하는 사람들도 있다. 이러한 견해를 가진 사람들은 백인이 유색인종 크립토펑크를 소유하는 것조차 적절하지 않다고 주장한다. 만일 그렇다면 대부분의 크립토펑크가 매매되는 미국과 암호화폐 커뮤니티 전체의 인종 구성에 비해

백인 크립토펑크의 수가 불균형적으로 낮다는 사실이 가격 할인에 반영된 것이라고 볼 수 있다. 따라서 '비백인' 크립토펑크의 가격이 유독 낮은 것이 아니라 '백인' 크립토펑크가 너무 희소하다는 게 문제다. 어쩌면 비백인 크립토펑크에 대한 가격 '할인'은 긍정적인 현상으로 해석할 수도 있다. 덕분에 자산이 적은 사람들도 이러한 아바타와 멤버십 카드를 비교적 저렴한 가격에 거래할 수 있기 때문이다.

'디지털 격차'와 '가상 격리'는 해결하기 수월해 보이지만, 또 다른 걱정거리로 떠오르고 있다. 10년 전 사람들은 초강력 모바일 장치(대부분 '피처폰'보다 수백 달러 더 비싸다)가 채택되면 불평등을 악화시킬 것이라고 우려했다. 가장 많이 언급되는 사례는 교육 분야에서 사용하는 아이패드다. 일부 학생들은 장치를 살 돈이 없어 오래된 '아날로그' 방식과 개인 맞춤형이 아닌 교과서에 의존해야 하는데 같은 또래 부유한 학생들은 (옆자리에 앉든 멀리 떨어진 사립학교에 다니든) 자주 업데이트되는 디지털 교과서를 활용한다면 어떤 일이 벌어질까? 다행히 장치 비용이 하락하고 활용도가 계속 확장되면서 이러한 우려는 완화되었다. 2022년 최신 아이패드는 250달러 미만 가격에 판매되고 있다. 대부분의 PC보다 성능이 훨씬 뛰어나면서도 가격은 저렴하다. 현재 가장 값비싼 아이폰은 2007년 초기 아이폰보다 3배 더 비싸졌지만, 애플에서 판매하는 가장 저렴한 아이폰은 그때보다 20퍼센트 저렴해졌고(인플레이션 조정 시 40퍼센트 더 저렴하다) 컴퓨팅 연산력은 100배 이상 개선되었다. 이러한 장치들은 교실용으로 별도 구매할 필요가 없다. 대부분의 학생이 이미 하나씩 소유하고 있기 때문이다. 이는 대부분의 소비자용 전자 제품에서 나타나는 특징이기도 하다. 처음에는 부유층을 위한 장난감으로 시작하지만, 초창기에 벌어들인 판매 수익이 더 많은 투자를 가능케 하고 비용을 개선함으로써 더 많은 판매를 유도하고 생산 효율성을 높여 제품 가격을 낮추면서 다시 선순환을 일으킨다. VR과 AR 헤드셋의 미래도 이와 다르지 않을 것이다.

사람들이 외출도 하지 않고 VR 헤드셋을 쓴 채 집에 틀어박혀 사는 미래를 걱정하는 것은 당연하다. 하지만 그러한 우려는 전후 사정을 무시한 것이다. 예를 들어, 미국에서는 약 3억 명이 하루 평균 5시간 30분(또는 총 15억 시간) 동안 동영상을 시청한다. 소파에 앉거나 침대에 누워 홀로 동영상을 시청하는 사람도 많다. 모두 사교적이지 않은 행동이다. 할리우드에서 흔히 호언장담하듯, 동영상 콘텐츠는 수동적으로 소비된다(편안하게 등을 기대고 시청한다는 뜻에서 업계 용어로 '린백 엔터테인먼트'로 부른다). 이러한 시청 시간을 사교적이고 상호작용하며 참여도가 높은 엔터테인먼트로 전환한다면 사람들이 계속 실내에 머물더라도 부정적이기보다 긍정적인 효과를 불러올 수 있다. 이것은 특히 노인들에게 해당된다. 미국 노인들은 하루 평균 7시간 30분 동안 TV를 시청한다. TV를 보는 데 남은 인생의 절반을 소비하기 위해 은퇴와 장수를 꿈꾸는 사람은 거의 없을 것이다. 메타버스는 카리브해에서 실제로 경험하는 항해에는 미치지 못할지라도 오랜 친구와 함께 가상 요트를 운항하는 즐거움을 대체로 실현할 수 있고, 모든 종류의 디지털 전용 혜택을 제공할 것이다. 노인들은 정오에 폭스 뉴스 또는 MSNBC를 시청하는 것보다 메타버스에서 활동하는 것을 더 선호할지도 모른다.

만지면 만직수록 더 엉키는 실뭉치

메타버스는 예측하기 어렵고 반복적이며 여전히 모호하기 때문에 지나치게 파괴적이다. 따라서 앞으로 발생할 문제를 파악하고, 이미 발생한 문제를 가장 적절하게 해결하고 조정할 방법을 알아내는 것은 불가능하다. 하지만 우리는 유권자, 사용자, 개발자, 소비자로서 중개자를 거치기 마련이다. 이는 가상 공간을 탐색하는 가상 아바타뿐만 아니라 메타버스를 누가, 어떻게, 어떤 철학을 기반으로 구축하는지 등 여러 가지 쟁점과도 관련이 있다.

나는 캐나다인으로서 다른 사람들보다 정부가 메타버스에서 좀 더 적극적으로 많은 역할을 수행해 주길 바라는지도 모른다. 사람들이 생각하는 이상적인 자유 시장 자본주의에 대해 고찰하고 글을 쓰고 논하는 데 내 인생의 상당 부분을 할애했지만 말이다. 하지만 무엇보다 메타버스가 직면한 더 심각한 문제는 가상 세계 플랫폼 운영업체와 서비스 제공업체를 관리 감독하는 기관이 없다는 점이다. 아마도 이러한 민간 기업들만으로는 건전한 메타버스를 만들기 어렵다는 견해에 많은 독자가 동의할 것이다.

국제 인터넷 표준화 기구(IETF)의 중요성을 다시 떠올려보자. 본래 이 기구는 자발적인 인터넷 표준 중에서도 특히 TCP/IP를 이끌기 위해 미국 연방정부가 설립했다. IETF와 다른 비영리단체(몇몇 단체는 국방부에 의해 창설되었다)가 없었다면 우리가 알고 있는 인터넷 대신 규모가 더 작고, 더 많은 통제가 이뤄지고, 활동성이 부족한 인터넷이 탄생했을 것이다. 아니면 여러 다양한 '망' 중 하나가 되었을지도 모른다.

IETF 작업은 오늘날까지 계속 이어지고 있지만 젊은 세대에는 거의 알려지지 않았다. 하지만 IETF의 노력이 대부분 배후에서 이뤄진다는 이유로, 서구권 국가들이 효과적인 기술 규제와 감독 역할을 수행할 역량이 없다고 믿는 사람이 많다. 나는 여기서 독과점을 거론하진 않으려 한다. 물론 독과점이 시급한 문제이긴 하지만, 그보다 기술 개발에서 정부의 역할을 논하고 싶다. 사실 정부와 기술 발전 사이에 뚜렷하게 나타나는 격차는 비교적 최근에 발생한 문제다. 20세기 전반에 걸쳐 정부는 통신, 철도, 석유, 금융 서비스, 그리고 인터넷 등 새로운 기술을 이끌어가는 역량을 충분히 갖추고 있음을 입증했다. 정부가 다소 뒤처지는 모습을 보인 건 지난 15년에 불과하다. 메타버스는 사용자, 개발자, 플랫폼뿐만 아니라 새로운 규칙, 표준, 관리 기관이 등장할 기회를 제공하고, 해당 관리 기관에 대한 새로운 기대치도 설정한다.

그렇다면 이러한 정책은 어떤 형태를 취해야 할까? 먼저 투명하게 밝힐 것이 있다. 이러한 질문은 윤리, 인권, 판례 기록을 아우르므로 신중하고 조심스럽게 접근해야 한다. 메타버스에 접속하는 데 사용되는 장치(그리고 관련 비용), 이러한 장치가 제공하는 경험의 품질, 플랫폼 수수료 등 이 책에서 자세히 설명하는 여러 요소 외에도 분명한 사회정의에 대한 문제가 존재한다. 나는 이러한 문제들을 인지하고 있고, 관련 사항에 대해 훨씬 명확하게 설명해 줄 수 있는 권위자들을 알고 있다. 나는 이 책의 이전 장에서 제기한 쟁점을 자세히 설명하고 내 전문 분야를 반영한 일종의 틀을 제공할 것이다.

2022년 미국, 유럽연합, 한국, 일본, 인도 등 세계 각국의 정부가 애플과 구글이 인앱 결제 정책을 일방적으로 통제하고 경쟁업체의 결제 서비스를 차단하거나 다른 결제 채널(예: ACH와 전신)을 배제할 권리를 가지는 것이 정당한지에 초점을 맞추고 있다. 먼저 애플과 구글의 패권을 해체하는 것이 좋은 출발점이 될 것이다. 이는 개발자의 이윤을 빠르게 늘리거나 소비자가격을 낮추고, 새로운 비즈니스와 비즈니스 모델을 촉진하고, 일관성 없는 수수료를 없애 개발자가 더 이상 가상 경험과 소비자 지출보다 물리적인 상품이나 광고에 치중하지 않도록 이끌 것이다. 하지만 앞서 살펴보았듯이, 결제는 플랫폼이 개발자, 사용자, 잠재적 경쟁업체 등을 통제하기 위해 사용하는 여러 수단 중 하나일 뿐이다. 애플과 구글의 목표는 온라인 매출에서 각자의 점유율을 최대로 끌어올리는 것이다. 따라서 규제 기관은 플랫폼이 하드웨어와 운영체제에서 사용자 ID, 소프트웨어 배포, API, 자격을 개별적으로 분리하도록 강제해야 한다. 메타버스와 디지털 경제가 발전하려면 사용자가 자신의 온라인 ID와 구매하는 소프트웨어를 온전히 '소유'할 수 있어야 한다. 사용자는 해당 소프트웨어를 설치하고 비용을 지불할 방식을 선택할 수 있어야 하며 개발자는 특정 플랫폼에서 소프트웨어를 배포하는 방식을 자유롭게 결정할 수 있어야 한다. 궁극적으로 사용자와 개발자는 특정 기업이 자체 운영체제에서 결과 코드 실행을 선호하는 것과 상관없이 어떤 표준과 최신 기술이 자신에게 가장 적합한지 결정할 수 있어야 한다. 한데 묶인 서비스를 분리하면 자사의 운영 체제를 중심으로 활동하는 기업들이 개별 제품의 장점을 내세우며 좀 더 확실하게 경쟁에 뛰어들 것이다.

독립형 게임 엔진, 통합 가상 세계, 앱스토어를 기반으로 구축하는 개발자들은 더 강력하게 보호되어야 한다. 예컨대, 개발자용 언리얼 라이선스와 관련해 스위니의 접근 방식이 바람직할 것이다. 즉, 라이선스 종료에 대한 통제권을 기업 내부 결정이 아닌 법정 절차로 넘기는 것이다. 하지만 영리기업이 실질적인 법률의 적용 범위가 끝나는 지점과 입법과 사법 절차가 시작되는 지점을 판단하는 유일한 집단이 되어서는 안 된다. 에픽게임즈의 사례처럼 '이타주의'가 좀 더 바람직한 사업 관행과 연관이 있을지라도 우리는 기업의 이타주의에만 기대면 안 된다. 결정적으로 가상 자산, 가상 임대, 가상 커뮤니티에 대한 새로운 법률이 구체적으로 작성되지 않는 한, 물리적인 상품과 쇼핑몰, 물리적인 인프라 시대에 맞춰 고안된 법률이 잘못 적용되고 악용될 가능성이 크다. 언젠가 메타버스 경제가 현실 세계의 경제와 경쟁을 벌이게 된다면 정부는 메타버스에서 창출되는 일자리와 비즈니스 거래, 소비자 권리를 현실 세계와 마찬가지로 진지하게 받아들여야 한다.

개발자가 제작한 환경과 자산, 경험을 원하는 곳으로 내보내려면 통합 가상 세계 플랫폼의 지원이 필요하므로, 이러한 플랫폼의 지원 방법과 범위에 관한 정책을 제정하는 것은 좋은 출발점이 될 것이다. 이것은 규제 기관이 직면한 비교적 새로운 문제다. 현재 인터넷에서는 사진, 텍스트, 오디오 파일 또는 동영상 등 거의 모든 온라인 '콘텐츠 단위'가 소셜 플랫폼, 데이터베이스, 클라우드 제공업체, 콘텐츠 관리 시스템, 웹 도메인, 호스팅 회사 등을 거쳐 전송될 수 있다. 마찬가지로, 코드도 대체로 전송할 수 있다. 그렇지만 콘텐츠 중심의 온라인 플랫폼이 큰 어려움 없이 수십억 달러(또는 수조 달러) 규모의 비즈니스를 구축하고 있다는 점은 분명하다. 이러한 기업들은 콘텐츠 소비에 기반한 플라이휠을 구축하기 위해 굳이 사용자의 콘텐츠를 '소유'할 필요가 없다. 유튜브가 대표적인 예다. 콘텐츠 제작자인 유튜버는 손쉽게 다른 온라인 동영상 서비스로 갈아타고 전체 라이브러리를 옮길 수 있음에도 계속 유튜브를 사용한다. 그 이유는 유튜브가 더 많은 잠재 시청자를 제공하고 일반적으로 더 높은 수입을 제시하기 때문이다.

유튜버는 사실상 인스타그램, 페이스북, 트위치 또는 아마존으로 쉽게 갈아탈 수 있다. 다른 많은 플랫폼에서는 바로 이 점을 노려 유튜브 콘텐츠 제작자들을 자사의 플랫폼으로 끌어오기 위해 노력했다. 이는 결과적으로 콘텐츠 제작자를 만족시키기 위해 더 열심히 일하며 혁신을 꾀하고 전반적으로 더 책임감 있는 플랫폼으로 거듭나도록 유튜브를 자극했다. 마찬가지로 스냅챗 창작자가 인스타그램에서 틱톡, 유튜브, 페이스북 등 모든 소셜 서비스에 콘텐츠를 쉽게 게시할 수 있다는 사실은 제작 예산을 늘리지 않고도 시청자를 늘릴 수 있음을 의미한다. 유튜브 같은 플랫폼에서는 특정 창작자가 자사 플랫폼에서만 활동하길 원할 것이다. 이를 위해서는 창작자에게 여러 플랫폼에 걸쳐 채널을 운영하는 것이 너무 어렵고 비용이 많이 든다는 점을 내세우기보다 독점 활동에 대해 마땅한 보상을 지불해야 한다. 모든 소셜 네트워크가 시간이 흐르면서 자체 오리지널 프로그램, 수익 보장, 창작자 펀드 등 다양한 방안에 시선을 돌리는 데는 이유가 있다.

안타깝게도 '2D' 콘텐츠 네트워크에 적용되는 역학은 가상 세계 플랫폼(IVWP)으로 쉽게 이어지지 않는다. 유튜브 또는 스냅챗에서 제작된 콘텐츠는 대부분 해당 플랫폼에서 제공하는 도구로써 제작된 것이 아니다. 애플의 카메라 앱이나 어도비의 포토숍과 프리미어 프로 같은 독립 애플리케이션으로 제작된다. 스냅 필터를 사용하는 스냅챗 스토리 같은 소셜 플랫폼에서 콘텐츠를 만들더라도 해당 콘텐츠는 사진에 불과하기 때문에 보통 내보내기 쉬워 인스타그램 등에서 다시 사용할 수 있다. 반대로 IVWP용으로 만들어진 콘텐츠는 대부분 해당 IVWP에서 제작된다. 쉽게 내보내거나 용도를 변경할 수 없으며 아이폰의 '스크린숏' 기능과 유사한 '해킹' 기능이 없어 스냅챗 스토리에 게시된 콘텐츠를 가져올 방법이 없다. 따라서 「로블록스」에서 만든 콘텐츠는 기본적으로 「로블록스」 전용이다. 「로블록스」 콘텐츠는 유튜브 동영상이나 스냅챗 스토리처럼 짧은 영상이 아닌 실시간 스트리밍과 같으며, 유튜버의 브이로그처럼 카탈로그로 분류되지 않는다. 대신 지속적으로 업데이트되도록 설계되어 있다.

이러한 차이는 엄청난 결과로 이어진다. 개발자가 여러 IVWP에서 작업을 수행하려면 경험의 거의 모든 부분을 처음부터 다시 구축해야 하는데, 이는 사용자에게 가치가 없을뿐더러 시간과 비용을 낭비하는 투자나 마찬가지다. 대부분의 경우 개발자는 신경도 쓰기 않기 때문에 잠재 고객에게 다가갈 수 있는 범위가 제한되고 단일 플랫폼에 대한 의존도가 높아진다. 개발자가 특정 IVWP에 더 많이 투자할수록 해당 IVWP를 떠나기는 더더욱 힘들어진다. 다른 플랫폼으로 옮기려면 고객을 다시 확보해야 할 뿐만 아니라 처음부터 다시 구축해야 한다. 따라서 개발자는 새로운 IVWP가 우수한 기능과 경제성 또는 성장 잠재력을 제공할지라도 그것을 지원할 가능성이 줄어들고, 기존 IVWP는 개선에 대한 부담감이 줄어들 것이다. 지배적인 위치에 올라선 IVWP는 '지대추구'에 나설 수도 있다. 지난 10년 동안 대부분의 주요 플랫폼은 이러한 지대추구 행위로 비판을 받았다. 예를 들어, 페이스북이 뉴스피드 알고리즘을 변경한 탓에 페이스북 페이지에 자발적으로 '좋아요'를 누른 페이스북 사용자에게 다가가려면 사실상 광고를 구매해야 한다며 불만을 표시한 브랜드들이 많다. 2020년에 애플은 몇 가지 예외 사항을 제외하고 타사 ID 시스템(예: 페이스북 또는 지메일 계정으로 로그인)을 사용하는 모든 iOS 앱에서도 애플 계정 시스템을 지원해야 한다는 조항을 신설해 앱스토어 정책을 개정했다.

일부 IVWP에서는 선택적으로 내보내는 기능을 지원한다. 「로블록스」를 사용하면 「로블록스」에서 만든 모델을 OBJ 파일 형식을 사용해 블렌더로 가져올 수 있다. 하지만 이 책에서 살펴보았듯이, 어떤 시스템에서 데이터를 가져온다고 해서 해당 데이터를 곧바로 사용할 수 있는 건 아니다. 설사 사용할 수 있다 하더라도 그렇게 만드는 과정이 꼭 쉽지만은 않고(페이스북 데이터를 다운로드한 후 스냅챗으로 가져오는 것을 시도해 보면 바로 이해할 것이다) 무엇보다 플랫폼의 재량에 달려 있다(트위터에 게시물을 공유하는 데 사용되는 API를 종료한 인스타그램의 사례를 떠올려보자). 따라서 정부는 메타버스의 표준을 형성할 기회와 규제할 의무를 모두 지니고 있다. 규제 기관은 IVWP를 대상으로 내보내기 규칙과 파일 유형, 데이터 구조를 설정함으로써 해당 데이터에 접근하고 싶은 모든 플랫폼에 가져오기 규칙과 파일 유형, 데이터 구조에 대한 정보를 알려줄 수 있다. 궁극적으로 블로그나 뉴스레터를 옮기는 것처럼 가상 몰입형 교육 환경이나 AR 놀이터를 한 플랫폼에서 다른 플랫폼으로 가능한 한 쉽게 가져갈 수 있어야 한다. 물론 3D 세계와 로직은 HTML이나 스프레드시트처럼 간단하지 않기 때문에 이러한 목표를 완전히 달성하기는 어렵다. 하지만 데이터를 간편하게 이동하는 것을 목표로 삼아야 하며, 그것은 표준화된 충전 포트를 확립하는 것보다 훨씬 중요한 문제다.

애플과 안드로이드처럼 모바일 시대를 여는 데 기여한 기업들과 「로블록스」와 「마인크래프트」 등 메타버스의 시대를 세우는 데 기여한 기업들은 자사의 생태계에 대한 지배권을 내려놓고 다른 경쟁업체들이 이에 편승해 이익을 창출하는 행위를 억지로 허용해야만 하는 상황이 매우 부당하게 느껴질 것이다. 이러한 플랫폼에서 제공한 많은 서비스와 기술이 다채롭게 통합된 덕분에 큰 성공을 거둘 수 있었던 것도 사실이다. 하지만 보다 강화된 규제는 기업들의 성공을 반영하고 이에 대응하기 위해 나온 조치로 생각해볼 수 있다. 이는 함께 성장하고 새로운 선두 주자를 배출할 수 있는 시장 환경을 조성하고 유지하는 데 필요한 요소이기도 하다. 애플이 2020년 9월에 자사의 클라우드 게임 정책을 개정했을 때 《더 버지》는 다음과 같이 지적했다. "애플의 지침에 무엇이 포함되고 포함되지 않는지를 논하는 것은 무의미하다. 애플에게 궁극적으로 모든 권한이 있기 때문이다. 애플은 지침을 원하는 대로 해석하고, 원하는 시점에 시행하고, 마음대로 변경할 수 있다."[1] 이러한 방식은 메타버스는 물론이고 디지털 경제에서도 신뢰할 만한 기반을 다지는 데 결코 도움이 되지 않는다.

주요 플랫폼을 규제하는 것 외에도 건전한 메타버스를 만드는 데 도움이 될 만한 다른 명확한 법률과 정책 개정도 찾아볼 수 있다. 스마트 계약과 다오는 법적으로 인정되어야 한다. 설령 이러한 관행과 블록체인이 전반적으로 오래 지속되지 않을지라도 법적 지위를 부여하면 더 많은 기업가 정신을 고취시키고, 부당한 행위로부터 많은 사람을 보호하고, 더 폭넓은 사용과 참여를 유도할 것이다. 이러한 선순환이 이뤄질 때 경제는 번영한다. 암호화폐 투자, 지갑, 콘텐츠, 거래와 관련된 고객 확인 절차(KYC) 규정을 확대하는 것은 분명히 또 다른 기회가 될 수 있다. 이러한 규정에 따라 오픈시, 대퍼랩스, 기타 주요 블록체인 기반 게임을 비롯해 여러 플랫폼에서는 고객의 신원과 법적 지위를 확인하는 동시에 정부, 세무 기관, 증권 중개 기관 등에 필요한 서류를 제공해야 한다. 블록체인의 특성은 KYC 요건이 모든 '암호화폐'에 적용될 수 없다는 점이며, 이는 미국 국세청(IRS)이나 경찰에서 모든 현금 거래를 모니터링할 수 없다는 사실과 다르지 않다. 하지만 거의 모든 주류 서비스와 마켓플레이스, 계약 플랫폼에서 고객 정보를 의무화한다면 대부분의 거래는 이러한 요건이 충족되었을 때 발생하고 그렇지 않은 거래는 사기 위험으로 인식되어 중단될 것이다(대부분의 사람은 브랜드명조차 없는 마켓플레이스에서 익명 계정을 통해 구매하기보다 차라리 이베이를 사용하거나 검증된 판매자에게 구매할 것이다).

마지막으로 정부는 데이터 수집, 사용, 권리, 처벌과 관련된 문제에 훨씬 심각하게 접근해야 할 것이다. 메타버스 중심의 플랫폼이 능동적으로, 또 수동적으로 생성하고 수집하고 처리할 정보의 양은 어마어마할 것이다. 데이터는 사용자의 침실 크기, 눈 망막과 관련된 세부 사항, 신생아 자녀의 표정, 업무 성과와 보상, 거주 지역과 기간, 해당 지역을 선택한 이유 등 광범위한 정보를 아우를 것이다. 우리의 거의 모든 말과 행동이 카메라나 마이크에 담겨 어떤 민간 기업이 소유한 가상의 디지털 트윈에 저장되고 많은 사람에게 공유될 수도 있다. 오늘날 개발자 또는 개발자의 애플리케이션을 실행하는 운영체제에 따라 허용되는 정보가 달라지고, 사용자는 이에 대해 대략적으로만 파악할 뿐이다. 규제 기관은 예상치 못한 사건이 발생한 후에야 뒤늦게 수동적으로 대응하기보다는 허용 범위를 주도적으로 설정하고 종종 확장하는 것이 바람직하다. '허용되는 것'에는 사용자가 데이터 삭제를 요청하거나 데이터를 다운로드하여 다른 곳에 쉽게 업로드할 수 있는 권리가 포함되어야 한다. 이것은 정부가 메타버스의 표준을 결정할 수 있고, 또 결정해야 하는 또 하나의 중요한 영역이다.

기업들이 기밀 정보를 보호할 수 있는 능력을 입증하는 방법과 보호하지 못했을 때 처벌되는 방식은 둘 다 똑같이 중요하게 취급되어야 한다. 미국 연방준비제도는 정기적으로 은행들이 경제적 충격과 시장 폭락, 대규모 인출을 견딜 수 있는지 확인하기 위해 '스트레스 테스트'를 진행하고, 기업의 과실이나 재무 상태를 왜곡할 경우 경영진에게 개별적으로 책임을 지운다. 오늘날에는 이러한 감독 메커니즘의 초기 형태가 사용자 데이터에 적용되는데, 이는 대체로 공식적인 과정이 아닌 비공식적인 요청에 그치고 있다. 물론 빅테크 기업은 회계감사를 자발적으로 신청하진 않을 것이다. 데이터 유출과 손실에 대한 벌금 부과는 그다지 효과가 없다. 2017년 미국 소비자 신용 보고 기관 에퀴팩스는 외국인 해커가 4개월 이상 불법적으로 자사의 시스템에 접속해 미국인 약 1억 5000만 명과 영국인 1500만 명의 이름, 사회 보장 번호, 생년월일, 주소, 운전면허증 번호 등을 갈취했다고 밝혔다. 그로부터 2년 후 에퀴팩스는 피해 보상금으로 총 6억 5000만 달러를 지불하겠다고 합의했다. 이는 에퀴팩스의 연간 현금 흐름보다 적은 금액으로, 피해자에게 돌아간 금액은 각각 몇 달러에 불과했다.

메타 혁명의 가장 큰 적

약 15년 동안 '인터넷'이라고 여겨지는 것이 점점 지역화되었다. 모든 국가가 TCP/IP를 사용하지만 각 시장의 플랫폼, 서비스, 기술, 관행은 다양하게 나뉘었는데, 이는 부분적으로 미국 이외의 기술 대기업들이 성장한 덕분이었다. 유럽, 동남아시아, 인도, 라틴아메리카, 중국, 아프리카 등지에서 설립된 많은 현지 신생 기업들과 소프트웨어 선두 기업들이 결제부터 식료품, 동영상에 이르기까지 모든 분야에서 활약하며 큰 성공을 거두었다. 메타버스가 인류의 문화와 노동에서 그 어느 때보다 중요한 역할을 담당하게 된다면, 메타버스의 출현은 지역별로 점점 더 강력한 기업들을 탄생시킬 가능성이 크다.

현대 인터넷에서 파편화를 일으키는 가장 큰 원인은 전 세계에 걸쳐 파편화된 국가별 규제다. 중국, 유럽, 중동에서의 '인터넷'은 데이터 수집 권한, 허용된 콘텐츠, 기술 표준에 커다란 제약을 받는다는 점에서 점점 갈수록 미국, 일본, 브라질 등의 인터넷과 개념이 달라지고 있다. 각국의 정부가 메타버스를 규제해야 할 필요성을 느끼며 대책을 고심하는 동시에 웹 2.0을 이끄는 선두 기업들이 축적한 막강한 영향력을 축소하려 노력하고 있다는 점에서, 전 세계는 의심의 여지 없이 저마다 매우 다른 결과를 마주하게 될 것이다. 말하자면, '여러 개의 메타버스'가 펼쳐질 것이다.

앞서 논했듯이, 2021년도 중반에 한국의 과학기술정보통신부는 450여 개 국내 기업으로 구성된 메타버스 얼라이언스를 설립했다. 이 조직의 구체적인 임무는 아직 명확하게 정의되지 않았지만, 한국에서 더욱 강력한 메타버스 경제를 구축하고 전 세계 메타버스에서 한국의 입지를 다지고 확장하는 데 초점을 맞출 것으로 보인다. 이를 위해 한국 정부는 아마도 얼라이언스의 일부 회원사에 가끔은 불리할 수 있지만 집단적 영향력을 확대하고 무엇보다 한국에 이익이 되는 상호 운용성을 촉진하며 표준화를 추진할 것이다.

오늘날 중국의 인터넷에서 나타나는 추세를 이어, 중국의 '메타버스'는 (중앙에서 통제되어) 서구권 국가의 메타버스와 매우 다른 양상을 보일 것이다. 중국의 메타버스는 훨씬 일찍 도래해 상호 운용성과 표준화에서도 앞설 수 있다. 더 많은 게임 플레이어를 확보하고, 더 많은 수익을 창출하고, 더 많은 지적재산을 축적하고, 전 세계에서 가장 많은 개발자를 고용하는 텐센트를 떠올려보자. 중국에서 텐센트는 닌텐도, 액티비전 블리자드, 스퀘어 에닉스 같은 기업들의 게임을 출시하고 「배틀그라운드(PUBG)」처럼 중국에서 달리 운영할 길이 없는 히트작들을 가져와 중국 버전을 개발한다. 텐센트의 스튜디오는 「콜 오브 듀티 모바일」, 「에이펙스 레전드 모바일」, 「배틀그라운드 모바일」의 글로벌 버전도 담당한다. 텐센트는 에픽게임즈의 지분 약 40퍼센트, 시 리미티드(「프리 파이어」 제작업체)의 지분 20퍼센트, 크래프톤(「배틀그라운드」)의 지분 15퍼센트를 보유하고 있다. 텐센트가 전액 출자하고 운영하는 위챗과 QQ는 모두 중국에서 큰 인기를 끌고 있는 메신저 앱이며 사실상 앱스토어 역할까지 수행하고 있다. 위챗은 중국에서 두 번째로 큰 디지털 결제 기업이자 네트워크이며 텐센트는 이미 안면 인식 소프트웨어를 적용해 중국의 국가 ID 시스템을 사용하는 플레이어들의 신원을 확인하고 있다. 사용자 데이터, 가상 세계, 신원, 결제의 상호 운용성을 촉진하고 메타버스 표준에 영향을 끼치기에 텐센트만큼 유리한 위치에 서 있는 기업도 없다.

메타버스는 "실시간 렌더링된 3D 가상 세계로 구성되어 대규모 확장과 상호 운용이 가능한 네트워크"일 수 있지만, 앞서 살펴보았듯이 물리적인 하드웨어와 컴퓨터 프로세서, 네트워크 등을 통해 실현될 것이다. 기업 또는 정부가 단독으로 관리하든, 아니면 기술에 정통한 프로그래머와 개발자로 구성된 탈중앙화 집단이 관리하든 결국 메타버스는 이들 모두에게 달려 있다. 가상의 나무가 존재하고 쓰러지는 문제는 어쩌면 영원히 풀리지 않는 의문으로 남을지 모르지만, 물리학은 만고불변의 법칙이다.

모두가
관찰자일 뿐

"기술은 아무도 예측하지 못한 놀라운 결과를 낳곤 한다. 하지만 대대적이고 기상천외한 발전은 종종 수십 년을 앞서 예견되기도 한다." 책의 서두에 등장한 이 문장을 기억하는가? 부디 이 책을 읽으면서 서두에서 밝힌 견해에 공감하고 기술적 한계에 대해서도 이해할 수 있게 되었기를 바란다. 버니바 부시는 미래의 장치와 그 장치로 수행할 수 있는 업무, 그리고 집단적 이익을 위해 그것을 유용하게 만드는 정부의 역할 중에서 상당 부분을 예측하는 기이한 능력이 있었다. 동시에 그가 고안한 메멕스는 책상 크기의 전자식 기계로, 사용자가 요청하는 모든 콘텐츠를 물리적으로 저장하고 연결했다. 오늘날 소프트웨어로 작동되는 주머니 크기의 작은 컴퓨터는 메멕스와 개념적으로 비슷하다. 영화 「2001: 스페이스 오디세이」에서 스탠리 큐브릭 감독은 인류가 우주를 식민지로 만들고 지각이 있는 인공지능이 생겨난 미래를 상상했지만, 아이패드를 연상시키는 영화 속 디스플레이는 아침 식사를 하면서 TV를 시청하는 데 사용될 뿐이었고 전화기는 여전히 기능이 제한적이고 유선 형태에 머물렀다. 닐 스티븐슨의 소설 『스노 크래시』는 수십 년에 걸쳐 진행되는 연구 개발 프로젝트에 영감을 주었고 현재 지구상에서 가장 강력한 영향력을 지닌 많은 기업을 인도했다. 하지만 스티븐슨은 게임이 아닌 TV 산업에서 메타버스가 출현할 것이라고 믿었고, "『스노 크래시』 속 사람들이 스트리트에 있는 술집에 갔다면, 실제로 사람들은 「워크래프트」 길드를 만들어" 게임 안에서 기습 공격을 한다는 사실에 놀라움을 감추지 못했다.

나는 이 책에서 언급된 미래 전망 중에서 상당 부분이 실현될 것이라고 확신한다. 미래는 점차 실시간 렌더링된 3D 가상 세계를 중심으로 돌아갈 것이다. 네트워크 대역폭, 지연 시간, 안정성도 모두 향상될 것이다. 컴퓨팅 처리 성능이 증가하면 더 높은 동시성과 연속성을 달성하고, 더 정교한 시뮬레이션과 완전히 새로운 경험을 가능하게 할 것이다(하지만 컴퓨팅 자원의 공급 규모는 여전히 수요에 크게 미치지 못할 것이다). 젊은 세대는 앞장서서 '메타버스'를 채택할 것이며 그 비율은 부모 세대를 크게 웃돌 것이다. 규제 기관은 운영체제를 부분적으로 분리할 테지만, 이러한 운영체제를 소유한 기업들은 계속해서 성장을 이어갈 것이다. 해당 기업들의 제품들은 굳이 번들로 제공되지 않더라도 여전히 시장을 주도할 것이며 메타버스의 출현이 이 시장을 성장시킬 것이다. 메타버스의 전반적인 구조는 오늘날 나타나는 형태와 유사할 것이다. 수평적/수직적으로 통합된 소수의 기업이 디지털 경제의 상당 부분을 통제하고 그들의 영향력은 더욱 커질 것이다. 규제 기관은 기술을 더 면밀하게 조사하고 따라잡으려 하겠지만, 아마도 계속 뒤처질 가능성이 크다. 메타버스를 이끄는 주요 기업 중 일부는 오늘날 우리가 알고 있는 기업들과 다를 것이며, 오늘날 선두 기업 중에는 경쟁에서 밀려나 명맥만 유지하거나 반대로 엄청난 성장을 이루는 기업도 있을 것이다. 나머지 기업은 사라질 것이다. 우리는 메타버스 이전 시대에 탄생한 다수의 디지털 제품과 모바일 제품을 계속 사용할 것이다. 실시간 3D 렌더링이 많은 작업을 수행하거나 모든 형태의 콘텐츠를 경험하기에 늘 가장 적합한 방법은 아닐 수 있기 때문이다.

상호 운용성은 천천히, 불완전하게 달성될 것이다. 아무 비용을 들이지 않은 채로 완전하게 달성되는 법은 결코 없을 것이다. 시장은 궁극적으로 표준 중에서도 한 종류를 중심으로 견고하게 형성되고, 여러 표준이 서로 완벽하게 변환되진 않을 것이며 각각 단점이 있을 것이다. 그리고 그 이전에 수많은 옵션이 제안되고, 채택되고, 사라지고, 분리될 것이다. 전 세계 경제의 세계화가 진행되었듯이, 다양한 가상 세계와 통합 가상 세계 플랫폼은 서서히 문을 개방하고 데이터와 사용자가 그사이를 넘나들면서 다양한 접근 방식을 취할 것이다. 예를 들어, 미국이 캐나다, 인도네시아, 이집트, 온두라스, 유럽연합(그 자체로 유한한 '세계'의 일부 지역을 아우르는 단체협약)에 대해 각각 다른 정책을 펴듯이, 많은 가상 세계 플랫폼이 독립 개발자와 맞춤형 계약을 체결할 것이다. 세금과 관세, 기타 수수료가 매겨지고, 여러 개의 ID 시스템, 지갑, 가상 보관함의 필요성도 제기될 것이다. 모든 정책은 변경될 수 있다. 블록체인의 역할은 메타버스의 미래에서 가장 명확하지 않은 단면이다. 블록체인을 메타버스의 성공에 결정적 조건으로 여기거나 처음부터 메타버스가 존재하는 데 구조적으로 필요한 요소로 바라보는 사람이 많다. 일각에서는 블록체인이 메타버스에 기여할 만한 흥미로운 기술인 건 맞지만, 그것과 상관없이 메타버스는 거의 동일한 형태로 존재할 것이라고 주장한다. 반면 블록체인이 명백한 사기라고 굳게 믿는 사람도 많다. 2021년과 2022년 초까지 블록체인 시장은 계속해서 급등해 주류 개발업체와 뛰어난 창업자, 수백억 달러 규모의 벤처 캐피털을 끌어모았다. 기관 투자자들도 암호화폐에 투자 비중을 확대했다. 하지만 이 글을 쓰고 있는 시점을 기준으로, 그동안 블록체인이 보여준 성과는 아직도 매우 제한적이며 관련된 기술적, 문화적, 법적 장애 요소도 상당하다.

10년 후 우리는 메타버스가 도래했음에 동의할 것이며* 그 가치는 수조 달러에 달할 것이다. 메타버스가 정확히 언제 시작되었고 얼마나 많은 수익을 창출할지는 여전히 불확실한 의문으로 남을지

---

* '메타버스'라는 용어의 남용과 디스토피아적인 공상과학소설, 빅테크, 블록체인, 암호화폐 등이 연상시키는 부정적인 인상을 이유로 미래에는 또 다른 용어가 사용될 수 있다. 앞서 언급했던 텐센트의 사례를 상기해보자. 2021년 5월, 텐센트는 자사의 메타버스 활동을 '초디지털 현실'이라는 브랜드로 만들려 했지만, 이후 '메타버스'라는 용어가 대중화되자 다시 명칭을 바꿨다. 미래에는 이와 반대되는 상황이 발생할 수도 있다.

도 모른다. 우리는 이와 같은 미래 지점에 도달하기 전에 먼저 현재의 과대 선전 단계를 넘어 아마도 또 다른 과대 선전 단계에 진입한 후 빠져나올 것이다. 이러한 과대 선전 곡선, 즉 하이프 사이클은 최소 세 가지 요인에 의해 야기될 것이다. 첫째, 많은 기업이 어떤 종류의 메타버스 경험이 언제쯤 가능할 것인지에 대해 과장된 약속을 내건다. 둘째, 주요 기술적 장벽을 극복해야 하는 어려움이 있다. 셋째, 그러한 장벽을 극복하더라도 기업이 '메타버스 내부'에 무엇을 구축해야 할지 정확히 파악하려면 다소 시간이 걸린다.

최초의 아이폰(또는 첫 번째부터 여섯 번째 아이폰까지)을 떠올려보자. 2007년부터 2013년까지 애플의 운영체제는 스큐어모피즘 측면이 강했다. 애플의 아이북스 애플리케이션은 디지털 책장에 디지털 책을 보여주고, 노트 앱은 실제 노란색 메모장처럼 보이도록 디자인되었으며, 캘린더는 바늘땀을 시뮬레이션했고, 게임 센터는 펠트 테이블과 유사한 질감으로 디자인되었다. 애플은 iOS 7을 계기로 모바일 시대에 익숙한 세대에 맞춰 이러한 오래된 디자인 원칙을 내려놓았다. 애플이 스큐어모피즘을 내세운 시대에는 오늘날 선두 기업으로 꼽히는 소비자 디지털 기업이 많이 설립되었다. 인스타그램, 스냅, 슬랙과 같은 기업들은 디지털 통신의 개념을 새롭게 재해석했다. 단순히 인터넷을 이용해서 유선 전화(스카이프)를 걸거나 문자(블랙베리 메신저)를 보내는 게 아니라 소통하는 내용과 이유, 방식까지 재창조한 것이다. 스포티파이는 인터넷(브로드캐스트닷컴)을 통해 라디오를 재방송하거나 인터넷 전용 라디오(판도라)를 만들지 않고 대신 음악을 접하고 발견하는 방식을 바꿨다. 가까운 미래에 '메타버스 앱'은 개발 초기 단계에 갇힐 것이다. 예컨대, 굳이 시뮬레이션된 기업 회의실에서 3D 화상회의를 진행하고, 굳이 가상의 영화관 안에서 넷플릭스를 시청할지도 모른다. 하지만 우리는 모든 행동을 서서히 재창조할 것이다. 이러한 과정이 시작되기 전보다는 시작된 후에야 메타버스가 의미심장하게 느껴지며 환상이나 상상이 아닌, 좀 더 실용적인 현실로 와닿을 것이다. 페이스북을 구축하는 데 필요한 모든 기술은 마크 저커버그가 소셜 네트워크를 만들기 수년 전에 이미 존재했다. 틴더가 등장한 때는 아이폰이 나온 지 5년이 흐른 시점이었고, 당시 18~34세 인구의 70퍼센트가 터치스크린이 장착된 스마트폰을 갖고 있었다. 기술은 메타버스에 제약으로 작용하지만, 우리의 상상과 시점도 똑같은 제약이 될 수 있다.

메타버스 개발의 적합성과 파열은 간간이 실망과 환멸뿐만 아니라 비판을 불러일으킬 것이다. 1995년 미국의 천문학자이자 미국 에너지부 산하 로런스 버클리 국립 연구소의 전 시스템 관리자인 클리포드 스톨Clifford Stoll은 저서 『허풍떠는 인터넷』에서 현재 기준으로 볼 때 어리석은 예측을 쏟아냈다. 그는 책이 출간된 시점에 《뉴스위크》 사설에서 다음과 같이 비판했다. "지난 20년 동안 온라인 환경을 경험했지만 도무지 알 수가 없습니다…… 최신 유행하는, 이 과장된 온라인 커뮤니티를 보면 불안해집니다. 선지자들은 재택근무자, 인터랙티브 도서관, 멀티미디어 교실 등으로 가득 찬 미래를 꿈꿉니다. 전자식 주민 회의와 가상의 공동체에 대해 이야기하죠. 상업과 비즈니스는 사무실과 쇼핑몰에서 네트워크와 모뎀으로 이동할 것이고, 디지털 네트워크에서 누리는 자유는 정부를 더욱 민주적으로 만들 것이라고 말합니다. 모두 실없는 소리죠. 컴퓨터 전문가들은 상식이 부족한 걸까요?…… 인터넷 장사치들은 인터넷이 완전한 형태라는 겉치레도 없이 편집되지 않은 데이터만 가득한 하나의 거대한 바다라는 사실을 절대 밝히지 않을 겁니다."[1] 오늘날 그의 지적은 아직 공개되지 않은 메타버스를 향한 비판처럼 읽힌다. 2000년 12월,《데일리 메일》은 영국에서 인터넷 사용자 1500만 명 중 200만 명이 해지할 것으로 전망한 한 연구 결과를 근거로「인터넷, 수백만 명이 그만두면 일시적인 유행에 그칠 수도」라는 제목의 뉴스 기사를 게시했다.[2] 닷컴 버블이 붕괴하기 시작하자 비슷한 비판이 쏟아졌다. 당시 나스닥은 이미 약 40퍼센트 하락했는데도 또다시 반토막이 났고, 이후 닷컴 시대에 기록한 최고점을 회복하기까지는 12년이 걸렸다. 이 책을 찍어낸 시점에 나스닥 지수는 닷컴 버블 당시 기록한 최고점보다 3배 이상 높았다.

미래는 예측하기 어렵다. 개척자들에게도 어려운 건 매한가지다. 현재 우리는 메타버스의 시작점에 서 있지만, 마지막으로 지난 컴퓨팅과 네트워킹의 시대를 되돌아보자. 인터넷을 열렬히 신봉한 사람들조차도 수백만 개의 웹 서버에 걸쳐 수십억 개의 웹 페이지가 존재하고, 하루에 3000억 개의 이메일이 전송되고, 매일 수십억 명이 사용하고, 페이스북이라는 단일 네트워크에 매월 30억 명, 매일 20억 명 이상의 사용자가 방문하는 미래는 상상하기 어려웠을 것이다. 2007년 1월, 스티브 잡스는 제품 발표회에서 최초의 아이폰을 혁신적인 제품으로 소개했다. 물론 그의 판단은 옳았다. 하지만 첫 번째 아이폰에는 앱스토어가 없었고 타사 개발자에게 그런 기능

을 만들 수 있는 권한을 허용할 계획도 없었다. 왜 그랬을까? 잡스
는 개발자들에게 이렇게 말했다. "완전한 사파리 엔진은 아이폰 내
부에 있습니다…… 따라서 아이폰에 있는 앱과 똑같이 생기고 똑같
이 작동하는 근사한 웹 2.0 앱과 에이잭스 앱을 만들 수 있죠."[3] 하
지만 아이폰이 공개된 지 10개월 후, 판매에 들어간 지 4개월 만인
2007년 10월, 잡스는 생각을 바꿨다. 2008년 3월에 SDK가 발표되
었고, 앱스토어는 그해 7월에 출시되었다. 그로부터 한 달 만에 약
100만 명에 달하는 아이폰 소유자는 4000만 명 이상의 아이튠즈 사
용자가 다운로드한 음악보다도 30퍼센트 더 많은 앱을 다운로드했
다. 잡스는 《월스트리트 저널》에 다음과 같이 말했다. "저는 더 이
상 예측을 신뢰하지 않으려 합니다. 다른 사람들과 마찬가지로 애
플 역시 이제 이 놀라운 현상을 그저 지켜보는 관찰자의 입장이 되
어버렸을 정도로 예측치를 크게 넘어섰거든요."[4]

　메타버스가 나아갈 길도 이와 대체로 비슷할 것이다. 기술혁신이
일어날 때마다 소비자, 개발자, 기업가는 이러한 변화에 반응한다.
휴대전화, 터치스크린, 비디오게임처럼 사소해 보이는 것들이 결국
에는 필수품이 되어 사람들이 예측한 방식으로, 그리고 때로는 전
혀 생각조차 하지 못한 독창적인 방식으로 세상을 바꾼다.

저자 특별 인터뷰

눈에 보이는 혁명과
눈으로 볼 수 없는 혁명

'메타버스'라는 용어가 지나치게 남용되다 보니 정확한 의미는커녕 적용 범위조차 알기 어렵습니다. 메타버스를 확립할 몇 가지 기본 규칙을 알려 주실 수 있을까요?

메타버스는 주로 세 가지 방식으로 생각해 볼 수 있습니다. 먼저 메타버스는 메인프레임 시대(1950~1970년대), 개인용 컴퓨터와 인터넷 시대(1980~2000년대), 모바일과 클라우드 시대(2000년대~)를 잇는 제4의 시대, 즉 컴퓨팅·네트워킹 시대에 속합니다. 다음으로, 인류가 존재하는 가상 세계와 물리적 세계를 아우르는 평행 세계입니다. 마지막으로, 앞으로 우리의 시간, 노동, 여가, 우정, 행복, 정체성, 인생 등 많은 부분이 점점 가상 세계에서 존재하고 발생할 것이라는 판단으로도 볼 수 있습니다.

웹3는 메타버스와 같은 개념인가요?

두 개념은 흔히 뒤섞여 사용되지만, 그것은 잘못된 일입니다. 마치 현대 민주공화국의 부상과 전기화 과정을 혼동하는 것과 비슷합니다. 민주공화국과 전기화는 모두 19세기 후반과 20세기 초반에 등장해 발전했지만, 전자는 사회적·조직적 변화이고 후자는 서로 밀접하게 연관된 전기 기술과 혁신이 복합적으로 끼친 영향을 나타내죠(예: 모터, 배터리, 원동기, 배전망 등). 마찬가지로 웹3가 더 분산되고 사용자 중심적인 인터넷을 일컫는다면, 메타버스는 실시간 3D 기술에 초점을 맞춘 개념입니다(픽사 영화에 나오는 3D 스크립트와 대조적입니다).

하지만 웹3와 메타버스가 똑같지는 않아도 대체로 같은 개념처럼 취급되는 데는 그럴 만한 이유가 있습니다.

먼저 웹3와 메타버스는 모두 오늘날 인터넷을 계승하는 개념으로 이해됩니다. 웹3는 분명히 지난 15년 동안 이어진 웹 2.0의 발자취를 따르고 있고, 메타버스는 오늘날 지배적인 2D 인터넷을 3D 수준으로 끌어올리고 있습니다. 모바일이 1990년대식 인터넷을 새로운 외형과 행동(앱)으로 바꿔놓은 것처럼 말이죠. 웹3와 메타버스가 혼동되는 다른 이유는 웹3의 원칙이 메타버스 경제가 성장하는 데 빠져서는 안 될 필수 요소이기 때문입니다. 자본주의, 민주주의, 그리고 수많은 소기업의 성장이 현실 세계 경제가 성장하는 데 모두 필요한 것처럼요.

메타버스는 하나일까요? 아니면 여러 개로 존재할까요?

'인터넷'이라는 용어가 고유명사로 사용되듯 '메타버스'도 고유명사로 사용되어야 합니다. 우리는 '어떤 인터넷an Internet' 또는 '그 인터넷들the Internets'이라고 말하지 않고, '애플 인터넷'이나 '구글 인터넷', '페이스북 인터넷'이라고 부르지도 않습니다. 인터넷은 네트워크들의 네트워크이기 때문이죠. 이미 인터넷이라는 용어는 수천만 개의 자율 네트워크, 시스템, 기업이 상호 연결시키는 '인터네트워킹' 프로토콜 그룹을 모두 아우르는 개념입니다. 메타버스 역시 호환 가능한 여러 개의 가상 세계가 상호 연결된 상태를 설명합니다.

메타버스가 존재한다고 해서 공식적으로 인정된 경험, 특히 통일된 경험이 존재한다는 의미는 아니라는 점을 명심해야 합니다. 이를테면 '인터넷the Internet'에는 거의 모든 디지털 세계가 있지만, 인터넷 생태계 전반에 기여하면서도 부분적으로 서로 분리되어 있는 다양한 플랫폼이 여전히 많습니다.

코로나19 팬데믹은 원격 통신과 가상 학습을 통해 좌절과 동시에 교훈을 안겨주었습니다. 앞으로 우리가 살아가면서 더 많은 시간을 온라인 공간에서 보내야 한다면 메타버스는 어떤 방향으로 개선될까요?

인간은 사회적이고 촉감에 민감합니다. 카메라와 대화 상대방을 번갈아 바라보면서 2D로 친구와 사물 또는 동영상과 디지털 방식으로 상호작용하는 것이 다소 어렵고 이상하게 느껴질 수 있습니다. 우리는 물리적 세계에서 스마트폰 홈 화면에 정렬된 앱처럼 작동하는 것과 상호작용하지 않거든요.

2D 화면과 인터페이스, 디자인은 특히 어린이들의 학습 환경에 매우 부적합합니다. 또래 친구들, 선생님의 관심, 시선 교환, 상호작용을 통한 학습 능력 등은 어느 하나 학습 경험에서 빠져서는 안 될 핵심 요소입니다.

3D 기반 경험이 화제를 모으면서 앞으로 온라인 공간에서 보내는 시간이 늘어나고 새로운 영역과 역할로 경험이 확장되는 동시에 개선될 것이라는 기대 심리가 널리 퍼져 있습니다. 특히 전문대학을 비롯한 전통적인 학교 교육이 인터넷으로 인해 근본적으로 파괴되고 큰 타격을 받을 것으로 예측한 사람이 많았다는 점에서 교육은 매우 흥미로운 분야입니다. 더 많은 학생이 인터넷을 통해 언제 어디서든 더 저렴한 비용을 부담하며 똑같이 인가를 받은 정규 학교에 '통학'할 것으로 전망되었죠. 하지만 그런 일은 벌어지지 않았습니다. 실제로 대면 교육 비용은 헬스케어를 제외한 대부분의 주요 산업에 비해 더 많이 증가했습니다. 그렇지만 화산 내부에 들어가 마그마를 휘젓고 화산 폭발과 함께 밖으로 분출되는 경험을 직접 해보면서 화산에 대해 배울 수 있다면 어떨까요? 베이킹소다와 식초를 활용한 실험보다는 실감 나게 움직이는 3D 시뮬레이션을 활용해 수업을 진행한다면 어떨까요? 루브 골드버그 장치를 만들어 화성과 지구, 금성의 중력에 대해 익히는 모습을 상상해보세요. 학생들은 학군이나 부모가 제공할 수 있는 자원에 상관없이 가상의 고양이를 해부해 자세히 관찰한 후 고양이의 순환계 내부로 직접 들어가 둘러볼 수도 있습니다. 요컨대, 만화 「신기한 스쿨버스」에서 상상한 많은 일이 가능해집니다.

메타버스는 2D 인터넷과 모바일 컴퓨팅의 종말을 불러올 수밖에 없을까요? 스마트폰은 쓸모없어질까요?

그렇지 않습니다. 모바일/클라우드 시대에도 스마트폰보다 앞서 개발된 비모바일 장치를 사용하는 경우가 많습니다. 데스크톱과 노트북 컴퓨터가 여전히 이메일을 작성하기에 가장 편리한 방법으로 여겨지듯, 오늘날 우리가 알고 있는 휴대전화는 앞으로도 계속 우리 삶에서 중요한 역할을 수행할 것입니다. 사실 이러한 장치들은 앞으로 10년 이상 주요 컴퓨팅 플랫폼으로 남을 가능성이 크지만, 각 장치의 역할은 바뀔 것입니다. 전기 자전거를 채택한 사람들이 자동차를 다른 용도로 계속 사용하는 것과 같은 이유죠.

메타버스가 실현되기까지 얼마나 오래 걸릴까요?

논란의 여지가 있지만, 모바일 시대는 1973년 최초의 무선 통화가 성공하면서 시작되었다고 볼 수 있습니다. 최초의 무선 디지털 네트워크가 등장한 1991년에 시작되었다는 해석도 있죠. 하지만 정확히 언제 모바일 시대가 '실현'되었는지 묻는다면 정답은 없습니다. 2007년 첫 번째 아이폰, 아니면 아마도 3G와 앱스토어 기능을 갖춘 두 번째 아이폰이 출시된 시기로 봐야 할까요? 미국인의 절반이 스마트폰을 보유하게 된 시점, 아니면 전 세계 인구의 절반이 스마트폰을 보유하는 시점일까요? 어떤 한 시대의 실현은 하루아침에 일어나는 전환이 아니라 서서히 변화하는 과정을 의미합니다. 현재 우리가 메타버스에 대해 확신할 수 있는 사실은, 거의 100년에 걸쳐 구상된 개념이 마침내 기술적으로 실현되기 시작했다는 점입니다. 앞으로 수년, 수십 년 동안 메타버스는 끊임없이 발전을 거듭할 것입니다.

「로블록스」, 「마인크래프트」, 「포트나이트」 같은 게임과 젊은 플레이어층은 메타버스의 광범위한 채택과 어떤 관련이 있을까요?

언급하신 게임 플랫폼들은 세 가지 면에서 관련이 있습니다. 첫째, 상호 연결된 가상 세계를 거의 무한하게 확장하고, 일반 사람들이 만들어낼 수 있는 툴킷을 폭넓게 제공한다는 점에서 게임 플랫폼은 현재 메타버스에 가장 근접한 형태입니다. 둘째, 콘서트, 수업, 게임, 영화 등 다양한 활동과 행사를 주최하며 가상 세계의 범위를 다양하게 확장하고 있습니다. 셋째, Z세대와 알파 세대에 널리 채택되고 있습니다. 이는 소셜/모바일(그리고 모든 시대의 인터넷)의 경우와 마찬가지로 메타버스 역시 젊은 층에서 먼저 받아들여지고 있음을 보여줍니다.

'메타버스'는 소설가 닐 스티븐슨이 만든 용어로, (적어도 부분적으로는) 디스토피아적인 면이 있습니다. 공상과학 소설가들은 기술적 혁신을 촉진하는 데 어떤 도움을 주었을까요? 윤리적 또는 사회적 제약을 해결하는 데도 도움이 될까요?

메타버스 개념은 1930년대부터 1950년대까지 출간된 공상과학소설에서 유래했으며, 이후 스티븐슨의 『스노 크래시』를 포함해 1980년대와 1990년대에 집필된 공상과학소설에 다시 등장했습니다. 거의 모든 작품에서 작가들이 묘사하는 가상의 영속적인 세계는 디스토피아적이거나 적어도 '현실 세계'에 부정적인 영향을 미칩니다. 저는 이러한 이야기가 미래를 적절히 예측한다고 보지 않기에 주의를 기울이진 않습니다. 유토피아와 완벽한 기술은 많은 소설의 토대를 이루는 파란만장한 인생극을 양산하지 않으려는 경향이 있습니다. 무례하게 들릴지 모르겠지만, 제게 '하얀 거울White Mirror'은 그다지 흥미로운 BBC/넷플릭스 시리즈처럼 들리지 않습니다. 무엇보다 중요한 점은 「로블록스」, 「포트나이트」 또는 「세컨드 라이프」와 같은 게임을 통해 메타버스를 구축하려는 노력이 수십 년 동안 꾸준히 이어졌다는 사실입니다. 이러한 노력은 단순히 수익이 아닌 자기표현, 창조, 탐색 등에 집중되어 왔습니다. 결국 이러한 게임이 성공하려면 사람들이 게임을 플레이하고 싶어 해야 합니다.

하지만 공상과학소설이 종종 가까운 미래의 모습을 상상해 보여준 것은 사실입니다. 1968년에 개봉한 영화 「2001: 스페이스 오디세이」에서는 태블릿과 같은 디스플레이를 사용하는 캐릭터들이 등장했죠. 물론 영화 속 시대 배경인 2001년보다 10년이 지난 후에야 아이패드가 출시되었습니다. 실제로 『스노 크래시』는 구글 어스(개발업체는 키홀로, 2004년 G구글에 인수되었습니다)에 영감을 주었고, 스티븐슨은 제프 베이조스가 블루 오리진을 설립하는 데 영감을 주기도 했습니다(스티븐슨도 수십 년째 블루 오리진에서 근무하고 있습니다). 메타버스와 비슷한 생각을 가진 영향력 있는 작가들은 매우 많습니다.

소설에서 다뤄진 메타버스의 전반적인 역사가 궁금합니다. 관련 소설을 추천해 주실 수 있을까요?

좋은 질문입니다! 아래 소설들은 미래에 대한 예측으로 취급되어선 안 되지만, 최고의 공상과학소설로 손꼽힐 만하다고 생각합니다.

1. 1935년 스탠리 G. 웨인바움은 단편소설 『피그말리온의 안경』을 썼습니다. 가상현실용 안경을 설명하는 최초의 주요 공상과학소설입니다. 소설 속 발명가는 안경이 '꿈을 현실로' 만들 수 있다고 말합니다. 제목은 오비디우스의 시 「변신 이야기」에 등장하는 피그말리온에서 따온 겁니다.

2. 1950년 레이 브래드버리는 시뮬레이션된 현실과 인공지능 기반 놀이방을 사용해 자녀를 양육하는 부모를 그려낸 단편소설 『초원』을 집필했습니다.

3. 1953년 필립 K. 딕의 단편소설 『거품으로 빚어진 문제』에서는 인기 상품인 '월드크래프트'가 나옵니다. '자신만의 세계'라는 슬로건을 내세운 이 상품을 통해 사람들은 인공적이지만 매우 사실적인 인류의 삶을 일구고, 개발하고, 수렵 채집 시대에서 현대 시대로 발전시킬 수 있습니다.

4. 1957년 아이작 아시모프는 소설 『벌거벗은 태양』에서 3D 스크린과 홀로그래피를 통해서만 상호작용하는 미래 사회를 그려냈습니다.

5. 1981년 장 보드리야르는 철학적인 저서 『시뮬라크르와 시뮬라시옹Simulacra and Simulation』을 통해 궁극적으로 시뮬레이션된 세계에서 실제 세계와 같이 많은 의미를 얻을 수 있다는 생각을 밝혔고, 이러한 시뮬레이션을 '초현실'이라고 불렀습니다.

6. 1984년 윌리엄 깁슨은 소설 『뉴로맨서』에서 '사이버스페이스'와 '매트릭스'라는 용어를 만들어냈습니다.

7. 1992년 닐 스티븐슨은 『스노 크래시』에서 '메타버스'라는 용어를 처음으로 사용했고, '아바타'라는 용어의 현대적인 의미를 확립했습

니다.

8. 1999년 워쇼스키 자매는 작가와 감독으로 참여한 영화 「매트릭스」에서 깁슨이 처음 사용한 '매트릭스'라는 용어를 대중에 널리 알리고, 특히 영화 속에서 보드리야르와 그의 '초현실' 이론을 직접 언급했습니다.

9. 2011년 어니스트 클라인은 스티븐슨이 지은 『스노 크래시』와 비슷하지만 좀 더 대중적인 소설 『레디 플레이어 원』을 출간했습니다. 스티븐 스필버그는 2018년에 이 책을 장편영화로 각색했습니다.

메타버스를 둘러싸고 일종의 군비 경쟁이 벌어지고 있나요?

물론입니다. 메타버스에 연간 100억 달러 이상을 투입하는 페이스북이 화젯거리로 떠올랐지만, 비슷한 기준으로 보면 5대 빅테크 기업은 메타버스에 총 250~270억 달러를 쏟아부은 것으로 추산됩니다. 마이크로소프트는 "메타버스의 구성 요소를 구축"할 목적으로 액티비전 블리자드를 750억 달러에 인수할 계획을 추진하고 있으며, 인수가 성사된다면 빅테크 기업 역사상 최대 규모가 될 것으로 보입니다. 지난 70년 동안 지배적인 컴퓨팅과 네트워킹을 아우르며 (1) 메인프레임, (2) 개인용 컴퓨터와 인터넷, (3) 모바일과 클라우드 등 세 번의 물결이 일어났습니다. 각 변화의 물결은 일반적으로 이전에 일어난 물결보다 더 빠르게 도래하고, 더 파괴적이며, 더 많은 가치를 창출했습니다. 메타버스가 완전히 실현되려면 아직 10년 정도 더 걸리겠지만, 현재 업계를 이끄는 선두 기업들은 과거 경험을 교훈 삼아 미래를 대비하고 있습니다.

메타버스에 관한 과대 선전으로부터 현실을 분리하고 메타버스가 단순히 유행어에 그치지 않도록 하려면 어떻게 해야 할까요?

메타버스는 이미 유행어로 떠올랐고, 그러한 추세를 막을 방법은 없었습니다(일각에서는 현대적인 시각에서 용어를 사용하도록 이끌고 그러한 열풍을 촉발한 장본인으로 저를 지목하기도 합니다!). 하지만 오늘날 이 주제를 제대로 이해하는 사람은 그리 많지 않습니다. 메타버스의 정확한 의미뿐만 아니라 필요한 기술과 실현 시기, 그리고 이러한 변화가 미치는 영향 등에 대한 보편적인 이해가 아직 부족합니다. 메타버스를 구축하는 기업부터 그것을 형성하는 소비자, 개발자, 유권자, 정치인에 이르기까지 모든 주체는 메타버스가 무엇이며 왜 중요한지 명확하게 설명할 수 있어야 합니다.

메타버스가 단순한 '디지털 테마파크'로 전락하지 않으려면 어떻게 해야 할까요?

오늘날 메타버스와 가장 유사한 경험은 게임이기 때문에 메타버스를 게임 맥락에서 바라보는 것이 일반적입니다. 『레디 플레이어 원』은 기본적으로 이러한 해석을 기반으로 구상되었죠. 하지만 이것은 1990년대 초반에 인터넷을 대화방이나 게시판으로만 특징짓는 것과 같습니다. 인터넷이 기업, 사회, 정부, 중공업 등에 미치는 영향을 완전히 간과하는 셈입니다. 많은 사람이 공항에 들어서자마자 인터넷에 접속할 수 있듯 이제 '수동적'으로 인터넷을 이용한다는 사실은 말할 것도 없습니다.

다시 말해, 메타버스는 필연적으로 디지털 테마파크를 넘어서는 존재가 될 것입니다. 예를 들어, 작년 가을에 존스 홉킨스 병원의 의사들은 사상 최초로 혼합 현실 장치를 사용하여 실시간으로 환자를 수술했습니다. 이번 수술을 집도한 척추융합연구소 소장은 마치 처음 GPS 내비게이터를 켜고 운전하는 심정과 같았다고 말했습니다.

책에서 메타버스가 현실 세계의 밀도를 복제해야 할 필요성을 논하셨는데요. 그렇다면 우리는 수백만 명의 다른 사람들과 동시에 디지털 콘서트를 관람함으로써 무엇을 얻을 수 있을까요?

현실 세계를 한 번에 100명만 수용할 수 있는 쇼핑몰, 선수를 포함해 50명만 수용할 수 있는 스포츠 행사, 200명만 참석할 수 있는 정치 집회 등에 비추어 상상해 보세요. 오늘날 가상 세계의 삶에는 이러한 제약이 가해집니다. 제약에서 벗어나려면 시각적 충실도, 사용자가 할 수 있는 조치나 '착용'할 수 있는 장치 등 기술적으로 엄청난 절충안이 필요합니다. 그러한 제한이 현실 세계를 정의한다면 사회와 상업 등 모든 것이 오늘날의 모습과 다를 것입니다.

가상 세계의 한계를 없앨 수 있다면 정확히 무엇을 얻을 수 있을까요? 이 질문에 대한 답은 알 수 없고, 알 필요도 없습니다. 예술가가 더 많은 도구를 써서 새로운 형태의 예술을 만들어내도록 하면, 일반적으로 새로운 경험이 생성됩니다. 오늘날 「포트나이트」와 같은 배틀로열 게임은 하루에 약 5억 명이 플레이합니다. 사실 2015년 이전에는 배틀로열이라는 형태가 존재하지도 않았습니다. 아무도 상상하지 못했거나 사람들이 좋아하지 않았기 때문이 아니라, 지금처럼 우리 주변에서 찾을 수 있는 거의 모든 주머니 크기의 컴퓨터에서 조달한 연산력을 충분히 효율적으로 사용할 수 없었기 때문입니다.

하지만 동시 사용자 또는 사용자 밀도 문제는 순전히 관심을 분산시키는 눈속임으로 보입니다. 엄밀히 말해, 이러한 제약을 입증하는 간단한 해결책으로 대두된 사용자 제한과 더불어 그래픽 시뮬레이션의 최대 복잡성이야말로 진정한 문제죠. 그래픽 기반 문제, 헬스케어 같은 사용 사례와 경험 등을 해결하고, AR(증강현실)을 지원하고, 스마트 빌딩을 운영하는 등 다양한 기능을 수행하려면 더 많은 컴퓨팅 연산력이 필요합니다.

게임 개발자가 업계를 주도하고 있지만 빅테크 기업이 내건 조건에 얽매여 있다고 언급하셨는데요. 30퍼센트 표준 수수료는 무엇인가요? 이러한 수수료가 메타버스에 걸림돌이 될까요?

2020년 에픽게임즈는 지구상에서 가장 수익성이 좋고 높은 기업 가치를 지닌 기업인 애플과 지구상에서 가장 광범위하게 활용되는 기술 기업인 구글을 상대로 소송을 제기했습니다. 에픽게임즈는 두 기업이 중국을 제외하고 전 세계적으로 컴퓨팅 장치의 75퍼센트 이상을 운영하는 상황에서 사실상 메타버스를 불법화하거나 독점하고 있다고 주장했습니다. 이러한 주장을 뒷받침하는 증거는 많습니다. 예를 들어, 3D 경험은 애플이 개발자가 벌어들이는 모든 수익에 대해 의무적으로 수수료 30퍼센트를 부과하는 유일한 분야입니다. 2020년에 iOS 장치를 통해 7000억 달러 이상이 지출되었는데, 이 매출에서 벌어들인 수수료 수익은 700억 달러(그중 게임은 500억 달러)에 불과했습니다. 사건을 담당한 판사는 애플의 최고경영자 팀 쿡에게 "애플은 웰스 파고나 뱅크오브아메리카에는 청구하지 않네요? 그런데 게이머들에게 비용을 청구해 웰스 파고에 보조금을 지원하고 있군요"라는 질문을 던지며 애플의 수익 모델이 부당하다는 주장에 공감하는 모습을 보였습니다.

역사상 규모가 가장 큰 두 기업이 게이머와 게임 개발자에게 청구하는 금액의 공정성 여부는 오늘날 집중적으로 따져보아야 할 쟁점입니다. 문제는 세상이 게임처럼 돌아가게 될 것이라는 점입니다. 즉, 이는 두 거대 기업이 이 새로운 경제에 30퍼센트를 수수료로 부과한다는 것을 의미합니다. 30퍼센트는 매우 높은 수수료입니다. 기업들이 수수료를 놓고 경쟁을 벌이지 않기 때문에 수수료가 매우 높은 수준으로 책정되었고 두 플랫폼과 각각의 정책에 의해 보호를 받고 있습니다. 애플과 구글이 수수료를 사수하기 위해 잠재적으로 메타버스에 꼭 필요한 기술(예: 클라우드 게임, 블록체인, 브라우저 기반 그래픽)을 의도적으로 방해하거나 해당 기술의 속도를 늦춘다는 증거도 있습니다.

메타버스가 발전하는 데 블록체인, 암호화폐, NFT 중 무엇이 더 중요할까요?

암호화폐와 NFT는 모두 필수 요소인 블록체인을 기반으로 구축된 기술입니다. 두 개념의 주된 차이점은 대체 가능성에서 찾을 수 있습니다. 1달러짜리 지폐를 다른 지폐로 완전히 교환할 수 있듯 암호화폐 토큰은 대체 가능하지만, 10개로 구성된 그림 세트에 번호를 매기면 각 그림이 개별적으로 고유한 의미를 갖게 되듯 NFT는 대체 불가능합니다. 따라서 이것은 암호화폐와 NFT라는 두 가지 샘플 상품이

블록체인에 구축된 상황에서 블록체인의 소위 임계치를 찾는 문제로 볼 수 있습니다.

블록체인이 메타버스에 꼭 필요한 요소라는 증거는 없습니다. 블록체인은 중요한 기술일 수는 있지만 몇 가지 문제를 해결할 한 가지 방법일 뿐입니다. 문제를 완전히 해결하거나 장점이 단점보다 많다는 것을 증명하는 경우는 거의 없습니다. 그러나 예외는 있기 마련이고, 많은 진전이 이뤄지고 있죠. 앞으로 우리는 탈중앙화 컴퓨팅 문제를 해결해야 합니다.

메타버스는 패션, 음악, 부동산, 스포츠와 같은 분야에 어떤 변화를 불러올까요?

사실 제가 작업하고 있는 분야가 바로 패션입니다! 패션 디자이너인 버질 아블로Virgil Abloh가 세상을 뜨기 전까지 저는 그와 함께 가상 패션 브랜드를 준비하고 있었죠. 아마도 2023년에는 어느 정도 결과물을 확인할 수 있을 것으로 보입니다. 이 외에도 저는 메타버스 관련 기술과 테마를 바탕으로 TV 시리즈, 게임, 트랜스미디어 경험을 제작하고 있습니다.

우리는 앞으로 현실과 비현실, 인터랙티브 엔터테인먼트와 패시브 엔터테인먼트가 혼합되고, 집에서 시청하는 사람들과 직접 참여하는 사람들 사이의 격차가 좁혀지는 모습을 보게 될 것입니다. 이러한 변화는 이전에도 화제를 모았지만, 이제 아주 가까운 미래로 다가왔습니다. 예컨대, 홀로그래피는 이미 보급되고 있죠. 아직 광범위하게 알려지지 않았고 저렴하지 않을 뿐입니다. 이제 동영상 게임 엔진은 생김새와 분위기가 매우 사실적이고 반응이 빠른 인간을 만들어낼 수 있습니다. 예리한 눈으로 주의 깊게 살펴보지 않으면 어색한 부분을 찾기 쉽지 않습니다. 또 다른 예를 들어보죠. 1994년에 애플이 처음 내놓은 터치 태블릿 뉴턴은 실패작이었습니다. 뉴턴과 아이폰/아이패드 사이에는 연관성이 있긴 하지만, 후자야말로 주머니 크기의 작은 터치 컴퓨터라는 개념을 완전히 재정의했습니다.

정부는 메타버스의 발전을 위해 어떤 역할을 해야 할까요? 메타버스를 규제하고 세금을 부과해야 할까요?

정부는 틀림없이 메타버스 경제를 규제하고 세금을 부과할 것입니다. 세계 7위 규모의 상장 기업인 엔비디아의 창업자이자 CEO 젠슨 황은 메타버스 경제가 궁극적으로 물리적인 세계의 경제를 넘어설 것이라며 기대를 감추지 않았습니다. 그의 예상대로라면 메타버스 경제의 규모는 연간 최소 50조 달러에 달하게 됩니다!

정부는 지급 결제, 표준, 데이터 보안, 아동 보호, 안면 추적, 환경 스캔 등 메타버스의 다양한 분야를 이끌어야 할 것입니다.

이미 다양한 전략이 등장하고 있습니다. 현재 유럽연합은 역사상 최대 규모의 디지털 시대 규제 플랫폼을 규정하고 있으며, 이를 통해 '빅테크' 기업을 단속해야 한다는 대중적 지지에 힘입어 오늘날의 모바일 시대와 메타버스의 개발을 모두 통제하고자 합니다. 2021년 중반, 한국의 과학기술정보통신부는 450여 개 국내 기업으로 구성된 한국 메타버스 얼라이언스를 설립했습니다. 이 조직의 구체적인 임무는 아직 명확하게 밝혀지지 않았지만, 한국에서 더욱 강력한 메타버스 경제를 구축하고 전 세계 메타버스에서 한국의 입지를 다지고 확장하는 데 초점을 맞출 것으로 보입니다. 이를 위해 한국 정부는 아마도 얼라이언스의 일부 회원사에 가끔은 불리할 수 있지만 집단적 영향력을 확대하고 무엇보다 한국에 이익이 되는 상호 운용성을 촉진하며 표준화를 추진할 것입니다. 한편 중국은 완전히 다른 양상을 보이고 있습니다. 훨씬 극적이며 세부적인 접근 방식을 취하고 있죠. 중국공산당은 중국의 메타버스 개발을 직접 통제하고 때로는 방해하기도 합니다(텐센트는 장 보드리야르의 철학을 참고하여 메타버스를 '초디지털 현실'이라고 부릅니다).

어떤 기업이나 정부가 단독으로 메타버스를 통제하는 것을 막을 방법은 없을까요?

팀 스위니는 언리얼 엔진과 「포트나이트」를 제작한 에픽게임즈의 창업자이자 CEO이며 메타버스를 이끄는 선두 주자 중 한 명입니다. 메타버스가 지금처럼 대중에게 알려지기 훨씬 이전인 2016년에 그는 기자들에게 이렇게 말했습니다. "메타버스는 다른 어떤 것보다 강력하며 훨씬 광범위하게 침투할 것입니다. 어떤 하나의 기업이 중앙에서 메타버스의 통제권을 거머쥔다면 어떤 정부보다도 강력한 지상의 신이 될 것입니다." 이러한 표현은 과장으로 여겨지기 쉽지만, 본질적으로 가상 물리학을 제어하는 기능을 떠올려보면 단순히 과장만은 아닙니다. 여기에는 AR 기술을 통해 현실 세계에 입히는 가상 물리학도 포함되죠.

사용자가 메타버스를 조종하는 가장 좋은 방법은, 자신이 지지하는 기업과 제품, 철학, 그리고 정치인과 정책에 대해 공부하고, 참여하고, 숙고하는 것입니다. 물론 이러한 작업은 한 개인, 더 넓게는 사회가 수행하기에 결코 간단하지 않은 과제이며, 메타버스에 대한 깊은 이해도 수반되어야 합니다.

메타버스 시대에는 어떤 기업이 '승자'로 올라서고, 또 어떤 기업이 '패자'로 전락할까요? 빅테크 기업이 시장을 지배하게 될까요? 아니면 새로운 기업들이 등장해 빅테크 기업들을 밀어낼까요?

지난 세 가지 컴퓨팅·네트워킹 시대가 끼친 파괴적인 영향은 미래를 알려주는 지표가 됩니다. 기업 성과에는 다섯 종류가 있습니다. 가장 확실한 사실은 새로운 거대 기업이 설립되고 현재의 거대 기업 중 일부는 파괴된다는 것입니다. 넷플릭스, 안드로이드와 반대되는 행보를 보인 블록버스터와 팜을 떠올려보세요. 앞으로 기업들은 세 가지 유형의 운명을 따르게 될 것입니다. 메타버스가 디지털 경제를 확장하면 기존 선두 기업들의 상당수가 메타버스 시대에 적응하고 성장할 것입니다. 페이스북이 모바일을 통해, 디즈니가 스트리밍을 통해 성장 동력을 얻었듯이 말입니다. 다른 기업들은 살아남더라도 커다란 압박에 직면할 것입니다. AOL과 스카이프는 지금도 존재하지만 둘의 영향력은 미미합니다. 구글과 줌이 거대 기업으로 우뚝 섰기 때문이죠. 마지막으로, 핵심 사업 분야를 장악하지 못하더라도 여전히 더 많은 가치를 지닌 기업이 생겨날 것입니다. 마이크로소프트와 IBM은 개인용 컴퓨팅 장치 분야에서 그 어느 때보다도 낮은 점유율을 기록하고 있지만, 다른 영역으로 사업을 확장하면서 기하급수적으로 성장했습니다.

메타버스도 이와 비슷한 변화를 초래할 것입니다. 물론 문제는 예측입니다! 구글처럼 현재보다 미래에 덜 적합해 보이는 기업들과 페이스북처럼 미래에 대응하기 위해 고군분투하는 기업들이 있습니다. 단기적으로 업계를 주도할 기업은 분명해 보입니다. 로블록스, 유니티, 에픽게임즈(「포트나이트」 제작사) 등은 각각 기업 가치가 300~600억 달러에 달할 정도로 대기업이 되었지만, 오늘날 빅테크 기업들의 규모는 이들보다 50배 이상 큽니다. 반면 현재 규모가 매우 작거나 거의 알려지지 않은 기업들을 찾아내는 작업은 정말 흥미로울 것입니다. 예컨대, 틴더의 성공을 예상한 사람은 없었습니다. 사실 틴더가 나오기 전까지 사회과학자와 벤처 자본가들은 온라인 데이팅 문제가 모두 '해결'되었다고 확신했죠. 하지만 사람들은 3시간에 걸쳐 서류를 작성하기보다 3초 만에 상대방의 사진을 보고 스와이프하는 방식을 선호했습니다. 따라서 어떤 새로운 경험이 가능하고 그것이 소비자의 행동과 문화에 어떤 영향을 미칠 것인지 설명하는 데 초점을 맞춰야 합니다. 이러한 경험을 토대로 거대 기업이 탄생할 테지만, 지금 당장은 소수의 기업만을 가려낼 수 있습니다.

메타버스의 건전성을 해치는 독소 같은 요소들은 어떻게 해결하고 제한할 수 있을까요?

이 문제를 제대로 다루려면 많은 지면을 할애해야 할 것입니다. 하지만 모바일과 소셜 시대에 접어든 지 15년이 지난 지금까지도 해결하지 못해 고전하고 있는 많은 문제가 메타버스로 인해 오히려 악화될 것이라는 사실은 분명합니다. 허위 정보, 역정보, 급진주의, 괴롭힘, 악용, 불행, 알고리즘의 역할, 데이터 권리, 데이터 보안, 규제, 플랫폼의 영향력 등이 대표적인 문제죠. 그러나 우리는 이러한 문제를 앞두고 그 어느 때보다 현명하게 대처할 능력을 갖추고 있습니다. 메타버스는 지배적인 기술 철학과 패러다임을 재설정할 기회를 제공합니다. 이 새로운 플랫폼에 기업들이 몰려드는 이유가 바로 여기에 있죠. 선두 기업은 바뀔 것이고 사용자는 어떤 플랫폼을 지지하거나 거부할지 결정할 새로운 기회를 얻게 될 것입니다. 하지만 플랫폼을 사용하는 도중에 습관을 바꾸기는 쉽지 않습니다. 소셜 네트워크 A나 이메일 제공업체 B, 생태계 C를 떠나려고 애써본 적이 있다면 공감하실 겁니다.

접근성은 우려할 만한 문제인가요? 누구나 메타버스를 사용할 수 있을까요?

그러한 우려는 충분히 이해하지만, 그리 심각한 문제는 아니라고 생각합니다. 먼저 메타버스는 새로운 장치가 필요하지 않습니다. 매일 수억 명의 사람들이 신형 아이패드 프로부터 50달러짜리 안드로이드 휴대전화에 이르기까지 다양한 장치를 사용해 실시간으로 렌더링된 고화질의 소셜 3D 가상 세계에 접속하고 있습니다. 물론 모든 사용자에게 최상의 경험을 제공할 수 있다면 더할 나위 없겠지만, 그것은 모든 기술에 내재된 한계입니다. 예를 들어, 새차인 벤츠와 중고차인 혼다는 승차감이나 옵션, 사양 면에서 똑같지 않지만, 운전자는 둘 중 어느 자동차를 타든 전 세계 도로망에 접근할 수 있습니다. 새로운 장치를 떠올려보죠. 손실을 감수하고 제조 단가보다 수백 달러 낮은 가격에 판매되는 오큘러스 VR을 비롯해 많은 장치가 이미 적당한 가격대에 공급되는 것으로 여겨집니다. AR 장치의 가격도 처음에는 매우 비싸게 책정되겠지만, 점차 예측 가능한 비용 궤적을 따라 변동될 것입니다. 10년 전에는 아이폰은 물론이고 특히 교실에서 사용되는 아이패드가 학생 간 불평등을 악화시킬 것이라고 생각한 사람들이 많았습니다. 오늘날 미국인의 70퍼센트가 아이폰을 보유하고 있으며 가장 저렴한 신형 아이패드는 250달러 미만에 판매되고 있습니다. 아이들에게 아이패드를 물려주는 부모도 많죠. 이제 소수의 사람만이 고품질의 모바일 인터넷 장치와 서비스 또는 애플리케이션을 접할 수 있을 것이라는 걱정은 하지 않아도 됩니다.

VR과 AR 중 어떤 기술이 널리 보급될까요?

앞으로 실시간 3D 렌더링과 그래픽 기반 컴퓨팅이 널리 보급될 것입니다. AR, VR, 콘솔, PC, 스마트폰, 투사 카메라 등은 접근 장치이자 경험에 불과합니다.

중앙 집중식 메타버스와 탈중앙화 메타버스 중에 어떤 형태가 최종 승자가 될까요?

선택지가 잘못된 것 같습니다. 메타버스는 둘 중 하나를 선택하는 문제가 아닙니다. 둘 사이를 잇는 광범위한 스펙트럼에서 어느 위치에 자리하고, 어떤 이유로, 어떤 기업과 어떤 철학을 공유하며, 어떤 기술을 사용하고 독립 개발자와 소비자에게 어떤 종류의 수수료를 부과할지 고민해야 합니다.

메타버스에서 가장 실현 가능성이 큰 결과는 오늘날 인터넷에서 우리가 경험하는 것과 대체로 비슷합니다. 수직적·수평적으로 다양하게 통합된 소수의 소프트웨어와 하드웨어 업체들은 사용자, 매출, 데이터, 수익, 시간 등에 대해 불균형한 시장점유율을 보이고 있습니다. 가장 탈중앙화된 시스템에서조차 부분적으로 중앙 집중화가 발생합니다. 사용자, 매출, 데이터, 지적재산권, 역량, 브랜드 가치 등을 확대하는 과정에서 비선형적인 수익을 얻기 때문이죠.

예를 들어, 월드 와이드 웹은 근본적으로 탈중앙화되었지만 구글, 페이스북, 아마존 등을 중심으로 사용자가 몇몇 사이트에 집중되어 있습니다. 오늘날 오픈시는 세계 최대 규모의 NFT 거래소로서 탈중앙화된 원장을 기준으로 작동하지만, 평균 이상의 수수료를 부과합니다.

저는 메타버스가 오늘날의 인터넷보다 더 분산되길 바라고 있습니다. 또한, 중소 개발업체와 독립 사용자에게 더 많은 이익과 가치가 돌아가고 권리가 부여되길 바랍니다. 메타버스를 낙관적으로 바라봐야 할 타당한 이유도, 비관적으로 바라봐야 할 충분한 이유도 있습니다. 저는 소비자, 개발자, 유권자, 정치인 등이 우리를 더 나은 미래로 이끌어갈 수 있도록 안내하기 위해 이 책을 썼습니다. 미래는 궁극적으로 빅테크 기업이 아니라 이들에게 달려 있으니까요.

메타버스가 '신뢰를 쌓기 위한 경쟁'이 필요하다고 언급하셨는데요. 어떤 의미인가요?

어느 한 기업이나 정부 차원에서 단독으로 미국이라는 나라 전체를 건국할 수 없는 것처럼 어느 한 기업이 메타버스를 구축할 수도 없습니다. 오늘날에도 미국에는 3000만 개 이상의 중소기업이 있습니다. 메타버스를 구축하려면 앱이나 게임을 만드는 비용을 넘어서는 대대적인 투자가 이뤄져야 합니다. 엄청난 규모의 사용자 지출도 이어져야 하죠.

이를 위해서는 메타버스 마켓플레이스에서 신뢰가 형성되어야 합니다. 개발자는 자사의 투자와 사업이 존중을 받고, 수수료가 공정한 수준으로 부과되며, 가상의 상품을 물리적으로 소유할 수 없는 세계일지라도 관련된 권리가 보존될 것이라는 믿음을 가질 수 있어야 합니다. 소비자도 이와 비슷한 믿음을 가질 수 있어야 하죠.

하지만 모바일·클라우드 시대를 이끄는 많은 기술 기업이 신뢰하기 어려운 기업이라는 오명을 면치 못했습니다. 이러한 기업들은 서비스 규정과 수수료 부과 기준, 제공 기술, 부여된 권리 등을 원하는 대로 변경했죠. 이는 부분적으로 웹3를 향한 움직임이 시작된 이유이며, 열띤 토론을 불러일으키는 이유이기도 합니다. 이제 마이크로소프트부터 페이스북에 이르기까지 많은 기업이 철학, 정책, 금융, 기술, 개방성을 공개적으로 약속하고, 그 과정에서 의도적으로 규제 기관을 끌어들이는 모습도 보입니다.

감사의 글

지난 40년 동안 내게 영감과 가르침을 준 가족, 지지자, 선생님, 친구, 기업가, 몽상가, 작가, 창작자 등이 있었기에 이 책이 세상에 나올 수 있었다. 고마운 사람들이 너무도 많지만, 몇 명만 이 지면에 언급하고자 한다. 조앤 볼룩Jo-Anne Boluk, 테드 볼Ted Ball, 팝포Poppo, 브렌다 해로Brenda Harrow, 알 해로Al Harrow, 안슐 루패렐Anshul Ruparell, 마이클 자왈스키Michael Zawalsky, 윌 메너레이Will Meneray, 아비나브 삭세나Abhinav Saksena, 제이슨 허쉬혼Jason Hirschhorn, 크리스 멜레단드리Chris Meledandri, 탈 샤차르Tal Shachar, 잭 데이비스Jack Davis, 줄리 영Julie Young, 개디 엡스타인Gady Epstein, 제이콥 나복Jacob Navok, 크리스 카탈디Chris Cataldi, 제이슨 카이Jayson Chi, 소피아 펑Sophia Feng, 애나 스위트Anna Sweet, 임란 사와르Imran Sarwar, 조너선 글리크Jonathan Glick, 피터 로하스Peter Rojas, 피터 카프카Peter Kafka, 매튜 헤닉Matthew Henick, 샤론 탈 이구아도Sharon Tal Yguado, 쿠니 다카하시Kuni Takahashi, 토니 드리스콜Tony Driscoll, 마크 노즈워스Mark Noseworth, 아만다 문Amanda Moon, 토머스 르비엔Thomas LeBien, 대니얼 거스틀Daniel Gerstle, 필라 퀸Pilar Queen, 샬럿 퍼먼Charlotte Perman, 폴 레리그Paul Rehrig, 그레고리 맥도널드Gregory McDonald에게 감사를 전한다.

미주

시작하며

1. Casey Newton, "Mark in the Metaverse: Facebook's CEO on Why the Social Network Is Becoming 'a Metaverse Company,' " *The Verge*, July 22, 2021, accessed January 4, 2022, https://www.theverge.com/.

2. Dean Takahashi, "Nvidia CEO Jensen Huang Weighs in on the Metaverse, Blockchain, and Chip Shortage," *Venture Beat*, June 12, 2021, accessed January 4, 2022, https://venturebeat.com/.

3. Data pulled from Bloomberg database on January 2, 2022 (excludes a dozen references to companies that included "Metaverse" only in their names).

4. Zheping Huang, "Tencent Doubles Social Aid to $15 Billion as Scrutiny Grows," *Bloomberg*, August 18, 2021, accessed January 4, 2022, https://www.bloomberg.com/.

5. Chang Che, "Chinese Investors Pile into 'Metaverse,' Despite Official Warnings," *SupChina*, September 24, 2021, accessed January 4, 2021, https://supchin.com/2021/09/24/chines-investor-pil-int-metavers-despit-officia-warnings.

6. Jens Bostrup, "EU's Danske Chefforhandler: Facebooks store nye projekt 'Metaverse' er dybt bekymrende," *Politiken*, October 18, 2021, accessed

January 4, 2022, https://politiken.dk/.

1장

1. Neal Stephenson, *Snow Crash* (New York: Random House, 1992), 7.

2. John Schwartz, "Out of a Writer's Imagination Came an Interactive World," *New York Times*, December 5, 2011, accessed January 4, 2022, https://www.nytime.com.

3. Joanna Robinson, "The Sci-Fi Guru Who Predicted Google Earth Explains Silicon Valley's Latest Obsession," *Vanity Fair*, June 23, 2017, accessed January 4, 2022, https://www.vanityfai.com.

4. Stanley Grauman Weinbaum, *Pygmalion's Spectacles* (1935), Kindle edition, p. 2.

5. Ryan Zickgraf, "Mark Zuckerberg's 'Metaverse' Is a Dystopian Nightmare," *Jacobin*, September 25, 2021, accessed January 4, 2022, https://www.jacobinmag.com/.

6. J. D. N. Dionisio, W. G. Burns III, and R. Gilbert, "3D Virtual Worlds and the Metaverse: Current Status and Future Possibilities," *ACM Computing Surveys 45*, issue 3 (June 2013), http://dx.doi.org/10.1145/2480741.2480751.

7. Josh Ye, "One Gamer Spent a Year Building This Cyberpunk City in Minecraft," *South China Morning Post*, January 15, 2019, accessed January 4, 2022, https://www.scmp.com/.

8. Josh Ye, "Minecraft Players Are Recreating China's Rapidly Built Wuhan Hospitals," *South China Morning Post*, February 20, 2020, accessed January 4, 2022, https://www.scm.com.

9. Tim Sweeney (@TimSweeneyEpic), Twitter, June 13, 2021, accessed January 4, 2022, https://twitter.com/timsweeneyepic/status/1404241848147775488.

10. Tim Sweeney (@TimSweeneyEpic), Twitter, June 13, 2021, accessed January 4,

2022, https://twitter.com/TimSweeneyEpic/status/1404242449053241345?s
=20.

11. Dean Takahashi, "The DeanBeat: Epic Graphics Guru Tim Sweeney Foretells How We Can Create the Open Metaverse," *Venture Beat*, December 9, 2016, accessed January 4, 2022, https://venturebeat.com/.

2장

1. Satya Nadella, "Building the Platform for Platform Creators," LinkedIn, May 25, 2021, accessed January 4, 2022 https://www.linkedin.com/pulse/building-platform-creators-satya-nadella.

2. Sam George, "Converging the Physical and Digital with Digital Twins, Mixed Reality, and Metaverse Apps," Microsoft Azure, May 26, 2021, accessed January 4, 2022, https://azure.microsoft.com/en-ca/blog/converging-the-physical-an-digita-wit-digita-twin-mixe-realit-an-metavers-apps.

3. Andy Chalk, "Microsoft Says It Has Metaverse Plans for Halo, Minecraft, and Other Games," *PC Gamer*, November 2, 2021, accessed January 4, 2022, https://www.pcgame.com/microsof-say-i-ha-metavers-plan-fo-halo-minecraf-an-othe-games.

4. Gene Park, "Epic Games Believes the Internet Is Broken. This Is Their Blueprint to Fix It," Washington Post, September 28, 2021, accessed January 4, 2022, https://www.washingtonpost.com/video-games/2021/09/28/epi-fortnit-metavers-facebook.

5. Alex Sherman, "Execs Seemed Confused About the Metaverse on Q3 Earnings Calls," CNBC, November 20, 2021, accessed January 5, 2021, https://www.cnb.com/2021/11/20/executive-wa-poeti-o-th-metavers-durin-q-earning-call.htm.

6. CNBC, "Jim Cramer Explains the 'Metaverse' and What It Means for

Facebook," July 29, 2021, accessed January 5, 2022, https://www.cnbc.com/video/2021/07/29/ji-crame-explain-th-metavers-an-wha-i-mean -fo-faceboo.htm.

7. Elizabeth Dwoskin, Cat Zakrzewski, and Nick Miroff, "How Facebook's 'Metaverse' Became a Political Strategy in Washington," *Washington Post*, September 24, 2021, accessed January 3, 2022, https://www.washingtonpost.com/technology/2021/09/24/facebook-washington-strategy-metaverse/.

8. Tim Sweeney (@TimSweeneyEpic), Twitter, August 6, 2020, accessed January 4, 2022, https://twitter.com/timsweeneyepic/status/1291509151567425536.

9. Alaina Lancaster, "Judge Gonzalez Rogers Is Concerned That Epic Is Asking to Pay Apple Nothing," *The Law*, May 24, 2021, accessed June 2, 2021, https://www.la.com/therecorder/2021/05/24/judg-gonzale-roger-i-concerned-tha-epi-i-askin-t-pa-appl-nothing/?slreturn=2022000609100.

10. John Koetsier, "The 36 Most Interesting Findings in the Groundbreaking Epic Vs Apple Ruling That Will Free The App Store," *Forbes*, September 10, 2021, accessed January 3, 2022, https://www.forbes.com/sites/johnkoetsier/2021/09/10/the-3-mos-interestin-finding-i-th-groundbreakin-epi-v-appl-rulin-tha-wil-fre-th-ap-store/?sh=56db5566fb3.

11. Wikipedia, s.v. "Internet," last edited October 13, 2021, https://en.wikipedia.org/wiki/Interne.

12. Paul Krugman, "Why Most Economists' Predictions Are Wrong," Red Herring Online, June 10, 1998, *Internet Archive*, https://web.archive.org/web/1998061010 0 0 09/http://www.redherring.com/mag/issue55/economics.html.

13. Wired Staff, "May 26, 1995: Gates, Microsoft Jump on 'Internet Tidal Wave,'" *Wired*, May 26, 2021, accessed January 5, 2022, https://www.wired.

com/2010/05/0526bil-gate-interne-memo.

14. CNBC, "Microsoft's Ballmer Not Impressed with Apple iPhone," January 17, 2007, accessed January 4, 2022, https://www.cnbc.com/id/16671712.

15. Drew Olanoff, "Mark Zuckerberg: Our Biggest Mistake Was Betting Too Much On HTML5," *TechCrunch*, September 11, 2022, accessed January 5, 2022, https://techcrunch.com/2012/09/11/mark-zuckerberg-our-biggest-mistake-wit-mobil-wa-bettin-to-muc-o-html5.

16. M. Mitchell Waldrop, Complexity: The Emerging Science at the Edge of Order and Chaos (New York: Simon & Schuster, 1992), 155.

3장

1. Dean Takahashi, "How Pixar Made Monsters University, Its Latest Technological Marvel," Venture Beat, April 24, 2013, accessed January 5, 2022, https://venturebea.com/2013/04/24/th-makin-o-pixar-lates-technologica-marve-monster-university.

2. Wikipedia, s.v. "Metaphysics," last edited October 28, 2021, https://en.wikipedi.org/wiki/Metaphysic.

3. Stephenson, *Snow Crash*, 27.

4. CCP Team, "Infinite Space: An Argument for Single-Sharded Architecture in MMOs," *Game Developer*, August 9, 2010, accessed January 5, 2022, https://www.gamedevelope.com/design/infinit-spac-a-argumen-for-singl-sharde-architectur-i-mmo.

5. "John Carmack Facebook Connect 2021 Keynote," posted by Upload VR, October 28, 2021, accessed January 5, 2022, https://www.youtube.com/watch?v=BnSUk0je6o.

4장

1. Josh Stark and Evan Van Ness, "The Year in Ethereum 2021," *Mirror*, January 17, 2022, accessed February 2, 2022, https://stark.mirror.xyz/ q3OnsK7mvfGt TQ72nfoxLyEV5lfYOqUfJIoKBx7BG1I.

2. BBC, "Military Fears over PlayStation2," April 17, 2000, accessed January 4, 2022, http://news.bbc.co.uk/2/hi/asia-pacific/716237.stm.

3. "Secretary of Commerce Don Evans Applauds Senate Passage of Export Administration Act as Modern-day Legislation for Modern-day Technology," *Bureau of Industry and Security,* US Department of Commerce, 6 September 2001, www.bis.doc.gov.

4. Chas Littell, "AFRL to Hold Ribbon Cutting for Condor Supercomputer," *Wright-Patterson Air Force Base*, press release, November 17, 2010, accessed January 5, 2022, https://www.wpaf.a.mil/News/Articl-Display/ Article/399987/afr-t-hol-ribbo-cuttin-fo-condo-supercomputer.

5. Lisa Zyga, "US Air Force Connects 1,760 PlayStation 3's to Build Supercomputer," Phys.org, December 2, 2010, accessed January 5, 2022, https://phys.org/news/2010-12-air-playstation-3s-supercomputer.html.

6. Even Shapiro, "The Metaverse Is Coming. Nvidia CEO Jensen Huang on the Fusion of Virtual and Physical Worlds," Time, April 18, 2021, accessed January 2, 2022, https://tim.com/5955412/artificia-intelligenc-nvidi-jense-huang/.

7. David M. Ewalt, "Neal Stephenson Talks About Video Games, the Metaverse, and His New Book, REAMDE," *Forbes*, September 19, 2011.

8. Daniel Ek, "Daniel Ek— Enabling Creators Everywhere," *Colossus*, September 14, 2021, accessed January 5, 2022, https://www.joincolossus. com/episodes/14058936/e-enablin-creator-everywhere?tab=transcrip.

9. David M. Ewalt, "Neal Stephenson Talks About Video Games, the Metaverse, and His New Book, REAMDE," *Forbes*, September 19, 2011.

5장

1. Farhad Manjoo, "I Tried Microsoft's Flight Simulator. The Earth Never Seemed So Real," *New York Times*, August 19, 2022, accessed January 4, 2022, https://www.nytime.com/2020/08/19/opinion/microsof-fligh-simulato.htm.

2. Seth Schiesel, "Why Microsoft's New Flight Simulator Should Make Google and Amazon Nervous," *Protocol*, August 16, 2020, accessed January 5, 2022, https://www.protocol.com/microsoft-flight-simulator-2020.

3. Eryk Banatt, Stefan Uddenberg, and Brian Scholl, "Input Latency Detection in Expert-Level Gamers," *Yale University*, April 21, 2017, accessed January 4, 2022, https://cogsc.yal.edu/sites/default/files/files/Thesis2017Banat.pd.

4. Rob Pegoraro, "Elon Musk: 'I Hope I'm Not Dead by the Time People Go to Mars,'" *Fast Company*, March 10, 2020, accessed January 3, 2022, https://www.fastcompan.com/90475309/elo-mus--hop-i-no-dea-b-the-tim-peopl-g-t-mar.

6장

1. Foundry Trends, "One Billion Assets: How Pixar's Lightspeed Team Tackled Coco's Complexity," October 25, 2018, accessed January 5, 2022, https://www.foundr.com/insights/fil-tv/pixa-tackle-coc-complexit.

2. Dean Takahashi, "Nvidia CEO Jensen Huang Weighs in on the Metaverse, Blockchain, and Chip Shortage," *Venture Beat*, June 12, 2021, accessed February 1, 2022, https://venturebeat.com/2021/06/12/nvidia-ceo-jensen-huang-weighs-i-o-th-metavers-blockchai-chi-shortag-ar-dea-an-competition.

3. Raja Koduri, "Powering the Metaverse," *Intel*, December 14, 2021, accessed January 4, 2022, https://www.intel.com/content/www/us/en/newsroom/

opinion/powerin-metavers.htm.

4. Tim Sweeney (@TimSweeneyEpic), Twitter, January 7, 2020, accessed January 4, 2022, https://twitte.com/timsweeneyepic/status/121464320387124838.

5. Peter Rubin, "It's a Short Hop from Fortnite to a New AI Best Friend," *Wired*, March 21, 2019, accessed February 1, 2021, https://www.wired.com/story/epic-games-qa/.

7장

1. " 'The Future— It's Bigger and Weirder than You Think—' by Owen Mahoney, NEXON CEO," posted by NEXON, December 20, 2019, accessed January 5, 2022, https://www.youtube.com/watch?v=VqiwZN1CShI.

2. Roblox, "A Year on Roblox: 2021 in Data," January 26, 2022, accessed February 3, 2022, https://blog.roblox.com/2022/01/year-roblox-2021-data/.

8장

1. Josh Ye (@TheRealJoshYe), Twitter, May 3, 2021, accessed February 1, 2022, https://mobile.twitter.com/therealjoshye/status/1389217569228296201.

2. Tom Phillips, "So, Will Sony Actually Allow PS4 and Xbox One Owners to Play Together?," *Eurogamer*, March 17, 2016, accessed January 5, 2022, https://www.eurogame.net/articles/201-0-1-sony-shuhe-yoshid-o-playstatio--an-xbo-on-cros-networ-pla.

3. Jay Peters, "Fortnite's Cash Cow Is PlayStation, Not iOS, Court Documents Reveal," *The Verge*, April 28, 2021, accessed February 1, 2022, https://www.theverg.com/2021/4/28/22407939/fortnit-bigges-platfor-revenue-playstation-not-ios-iphone.

4. Aaron Rakers, Joe Quatrochi, Jake Wilhelm, and Michael Tsevtanov, "NVDA:

Omniverse Enterprise— Appreciating NVIDIA's Platform Strategy to Capitalize ($10B+) on the 'Metaverse,'" *Wells Fargo*, November 3, 2021.

5. Chris Michaud, "English the Preferred Language for World Business: Poll," Reuters, May 12, 2016, https://www.reuters.com/article/us-language/englishthe-preferred-language-for-world-business-poll-idUSBRE84F0OK20120516.

6. Epic Games, "Tonic Games Group, Makers of 'Fall Guys', Joins Epic Games," March 2, 2021, accessed February 2, 2022, https://www.epicgames.com/site/e-US/news/toni-game-grou-maker-o-fal-guy-join-epi-game.

9장

1. Mark Zuckerberg, Facebook, April 29, 2021, accessed January 5, 2022, https://www.faceboo.com/zuck/posts/th-hardes-technolog-challeng-o-ou-tim-ma-b-fittin--supercompute-into/10112933648910701.

2. Tech@Facebook, "Imagining a New Interface: Hands-Free Communication without Saying a Word," March 30, 2020, accessed January 4, 2022, https://tec.f.com/imaginin--ne-interfac-hand-fre-communicatio-withou-sayin--word.

3. Tech@Facebook, "BCI Milestone: New Research from UCSF with Support from Facebook Shows the Potential of Brain-Computer Interfaces for Restoring Speech Communication," July 14, 2021, accessed January 4, 2022, https://tech.f.com/bc-mileston-ne-researc-fro-ucs-wit-suppor-fro-faceboo-show-th-potentia-o-brai-compute-interface-fo-restorin-speec-communication/.

4. Antonio Regalado, "Facebook Is Ditching Plans to Make an Interface that Reads the Brain," *MIT Technology Review*, July 14, 2021, accessed January 4, 2022, https://www.technologyreview.com/2021/07/14/1028447/faceboobrai-readin-interfac-stop-funding.

5. Andrew Nartker, "How We're Testing Project Starline at Google," Google Blog, November 30, 2021, accessed February 2, 2022, https://blog.google/technology/research/ho-wer-testin-projec-starlin-google.

6. Will Marshall, "Indexing the Earth," Colossus, November 15, 2021, accessed January 5, 2022, https://www.joincolossus.com/episodes/14029498/marshal-indexin-th-earth?tab=block.

7. Nick Wingfield, "Unity CEO Predicts AR-VR Headsets Will Be as Common as Game Consoles by 2030," The Information, June 21, 2021.

10장

1. NACHA, "ACH Network Volume Rises 11.2% in First Quarter as Two Records Are Set," press release, April 15, 2021, accessed January 26, 2022, https://www.prnewswir.com/new-releases/ac-networ-volum-rise-1--i-firs-quarte-a-tw-record-ar-se-30126945.htm.

2. Takashi Mochizuki and Vlad Savov, "Epic's Battle with Apple and Google Actually Dates Back to Pac-Man," *Bloomberg*, August 19, 2020, accessed January 4, 2021, https://www.bloomberg.com/.

3. Tim Sweeney (@TimSweeneyEpic), Twitter, January 11, 2020, accessed January 4, 2022, https://twitter.com/TimSweeneyEpic/status/1216089159946948620.

4. Epic Games, "Epic Games Store Weekly Free Games in 2020!," January 14, 2022, accessed February 14, 2022, https://www.epicgames.com/store/en-US/news/epi-game-stor-weekl-fre-game-i-202.

5. Epic Games, "Epic Games Store 2020 Year in Review," January 28, 2021, accessed February 14, 2022, https://www.epicgames.com/store/en-US/news/epic-games-store-2020-year-in-review.

6. Epic Games, "Epic Games Store 2021 Year in Review," January 27, 2022, accessed February 14, 2022, https://www.epicgames.com/store/en-US/ news/epic-games-store-2021-year-in-review.

7. Tyler Wilde, "Epic Will Lose Over $300M on Epic Games Store Exclusives, Is Fine With That," *PC Gamer*, April 10, 2021, accessed February 14, 2022, https://www.pcgame.com/epi-game-stor-exclusive-appl-lawsuit.

8. Adi Robertson, "Tim Cook Faces Harsh Questions about the App Store from Judge in Fortnite Trial," *The Verge*, May 21, 2021, accessed January 5, 2022, https://www.theverg.com/2021/5/21/22448023/epi-appl-fortnit-antitrust-lawsui-judg-ti-coo-ap-stor-question.

9. Nick Wingfield, "IPhone Software Sales Take Off: Apple's Jobs," Wall Street Journal, August 11, 2008.

10. John Gruber, "Google Announces Chrome for iPhone and iPad, Available Today," *Daring Fireball*, June 28, 2021, accessed January 4, 2022, https://daringfirebal.net/linked/2012/06/28/chrom-io.

11. Kate Rooney, "Apple: Don't Use Your iPhone to Mine Cryptocurrencies," CNBC, June 11, 2018, accessed January 4, 2021, https://www.cnbc.com/2018/06/11/don-eve-thin-abou-tryin-t-bitcoi-wit-you-iphon.htm.

12. Tim Sweeney (@TimSweeneyEpic), Twitter, February 4, 2022, accessed February 5, 2022, https://twitter.com/TimSweeneyEpic/status/1489690359194173450.

13. Marco Arment (@MarcoArment), Twitter, February 4, 2022, accessed February 5, 2022, https://twitter.com/marcoarment/status/1489599440667168768.

14. Manoj Balasubramanian, "App Tracking Transparency Opt-In Rate— Monthly Updates," Flurry, December 15, 2021, accessed February 5, 2022, https://www.flurry.com/blog/att-opt-in-rate-monthly-updates/.

11장

1. Telegraph Reporters, "What Is Ethereum and How Does It Differ from Bitcoin?," *The Telegraph*, August 17, 2018.

2. Ben Gilbert, "Almost No One Knows about the Best Android Phones on the Planet," *Insider*, October 25, 2015, accessed January 4, 2022, https://www.businessinside.com/wh-googl-make-nexu-phone-201-1.

3. Wikipedia, s.v. "Possession is Nine-Tenths of the Law," last edited December 6, 2021, https://e.wikipedi.org/wiki/Possession_is_nin-tenths_of_the_la.

4. Hannah Murphy and Joshua Oliver, "How NFTs Became a $40bn Market in 2021," *Financial Times*, December 31, 2021, accessed January 4, 2022. Note, this sum, $40.9 billion, is limited to the Ethereum blockchain, which is estimated to have 90% share of NFT transactions.

5. Kevin Roose, "Maybe There's a Use for Crypto After All," *New York Times*, February 6, 2022, accessed February 7, 2022, https://www.nytimes.com/2022/02/06/technology/heliu-cryptocurrenc-use.htm.

6. Kevin Roose, "Maybe There's a Use for Crypto After All," *New York Times*, February 6, 2022, accessed February 7, 2022, https://www.nytimes.com/2022/02/06/technology/heliu-cryptocurrenc-use.htm.

7. Helium, accessed March 5, 2022, https://explorer.helium.com/hotspots.

8. CoinMarketCap, "Helium," accessed February 7, 2022, https://coinmarketcap.com/currencies/helium.

9. Dean Takahashi, "The DeanBeat: Predictions for gaming in 2022," Venture Beat, December 31, 2021, accessed January 3, 2022, https://venturebeat.com/2021/12/31/the-deanbeat-predictions-for-gaming-2022/.

10. Ephrat Livni, "Venture Capital Funding for Crypto Companies Is Surging," *New York Times*, December 1, 2021, accessed January 5, 2022, https://www.

nytimes.com/2021/12/01/business/dealbook/crypto-venture-capital.html.

11. Olga Kharif, "Crypto Crowdfunding Goes Mainstream with ConstitutionDAO Bid," *Bloomberg*, November 20, 2021, accessed January 2, 2022, https://www.bloomberg.com/news/articles/2021-11-20/crypto-crowdfunding-goes-mainstream-with-constitutiondao-bid?sref=sWz3GEG0.

12. Miles Kruppa, "Crypto Assets Inspire New Brand of Collectivism Beyond Finance," *Financial Times*, December 27, 2021, accessed January 4, 2022, https://www.f.com/content/c4b6d38-e6c-491-b70-7b5cf8f0cea.

13. Lizzy Gurdus, "Nvidia CEO Jensen Huang: Cryptocurrency Is Here to Stay, Will Be an 'Important Driver' For Our Business," CNBC, March 29, 2018, accessed February 2, 2022, https://www.cnbc.com/2018/03/29/nvidi-ce-jense-huan-cryptocurrenc-blockchai-ar-her-t-sta.htm.

14. Visa, "Crypto: Money Is Evolving," accessed February 2, 2022, https://usa.visa.com/solutions/crypto.html.

15. Dean Takahashi, "Game Boss Interview: Epic's Tim Sweeney on Blockchain, Digital Humans, and Fortnite," *Venture Beat*, August 30, 2017, accessed February 2, 2022, https://venturebeat.com/2017/08/30/game-boss-interview-epics-ti-sweene-o-blockchai-digita-human-an-fortnite.

16. Tim Sweeney (@TimSweeneyEpic), Twitter, January 30, 2021, accessed January 4, 2022, https://twitter.com/TimSweeneyEpic/status/1355573241964802050.

17. Tim Sweeney (@TimSweeneyEpic), Twitter, September 27, 2021, accessed January 4, 2022, https://twitter.com/TimSweeneyEpic/status/1442519522875949061.

18. Tim Sweeney (@TimSweeneyEpic), Twitter, October 15, 2021, accessed January 4, 2022, https://twitter.com/TimSweeneyEpic/status/1449146317129895938.

12장

1. Tom Huddleston Jr., "Bill Gates Says the Metaverse Will Host Most of Your Office Meetings Within 'Two or Three Years'— Here's What It Will Look Like," CNBC, December 9, 2021, accessed February 2, 2022, https://www.cnb.com/2021/12/09/bil-gate-metavers-wil-hos-mos-virtua-meeting-i--fe-year.htm.

2. "The Metaverse and How We'll Build It Together— Connect 2021," posted by Meta, October 28, 2021, accessed February 2, 2022, https://www.youtube.com/watch?v=Uvufun6xer8.

3. Steven Ma, "Video Games' Future Is More Than the Metaverse: Let's Talk 'Hyper Digital Reality'," *GamesIndustry*, February 8, 2022, accessed February 11, 2022, https://www.gamesindustr.biz/articles/202-0-0-th-futur-o-game-i-fa-mor-tha-th-metavers-let-tal-hype-digita-realit.

4. George Smiley, "The U.S. Economy in the 1920s," Economic History Association, accessed January 5, 2022, https://eh.net/encyclopedia/th---econom-i-th-1920s.

5. Tim Hartford, "Why Didn't Electricity Immediately Change Manufacturing?," August 21, 2017, accessed January 5, 2022, https://www.bbc.com/news/busines-4067369.

6. David E. Nye, America's Assembly Line (Cambridge, MA: MIT Press, 2015), 19.

13장

1. Wikipedia, s.v. "Baumol's cost disease," last edited October 2, 2022, https://en.wikipedia.org/wiki/Baumol%27s_cost_disease.

2. US Bureau of Labor Statistics, accessed December 2021.

3. Melissa Pankida, "The Psychology Behind Why We Speed Swipe on Dating Apps," *Mic*, September 27, 2019, accessed January 2, 2022, https://www.

mic.com/life/w-spee-swip-o-tinde-fo-differen-reason-dependin-o-ou-gende-18808262.

4. Benedict Evans, "Cars, Newspapers and Permissionless Innovation," September 6, 2015, accessed January 2, 2022, https://www.ben-evans.com/benedictevans/2015/9/1/permissionless-innovation.

5. Gene Park, "Epic Games Believes the Internet Is Broken. This Is Their Blueprint to Fix It," *Washington Post*, September 28, 2021, accessed January 4, 2022, https://www.washingtonpos.com/vide-games/2021/09/28/epi-fortnit-metavers-facebook.

6. Bob Woods, "The First Metaverse Experiments? Look to What's Already Happening in Medicine," CNBC, December 4, 2021, accessed January 4, 2022, https://www.cnb.com/2021/12/04/th-firs-metavers-experiment-loot-whats-happenin -i-medicin.htm.

14장

1. Microsoft, "Microsoft to Acquire Activision Blizzard to Bring the Joy and Community of Gaming to Everyone, Across Every Device," January 18, 2022, accessed February 2, 2022, https://news.microsoft.com/2022/01/18/microsoft-t-acquir-activisio-blizzar-t-brin-th-jo-an-communit-o-gamin-t-everyon-acros-ever-device.

2. Adi Robertson, "Tim Cook Faces Harsh Questions about the App Store from Judge in Fortnite Trial," *The Verge*, May 21, 2021, accessed January 4, 2022, https://www.theverge.com/2021/5/21/22448023/epic-apple-fortnite-antitrust-lawsuit-judg-ti-coo-ap-stor-question.

3. Brad Smith, "Adapting Ahead of Regulation: A Principled Approach to App Stores," Microsoft, February 9, 2022, accessed February 11, 2022, https://blog.microsof.com/o-th-issues/2022/02/09/ope-ap-stor-principles-activision-blizzard/4. Brad Smith (@BradSmi), Twitter, February 3, 2022, accessed February 4, 2022, https://twitter.com/BradSmi/status/1489395484808466438.

15장

1. Sean Hollister, "Here's What Apple's New Rules about Cloud Gaming Actually Mean," *The Verge*, September 18, 2020, accessed January 4, 2022, https://www.theverg.com/2020/9/18/20912689/appl-clou-gamin-streamin-xcloud-stadia-app-store-guidelines-rules.

마치며

1. Clifford Stoll, "Why the Web Won't Be Nirvana," *Newsweek*, February 26, 1995, accessed January 6, 2022, https://www.newsweek.com/clifford-stoll-why-web-wont-be-nirvana-185306.

2. James Chapman, "Internet 'May Just Be a Passing Fad as Millions Give Up on It,' " Daily Mail, December 5, 2000.

3. 9to5 Staff, "Jobs' Original Vision for the iPhone: No Third-Party Native Apps," 9to5Mac, October 21, 2011, accessed January 5, 2022, https://9to5mac.com/2011/10/21/jobs-original-vision-for-the-iphone-no-third-party-native-apps/.

4. Nick Wingfield, " 'The Mobile Industry's Never Seen Anything Like This': An Interview with Steve Jobs at the App Store's Launch," *Wall Street Journal*, originally recorded August 7, 2008, published in full on July 25, 2018, accessed January 5, 2022, https://www.ws.com/articles/th-mobil-industry-neve-see-anythin-lik-thi-a-intervie-wit-stev-job-a-th-ap-store-launc-153252720.

메타버스 모든 것의 혁명

초판 1쇄 인쇄 2023년 6월 5일
초판 1쇄 발행 2023년 6월 12일

지은이 매튜 볼
옮긴이 송이루
펴낸이 김선식

경영총괄이사 김은영
콘텐츠사업본부장 임보윤
기획편집 성기병 디자인 윤유정 책임마케터 이고은
콘텐츠사업1팀장 한다혜 콘텐츠사업1팀 윤유정, 성기병, 문주연, 김세라
편집관리팀 조세현, 백설희 저작권팀 한승빈, 이슬
마케팅본부장 권장규 마케팅2팀 이고은, 김지우
미디어홍보본부장 정명찬 디자인파트 김은지, 이소영 유튜브파트 송현석, 박장미
브랜드관리팀 안지혜, 오수미 지식교양팀 이수인, 염아라, 석찬미, 김혜원, 백지은
크리에이티브팀 임유나, 박지수, 변승주, 김화정 뉴미디어팀 김민정, 이지은, 홍수경, 서가을
재무관리팀 하미선, 윤이경, 김재경, 안혜선, 이보람
인사총무팀 강미숙, 김혜진, 지석배, 박예찬, 황종원 제작관리팀 이소현, 최완규, 이지우, 김소영, 김진경, 양지환
물류관리팀 김형기, 김선진, 한유현, 전태환, 전태연, 양문현, 최창우

펴낸곳 다산북스 출판등록 2005년 12월 23일 제313-2005-00277호
주소 경기도 파주시 회동길 490
전화 02-702-1724 팩스 02-703-2219 이메일 dasanbooks@dasanbooks.com
홈페이지 www.dasan.group 블로그 blog.naver.com/dasan.books
종이 신승지류유통(주) 인쇄 민언프린텍 제본 다온바인텍 후가공 제이오엘앤피

ISBN 979-11-306-4262-8 (03320)